트렌드 코리아 2019

트렌드 코리아 2019

초판 1쇄 발행 2018년 10월 24일
초판 43쇄 발행 2019년 7월 26일

지은이 김난도 · 전미영 · 이향은 · 최지혜 · 이준영 · 김서영 · 이수진 · 서유현 · 권정윤
펴낸이 성의현
펴낸곳 미래의창

책임편집 김성옥 · 문주연
디자인 공미향

등록 제10-1962호(2000년 5월 3일)
주소 서울시 마포구 잔다리로 62-1 미래의창빌딩(서교동 376-15, 5층)
전화 02-338-5175 **팩스** 02-338-5140
ISBN 978-89-5989-552-6 13320

※ 책값은 뒤표지에 있습니다. 잘못된 책은 구입하신 서점에서 바꿔 드립니다.

이 도서의 국립중앙도서관 출판예정도서목록(CIP)은 서지정보유통지원시스템 홈페이지(http://seoji.nl.go.kr)와 국가자료공동목록시스템(http://www.nl.go.kr/kolisnet)에서 이용하실 수 있습니다.(CIP제어번호: 2018029447)

서울대 소비트렌드분석센터의 2019 전망

트렌드 코리아 2019

김난도
전미영
이향은
최지혜
이준영
김서영
이수진
서유현
권정윤

미래의 창

서문

Piggy Dream

모두에게 돼지꿈을

"변화란 단지 삶에서 필요한 것이 아니다. 삶 자체다.(Change is not merely necessary to life - it is life.)"

미래학자, 앨빈 토플러Alvin Toffler의 말이다. 벌써 13년째 트렌드와 변화에 대해 이야기하고 있지만 요즘처럼 이 말이 절실하게 다가온 때도 없다. 나라의 경제·외교·정책·소비가 자고 일어나면 다른 양상을 띠고 있다. 실로 변화의 시대다.

변화의 시기를 사는 것은 고단하다. 애써 익숙해진 관행을 바꿔야 하기 때문이다. 특히 비즈니스와 조직 관리의 세계에서는 더욱 그렇다. 여러 사람의 가슴에서 우러나는 변화가 한꺼번에 일어나야 한다. 변화의 필요성에 대해 가슴에서 우러나는 공감을 하더라도, 무엇을 어떻게 바꿔야 하는가를 아는 것은 전혀 다른 문제다. 환경변화의 트렌드를 정확히 이해하고 자신의 변화 방향에 대한 지향점을 분명하게 설정해야 한다. 우리 사회는 지금 어떻게 바뀌고 있는가? 우리는 어디로 가야 하는가? 작은 암시에도 민감해야 한다. 그만큼 변화가 절실하기 때문이다.

소비에 가장 결정적인 영향을 주는 경제 변수만을 두고 이야기할 때, 2019년은 전망이 그다지 밝지 않다. 역시 가장 중요한 변수는 미국이다. 도널드 트럼프 행정부가 촉발한 무역전쟁과 연방준비은행의 꾸준한 금리인상의 여파가 작지 않을 전망이다. 미국의 관세 부과는 원활한 세계 무역을 저해함은 물론 미국부터 신흥국까지 각국 경제 주체들의 소비심리를 악화시킬 우려가 크다. 특히 미국이 2019년에도 계속 금리를 인상하고 세계 각국의 중앙은행이 긴축을 시작하면, 지난 10년간 신흥국이 누려왔던 풍부한 자금이 줄어들기 시작하면서 신흥국 경제가 흔들릴 가능성이 높다. 이미 터키·아르헨티나·러시아 등의 경제에는 빨간불이 들어와 있는 상태다. 여기에 국제유가도 지속적으로 상승할 것으로 전망된다.

우리나라는 다른 신흥국보다는 양호한 상태를 보이고 있지만 전망이 밝지만은 않다. 2018년 이미 한미韓美간의 금리가 역전된 상태에서 미국이 2019년에도 계속 금리를 인상한다면 국내에 투자된 외국자금이 유출될 우려가 있다. 투자자금의 유출은 금리격차뿐만 아니라 기대환율 변화율의 함수이므로, 향후 금리와 더불어 환율동향에도 주시할 필요가 있다. 대외 경제환경이 녹록치 않은 가운데 내수 경기도 전망이 밝지는 않다. 현대경제연구원의 분석에 의하면 경기 흐름이 다운사이클로 접어들고 있다는 우려와 함께, 주요 고용지표·경기선행지수·소비자심리지수 등이 모두 떨어지고 있다.* 전술한 대로 국제 경제환경이 나빠지면서 글로벌 수요가 줄어들면 그나마 버텨주던 수출도 감소할 우려가 있으며, 국제유가도 지속적으로 상승할 것으로 전망된다. 더구나 2019년은 홀수 해가 대개 그렇지만, 올림픽·월드컵·선거 등과 같은 특별한 행사가 없다. 경제상황은 위축되는 가운데, 특별한 외적 모멘텀 없는 한 해를 맞고 있는 것이다.

그럼에도 삶은 계속된다. 지금까지 무수한 전망의 시행착오 속에서 우리가 유일하게 얻은 교훈이 있다면 어떠한 여건 속에서도 생활은 이어진다는 것이다. 생활이 소비로 치환되는 현대 사회에서 우리 사회의 골목골목마다, SNS와 인터넷의 페이지마다, 시장과 마트와 백화점마다, 어떤 형태로든 소비는 우리의 삶과 가치관을 드러내 보일 것이다. 문제는 그것이 어떤 '흐름'을 보이게 될 것인가이다. 우리는 그 흐름을 트렌드라고 부른다. 2019년에는 과연 어떤 트렌드가 우리의 어떤 변화를 호명할 것인가?

황금돼지가 만들어낼 돼지꿈의 기해년

2019년은 기해년己亥年 돼지띠 해다. 기해년의 십간 기己는 황금색을 상징하기 때문에, 굳이 표현하면 '황금돼지'의 해다. 우리나라에서는 돼지가 행운과 재복을 상징하는 동물인데 황금 역시 재물의 대명사여서, 많은 사람이 기대를 거는 한 해다. 물론 과학적인 근거는 전혀

* 현대경제연구원, 2018, 경제주평, 18021. (통원 796호)

없다고 하더라도, 한 집단이 공유하는 '마음의 버릇'은 소비에 큰 역할을 한다. 서로서로 좋은 해라고 덕담을 나누고, 결혼을 서둘러 하고, 돼지 해에 아이를 낳고, 이사를 하고 사업을 일으키면 결과적으로 경제에 긍정적인 영향을 줄 것이다. 여러 기업들도 황금돼지에 컨셉을 맞춘 마케팅 활동을 대대적으로 벌일 것이 분명하다. 황금돼지의 기운이 '자기실현적 예언'의 효과라도 거둘 수 있기를 바라는 마음이 크다.

〈트렌드 코리아〉 시리즈는 2007년 처음 키워드를 발표한 이래로 매년 책의 부제를 그 해의 띠 동물이 포함되는 영문 키워드의 조합으로 선정해 왔다. 2018년의 WAG THE DOGS 키워드를 발표함으로써 12간지 열 두 동물을 모두 돌았으니, 2019년부터는 (예컨대 별자리 같은) 새로운 조합 혹은 한글로 만든 키워드를 사용하면 어떻겠느냐는 제언도 받았다. 하지만 여러 고려 끝에 지금까지의 전통을 살려, 올해에도 돼지가 들어가는 10글자의 영문으로 키워드의 두운을 맞추기로 했다.

2018년 8월 11일 토요일에 서울대학교에서 『트렌드 코리아 2019』의 키워드를 논의하기 위한 워크샵이 열렸다. 약 200 명의 '트렌더스날' 멤버들이 한 자리에 모여 활발하고 열띤 토론을 벌였는데, 10글자 영문 키워드에 대해서도 많은 의견이 오고 갔다. "혹시 해가 서쪽에서 뜬다면"과 같이 극단적인 가정을 나타내는 'WHEN PIGS FLY'나 돼지저금통을 뜻하는 'PIGGY BANKS'와 같은 대안도 상당한 지지를 얻었지만, 역시 우리 트렌드헌터들이 가장 열렬히 공감한 것은 '돼지꿈'이었다. 아마도 2019년 대한민국에게 가장 필요한 것은 행운과 재복을 불러온다는 돼지꿈일 것이라는 소망 때문이리라.

많은 트렌더스날 멤버들과 서울대 트렌드분석센터 연구원들의 지지에 힘입어 금년에는 큰 논란 없이 돼지꿈을 뜻하는 PIGGY DREAM으로 책의 부제를 선정했다. 영어에는 길몽에 해당하는 돼지꿈에 해당하는 단어가 없었지만, 융성하는 2019년을 기원하는 소망으로는 부족함이 없을 것이라고 판단했다.

2019의 컬러는 따뜻한 '피치핑크'

올해의 표지색으로는 귀여운 아기돼지를 연상시키는 복숭아 빛 살구색 '피치핑크'peach pink를 선정했다. 선명한 핑크보다 약간 빛이 바랜 색으로, 금년도 트렌드 키워드 중의 하나인 '뉴트로(New-tro, 신세대를 위해 재해석한 복고)'의 느낌을 살리고자 했다. 영화에서 회상장면을 쓸 때 종종 핑크빛 필터를 사용해 과거의 느낌을 준다고 한다. 예전에 흔히 '살색'이라고도 불렸던 피치핑크 컬러는 화장할 때 생기를 돋우는 블러셔로 많이 사용하는 색이기도 하다. 잿빛 짙어가는 우리 소비 시장에 활력을 채색하고 싶다는 기원도 담겨 있다.

2016년의 빨강, 2017년의 핫핑크, 2018년의 오렌지, 그리고 2019년의 피치핑크까지……. 생각해보니 4년 연속 따뜻한 색warm color을 표지에 쓰고 있다. 무의식적으로 선정한 것이었겠지만, 독자들에게 따뜻한 느낌과 온화한 위로를 주고자 했던 것 같다. 그만큼 지난 몇 년간 우리 사회와 경제에 날이 서 있었다는 반증일지도 모른다. 내년에는 경쾌한 승승장구를 상징하는 색깔을 표지로 삼고 싶다.

2019년 키워드의 흐름

원자화·세분화하는 소비자들이 환경 변화에 적응하며 정체성과 자기 컨셉을 찾아가는 여정

PIGGY DREAM으로 표현되는 2019년 트렌드 키워드들은 어떤 흐름 속에서 이해할 수 있을까? 키워드의 개별적인 내용은 이어지는 요약표와 제2부에서 상세히 다루고 있기 때문에 여기서는 전체적인 흐름만을 간략히 짚어본다.

먼저 큰 흐름을 한 문장으로 요약하면 "원자화·세분화하는 소비자들이 시대적 환경 변화에 적응하며 정체성과 자기 컨셉을 찾아가는 여정"이라고 표현할 수 있다.

극도로 개인화된 SNS를 기반으로 소통하고 1인가구화가 빠르게 진행하면서 우리 사회는 시간이 갈수록 원자화하고 있다. 그 결과 타인의 시선에 민감하게 반응했던 소비자들이 이제는 자기만의 기준으로 소비하고 스스로를 지켜내려는 **나나랜드** 소비자가 되어간다.

개성을 키우고 정체성을 찾아가는 것은 바람직한 일이겠지만 부작용도 없지는 않다. 어릴 때부터 디지털 미디어에 의존해 소통해온 젊은 소비자들은 감정을 타인과 나누기 어려워하고 종국에는 **감정대리인**을 통해 자기 느낌을 표현하려는 경향을 보이고 있다.

감정을 나누기 어렵고 사람 간의 소통이 소원해질 때 가장 쉽게 얻을 수 있는 자기인식은 '고객'이라는 지위다. 고객으로 행세할 때 가장 융숭한, 어쩌면 과도한 대접을 받을 수 있는 것이다. 이러한 배경 속에서 일부 몰지각한 고객들이 행하는 소소하지만 견디기 어려운 미시적 갑질이 문제가 되고 있다. 예전에는 '고객이 왕'이라고 참아 넘겼지만, 이제는 감정근로자들도 엄연한 정체성을 가진 하나의 주체로 스스로를 인식하기 시작했다. 결국 **매너소비자**의 역할이 사회적으로 큰 조명을 받을 것으로 전망된다.

이러한 변화는 인간관계의 종착지라고 할 수 있는 가족관계에까지 영향을 주고 있다. 가족 구성원들이 전통적인 산업사회 대가족 구조에서 당연하게 인식하고 있던 자기 역할을 부정하고 개체로서의 정체성을 재모색하는 새로운 **밀레니얼 가족** 관계를 지향하고 있다.

시장환경도 급변하고 있다. 취업은 어렵고 자영업은 고전하는 가운데 플랫폼과 결제기술의 발전은 일반 소비자의 생산·유통활동에의 진입비용을 극도로 낮추고 있다. 수많은 1인 사업자들이 SNS와 플랫폼을 기반으로 자신의 재능과 상품을 판매하기 시작한 것이다. 이러한 **세포마켓**의 확장은 마치 생물체의 기본단위인 세포가 증식하듯 우리 경제와 유통의 새로운 판도를 형성하게 될 것이다.

환경문제 역시 심각해져가고 있다. 소비자 안전에 대한 기대수준이 높아지고 기상이변이 일상화하면서 이제 친환경이 아니라 **필환경** 시대에 진입했다는 인식이 자리 잡았다. 그동안 "하면 좋은 것"이라던 친환경 운동과 상품이 이제는 "살아남기 위해 반드시 해야 하는 것"으로 인식되는 사회적 분위기가 성숙하고 있다.

정보기술IT의 발전은 언제나 눈부시다. 최근에는 특히 인공지능, 클라우드 컴퓨팅, 안면인식 등 데이터 식별 기술의 발전이 우리 생활을 빠르게 바꿔놓고 있다. 이러한 진보 속에서 2019년 가장 주목해야 할 기술적 성취는 바로 데이터 기술이다. 충분한 데이터 없는 인공지능은 소프트웨어 없는 컴퓨터와 같다. 이제 인공지능을 넘어선 **데이터 지능**의 기술이 다양한 영역의 의사결정을 데이터에 의해 최적 수준으로 가능하게 만들어 줄 것이다. 이른바 데시젼 포인트Dacision Point에 접근하고 있다.

이러한 미시적·거시적 변화 속에서 우리 모두는 어떻게 스스로를 지키며, 또 기업은 그들을 상대로 비즈니스를 할 수 있을 것인가? 모든 것은 정체성의 문제다. 스스로를 어떻게 규정할 것인가가 변혁의 시대에 가장 필요한 '마음의 방패'다. 정체성은 어떻게 찾는가? 개념, 즉 **컨셉**의 연출로 가능하다. 최근 소비자들이 그냥 멋진 것이 아니라 자기 컨셉과 맞는 것에 열광하는 이유가 바로 여기에 있다. 기업이 살아남기 위해서는 이제 마케팅을 넘어 컨셉팅이 필요하다.

비대면 온라인 시장이 폭발적으로 성장하면서, 이론적으로는 집 밖에 한 발짝 나가지 않고서도 얼마든지 구매가 가능하게 됐다. 뒤집어 말하면 오프라인 상업공간에는 큰 위기가 닥친 것이다. 그래서 공간에도 컨셉이 절대적으로 필요하게 됐다. 기존의 정체성에 새로운 컨셉을 적용한 신개념의 공간 **카멜레존**이 주목받는 이유다.

컨셉에도 여러 종류가 있지만, 경기가 나쁘고 사회가 불안할 때 가장 쉽게 기댈 수 있는 곳이 과거다. 과거는 늘 미화되기 때문이다. 그래서 불경기에는 복고 트렌드가 자주 관찰된다. 하지만 그 미화된 과거를 알지 못하는 젊은 세대조차 복고에 열광하고 있다는 사실은 매우 흥미롭다. 새로운 복고, **뉴트로**의 등장이다.

컨셉, 카멜레존, 뉴트로 트렌드는 정체되는 시장상황을 헤쳐 나갈 2019년의 '신무기'가 될 것으로 예상된다.

감사의 글

〈트렌드 코리아〉 시리즈의 권수가 쌓여갈 때마다 겸손도 함께 배운다. 여러 분들의 도움이 없다면 13년은 고사하고 단 한 해도 제대로 된 키워드를 만들 수 없을 것이다. 금년에도 이 책을 완성하기까지 많은 분들의 도움을 받았다.

먼저 트렌드 키워드 선정을 위한 기초자료인 트렌다이어리Trendiary를 성심껏 작성해주고 수차례의 세미나에 참석해 참신한 아이디어를 모아준 트렌드헌터그룹 '트렌더스 날 2019' 여러분들에게 감사한다. 거친 초고를 아름답고 바른 문장으로 다듬어준 조미선 작가와 여러 가지 행정일과 교정 작업을 도맡아준 김영미 연구원, 아름다운 프레젠테이션 파일을 제작해준 황선기 디자이너, 원어민의 입장에서 영문 키워드의 적정성을 검토해주는 미셸 램블린Michel Lamblin 씨에게 감사한다. 서울대 소비트렌드분석센터와 소비자행태연구실 연구원들의 노고도 컸다. 10대상품 및 트렌드분석 기초자료 조사를 위해 헌신적으로 노력한 한다혜 연구원, 중국 트렌드 관련 자료를 모으는데 수고해준 단암 연구원, 일본 시장의 변화를 지속적으로 업데이트해주는 김정수 연구원, 그리고 방대한 밑자료를 모으고 분석해준 고정 · 권정현 · 이혜원 · 장지연 · 마윤남 · 심흔서 · 주린 연구원에게 깊이 감사한다. 또한 '2018년 대한민국 10대 트렌드 상품'을 선정하는 과정에서 까다로운 조사를 신속하고 정확하게 실시해준 마크로밀 엠브레인, 그리고 탄탄한 빅데이터 분석을 통해 키워드의 타당성을 높여주신 신한카드 임영진 사장님과 신한카드 빅데이터연구소에도 깊은 감사의 말씀을 드린다. 마지막으로 지난 11년간 변함없이 출간을 허락해주신 미래의창 성의현 대표님과 직원 여러분께도 변함없는 신뢰의 마음을 전하고 싶다.

돼지꿈 같은 책이 되길 소망하며

소확행, 가심비, 워라밸 세대, 언택트기술, 케렌시아, 미닝아웃……. 돌아보면 『트렌드 코리아 2018』에서 제안했던 키워드가 한국 사회에서 중요한 열쇠말로 작용했던 한 해였다. 이제 2019년 10대 키워드를 세상에 공개하려니 "전년보다는 더 알찬 키워드여야 한다"는 책임감에 마음이 무겁다. 지난 〈트렌드 코리아〉를 다시 읽는다는 분을 자주 만난다. 우리의 소망은 독자들이 전년도의 책을 새로 읽을 때, 대한민국 소비트렌드를 현재진행형으로 분석하고 있다는 느낌을 갖도록 하는 것이다. 이 작업은 늘 힘에 부친다.

그럼에도 우리가 어렵게 트렌드 키워드를 만들어내는 이유는 하나다. 우리 오랜 독자들이 이 키워드를 활용해 또 한 해의 준비를 잘 해나갈 수 있게 돕는 것이다. 독자의 삶과 비즈니스에 변화의 자극이 될 수 있는 작은 모멘텀이 되는 것이다. 이 책이 독자 여러분께 좋은 도약의 계기를 마련하는 돼지꿈 같은 책이 되기를 소망한다.

2018년 10월

대표저자 김난도

CONTENTS

2 2019년 소비트렌드 전망

2019년 10대 소비트렌드 키워드

P lay the Concept
컨셉을 연출하라

그냥 좋아서는 안 된다, 컨셉이 있어야 한다. 가성비나 품질보다 컨셉이 중요해진 시대다. 소비자들은 자신만의 개성 있는 컨셉을 연출하는 컨셉러를 자처하고, 기업은 컨셉 충만한 상품·서비스·공간을 앞다투어 내놓는다. 재미있거나 희귀하거나 공감할 수 있는, '갬성' 터지는 것이라면 무엇이든 컨셉이 될 수 있다. 이미지에 열광하고 변화를 거듭하는 젊은 층은 기능이 아니라 컨셉을 소비한다. 구구절절한 설명보다 컨셉이 우선이다. 마케팅하지 말고 컨셉팅하라.

I nvite to the 'Cell Market'
세포마켓

유통이 극도로 세분화된다. 세포 단위의 시장이 만들어진다는 의미에서 세포마켓(Cell Market), 소비자가 직접 판매한다는 의미에서 셀슈머(Sellsumer)라고 명명한다. 이들은 자신의 SNS 팔로워, 문화적 감성, 혹은 재능을 기반으로 유통의 새 판을 짠다. 취업은 어렵고 자영업은 고전하는 상황에서 여러 직업을 수행하는 'N잡러', 소비자가 직접 소비자를 만나는 플랫폼, 비대면 결제 수단, 소셜 인플루언서가 증가하며 시장에 새로운 질서가 생겨나고 있다. 세포마켓은 경제의 새로운 활력임과 동시에 새로운 부작용도 초래할 것이다.

G oing New-tro
요즘옛날, 뉴트로

다시 옛날 것이 뜨고 있다. 단, 복고(retro)가 아니다. 새로운 복고 '뉴트로(New-tro)'다. 레트로가 장년층의 향수에 기댄다면, 뉴트로는 젊은 세대가 느끼는 옛 것의 신선함으로 승부한다. 과거 황금기의 대표 제품을 복각한 상품이 전통(heritage)을 강조하며 새롭게 선보이고, 모자라고 낡은 것이 인기를 끄는 '와비사비'가 눈길을 끈다. 뉴트로는 새로운 것에 지쳐가는 소비자들이 그 새로움의 원천을 이제 과거에서 찾고 있다는 점에서 단순한 복고와는 구별된다. 뉴트로의 핵심은 과거의 단순한 재현이 아니다. 새로운 해석이다.

G reen Survival
필환경시대

그동안 환경친화적 제품이 단순히 '하면 좋은 것'이었다면, 이제는 살아남기 위해 반드시(必) 해야 하는 것이 됐다. 소비자 안전에 대한 사회적 기준이 높아지고 기상이변으로 환경에 대한 인식이 절실해지며 친환경 소비가 폭발적으로 늘어날 전망이다. 모든 소비에서 환경오염을 최소화하려는 '제로 웨이스트' 개념이 확대되고, 유해 성분이 포함되지 않았는지 꼼꼼히 확인하는 체크슈머(check-sumer)가 늘어난다. 패션에도 친환경이 등장하고 동물복지에 대한 관심이 늘어나는 등, 지난 10여년 간 성장해온 환경지향 소비가 질적·양적으로 성숙하는 한 해가 될 것이다.

Y ou Are My Proxy Emotion.
감정대리인, 내 마음을 부탁해

정보의 과잉과 가짜뉴스 속에서 무엇도 확신할 수 없어진 결정장애 세대, 그리고 어릴 때부터 디지털 기기와 상호작용하며 사람 간의 관계맺기를 힘들어하기 시작한 디지털 원주민들이 어느덧 인간의 가장 원초적인 본성인 감정조차 타인으로부터 답을 구하고 있다. 리액션 전문 패널을 중간에 끼운 '액자형' 관찰예능 프로그램을 즐기고, '대신 화내는 페이지'를 찾아 감정조차 외주 준다. 사람 간의 접촉을 대신하는 언택트 기술과 희석돼가는 대안관계 속에서 이제 감정 표현조차 대리인을 찾게 된 것이다.

Data Intelligence

데이터 인텔리전스

인공지능(AI)에서 데이터지능(DI)으로 의사 결정의 패러다임이 다시 한번 진화한다. 데이터 인텔리전스는 인공지능과 알고리즘 분석 기술이 결합하고, 여기에 클라우드 컴퓨팅, 안면 · 음성인식 등 데이터 식별 기술이 통합된 것이다. DI는 단순한 기술의 문제가 아니다. 데이터를 정보로, 정보를 지식으로, 지식을 지혜로 향상시킬 수 있는 통찰이 핵심 역량이 된다. DI는 의료 · 엔터테인먼트 · 미용 · 패션 · 물류 · 금융 · 공공 등 향후 모든 산업에 확산될 것이다. 결정(decision)은 철저히 데이터에 입각해 이뤄지는 데시젼(dacision)으로 변화할 것이다. 이제 데이터가 말하게 하라.

Rebirth of Space

공간의 재탄생, 카멜레존

공간이 다시 태어나고 있다. 유통 공간이 카페로, 책방으로, 전시회장으로 변신한다. 카멜레온이 주변 상황에 따라 색깔을 바꾸듯, 현대의 소비 공간은 상황에 맞춰 변신하는 카멜레존(Chamelezone)이다. 이는 시장의 급변에 따른 필연적 변화다. 비대면 유통의 발달로 위축된 오프라인 상권이 다시 고객을 모아야 하고, 기상 변화에 따라 실내로 모여드는 소비자들에게 새로운 경험을 제공해야 하기 때문이다. 중요한 것은 '컨셉'이다. 고객이 참신하게 받아들일 수 있고, 업의 본질과 시너지를 낼 수 있는 제대로 된 컨셉이 공간의 성패를 가를 것이다.

Emerging 'Millennial Family'

밀레니얼 가족

엄마가 변한다. 밥을 해주는 것이 아니라 사주고, 남는 시간은 자신에게 투자하는 '밥 잘 사주는 예쁜 엄마'가 된다. 엄마만의 변화가 아니다. 가족의 형태가 다양해지고 생각이 달라진다. 탈며느리 · 탈시부모를 선언하고 부모-자식 간의 소통은 '단톡방'으로 이뤄진다. 그로써 남는 시간은 각자의 의미 있는 일에 몰두한다. 가족의 변화는 산업에도 큰 변화를 초래한다. 각종 '도우미 경제'가 발달하고, 간편 가정식과 신종 가전기기의 인기를 드높인다. 이전의 가족과는 확연히 구별되는 신종족, 21세기형 밀레니얼 가족이 우리 집을 바꿔놓고 있다.

As Being Myself

그곳만이 내 세상, 나나랜드

남의 눈길은 중요하지 않다. 이제 나만의 시선이 절대적이다. 한국 소비자는 타인지향성이 강하다고 알려졌지만, 이제 자기만의 기준으로 스스로를 사랑하고 지키려는 사람들이 늘고 있다. 미의 강박에 시달렸던 여성들이 당당히 코르셋을 벗기 시작했다. 기성세대가 의미 있다고 여겼던 삶에 반기를 들며 자기만의 무민(無mean) 라이프스타일을 지향한다. 나나랜드는 전년도의 '자존감' 키워드가 '자기존재감'으로, 욜로가 '횰로'(혼자하는 욜로)로 진화하고, 소확행 트렌드가 개별화한 것이다. 궁극의 자기애로 무장한 새로운 소비자들이 몰고 올 시장의 변화에 대비하라.

Manners Maketh the Consumer.

매너소비자

매너가 소비자를 만든다. 일부 소비자들의 '소소한 갑질'이 늘어나면서 근로자들의 보호가 차츰 이슈화되고 있다. 주 52시간 근로나 워라밸이 직장 문화의 양적 변화라면, 감정 노동으로부터의 보호는 그 질적인 변화다. 지금까지 고객에 대한 무조건적 친절을 요구했다면, 이제는 소비자 매너와의 균형을 도모하는 '워커밸'(worker-customer-balance)을 지향하게 될 것이다. 그러지 않고서는 신세대 직원들의 이직을 막을 수 없기 때문이다. 아울러 노쇼, 오버투어리즘, 허위 · 악성 댓글, 블랙컨슈머 등 소비자 매너와 관련된 여러 이슈가 사회적 의제로 등장할 것이다.

〈트렌드 코리아〉 선정
2018년 대한민국 10대 트렌드 상품

2018년에는 어떤 상품이 인기 있었고, 또 그 배경이 된 트렌드는 무엇일까? 서울대학교 생활과학연구소 소비트렌드분석센터가 선정한 '2018년도 10대 트렌드 상품'을 통해 살펴보자.

선정 방법

〈트렌드 코리아〉 시리즈는 2014년부터 매년 '10대 트렌드 상품'을 선정해왔는데, 매년 일관된 방법론과 기준을 유지하기 위해 노력하고 있다. 그 과정은 다음과 같다.

후보군 선정

먼저 '트렌드 상품'의 후보는 단순히 물리적인 제품뿐만 아니라, 인물·이벤트·사건·서비스 등을 모두 포함시켰다. 또한 조사 시점이 9월 중순이라는 점을 고려해 2018년 트렌드 상품으로 선정하기 위한 기준 기간을 '2017년 10월부터 2018년 9월'로 조정했다.

후보 제품군은 주관적 및 객관적 자료를 기반으로 엄격하게 선정했다. 먼저 주관적 자료는 트렌드분석센터의 트렌드 헌터 모임인 '트렌더스 날' 멤버 154명이 각자 10개 제품을 추천하는 방식으로 총 130개의 후보를 확보했다. 다음으로 객관적 자료는 국내 유통사와 언론사에서 발표하는 판매량 순위와 히트 순위 등을 다수 수집해 작성했다. 참고한 유통사는 온라인 쇼핑몰(11번가·옥션), TV홈쇼핑(GS홈쇼핑·CJ오쇼핑·롯데홈쇼핑·현대홈쇼핑·NS홈쇼핑·홈앤쇼핑)이며, 이 외에도 제품과 관련된 언론 기사(조선일보·이데일리·매일경제·동아일보)를 참고했다.

이렇게 나열된 후보들을 한국표준산업분류의 대분류 및 산업중분류를 기준으로 하위 항목으로 분류하고, 각 분야마다 다양한 트렌드 상품 후보군이 등장하는지 확인했다. 최종적으로 식품, 패션·뷰티, 전자, 자동차, 유통·장소, 외식, 여가, TV, 영화, 음원, 게임, IT·SNS, 인물, 광고·마케팅, 금융, 공공, 기타 부문에서 43개의 후보 제품이 선정됐다.

설문조사

조사 전문기관 마크로밀엠브레인에 의뢰해, 나이·성별·지역에 대한 인구분포를 고려한 전국 단위의 대규모 온라인 설문조사를 실시했다. 응답 방식은 제시된 총 43개 후보 제품군 중 2018년을 대표하는 트렌드 상품 10개를 순위 없이 선택하게 했고, 아울러 설문에 등장하는 후보 상품의 '보기' 순서를 무작위로 순환하도록 해 예시의 순서가 선정에 미치는 영향을 최소화하도록 문항을 설계했다. 2018년 9월 12일부터 9월 19일까지 시행된 조사에 총 2천 명이 응답했으며, 표본 오차는 신뢰수준 95%에서 ±1.97%였다.

10대 트렌드 상품 선정

최종 마무리된 설문조사 순위를 주요 기준으로, 서울대학교 생활과학연구소 트렌드분석센터의 연구원들의 치열한 토론과 심사를 거쳐 '10대 트렌드 상품'을 최종 선정했다. 전년도와 마찬가지로, 트렌드 상품 선정의 가장 중요한 기준은 "해당 연도의 트렌드를 가장 잘 반영하는 상품인가" 혹은 "트렌드를 선도하는 의미가 높은 상품인가"이다. 따라서 단지 최근에 발생해 소비자의 기억 속에서 쉽게 떠올려지는 사례, 선거나 스포츠 행사처럼 반복되는 사건, 2018년이라는 특성을 반영하지 못하는 TV 프로그램이나 영화는 제외했다. 출시 시기도 최초 출시된 시기를 기준으로 하지 않고, 그것이 화제가 된 시기를 주요 기준으로 했다. 이러한 기준을 바탕으로 최종 선정된 '2018년 10대 트렌드 상품'은 나열 순서가 순위를 의미하지 않도록 가나다순으로 서술했다.

응답자의 인구통계적 특성

분류		응답자 수(%)
성별	남자	1,026(51.3%)
	여자	974(48.7%)
연령	만 15~19세	189(9.5%)
	만 20~29세	382(19.1%)
	만 30~39세	444(22.2%)
	만 40~49세	510(25.5%)
	만 50~59세	475(23.8%)
직업	직장인	1,093(54.7%)
	자영업	148(7.4%)
	파트타임	71(3.6%)
	학생	307(15.4%)
	주부	222(11.1%)
	무직	110(5.5%)
	기타	49(2.5%)
월평균 가계 총소득	200만 원 미만	193(9.7%)
	200만 원 이상~300만 원 미만	289(14.5%)
	300만 원 이상~400만 원 미만	358(17.9%)
	400만 원 이상~500만 원 미만	357(17.9%)
	500만 원 이상~600만 원 미만	312(15.6%)
	600만 원 이상	491(24.6%)

분류		응답자 수(%)
지역	서울	405(20.3%)
	부산	135(6.8%)
	대구	98(4.9%)
	인천	119(6.0%)
	광주	57(2.9%)
	대전	62(3.1%)
	울산	48(2.4%)
	경기	499(25.0%)
	강원	59(3.0%)
	충북	60(3.0%)
	충남	77(3.9%)
	전북	68(3.4%)
	전남	65(3.3%)
	경북	99(5.0%)
	경남	126(6.3%)
	제주	23(1.2%)

총 2,000명(100%)

10대 트렌드 상품의 소비가치

최종 선정된 2018년도 10대 트렌드 상품을 종합해보면, 우리 사회를 관통하는 2018년의 몇 가지 흐름을 발견할 수 있다. 첫째, 현재 지향적 행복을 추구하려는 움직임이 두드러졌다. 멀리 떠나지 못해도 가까운 곳으로 나만의 휴식을 찾아 떠나는 '근거리 단기여행'이 확산되었으며, 이에 따라 '이영자 맛집'으로 불리는 휴게소 메뉴들이 인기를 얻었다. 또한 다양한 활동을 즐길 수 있는 '케렌시아'로서 집의 중요성이 커지면서 집에서 셀프케어를 통해 소소한 행복을 즐기려는 '홈뷰티' 제품이 다양하게 소개되었다.

둘째, 공감과 소통에서 재미와 의미를 느끼는 소비자들의 행보가 관찰되었다. 한정판 '굿즈'를 구입하고 SNS에 공유하는 행위는 일종의 놀이로 자리 잡았으며, 〈하트 시그널〉이나 〈전지적 참견 시점〉 등 '관찰예능'이 인기를 끈 것도 시청자가 공감하는 콘텐츠였기 때문이었다. '배틀로얄 게임' 장르는 '보는 게임'의 성공 공식을 증명했다. 특히 게임을 중계하는 사람과 중계를 보는 사람들이 채팅창으로 소통하는 플랫폼이 성공의 한 요소였다는 점은 소비자와 어떻게 소통할 것인가에 대한 시사점을 제공해주었다.

셋째, 소비 시장에 등장한 새로운 세대의 자기만족적 가치관이 변화를 이끌었다. 1980년 전후로 태어난 워라밸 세대는 직장에서의 일과 삶의 균형뿐 아니라 집안일과 삶에 있어서도 균형을 추구하면서 '가정식 대체상품'의 주 소비층으로 부상했다. 'AI 스피커' 역시 나만을 위한 최적화된 정보를 원하는 소비자들의 니즈와 맞아떨어졌다.

대한민국 10대 트렌드 상품

〈트렌드 코리아〉 선정 2018년 10대 트렌드 상품(가나다순)

가정식 대체상품	• 1인 가구 증가와 워라밸 세대의 가치관 • 최소의 노력으로 근사한 식사를 누리고 싶은 심리
관찰예능	• 출연진과의 자연스러운 공감대 형성 • 감정의 대리만족
굿즈	• 한정판 굿즈로 소통하는 밀레니얼 세대의 등장 • 주관적 만족을 중시하는 가치소비 트렌드 확산 • 브랜드 각인을 위한 기업들의 전략
근거리 단기여행	• 워라밸 세대와 주 52시간 근무제 • 소확행을 추구하는 라이프스타일 • 저비용 항공사 시장의 성장
방탄소년단	• 스토리텔링으로 완성도를 높인 무대와 음악 • 진정성 있는 이야기를 담은 가사 • 소셜 네트워크 서비스SNS를 기반으로 한 수평적인 소통
배틀로얄 장르 게임	• 과금 없이 게임력으로 승부하는 공정한 경쟁 시스템 • 경쟁 지향적 현실의 간접 체험 • 보기만 해도 재미있는 게임
AI 스피커	• 개인별로 최적화된 정보에 대한 니즈 • 기업들의 플랫폼 경쟁
키오스크	• 대면 접촉에 피로를 느끼는 현대사회 • 비용 절감을 위한 효율적인 대안
펫 관련 용품 및 서비스	• 대안관계 • 1인 가구·딩크족·노인 가구 등 새로운 가족 형태의 확산
홈뷰티	• 가성비를 추구하는 소비자 • 집이 놀이터가 되는 케렌시아 트렌드

10대 트렌드 상품의 의미

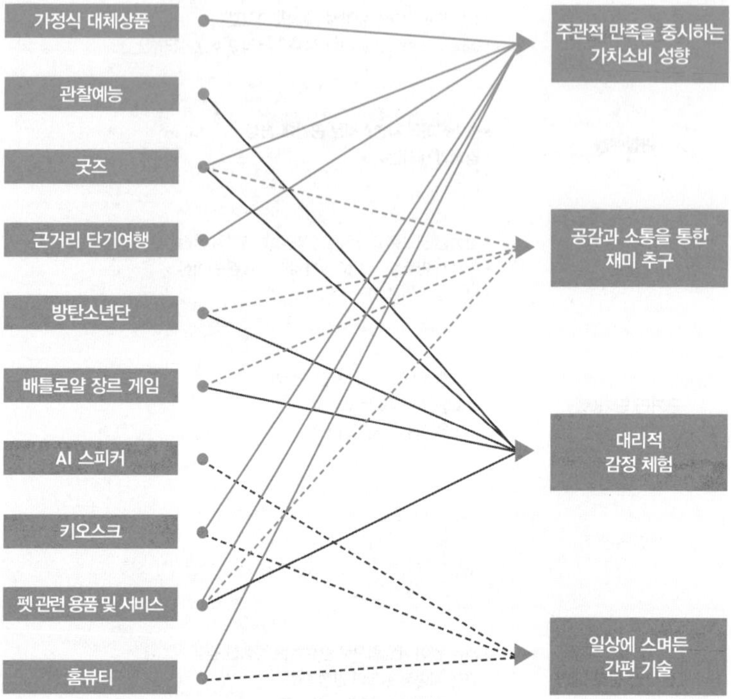

마지막으로 2018년은 기술이 일상에 스며들면서 간편 기술을 생활 속에서 마주치게 되는 한 해였다. 특히 개인 비서로 자리 잡고 있는 'AI 스피커'는 AI 기술의 무한한 진화를 기대하게 만든다. 또한 '키오스크'는 인간관계에서 피곤함을 느껴 대면 접촉을 피하고 싶은 소비자의 마음, 최저임금 인상으로 인한 비용 절감 노력이 언택트 기술과 만나 파급력이 커진 사례다. 특정 기술이 확산되기 위해서는 소비자의 니즈와 사회적 조건이 중요함을 다시 한번 확인할 수 있다.

대한민국
10대
트렌드 상품

가정식 대체상품

가정식 대체상품은 가정식 대체식품과 식품 배송 서비스를 포괄하는 개념이다. 가정식 대체식품Home Meal Replacement이란 식재료 손질을 최소화해 가공·포장한 음식을 데우거나 끓이는 등 단순 조리만 거치면 먹을 수 있도록 만든 즉석식품이다. 대한민국 식탁에 이 가정식 대체식품 바람이 불고 있다. 지난 10년간 HMR 소매시장은 연평균 19.1%씩 성장해왔다. 이마트 HMR 브랜드 '피코크'의 2017년 매출액은 전년 대비 20%가량 증가했으며, 2018년 9월에는 1천 개 이상의 상품을 갖춘 피코크 전문 매장을 내기도 했다. 롯데마트와 현대백화점 등 유통사들도 연이어 HMR 시장에 뛰어들고 있다.

가정식 대체식품은 배송 서비스라는 날개를 달고 더 확장 중이다. 한국야쿠르트는 전국 1만3천여 명의 야쿠르트 아줌마 유통망을 활용해 신선간편식 정기배송 서비스 '잇츠온'을 출시했는데, 1년 만에 345만 개를 팔았다. 스타트업 마켓컬리도 아침 7시 전에 배달해주는 새벽 배송으로 유명해졌다.[1] 농촌진흥청의 2018 농식품 소비트렌드 분석 결과, 지난 8년간 온라인 농식품 구매액은 354.6% 증가했으나 오프라인 구매액은 6.5% 증가에 그쳤다. 대신 HMR 시장이 2017년 기준 3조 원 규모로 커졌으며 새벽배송 시장은 2015년 100억 원에서 2018년 약 4천억 원으로 급성장할 것으로 예측되었다.[2]

출처: 피코크

가정식 대체상품 성장의 원동력은 여전히 1인 가구이나, 최근에는 다인 가구에서도 HMR 소비가 증가하고 있다는 점에 주목해야 한다. 워라밸 세대는 '집안일과 삶의 균형'도 중요시한다. 요리 시간을 최대한 줄여서 휴식과 자기계발에 투자하겠다는 것이 이들의 가치관이다. 이러한 경향은 자녀가 있든 없든 일관된 모습을 보인다. 앞서 언급한 농촌진흥청의 보고서에 따르면 친환경 이유식 시장이 2013년에서 2017년까지 20배나 성장한 것으로 나타났다. 직접 이유식을 만드는 것보다 전문적이고 믿을 만한 제품을 구매하는 것이 경제적, 영양학적으로 합리적이라고 여기는 것이다.

출처: 피코크

한 끼를 먹더라도 근사하게 먹고 싶다는 심리가 반영된 결과이기도 하다. 가정식 대체식품은 인스턴트나 레토르트 식품과는 다르다. 간편하고 맛있으며 상을 차렸을 때 근사한 요리처럼 보이길 원하는 소비자들은 최소한의 노력으로 최대한의 만족을 누릴 수 있는 HMR을 찾는다. HMR 메뉴가 국·찌개 등 집밥에서 다양한 외국 음식, 유명 셰프의 시그니처 메뉴로 확장되는 현상이 이를 방증해준다.

향후 전망

현재 한국의 가공식품 시장 규모에서 HMR의 비중은 4%에 불과하다. 이는 그만큼 HMR 시장의 성장 여력이 남아 있다는 뜻이기도 하다. 10년 후에는 HMR 시장이 17조 원에 달할 것이라는 전망도 있다.[3] HMR 시장은 앞으로 타깃이 다변화되며 그에 따른 특화 메뉴도 등장할 것으로 예측된다. 특히 시니어 1인 가구가 주목되는데, 국내 실버푸드 시장은 2017년 기준 3년 만에 68.5%의 성장세를 보였다.[4] 케어간편식Care-HMR 시장도 눈여겨볼 만하다. 2015년 당뇨 맞춤형 식단 컨셉으로 시작한 '닥터키친'은 매 분기 30~40%대의 성장세를 유지하고 있다.[5] HMR 시장은 다른 산업에도 영향을 미친다. 2017년 라면 시장의 규모는 2조 원 이하로 떨어졌는데, 이러한 경향은 2018년에도 이어질 것으로 예측된다. 전기밥솥의 매출도 꺾이고 있다. 롯데 하이마트에 따르면 2018년 8월 기준 전기밥솥 판매액은 전년 동기보다 5%나 줄어든 것으로 나타났다.[6]

★ 관련 키워드

『트렌드 코리아 2013』, 나홀로 라운징
『트렌드 코리아 2016』, 대충 빠르게, 있어 보이게
『트렌드 코리아 2018』, '워라밸' 세대, 만물의 서비스화

대한민국
10대
트렌드 상품

관찰예능

관찰예능 프로그램이 대한민국의 안방극장을 장악하고 있다. 현재 방영 중인 예능 프로그램의 절반 이상이 관찰예능으로 분류될 수 있을 정도다. 관찰예능은 다큐멘터리 형식을 예능 프로그램에 접목한 것으로, 기본적인 상황만 준 채 제작진의 개입을 최소화해 출연진의 자연스러운 모습을 담는다. 최근에는 단순히 출연진을 관찰하는 것에서 더 나아가 출연진의 영상을 보고 패널들이 감상과 해석을 첨언하는 '액자형 관찰예능'이 증가하는 추세다. 금요일의 강자로 굳건히 자리 잡은 〈나 혼자 산다〉를 비롯해 〈미운 우리 새끼〉, 〈전지적 참견 시점〉 등 시청률이 높은 프로그램은 대부분 이러한 형태를 띤다. 연예인이 아닌 일반인의 애정 구도와 남녀 간의 심리를 보여주는 관찰예능도 인기였다. 대표적으로 채널A에서 방영된 〈하트 시그널〉은 시즌1의 인기에 힘입어 방송한 시즌2에서도 출연진 모두가 화제가 되며 연예인 못지않은 인기를 누렸다.

관찰예능의 인기 비결은 무엇보다 공감 형성이 쉽다는 점을 들 수 있다. 관찰예능에서는 제작진의 개입을 최소화하기 때문에 출연자들이 평소의 자연스러운 모습을 보여준다는 특성이 있다. 스크린 속에

출처: 각 사의 네이버 TV캐스트

■ ■ ■ 최근 선풍적인 인기를 끌고 있는 관찰예능 〈나 혼자 산다〉와 〈미운 우리 새끼〉

서 도도한 이미지로 무장하던 연예인의 흐트러진 모습, 정돈되지 않은 방 등에서 시청자들은 '나도 저렇게 살고 있는데', '내 방도 저렇지' 하며 동질감을 느끼는 것이다. 취업포털 커리어가 직장인 337명을 대상으로 관찰예능의 인기 요인을 조사한 결과 '일상생활에서 자연스러운 공감대를 형성할 수 있어서'라는 이유가 1위로 꼽혔다.[7] 시청자들은 화려한 줄만 알았던 연예인도 일상생활은 우리와 별반 다르지 않다는 사실에 공감을 느끼고, 이는 해당 연예인에 대한 친밀감으로 이어진다. 때문에 연예인들도 이미지에 변화를 주려는 목적으로 관찰예능 출연을 선호하기도 한다.

다음으로 감정의 대리만족을 꼽을 수 있다(『트렌드 코리아 2019』 '감정대리인' 참조). 무엇보다도 출연자의 영상을 두고 연예인 패널들이 해석을 덧붙이는 액자형 관찰예능이 인기라는 점에 주목해야 한다. 예컨대 〈하트 시그널〉의 경우 남녀 간 모호한 행동이나 복잡한 시그널이 오갈 때마다 정신과 전문의, 작사가 등이 덧붙이는 해석을 통해 출연자들의 감정에 대리만족하는 재미가 배가되었다. "나도 저렇게 썸타고 싶다"는 심리는 시청자들이 연애 관찰예능 출연자들에게 감정이입하는 가장 강력한 요인으로 작용한다.

향후 전망

많은 관찰예능들이 쏟아지다 보니 일각에서는 피로하다는 목소리도 나온다. 앞서 소개한 프로그램 외에도 채널A의 〈아빠본색〉, MBN의 〈우리 집에 해피가 왔다〉 등 현재 방영 중인 관찰예능의 수도 적지 않은데, 앞으로 방영 예정인 프로그램들도 대부분 같은 포맷을 취하고 있기 때문이다. 따라서 향후 관찰예능은 전통적인 포맷의 변화나 출연진의 다양화 등 이를 타개하기 위한 전략이 시도될 것으로 보인다. 최근 방영된 JTBC 〈랜선라이프〉는 연예인이 아니지만 연예인 못지않은 영향력을 행사하는 크리에이터들의 24시간을 밀착 관찰하는 것으로 출연진의 변화를 시도해 시청자들의 호평을 받고 있다. 또 MBC에서 방영 중인 〈전지적 참견 시점〉은 연예인의 그늘에 가려져 있던 매니저들의 일상을 주목하여 새로운 재미를 선사하기도 했다. 이처럼 같은 관찰예능이라도 어떤 변화 포인트를 만들어내느냐가 향후 관찰예능의 성패를 가를 것으로 전망된다.

★ 관련 키워드

『트렌드 코리아 2009』, 스타와 대중, 자리 바꾸기

『트렌드 코리아 2014』, 관음의 시대, '스몰브라더스'의 역습

대한민국 10대 트렌드 상품

굿즈

2018년 평창 동계올림픽에서 대회 성적이나 선수보다도 화제가 된 것은 굿즈였다. '평창 롱패딩'은 추가 생산 즉시 완판 행진을 이어갔고 후속으로 내놓은 '평창 스니커즈'는 판매 2주 만에 7만 켤레가 팔리는 등 소위 '굿즈 대란'이 일었다. 온라인에서는 웃돈을 주고 거래될 만큼 평창 굿즈의 인기는 한동안 식을 줄 몰랐다. 굿즈는 일본 아이돌 팬들 사이에서 유래한 말이다. 본래 아이돌 사진을 넣은 티셔츠·머그잔·열쇠고리에서 출발했으나 최근에는 여러 방면으로 확대되는 추세다. 방탄소년단은 라인 프렌즈와 협업해 멤버 전원이 캐릭터 스케치부터 제품 기획까지 전 과정에 참여한 BT21 캐릭터 굿즈를 출시했다. 2018년 1월 제품 판매를 시작한 지 5분 만에 1차 제품이 완판되었으며 올리브영은 BT21 신제품 33종을 론칭한 지 3일 만에 하루 매출이 15배 이상 증가했다.[8]

굿즈의 인기가 가속화되면서 기업들도 굿즈를 적극 활용해 마케팅하고 있다. 특히 배달 서비스 업체 배달의 민족은 '난 너의 든든한 빽' 가방, '내 짝은 어디에' 양말 등 눈길을 사로잡는 문구가 적힌 생활용품 굿즈로 인기를 끌고 있다. 또는 친숙한 브랜드가 다른 업종과 결합해 굿즈가 탄생하기도 한다. 롯데푸드는 '돼지바'를 이용해 에코백, 미니선풍기 등을 제작하고, 동아오츠카는 '오로나민C 생기발랄 화투'를 한정판으로 제공해 화제가 되었다.

굿즈 열풍의 요인으로는 밀레니얼 세대의 소비 경향을 들 수 있다. 밀레니얼 세대는 현재 20~30대 후반 정도의 연령층을 일컫는데, 이들은 소유보다 경험소비를 더 중요시한다. 한정판 굿즈를 구입하고 소셜 미디어에 공유하는 행위를 통해 비슷한 굿즈를 소비하는 집단과 유대감을 형성하고 소통한다. 필요해서 사는 게 아니라 친구들이 사기 때문에, 그리고 특정 굿즈를 구입해야 이야깃거리가 생기기 때문에 사는 것이다. '가심비 소비'를 추구하는 경향의 확대도 굿즈 열풍의 주요 요인 중 하나다. 요즘 젊은 층은 제품의 효용성과 상관없이 심리적 만족을 줄 수 있는 제품이라면 지갑을 연다. 만족의 기준은 누군가에게는 재미일 수도 있고, 누군가에게는 자기표현일 수도 있다. 핵심은 "굿즈가 갖고 있는 이미지·스토리·캐릭터·상징이 나를 주관적으로 만족시켜줄 수 있는가"다. 끊임없이 새로운 자극을 소비자에게 제공해야 하는 기업들의 고민도 굿즈 열풍을 가속화시키고 있다. 기업들은 오래된 브랜드를 새로이 정비하기 위해 굿즈를 이용하거나 캐릭터를 제품에 입히는 방식으로 화제성을 이끌

출처: 올리브영

■ ■ ■ 올리브영에서 판매되고 있는 BT21 콜래보레이션 굿즈

어낸다. 특히 스타트업 기업들은 소비자의 주목을 받기 위해 자사의 브랜드 홍보 수단으로 다양한 굿즈 마케팅을 시도하면서 굿즈 열풍을 이끌고 있다.

향후 전망

한정판 굿즈의 획득은 일종의 문화로 자리 잡고 있다. 굿즈 시장은 더욱 확대되고 다변화될 것으로 전망된다. 특히 무형의 재화를 판매하는 기업들은 지속적으로 굿즈를 이용해 브랜드를 각인시키려는 시도를 하고 있다. SK브로드밴드의 모바일 동영상 플랫폼 옥수수는 자사의 캐릭터 '옥수수 패밀리' 굿즈를 출시했으며, 숙명여대는 학교의 상징인 눈꽃을 활용한 캐릭터 '눈송이'를 이용한 굿즈를 만들고 있다. 굿즈와 함께 팝업스토어의 화제성도 높아질 예정이다. 2018년 여름 롯데백화점이 개설한 SNS상의 인기 캐릭터 '옴팡이' 팝업스토어는 굿즈를 사러 온 사람들로 인산인해를 이루며 '굿즈 파워'를 증명했다. 이처럼 굿즈의 인기가 유통 채널 및 팝업스토어 유치 경쟁으로도 확대될 것으로 보인다.

★ 관련 키워드

『트렌드 코리아 2012』, 인격을 만들어주세요
『트렌드 코리아 2014』, 하이브리드 패치워크
『트렌드 코리아 2015』, 꼬리 몸통을 흔들다
『트렌드 코리아 2018』, 가성비에 가심비를 더하다: '플라시보 소비', 매력, 자본이 되다

대한민국
10대
트렌드 상품

근거리 단기여행

안성휴게소의 '소떡소떡', 만남의 광장 '말죽거리 소고기국밥', 금강 휴게소의 '도리뱅뱅정식'……. 2018년 맛집 검색어 상위권에서는 휴게소의 숨은 메뉴들이 눈에 띄었다. 방송인 이영자는 방송에서 휴게소 곳곳의 음식을 소개할 때마다 특유의 맛 표현으로 화제를 몰고 왔는데 한국도로공사에 따르면 그녀가 소개한 휴게소 맛집은 방송 직후 매출이 두 배 가까이 증가했다고 한다.[9] 휴게소 음식의 인기는 근거리 여행 인구가 증가한 것과 맥을 같이한다. 2018년 해수욕장 이용객 수 상위권을 차지한 곳들은 제주를 제외하면 인천·강원도·충청도 등 모두 서울에서 가까운 곳이었다.[10] 이처럼 도심 가까이에서 휴가를 즐기려는 사람들이 많아지면서 호텔 매출도 증가세를 보였다. 숙박·여가 플랫폼 야놀자는 2018년 7월 호텔 예약 매출액이 전년 대비 3.14배 늘었다고 밝혔다. 호텔 예약 거래액도 2.89배 급증해 호캉스(호텔+바캉스) 여가 문화가 확산되고 있다는 사실도 확인할 수 있다. 근거리 단기 해외여행도 자주 포착되었다. 짧게, 자주 가는 여행이 일상화되며 한국과 가까운 나라에 취항하는 노선이 증가세를 보였다. 2018년 일본과 중국의 저가항공 여객 역시 전년 대비 각

출처: 노랑풍선

■ ■ ■ 블라디보스토크는 근거리 단기 해외여행이 증가하며 '가장 가까운 유럽'으로 각광받는 여행지가 되었다.

각 15.9%, 13.0% 증가했으며, 동남아시아나 '제일 가까운 유럽'으로 불리는 러시아 블라디보스토크의 인기도 상당했던 한 해였다.

근거리 단기여행의 성장과 관련해 우선 워라밸 세대의 등장에 주목해야 한다. 일과 삶의 균형을 중시하는 이들에게 여가는 일만큼 중요하다. 워라밸 세대는 업무를 피해서 취미를 즐기는 것이 아니라 취미생활을 영위하기 위해 일을 하는 사람들이다. 그렇기에 일을 하는 만큼 여가도 보장되어야 한다. LG경제연구원이 20개국을 대상으로 '여가의 중요성'에 대해 조사한 결과 한국 95.1%, 중국 79.1%, 일본 93.6%, 미국 89.6%로 조사돼, 여가를 중시하는 한국인의 모습을 볼 수 있었다.[11] 주 52시간 근무가 시행되면서 여가 시간 자체가 늘어난 점도 근거리 여행의 증가 요인이다. 야근수당 대신 연월차 사용을 선택해 여행을 떠나는 워라밸 세대가 근거리 여행을 성장시킨 것이다. 소확행 라이프스타일의 확산도 배경으로 꼽힌다. 소확행은 거창한 목표를 위해 현재를 희생하는 것이 아니라 지금 내가 누릴 수 있는 작은 행복에 집중하는 것이다. 이 경향에 따라 적은 비용으로 갈 수 있는 가까운 여행지에 대한 선호가 증가했다고 볼 수 있다. 여행지에서도 유명 관광지보다 소도시에서 즐기는 동네 산책, 카페 투어 등이 더 주목받았다. 이런 트렌드는 저가항공 시장의 성장으로 이어져 국내 저비용 항공사가 인천공항에 첫 취항한 이후 16년 만에 국제 여객 점유율이 30%를 돌파했다. 여객 수 역시 전년 대비 23.9%가 늘어났으며 전체 운항 편수에서 저비용 항공사가 차지하는 비중도 33.3%에 달하는 것으로 나타났다.[12]

향후 전망

여행의 상시화·일상화는 앞으로 더욱 확대될 것으로 보인다. 주 5일제 시행 이후 관광산업이 고성장한 것처럼 주 52시간제가 점차 자리 잡을수록 근거리 단기여행이 일상화될 가능성이 크기 때문이다. 이에 따라 여행 업계에서는 다양한 여행 상품을 내놓고 있는데, 여행자들이 스스로 원하는 코스를 선택할 수 있도록 한 자유여행 상품의 증가가 눈에 띈다. 또한 근거리 여행족을 겨냥한 호텔 상품도 증가세를 보이는데, 쉬기만 하는 게 아니라 호텔 내에 다양한 클래스를 열거나 프리미엄 디저트샵을 들이는 등 호텔 내 부대시설을 적극 개발해 새로운 경험을 제공하고 있다.

★ 관련 키워드

『트렌드 코리아 2011』, 바쁜 여가
『트렌드 코리아 2017』, 지금 이 순간, '욜로 라이프'
『트렌드 코리아 2018』, 소확행, 작지만 확실한 행복, '워라밸' 세대

대한민국 10대 트렌드 상품

방탄소년단

"Speak yourself(자신의 목소리를 내자)!" 2018년 9월 24일 전 세계인이 지켜보는 가운데 미국 뉴욕 유엔 본부에서 열린 유엔아동기금UNICEF의 청년 어젠다 발표 행사에서 방탄소년단BTS이 세상에 던진 메시지다. "누군가가 만들어놓은 틀에 끼워 맞추지 말고 당당하게 자신을 사랑하며 자신의 목소리를 내라"는 메시지에 전 세계의 젊은이들이 열광했다. 2018년 빛났던 인물은 단연 방탄소년단이다.

그들은 해외에서 더 뜨겁다. 2018년 빌보드 뮤직어워드에서 세계적인 스타들을 제치고 톱 소셜 아티스트상을 2년 연속 수상하며 놀라움을 자아냈고, 두 앨범이 연속으로 '빌보드 200'에서 1위를 차지하는 대기록을 세웠다. 뉴욕 콘서트는 1시간 만에 4만 석 전석 매진되었다. 이들을 활용한 마케팅도 활발했다. LG전자는 방탄소년단을 자사의 대표 스마트폰인 'LG G7 씽큐' 광고 모델로 기용하면서 미국 로스앤젤레스에서 열린 방탄소년단 콘서트에서 LG전자 제품을 체험해보고 방탄소년단 콘텐츠도 즐길 수 있는 'BTS 스튜디오'를 운영했다. 또한 이어폰, 충전기 등에 방탄소년단 로고를 새기고 멤버들의 사진, 육성 벨소리 등을 담은 한정판 스마트폰 'LG Q7 BTS 에디션'을 내놓았다. 코카콜라는 방탄소년단을 광고 모델로 발탁하고 멤버들의 이미지를 디자인에 적용한 'BTS 스페셜 패키지'를 출시했다. 출시 이후 전년 동기 대비 코카콜라의 매출은 6.1% 증가해 전체 탄산음료 시장에 비해 증가율이 2배가량 높은 것으로 나타났다.[13]

방탄소년단이 전 세계인의 마음을 사로잡은 비결로는 완성도 높은 음악을 꼽을 수 있다. 기존의 아이돌처럼 음악에 맞춰 군무를 추는 K팝의 틀에서 출발했지만 그들은 거기서 멈추지 않았다. 전 세계의 젊은 층이 좋아할 만한 힙합, 일렉트로닉 댄스 뮤직EDM에 그들만의 색을 입혀 트렌드와 개성 모두 충족시켰다. 또한 멤버 모두 직접 작곡·작사를 하며 최대한 자신들의 이야기를 전하려고 했다는 점도 돋보인다. 공장에서 찍어낸 것 같다는 K팝 아이돌의 이미지를 깨고 아티스트로서 메시지를 전달하기 위해 집중한 것이다. 이들의 메시지에 담긴 진정성도 성공 비결 중 하나다. 그들의 가사는 전 세계의 젊은 층이 공감할 수 있는 이슈를 다룬다. 그들은 교육 현실과 청소년의 꿈에 대한 이야기, 청춘의 고민 등 동시대의 감성을 어루만진 노래로 전 세계 청춘들이 말하고 싶었던 이슈를 전달하며, 이 시대

출처: 방탄소년단 공식 페이스북

■■■ 방탄소년단은 현재 미국 〈타임〉지의 커버를 장식하는 등 최고의 인기를 구가하고 있다.

청춘의 상징이 되었다. SNS를 통한 수평적인 소통도 강력한 인기 요인이다. 데뷔일마다 개최하는 '페스타'는 방탄소년단의 수평적 소통을 잘 보여주는 예다. 페스타에서는 다양한 사진과 비하인드 영상 등 자체 제작한 콘텐츠를 마치 선물처럼 공개하는데, 단순히 팬들이 축하를 건네는 것이 아니라 아티스트와 팬이 함께 즐길 수 있는 축제를 마련한 것이다. 이러한 소통 전략은 방탄소년단의 가장 큰 지원군인 팬클럽 '아미ARMY'를 탄생시켰다.

향후 전망

방탄소년단의 성공은 가수로서 누구도 대신할 수 없는 나만의 이야기가 가장 큰 차별점이 될 수 있다는 점을 일깨워준다. 또한 SNS를 통한 소통으로 쌓은 강력한 팬덤은 뉴미디어의 영향력이 전통 미디어를 넘어섰음을 보여주며 수평적 소통의 필요성을 입증했다. 방탄소년단의 행보는 엔터테인먼트 영역을 넘어 기업들에도 영향력을 확대할 것으로 보인다. 하루가 다르게 인기 차트가 뒤바뀌는 시대에 방탄소년단이 만들어낸 이야기, 진정성, 수평적 소통은 브랜드 충성도를 구축해야 하는 기업들에게도 전략의 교과서가 될 것이다.

★ 관련 키워드

『트렌드 코리아 2012』, 진정성을 전하라
『트렌드 코리아 2014』, 참을 수 있는 '스웨그'의 가벼움
『트렌드 코리아 2016』, 1인 미디어 전성시대
『트렌드 코리아 2018』, 매력, 자본이 되다

대한민국
10대
트렌드 상품

배틀로얄 장르 게임

게임이 시작되면 전장에 떨어진다. 아무것도 없는 상황에서 무기와 옷 등을 부지런히 줍는다. 언제 총알이 날아들지 몰라 긴장감이 팽팽하다. 그래도 나와 생사를 함께하는 팀원이 옆에 있다. 팀원과는 낯선 적으로부터 총을 맞지 않고 살아남을 수 있도록 서로 돕는다. 일정 시간이 지나면 안전지대가 점점 줄어들어 전투는 더욱 치열해진다.

게임의 한 장르인 배틀로얄 게임류는 일본 작가 타카미 코슌의 소설 『배틀로얄』에서 착안한 것으로, 제한된 공간에서 여럿이 싸워 한 명의 우승자를 가리는 게임을 통칭한다. 배틀로얄 장르 게임은 시장이 작다는 이유로 국내 대형 게임사들이 외면해온 장르였다. 하지만 몇 년 전부터 신흥 인기 장르로 주목받기 시작하면서 2018년 국내 게임 시장에서 배틀로얄 장르 게임이 강자로 떠올랐다. '배틀그라운드'와 '포트나이트', 'H1Z1: 킹 오브 더 킬' 등을 대표적인 게임으로 꼽을 수 있다. 국내에서는 특히 배틀그라운드의 인기가 상당했다. 정식 명칭은 '플레이어언노운즈 배틀그라운드PlayerUnknown's Battlegrounds'이고 흔히 '배틀그라운드' 혹은 줄여서 '배그'라고 부른다.

출처: 포트나이트 공식 홈페이지

블루홀의 자회사 펍지 주식회사가 개발한 국내 게임으로, 출시된 지 13주 만에 매출 1억 달러를 기록했다. 또한 정식 출시된 12월부터 PC방 점유율 32%로, 수년간 1위를 독점한 '리그오브레전드'를 제쳤으며 배틀그라운드 모바일은 출시 하루 만에 iOS 무료 게임 1위, 구글플레이 무료 게임 2위를 기록했다. 최근에는 '포트나이트'가 출시 3개월 만에 전 세계 동시 접속자 수 340만 명을 돌파하는 등 배틀로얄 장르 게임은 점점 확장되는 모양새다.

배틀로얄 장르 게임의 가장 큰 매력은 과금 없이 진행된다는 점이다. 유료 아이템을 사들여 게임에서 우승하는 '금수저 승리'가 불가능하다는 뜻이다. 그동안 일부 게임은 현금 결제 유도가 과도해 사용자의 반발을 사는 일이 잦았다. 이와 달리 배틀그라운드는 모두가 공정한 조건에서 오로지 게임력으로 승부하는 시스템이다. 포트나이트는 '배틀패스'라는 수익 모델을 갖고 있지만 구입하지 않아도 게임을 즐기는 데 문제가 없다. 배틀로얄 장르 게임의 또 다른 매력은 게임과 현실이 매우 닮아 있다는 점이다. 누가 나를 죽일지 모르는 긴장감, 가진 것 없이 싸워야 하는 상황은 현실과 매우 비슷하다. 매일 오늘 하루도 잘 살아남았음을 위무해야 하는 경쟁 중심 사회에서 이는 일종의 대리 체험인 셈이다. 보는 재미도 인기 요인이다. 최근 게임 업계에서는 실시간 중계와 e스포츠가 각광받는 추세다. 따라서 '보는 재미'가 필수적이라고 할 수 있다. 배틀로얄 장르 게임은 하는 재미만큼 보는 재미도 있는 대결형 게임이다. 배틀그라운드는 월평균 5억 명 이상의 시청자가 찾는 세계적인 게임 방송 플랫폼 '트위치'를 주요 소통 채널로 활용했는데, 여기서 '보는 재미'를 즐기던 시청자들을 게임의 구매자로 만들 수 있었다.[14]

향후 전망

배틀로얄 장르 게임이 성장하면서 PC 시장과 장비 시장 또한 상승세다. 보통 고해상도 환경과 섬세한 조작을 요구하기 때문이다. PC 시장이 전 세계적으로 침체기를 겪는 가운데, 게임에 특화된 프리미엄 제품이 기업들의 돌파구가 되고 있다. 시장조사 기관 존페디리서치JPR 보고서에 따르면 2017년 전 세계 게이밍 PC 시장 규모는 300억 달러(약 32조7천 억 원)로 2016년 대비 39.5% 성장했다고 한다.[15] 마우스패드나 프리미엄 헤드셋에 대한 수요가 전반적으로 늘어나면서 게임 장비 브랜드들의 경쟁도 치열해지고 있다.

★ 관련 키워드

『트렌드 코리아 2016』, '플랜 Z', 나만의 구명보트 전략
『트렌드 코리아 2017』, 각자도생의 시대

대한민국
10대
트렌드 상품

AI 스피커

인공지능Artificial Intelligence 스피커(이하 AI 스피커)가 일상 속으로 들어왔다. 2018년에는 유독 Al 스피커 광고가 많았는데, 그만큼 음성인식 기술이 소비자에게 근접하였음을 의미한다. 글로벌 시장조사 업체 카날리스Canalys는 한국의 AI 스피커 시장이 2018년 세계 5위 수준으로 성장할 것으로 전망했는데, 실제로 2018년 1분기 AI 스피커 판매량에서 한국은 미국과 중국에 이어 세계 3위를 기록했다.[16] 국내 AI 시장의 규모는 점차 늘어나 2018년에는 7조 원이 넘을 것으로 예상된다.[17] 이미 통신사와 포털 사이트들의 AI 스피커 경쟁이 치열한 가운데, 2018년 9월 구글 홈이 출시 2년 만에 한국에 상륙하면서 국내 AI 스피커 시장의 경쟁이 가속화하고 있다.

AI 스피커는 소비자들의 일상생활에 큰 변화를 가져왔다. 음성으로 알람을 맞추며 잠들고, 최신 곡을 선곡해달라고 주문하기도 한다. TV를 켜거나 공기청정기를 작동시키는 일도 가능하다. 생필품과 식료품을 주문하면 미리 등록해둔 카드로 자동 결제된다. 컨슈머인사이트의 AI 스피커 사용현황 조사 결과, 10명 중 1명이 AI 스피커를 사용하고 있는 것으로 나타났으며, 주된 용도는 음악 선곡/검색

(57%), 날씨정보 안내(55%) 등인 것으로 조사되었다.[18]

AI 스피커 시장의 경쟁이 이처럼 치열해진 이유는 기업들의 플랫폼 선점 싸움 때문이다. 통신·포털·가전 등 거의 모든 분야의 IT 기업이 AI 스피커 전쟁에 뛰어들고 있다고 해도 과언이 아니다. AI가 홈 IoT, 자동차 인포테인먼트 등 향후 모든 분야를 아우를 것으로 전망되면서 이용자 빅데이터를 확보하는 일이 시급해진 것이다. 이용자의 빅데이터가 많아질수록 개인의 취향에 기반한 추천 정보가 정확해지기 때문인데 이를 소비자 측면에서 보면 개인별로 최적화된 정보를 얻고 싶은 니즈가 AI 스피커 시장을 키우고 있다고도 볼 수 있다. 지금은 초기 단계로 단순 검색과 간단한 결제 기능을 수행하는 정도지만, 빅데이터가 쌓이면 상황에 맞는 옷을 추천해주거나 소비 패턴을 파악해 적절한 금융 상품 및 포트폴리오를 제시해주는 등의 고도화된 서비스가 가능해질 것이다. 정보의 바다 속에서 즉각적으로 나에게 필요한 정보를 찾고 싶은 열망이 더 스마트한 AI 스피커의 등장을 가속화하고 있다.

출처: 각 사 홈페이지

■ ■ ■ 캐릭터로 매력까지 더한 AI 스피커 클로바 프렌즈(좌)와 카카오 미니(우).

향후 전망

AI 스피커는 소비자와 AI 기술이 만나는 하나의 접점이다. 앞으로 AI 혁명은 더욱 다양한 분야로 확장될 것이다. 최근에는 AI 플랫폼이 가전제품을 넘어 가구로까지 영역을 확대하는 추세다. KT는 바디프렌드와 MOU를 체결하고 AI 헬스케어 플랫폼 구축을 협의했다. 바디프렌드의 안마의자와 모션베드에 KT의 인공지능 서비스 기가 지니가 탑재되어 리모컨 없이 음성으로도 안마의자와 모션베드를 작동할 수 있게 된다. LG전자를 비롯해 경동나비엔·코웨이·한샘 등도 구글 홈의 국내 출시에 맞춰 구글 홈과 연동되는 제품을 출시하기도 했다.[19]

한편 AI 스피커의 취약점도 지적된다. 고려대학교 소프트웨어 보안 국제공동연구센터의 분석에 따르면 AI 스피커가 평균 350여 개의 보안 취약점에 노출되어 있는 것으로 나타났다. 특히 블루투스 보안에 심각한 허점이 있었는데, 블루투스가 활성화된 AI 스피커의 제어권을 해커가 완전히 장악해 악성코드를 감염시킬 가능성이 우려된다. AI 스피커가 악성코드에 감염되면 데이터의 손상 및 유출은 물론 분산서비스 거부DDoS 공격을 일으키는 좀비가 될 수도 있다.[20] AI 스피커 보급이 늘고 있는 만큼 보안에 대한 논의가 향후 쟁점으로 떠오를 것이다.

★ 관련 키워드

『트렌드 코리아 2017』, 보이지 않는 배려 기술, '캄테크'
『트렌드 코리아 2018』, 언택트 기술

키오스크

직원을 대면하지 않고 키오스크로 주문하는 장면이 낯설지 않았던 한 해였다. 키오스크kiosk란 '신문, 음료 등을 파는 매점'을 뜻하는 영어 단어로, 정보 서비스와 업무의 무인·자동화를 통해 대중들이 쉽게 이용할 수 있도록 공공장소에 설치한 무인 단말기를 말한다. 사실 키오스크가 새로운 개념은 아니다. 은행이나 편의점에서 흔히 볼 수 있는 자동입출금기ATM도 전형적인 키오스크다. 주목할 점은 최근 이 키오스크가 유통·외식·서비스 등 다양한 분야로 확대되어 무인 시대를 앞당기고 있다는 것이다. 2014년부터 일찍이 키오스크를 도입한 롯데리아는 절반 이상의 매장이 키오스크로 운영되고 있다. KFC와 버거킹도 연내 모든 매장에 키오스크를 설치할 계획이라고 한다.[21] 신한은행은 은행 창구 업무의 90% 이상을 처리할 수 있는 '디지털 키오스크'를 편의점에 설치해 시범 운영 중이며 우리은행도 은행 창구 업무의 80%를 처리할 수 있는 '위비 스마트 키오스크'를 39개 점포에 설치했다. 서울 송파구에 위치한 문전약국과 다사랑약국에는 처방전 바코드를 찍으면 처방 정보가 조제실로 전달되는 자동화 기기가 도입되는 등 키오스크 시스템이 전방위적으로 확산

되고 있다.[22] 신한금융투자는 글로벌 키오스크 시장 규모가 2017년 220억 달러에서 2023년 310억 달러까지 성장할 것으로 전망했다.[23]

키오스크의 핵심은 무인無人이다. 대인 관계에 피로감을 느끼는 현대인들이 많아지면서 과잉 연결에서 벗어날 수 있는 무인 서비스를 선호하게 된 것이다. 이에 대해 『트렌드 코리아 2018』에서는 기술을 이용한 비대면 접객 서비스를 '언택트 기술'로 정의하고 무인 서비스의 변화를 조망한 바 있다. 모바일이 익숙한 엄지족은 대면 접촉보다 스크린을 마주하는 것이 더 편리하다고 느낀다. 키오스크 사용 경험에 대한 조사에서는 소비자의 약 30%가 직원에게 주문하는 것보다 키오스크를 선호한다고 답했다.[24] 정보통신기술진흥센터가 발표한 '무인화 추세를 앞당기는 키오스크' 보고서에서도 30대 이하의 밀레니얼 세대 중 87%가 키오스크가 편리하다고 응답했다.[25] 무엇보다 키오스크는 인건비 절감을 위한 대안으로 꼽히고 있다. 특히 아르바이트생이 대부분인 패스트푸드점과 편의점은 무인화 도입으로 인건비 절감을 기대하고 있다. 생과일 주스 프랜차이즈인 쥬씨의 자체 분석에 따르면 키오스크 1개 도입으로 직원 1.5명이 줄어드는 효과가 있는 것으로 나타났다. 2018년 기준 최저임금 월 환산액이 157만 원임을 감안할 때 약 236만 원이 절감되는 효과다.[26]

향후 전망

모든 연령대의 소비자들이 점차 키오스크 주문에 익숙해지고 있다. 소비자가 자주 이용하게 되면 인터페이스가 개선되면서 키오스크가 담당하는 서비스의 범위가 더욱 넓어질 것이다. 키오스크 서비스가 확대될수록 필연적으로 소비자는 다양한 결제를 키오스크를 통해서 하게 되는데 이때 보안문제가 부각될 수 있다. 앞으로 소비자의 모션을 인식하거나 생체 정보를 활용하는 등 새로운 IT 기술을 접목한 키오스크 보안 서비스 개발이 업계의 화두가 될 것이다.

★ 관련 키워드

『트렌드 코리아 2018』, 언택트 기술

대한민국 10대 트렌드 상품

펫 관련 용품 및 서비스

반려동물을 키우는 인구가 1천만 명을 넘어서면서 펫 관련 변화가 질적으로 도약한 한 해였다. 다양한 신조어만 봐도 느낄 수 있다. 반려동물을 가족 구성원으로 여기는 '펫팸족'(Pet+Family)이 등장한 데 이어, 최근에는 반려동물을 자기 자신처럼 아끼는 '펫미족'(Pet+Me)까지 나왔으며, 펫 관련 시장을 일컫는 '펫코노미'(Pet+Economy)라는 용어도 등장했다. 국내 펫코노미 시장 규모는 2012년 9천억 원에서 2015년 1조8천억 원으로 훌쩍 뛰었으며 2018년은 3조 원을 넘어설 것으로 예상된다.

펫 관련 용품과 서비스 경쟁도 치열했다. 반려동물 전용 식음료 브랜드가 론칭되었고, 반려동물의 곡물 알레르기를 최소화하기 위한 그레인 프리Grain Free 제품이 등장했다. 신세계몰의 반려동물 카테고리 매출 1~10위 분석 결과 2012년에는 배변 패드, 대용량 사료 등 기본적인 제품이 주류를 이룬 반면 2017년에는 강아지 카시트, 원목 침대, 유기농 사료 등 프리미엄 제품이 다수 포함되었다고 한다.[27] 가구 업계에서도 반려동물을 위한 브랜드가 속속 등장했다. 이케아 코리아는 반려동물 가구 브랜드 '루르비그Lurvig'를 선보였으며, 한샘

은 자사 온라인몰에서 입점을 통해 반려동물 가구 판매를 시작했다. 서비스 시장도 성장세를 보인다. 반려인의 부재 시 반려견을 돌봐주는 전문 펫시터 연결 서비스 '도그메이트'는 2018년 2월 거래율이 전월 대비 2배 가까이 늘었다. 의료 업계도 적극적이었다. 동물 전문 체외진단 기업 애니벳은 지난해 16억 원 정도였던 매출이 2018년 상반기에만 14억 원 이상을 기록했다.[28] 반려동물 관련 금융 서비스도 다양화되고 있다. 반려동물 관련 상품에 할인 혜택을 주는 카드는 물론, 반려인의 사망 시, 반려동물을 돌봐줄 새 양육자에게 양육자금을 지급하는 유산 상속 신탁 상품까지 출시되고 있다.

펫코노미의 성장 배경에는 '대안관계' 트렌드가 자리한다. 『트렌드 코리아 2018』에서는 관계에 투자해야 하는 비용·시간 대비 관계에서 얻을 수 있는 효용과 만족을 고려해서 관계를 맺는 현상이 가속화되고 있음을 지적했다. 가까운 사이에서 느낄 수 있는 불편함은 피하면서 외로움을 해소하고 친밀감을 얻을 수 있는 대안으로 반려동물이 등장한 것이다. 최근 애견인만큼이나 애묘인 인구가 늘고 있다는 점이 이를 방증한다. 강아지는 산책을 자주 시켜줘야 하고 혼자 둘 경우 외로움을 많이 타기 때문에, 그보다 더 쉽게 기를 수 있으면서도 정을 느낄 수 있는 고양이가 선호된다고 해석할 수 있다.

이제 반려동물은 단순히 동물 이상의 의미를 지닌다. 신세계백화점의 '프리미엄 펫페어'에서 주목받은 사실은 개최일이 가정의 달인 5월이라는 점이었다. 반려동물을 친자식처럼 인식하는 사람들이 늘어나, 가정의 달에 반려동물의 선물을 사는 소비자가 증가했다는 것이다. 실제로 2018년 1월부터 4월까지 신세계몰의 반려동물 매출은 24% 신장한 반면 5월의 매출은 약 2배에 이르는 47%의 신장세를 보인 것으로 나타났다.[29]

향후 전망

반려동물 시장은 더욱 다변화되고 규모 또한 크게 성장할 전망이다. 반려동물을 키우는 인구의 증가는 비혼·저출산·1인 가구화·고령화 등과 맥을 같이하는데, 이러한 경향이 앞으로도 지속될 것으로 보이기 때문이다. 따라서 반려동물을 사회적으로 어떻게 관리할 것인가에 대한 논의도 활발해질 것이다. 2017년 동물보호에 대한 국민인식조사에 따르면 2014년부터 동물등록제가 전국적으로 시행되었지만 실제 등록 비율은 반려견을 기르는 가구의 33.5%에 그치는 것으로 나타났다. 세 집 중 두 집은 여전히 등록을 하지 않은 셈이다. 이와 더불어 해마다 늘어나는 유기동물에 대한 대책도 필요할 것으로 보인다.

★ 관련 키워드

「트렌드 코리아 2017」, 내멋대로 '1코노미'
「트렌드 코리아 2018」, 이 관계를 다시 써보려 해

대한민국
10대
트렌드 상품

홈뷰티

2018년은 집에서 직접 자기를 꾸미는 소비자들의 눈길을 사로잡을 만한 홈뷰티 제품이 다양하게 소개된 한 해였다. 에스테틱이나 마사지숍을 방문하지 않고 셀프 관리를 하는 사람들이 증가하면서 홈뷰티 기기 시장이 커졌다. LG경제연구소에 따르면 2017년 기준 국내 가정용 뷰티 기기 시장 규모는 4,700억 원으로 4년 만에 6배 성장했으며, 2018년은 5천억 원을 돌파할 것으로 예상된다. 대표적인 예로 LG전자의 'LG 프라엘'이 있다. LED 마스크를 포함해 4가지 종류의 기기로 구성된 풀패키지 구성이 160~180만 원대로, 꽤나 고가임에도 불구하고 2018년 3분기 판매량이 1분기에 비해 30% 이상 증가한 것으로 나타났다.[30] 이 외에도 중소 규모의 피부·미용 기기 업체와 화장품 업체들이 경쟁에 뛰어들면서 홈뷰티 시장은 피부뿐 아니라 헤어와 마사지 기기 등으로 확장되고 있다.

셀프네일도 인기였다. 시장조사 기관 유로모니터에 따르면 살롱·네일숍을 제외한 국내 네일 시장 규모는 2012년 639억 원에서 지난해 822억 원까지 성장한 것으로 나타났다. 대표적인 네일 제품 브랜드인 '데싱디바'의 네일 팁 제품은 2018년 7월 매출이 70% 이상 늘

출처: 각 사 홈페이지

■ ■ ■ 고가임에도 인기를 끌고 있는 홈뷰티 기기 아모레퍼시픽 젬소노테라피(좌)와 LG 프라엘(우).

었다. GS리테일 랄라블라에 따르면 2018년 7월 네일 카테고리 매출이 전년 동기 대비 약 128% 성장했다고 한다. 셀프네일의 인기는 20~30대뿐 아니라 40대에서도 관찰되고 있다. 올리브영에 따르면 올해 첫 세일 기간 동안 40대 여성의 구매 매출액 2위는 네일 스티커인 것으로 집계됐다.[31]

홈뷰티의 인기를 견인하는 요인은 무엇보다 가성비 트렌드가 여전히 유효하기 때문이다. 소비자가 체감하는 경기 불황이 장기화되면서 집에서 할 수 있는 셀프케어는 합리적 비용으로 관리를 하고 싶은 사람들의 자구 전략으로 정착했다. 특히 홈뷰티 기기는 한번 사면 계속 사용할 수 있기 때문에, 다소 고가라도 피부과나 에스테틱에 몇 번 방문할 비용을 생각했을 때보다 합리적인 소비로 여겨지는 측면이 있다. 또한 홈뷰티는 집에서 즐기는 활동이라는 점을 주목해야 한다. 집은 궁극의 휴식처다. 현대인들이 번잡한 외부의 자극과 스트레스로부터 벗어날 수 있는 집에서 모든 것을 해결하기 시작한 것이다. 『트렌드 코리아 2018』에서는 자신만의 최적 공간을 찾는 트렌드를 '케렌시아'에 비유한 바 있다. 과잉 연결에 지친 사람들에게 집이 휴식과 재충전 장소로 기능하면서 피부 관리나 네일아트 같은 뷰티 영역에서도 집에서 할 수 있는 셀프케어가 선호되는 추세다.

향후 전망

집의 중요성이 점점 더 커지면서 홈뷰티 시장은 앞으로 더욱 성장할 것으로 보인다. 특히 자신을 위해 투자를 아끼지 않는 밀레니얼 세대가 경제활동의 주력 세대로 등장하면서 자기관리 영역의 소비 지출이 지속적으로 증가할 전망이다. 현재 홈뷰티 영역은 초기 단계다. 홈뷰티 기기에 대한 소비자들의 관심이 확대되면서 기업들의 새로운 사업 아이템으로 홈뷰티 시장이 각광받을 것이다. 이미 시장에 진출해 성공을 거두고 있는 LG뿐 아니라 삼성도 홈뷰티 영역에 관심을 보이고 있으며, 여러 유통사들도 네일 스티커 제품을 중심으로 자체 브랜드를 론칭하는 등 경쟁이 치열해지고 있다.

★ 관련 키워드

『트렌드 코리아 2013』, 디톡스가 필요한 시간
『트렌드 코리아 2016』, 브랜드의 몰락, 가성비의 약진, 대충 빠르게, 있어 보이게
『트렌드 코리아 2018』, 소확행, 작지만 확실한 행복, 나만의 케렌시아

1

2018년 소비트렌드 회고

What's Your 'Small but Certain Happiness'? 소확행, 작지만 확실한 행복

Added Satisfaction to Value for Money: 'Placebo Consumption'
가성비에 가심비를 더하다: '플라시보 소비'

Generation 'Work-Life-Balance' '워라밸' 세대

Technology of 'Untact' 언택트 기술

Hide Away in Your *Querencia* 나만의 케렌시아

Everything-as-a-Service 만물의 서비스화

Days of 'Cutocracy' 매력, 자본이 되다

One's True Colors, 'Meaning Out' 미닝아웃

Gig-Relationship, Alt-Family 이 관계를 다시 써보려 해

Shouting Out Self-esteem 세상의 주변에서 나를 외치다

What's Your 'Small but Certain Happiness'?

소확행, 작지만 확실한 행복

『트렌드 코리아 2018』 예측 내용

행복은 멀리 있지 않다. 거창하지도 않다. 지금 여기서 소소하게 즐길 수 있는, 작지만 확실한 행복, '소확행'을 추구하는 소비자가 늘어난다. 동네에서 구매하며 만족을 찾는 '십리경제'가 발달하고, 좁아도 편안한 집이 놀이와 만남의 근거지로 자리 잡는다. 매일 집 앞 공원을 산책하며 "풀이 얼마나 자랐나"를 확인하는 자질구레한 기쁨을 챙기는 소비자들, 그들은 현명해진 것일까, 소심해진 것일까? 그동안 저성장의 만만치 않은 현실 속에서도 꾸준하게 삶의 위안과 즐거움을 찾아온 소비자들은 이제 무지개 너머가 아니라 바로 자신의 곁에서 파랑새를 찾고 있다.

웰빙에서 힐링, 이후 욜로에서 소확행으로, 행복에 대한 한국인의 인식은 변화하고 있다. "꼭 특별한 성취를 이루지 않더라도, 당신의 매일매일은 충분히 소중하고 중요하다"며 행복을 보는 시각이 바뀌고 있는 것이다. 다시 말해서 행복에 대한 소비자의 인식이 ▲ 미래에서 지금으로 ▲ 특별함에서 평범함으로 ▲ 강도에서 빈도로 변화하면서 일상에서의 작지만 확실한 행복이 중요해졌다. 소확행은 "이렇게 살아야 한다"는 식의 계도적 메시지가 아니다. 오히려 고도성장기를 거치며 당연하게 받아들였던 천편일률적 삶의 목표에 대해 "이런 행복도 존재한다"고 외치는 일종의 반기다.

『트렌드 코리아 2018』 pp. 247-268

"뭘 훌륭한 사람이 되려고 해. 그냥 아무나nobody 되어도 괜찮아."

2018년에도 민박집 회장님으로 맹활약한 가수 이효리가 TV 예능 프로그램에 출연해 던진 한마디가 대중의 이목을 끌었다. 강호동이 한 소녀에게 어른이 되면 어떤 사람이 되고 싶은지 던진 질문에 이경규가 "훌륭한 사람이 되어야지"라고 답하자 이를 타박하듯 건넨 말이다. 아마 그녀가 던진 "아무나nobody" 되어도 괜찮다는 말은 "무엇이든 괜찮아, 네가 행복할 수 있다면"을 뜻했을 것이다. 굳이 우리 모두가 대단한 목표를 향해 나아갈 필요는 없으며, 그 목표가 크든 작든 중요하든 사소하든 거기서 행복을 느낄 수 있다면, 그 자체로 의미 있다는 것을 전달하고 싶었을 것이다.

가수 이효리가 어린 소녀에게 넌지시 건넨 메시지처럼 2018년 한국 사회에서는 작지만 확실한 나만의 행복을 찾자는 소확행 트렌드가 빠르게 확산됐다. 『트렌드 코리아 2018』에서 이 키워드를 제안한 이후, 각종 SNS에는 '#소확행'을 달고 자신의 행복한 순간을 기록한 사진들이 넘쳐났다. TV프로그램에 출연한 연예인들 역시 너도나도 자신만의 소확행이 무엇인지 고백하며 시청자의 주목을 끌었다. 서점가에선 『곰돌이 푸, 행복한 일은 매일 있어』, 『행복해지는 연습을 해요』처럼 나만의 행복 담론을 이야기하는 에세이들이 베스트셀러 상위권을 차지했다. 기업조차 "우리 제품을 구매하는 것이 곧 너의 소확행"이라는 식의 갖가지 마케팅 구호를 쏟아냈다. 이처럼 소확행에 대한 사회 전반의 관심이 급증하면서 "소비는 확실한 행복"이라든가 "소고기는 확실한 행복" 등의 이색적인 패러디가 등장해 실소를 자아내기도 했다.

이렇듯 2018년, 하나의 큰 목표만이 정답이라고 여기기보다는 자신만의 가치를 추구하며 살아가자는 소확행의 메시지는 많은 사람들의 마음을 사로잡았다. 인정받는 직업과 부러움을 살 만한 재력 등, 더 많이 소유하고 더 높은 곳에 오르는 것만이 최고의 목표라고 생각했던 우리 사회에 소확행 트렌드가 "꼭 그럴 필요는 없다"는 새로운 화두를 던진 것이다.

시장에서도 마찬가지였다. 베스트셀러만 도서 시장을 독점하는 것이 아니라 대중적이지 않은 취향의 하위문화 서적도 충분히 경쟁력을 가질 수 있었고, 대기업 제품뿐만이 아니라 개인의 아이디어에 기댄 중소기업 제품도 얼마든지 소비자의 선택을 받고 히트상품의 대열에 오를 수 있었다. 개인의 취향과 선택이 자율성을 갖게 된 것이다. 이처럼 2018년 다양한 형태로 변주된 '소확행' 트렌드를 하나씩 되짚어보면서 앞으로 대한민국 소비 시장에서 이 작은 혁명이 어떤 형태로 진화해나갈지 그 방향을 예견해본다.

평범한 일상을 보물로

반복되는 일상 속에서도 작은 행복을 찾기 위한 나름의 다양한 비결이 제안된 2018년이었다. 꽃은 어제보다 몇 송이나 더 피었는지, 잎사귀는 얼마나 돋았는지, 마치 삶의 풍경을 현미경으로 관찰하듯 살피며 일상 속 작은 행복을 발견하는 미국의 '마이크로 산책micro walks'은 2018년 한국형 '플로깅(pick up+jogging)'으로 거듭났다. 뛰는 즐거움과 쓰레기를 줍는 보람을 더한 일종의 소확행 놀이다.[1] 부산 지역 청년 모임 '봄나래 프로젝트'는 이러한 플로깅 행사를 주최하며 개인의 작은 일상에 소박한 의미를 더했다.

큰 성취보다는 매일의 작은 성과에 더 큰 의미를 부여하는 사람도 늘었다. 이들은 누구나 부러워할 만한 날씬하고 멋진 몸매의 사진을 찍어 자랑하기보다 비록 완벽한 몸매는 아니더라도 매일 꾸준히 운동하는 과정 자체를 자랑스러워한다. 달리기 운동용 프로그램인 한빛소프트의 '런데이' 앱은 바로 이러한 점에 착안해 2018년 큰 인기를 얻었다.[2] 코스·속도·달린 거리·소모 칼로리 등 달리기에 필요한 정보를 마치 나만의 개인 트레이너가 옆에서 함께 달리는 것처럼 육성으로 지원해주는 앱이다. 특히 친구를 등록하는 기능도 있어 이용자들끼리 서로 응원하며 함께 운동할 수 있다. 매일 달리기한 결과를 자신이 속한 인터넷 커뮤니티에 업로드하면 다른 회원들의 부러움과 응원까지 받을 수 있어 여성 커뮤니티를 중심으로 큰 인기몰이를 했다.

소확행 트렌드는 퇴근 후 자투리 시간에도 빠지지 않고 등장했다.[3] 서울시립교향악단은 일상에 지친 시민들이 퇴근길에 클래식 공연을 즐길 수 있도록 시내 곳곳에서 저녁 7시 30분 '퇴근길 토크 콘서트'를 진행했다. 복잡한 퇴근 시간에 부담 없이 즐기는 공연 한 편이라는 성격의 LG아트센터 '러시아워 콘서트'도 인기였다. 교통 체증이 최고조에 이르는 러시아워 때 길에서 소중한 시간을 허비하는 대신 공연 한 편을 즐기고 여유롭게 퇴근하라는 아이디어가 적중한 것이다.

2018년 기업들도 소확행의 작지만 큰 힘에 주목했다. 특히 주머니 사정이 가벼운 젊은이들을 위해 값비싼 문화 콘텐츠를 합리적인 비용으로 경험할 수 있도록 지원하는 각종 후원이 부쩍 늘었다. 신한카드는 2018년 9월, 소확행을 추구하는 2030세대를 대상으로 '신한카드 딥 뮤직페스타DEEP MUSIC FESTA'를 개최했다. 공연 전 로비에서 고급 샴페인을 즐기고 유명 뮤지컬과 갈라쇼를 감상하는 등 그동안 다소 비싼 문화로 인식되던 공연 문화를 적절한 가격에 제공함으로써 젊은 세대에게 일상 속 작은 행복을 선물한 것이다. IBK기업은행도 2018년 10월 'IBK 참! 좋은 콘서트 with 2030'을 서울 잠실 실내체육관에서 개최하면서 팍팍한 2030 세대에게 소확행의 경험을 선사했다.

더 자주, 더 가까이 소확행 실천하기

제아무리 멋지고 근사한 꿈이라도 멀리 있고 실천하기 어려운 행복은 의미가 없다. 이 때문에 내 손안에 잡히는 작은 행복이 주목받은 한 해였다. 가장 개인적이고도 사적인 영역인 집은 2018년 소확행의 공간으로 거듭났다. 아무리 좁은 원룸이라도 나만의 셀프 인테리어가 더해지면 소확행의 공간으로 변신한다. 집을 재산의 개념으로 바라보던 기성세대와 달리, 지금의 젊은 세대들은 집을 가치 실현이 가능한 행복의 공간으로 만드는 것에 더 중점을 둔다. 그래서 원룸의 자취방도 세상에 둘도 없는 나만의 '미니 바'로 거듭날 수 있다. 개그우먼 박나래의 '나래 바'처럼 네온사인 키트에 자기 이름을 넣어 간판을 손수 만들기도 한다. 소형 와인셀러, 수제 맥주기계를 들여 꾸민 1인용 홈바는 친구들과 소확행의 시간을 보내는 장소로 변신했다.[4] 이러한 변화 덕분에 내 방 꾸미기를 지원하는 '오늘의 집', '집꾸미기'와 같은 앱의 가입률과 거래액이 급증하기도 했다. 국내 가구·홈인테리어 시장 역시 2008년 7조 원에서 2016년 12조5천억 원으로 증가했고, 2023년엔 18조 원을 넘을 것으로 전망된다.[5]

나의 집에 이어 그보다 확장된 공간인 우리 동네도 소확행의 공간에서 빠지지 않았다. 신한카드 빅데이터연구소가 자사 고객 2,200만 명의 신용카드 사용 데이터를 분석한 결과에 따르면, 2018년 집 근처 500미터 내의 상권 이용자 수가 크게 증가했다.[6] 생필품을 구매할 때 집 근처 500미터 이내에 있는 편의점·슈퍼마켓 등을 이용하는 비중은 2014년 37%에서 2017년 45%로 늘었다. 전체 카페 이용 건수 중에서 500미터 이내의 카페를 이용한 비중도 8%에서 13%로 증가했다. 유명 핫플레이스를 찾아다니는 것 못지않게, 집 근처에서 친구를 만나고 사소한 소비를 즐기는 근거리 쇼핑도 충분히 매력적인 활동이 된 것이다. 이러한 변화는 신용카드의 신상품 기획에도 반영되어 신한카드의 경우 고객이 집 주변 가게에서 제품을 구매하면 최고 15%까지 할인되는 신한카드 딥 스토어Deep Store를 출시하기도 했다

이처럼 소비자의 이동 반경이 집과 동네로 축약되고 있는 십리경제one-mile economy가 부상하면서 유통 업계의 전략도 바뀌고 있다. 값비싼 명품을 구매하기 위해 가끔 방문하는 고객보다 매일 매장을 방문하는 동네 단골이 더 중요한 고객이라고 판단한 것이다. 2018년 4월, 현대백화점 천호점은 1층의 레이아웃을 파격적으로 혁신했다.[7] 백화점의 화려함과 럭셔리함을 과시하던 건물 1층의 명품 브랜드 입

■ ■ ■ 번잡한 도시를 떠나 자연 속에서 이어가는 단순한 삶은 '소확행'의 가장 확실한 형태로 자리 잡았다. 자극적인 소재가 전혀 없는 TV프로그램과 영화가 주목받은 것도 그런 이유 때문이다.

점을 줄이고 그 자리에 유명 커피 전문점과 레스토랑을 입점시켰다. 또한 건물 외관에 설치하는 명품 브랜드의 진열창을 대폭 축소하고 그 공간을 레스토랑이 보이는 통유리로 대체함으로써 백화점 외부에서 내부를 쉽게 들여다보게 만들었다. 매장을 값비싸고 쉽게 접근하기 어려운 환상적인 곳으로 포장하기보다는 매일 더 쉽게, 더 자주 방문하는 곳으로 포지셔닝하려는 전략이다. 대형 할인마트인 홈플러스에서도 현재 패션잡화·도서·의약품 판매를 중심으로 구성된 임대매장 공간을 향후 유소년 축구클럽·옥상 풋살파크·싱글맘 쉼터·공예 체험관·어린이 도서관 등의 지역밀착형 공간으로 바꾸겠다는 계획을 발표했다.

소확행의 삶을 사는 사람들

소확행을 단순한 유행이 아니라 인생을 살아가는 방식으로 받아들이는 사람들도 등장했다. TV · 영화 등 대중매체에서는 소확행의 삶을 보여주는 프로그램을 통해 이러한 현상을 반영했다. 집에 있는 것이 가장 행복한 스타들의 모습을 보여주는 MBC 〈이불 밖은 위험해〉와 고립된 자연에서 단순한 삶을 살아가는 tvN 〈숲속의 작은 집〉은 소확행 키워드를 전면에 내세우며 주목받았다. 일상에서 찾는 소소한 행복을 강조하며 힐링 예능을 자처했던 tvN 〈윤식당2〉와 JTBC 〈효리네 민박2〉도 지난 시즌에 이어 2018년 최고 시청률을 기록했다. 취업에 실패한 주인공이 고향에서 자급자족을 실천하며 평범한 일상을 보내는 모습을 담은 영화 〈리틀 포레스트〉의 경우 극적인 스토리가 없는데도 불구하고 개봉 11일 만에 100만 관객 수를 달성하기도 했다. 번잡한 도시를 떠나 소확행 라이프스타일을 꿈꾸는 현대인들의 열망을 잘 담아낸 덕분이다.

브라운관과 스크린을 넘어 실제 현실에서 작지만 확실한 행복을 삶의 목표로 실천하는 사람들의 모습도 두드러졌다. 소확행을 단지 소비 행위의 차원에서 해석하는 것이 아니라 삶을 살아가는 새로운 양식으로서 받아들인 것이다. 1년 중 반은 농사를 지으며 살아가고 나머지 반쯤은 소박하지만 가치 있는 일을 하며 살아간다는 의미의 '반농반X'는 소확행 라이프스타일의 대표적인 사례다.[8] 일본의 생태운동가 시오미 나오키의 제안으로 시작된 '반농반X'는 최근 시골로 귀농한 한국 젊은이들에게 이상적인 삶의 양식으로 통한다. 농촌에

내려가서까지 일에 쫓기듯 살지는 말자는 취지로, 바쁜 농번기에는 부지런히 사는 대신 농한기에는 마음껏 소소한 일상을 즐기자는 것이다.

타인의 이목과 사회적 기준에 자신을 내맡기지 않고 나만의 소확행 라이프스타일을 당당하게 밀고 나가는 이들이 늘어나는 현상과 함께 평범한 것에 열광하는 '노멀크러시(Normal+Crush)'라는 단어도 다시 한번 주목받았다.[9] 남들이 선망하는 외교관의 꿈을 버리고 대신 출판사에서 일하면서 더 큰 만족을 느끼거나 잘나가는 스타트업에서 일하는 대신 나만의 앱을 개발하는 일에서 행복을 찾는 사람들이 바로 노멀크러시족이다. 이들은 아무리 바빠도 주5일 근무를 철저히 지키고 나머지 이틀은 온전히 나를 위해 사용한다. 사회적으로 크게 출세하거나 경제적으로 풍요롭지 않다 해도 삶에 만족하는 소확행을 몸소 실천하는 사람들이다.

향후 전망

자포자기로 이어지지 않는 확실한 전략이 필요한 시점

—

우리가 꿈꾸는 행복한 삶에 대한 이상적 모습은 어쩌면 우리 스스로 발견한 것이 아니라 나를 둘러싼 사회가 욕망하는 것인지도 모른다. 그럼에도 불구하고 지금까지의 한국 사회에서는 하나의 커다란 목표를 향해 전진하는 것이 당연하게 받아들여졌다. 2018년 소확행 트렌드는 이러한 사회적 분위기에 의문을 제기한다. 소확행은 당신만의 작고 소박한 행복도 충분히 중요한 가치가 있다고 말한다. 백 명의 사람이 있다면 백 가지의 행복과 정의가 존재하는 것이 맞다. 결국 중요한 것은 타인의 욕망이 아니라 내가 진짜로 원하는 것이 무엇인지 정확히 아는 것이다. 물론 소확행 트렌드가 대한민국 경제의 오랜 저성장 기조와 그 안에서 '더 나은 내일'을 꿈꾸기 어려워진 젊은이들의 좌절이 표출된 것이 아니냐는 우려도 적지 않다. 하지만 소확행이 가져온 긍정적 취지는, 내 행복의 기준이 남들과 다른 만큼 타인의 다름도 받아들이고 다양성을 인정하자는 것이다.

그렇다면 2018년 한국 사회를 뜨겁게 달궜던 소확행 트렌드는 앞으로 어떻게 진화할까? 무엇보다 실천 가능한 작은 목표에 대한 사람들의 관심은 한동안 지속될 것이다. 화려한 여행 대신 집 뒷산에서 마이크로 탐험을 즐기고, 치킨이 먹고 싶을 때 고민 없이 시켜 먹는 것이 얼마나 중요한 행복인지에 대해 이야기할 것이다. 젊은 세대 사이에선 좋은 직업이란 무엇인가에 대한 끊임없는 토론이 이어질 것이며, 과거에 없던 새로운 삶의 방식이 등장할 것이다. 기성세대가 강요하는 획일화된 목표에 대한 끝없는 자기반성과 도전이 이뤄질 것이다.

한편으로는 강요된 소확행에 따른 피로감 때문에 더 큰 다양성을 요구하는 방향으로 사회적 분위기가 이전될 가능성도 있다. 세계 석학들은 "행복에 매달리는 것은 불행해지는 지름길"이라고 말한다.[10] 소확행이 유행이라고 해서 "나는 왜 작은 꿈조차 꾸지 않는가?"라며 자신을 꾸짖을 필요는 없다. 아무리 작고 실천 가능한 행복이라 하더라도 그것이 강요가 되면 더 이상 행복이 아니기 때문이다. 큰 행복이든 작은 행복이든, 혹은 행복이 아닌 다른 무엇이든, 앞으로는 나만의 방식으로 내 삶에 충실하고자 하는 사람들의 목소리가 한층 더 커질 것이다.

그럼에도 불구하고 작고 소박한 행복의 추구를 장려하고 거대한 꿈이나 야망을 비하하는 식의 침체된 분위기가 형성되는 것은 경계해야만 한다. 2018년 일본생산성본부가 전국 신입사원 1,644명을 대상으로 실시한 조사에서 장차 "사장까지 올라가고 싶다"는 응답(10.3%)이 1969년 조사를 시작한 이래 역대 최저치를 찍었다고 한다.[11] 욕망이 거세된 일본 젊은이들의 모습 또한 출세를 향해 전력투구하는 인생보다 소소하게 성취하는 인생이 낫다는 심리의 확산으로 해석될 수 있다. 물론 한국에서 큰 반향을 일으킨 소확행 트렌드는 소비에 기반한 반反물질주의적 성격이 짙다는 점에서 일본과는 차이가 있다. 하지만 소확행 트렌드가 사회 전반에 걸쳐 건강하게 뿌리내리지 못한다면 위에 언급한 일본의 상황처럼 젊은이들의 자포자기 문화로 변질될 가능성도 조심스레 제기되고 있다. 2018년 한국 소비 시장의 화두가 되었던 소확행 트렌드가 한국 사회의 그늘이 아닌 새로운 자양분이 될 수 있도록 '작지만 확실한' 성찰과 전략이 필요한 때다.

Added Satisfaction to Value for Money: 'Placebo Consumption'

가성비에 가심비를 더하다: '플라시보 소비'

가성비의 열풍 속에서 단순히 제품의 '성능'이 아니라, 가격 대비 '마음'의 만족, 즉 가심비價心比를 추구하는 경향이 늘어나고 있다. 성능에 객관적인 표준이 존재하는 것이 아니라, 소비자의 심리적 만족이 더 중요하다는 것이다. 달리 표현하면 가심비는 가성비에 주관적·심리적 특성을 반영한 개념이다. 가성비의 초점이 '상품'의 가격과 객관적 성능에 놓여 있다면, 가심비의 초점은 '소비자'가 해당 상품으로부터 '무엇을 얻었는가?' 하는 주관적 판단에 놓인다. 이 주관적 판단은 마치 '위약僞藥, placebo'처럼 정확하지도 일관되지도 않기에 가심비에 입각한 소비를 플라시보 소비라고도 부를 수 있다. 소비가 주는 위약효과는 특히 소비자안전에 대한 심리적 불안을 잠재워줄 때, 소비자가 사랑하는 대상에 대해 지출할 때, 소비자의 스트레스를 해소해줄 수 있을 때 극대화될 수 있다. 불신·불안·불황의 3불에 시달리는 소비자가 가성비를 따질 때, 그 성능의 가장 중요한 측면은 다름 아니라 심리적 안정이라는 사실은 당연한 것이 아닐까? 그렇다면 소비자는 어떤 상품에서 어떻게 위약효과를 경험하고 있을까? 기업은 어떻게 하면 자사 상품에 그러한 위약효과를 녹여 넣을 수 있을까? 바야흐로 소비의 멘탈게임이 시작됐다.

—「트렌드 코리아 2018」 pp. 269-290

2018년, 국내 편의점 업계 최고의 히트 상품은 무엇이었을까? 바로 디저트였다. 편의점 디저트라고 해서 결코 값싼 것이 아니다. 직

출처: Mybell_마이벨 유튜브 채널

■ ■ ■ 2018 편의점 최고 인기 상품은 다름 아닌 고급 디저트, 티라미수. 3천 원 정도의 가격에 최고의 만족감을 선사하는 대표적인 '가심비' 상품이다.

접 만든 것 같은 브라우니, 차갑게 즐기는 롤케이크, 달콤한 티라미수 등 유명 백화점 식품 매장에서나 볼 법한 근사한 디저트 메뉴가 편의점 매대를 당당히 차지했다. "프리미엄 디저트를 즐기고 싶다면 호텔이 아닌 가장 가까운 편의점으로 가라"는 말이 나올 정도다. 혼자 사는 젊은이가 한 끼를 간단히 때우는 곳이란 이미지가 강한 편의점에서 어떻게 고급 디저트가 인기 상품으로 등극했을까?

바로 '가심비' 트렌드에 그 답이 있다. 편의점 도시락이 '가성비 좋은 제품'이라면, 2018년 편의점에서 연이어 선보인 프리미엄 디저트는 '가심비가 좋은 제품'이다. 단지 가격에 비해 품질이 좋다는 것에서 그치지 않고 이를 즐기는 소비자의 '마음'까지 만족시키는 제품으로 등극한 것이다. 2018년 한국 시장에서는 이처럼 꼭 필요하지 않더라도 심리적 만족을 주는 제품이라면 기꺼이 비용을 지불하는 가심비 트렌드가 뜨거웠다. 그 심리적 만족은 가격 대비 뛰어난 성능과 품질은 물론이고, 기분과 취향, 안전과 안심을 더했을 때 극대화됐다. 필요를 넘어 소비자의 주관적이고 심리적인 부분까지 사로잡아야 하는 가심비의 시대, 2018년에는 어떤 제품과 서비스가 고객의 마음을 사로잡는 데 성공했는지 그 치열했던 경쟁의 무대를 살펴본다.

가심비 현상

1. 안심비용 지출

2018년 5월, 한 TV뉴스 채널에서 국내 유명 침대 회사의 여러 매트리스 모델에서 방사능 물질인 라돈이 대량 방출되었다는 취재 결과를 단독 발표했다. 라돈 침대 사태로부터 유발된 방사능 포비아는 급기야 국내 소비 시장을 흔들어놓았다. 온열매트·베개·인형에서부터 화장품·건강팔찌에 이르기까지 소비자의 몸에 닿는 많은 제품에서 방사능 물질이 검출되는 사태가 벌어진 것이다. 라돈 공포와 분노는 몇 달간 지속될 정도로 엄청났다. 라돈 제품에 대한 반품 러시가 속출하는 한편, 직접 방사능 수치를 측정하려는 소비자들이 폭증하며 라돈 측정기의 품귀 현상까지 빚어졌다. 이에 성남·과천·합천 등 각종 지자체에서는 라돈 측정기를 무료로 대여해주거나 전문가가 대신 측정해주는 서비스를 급히 도입하기도 했다.

한편으로, 침대 안전과 관련된 소비자의 관여도가 높아지자 몇몇 기업들은 이를 고객의 가심비를 높이는 기회로 적극 활용하며 발 빠르게 대응했다. 제품에 대한 불안감이 커지면서 심리적으로 안전함을 느낄 수 있는 제품에 대해서는 비용을 아끼지 않는 가심비 효과를 공략한 것이다. 시몬스는 그동안 국내에서 국가 기관인 원자력안전위원회만 유일하게 가지고 있던 라돈 측정 장비를 긴급히 도입했다. 뿐만 아니라 자사의 모든 제품이 만들어지는 생산 시설과 연구공간을 최초로 외부에 공개하며 소비자의 우려를 불식시켰다.[1] 침대 시장이 축소될 수 있는 위기 상황을 역으로 활용함으로써, 특별한 광고와 마케팅 없이도 고객의 심리적 만족감을 극대화한 것이다.

2018년은 침대 이외의 다른 소비 영역에서도 안심비용 지출이 증가한 한 해였다. 인터넷 마켓 옥션의 발표에 따르면 유해성 생리대 논란 이후 면생리대와 유기농 생리대 판매량이 전년 대비 각각 66%와 100%의 성장률을 기록했다. 식품 시장도 마찬가지였다. 살충제 계란 파동 이후로 유기농 계란이나 자연방사 계란 등의 판매가 급증했다.[2] 생리대 파동이나 살충제 계란 파동처럼 특별한 이슈가 없었던 영역에서도 건강한 먹거리를 구매하고자 하는 소비자들이 증가하면서 안심비용 지출이 증가했다. 이 또한 안전 측면에서 가심비 소비가 확대된 것으로 볼 수 있다.

최근 수입 돼지고기에 비해 국내산 돼지고기 판매가 급증한 것도 이와 비슷한 맥락이다. 2017년 농촌진흥청이 전국 20세 이상 소비자 737명을 대상으로 실시한 돼지고기 소비 실태 조사에 따르면 국내산 돼지고기 가격이 오를 경우 "비싸도 국내산을 구입하겠다"고 응답한 소비자가 65.4%를 차지했다.[3] 비싼 가격에도 불구하고 안전함을 보장받을 수 있다면 기꺼이 추가비용을 지출하겠다는 소비자의 심리가 반영된 것이다.

2. 만물의 굿즈화

2018년 2월 한 달 동안 개최된 평창 동계올림픽에서 경기만큼이나 뜨거웠던 분야가 바로 굿즈 시장이었다. 그중에서도 '평창 패딩'에 대한 관심은 대단했다. 올림픽 공식 스토어가 있는 점포에는 수백 명이 줄을 서 패딩 득템 경쟁을 펼쳤고 '평창 롱패딩'이 네이버 실시간 검색어 1위에 오르기도 했다. 인터넷 중고 거래 사이트에는 "평창 패딩을 구한다", "웃돈을 줄 테니 되팔아라"는 글도 수백 건이 올라왔다.[4] 이러한 인기는 단지 14만9천 원이라는 가성비 때문이 아니었다. 다시는 오지 않을 2018년 겨울을 기념할 수 있는 올림픽 한정판이라는 점이 사람들의 구매욕에 불을 지핀 것이다. 또한 어렵게 구매한 제품 사진을 SNS에 찍어 올리면, 다른 사람들의 부러움 섞인 질투를 받는 것도 소비자의 심리적 만족감을 높이는 데 일조했다.

2018년 한국 시장에 나타난 가심비 소비의 또 다른 현상은 바로 취향 저격 제품을 아낌없이 구매하는 것이다. '예쁘지만 쓸모없는' 다양한 굿즈 상품이 대표적이다. 특별한 사용 목적을 갖는 제품, 다시 말해 필요에 의해 구매하는 제품은 아니지만, 심리적 즐거움을 극대화할 수 있는 영역에 대한 지출인 셈이다. 문화·예술·스포츠와 같은 무형의 산업에서부터 유통업이나 식품업처럼 일반적인 산업에 이르기까지, 다양한 영역에서 "지금만 구입할 수 있는"이란 조건을 단 굿즈 전략이 소비자의 심리적 만족감을 극대화했다.

특히 공연과 같은 무형의 서비스는 굿즈와 만나 더 큰 시너지를 일으켰다. 하나의 공연이 끝날 때마다 OST CD·대본집·악보집·파우치·배지·책갈피·유리컵 등의 굿즈 상품이 고객의 마음을 사로잡았다. 심지어 굿즈를 사기 위해 같은 공연을 세 번, 네 번 반복해서 관람하는 이들도 많았다. 공연과 관련된 개성 있는 굿즈를 구매함으로써 관람의 기억을 유형의 형태로 저장할 수 있기 때문이다. 잘 만든 굿즈는 공연에 대한 가심비까지 높여 매출 상승과 직결되기도 한다. 실제로 예스24 공연사업팀의 조사 결과, 예매 고객에게 굿즈를 배포한다고 알리고 전후 티켓 판매량을 비교해보니 뮤지컬 〈빈센트 반 고흐〉의 경우 199%, 〈타이타닉〉은 97% 늘었다고 한다.[5] 굿즈를 무료로 증정하는 것도 아니고 소비자가 별도의 비용을 지불하고 구매하는 것인데도 불구하고 뮤지컬 관람의 유인이 될 만큼 높은 가심비 효과를 불러일으킨 것이다.

식품 산업에서도 캐릭터 굿즈로 가심비를 높인 사례가 유난히 돋보였다. 식품의 가성비를 높이는 가장 중요한 요인인 '맛'은 물론이고, 다른 심리적 만족까지 추가로 제공해 가심비를 높이는 전략이 유효했다. 편의점 CU는 애니메이션 〈하이큐〉에 등장하는 캐릭터로 만든 띠부띠부씰 스티커 30종을 랜덤으로 동봉한 '하이큐 호빵'을 판매해 최고 매출 기록을 경신했다. 배구가 주요 배경인 스포츠 애니메이션 〈하이큐〉는 실상 대중적인 인기를 누린 만화도 아니고 해당 호빵이 다른 제품에 비해 월등한 맛을 가진 것도 아니었다. 그럼에도 소수의 하이큐 덕후들이 캐릭터 스티커 수집을 위해 호빵을 반복 구매하는 현상이 나타난 것이다.

이처럼 기업들이 그동안 공짜로 제공하던 사은품이 굿즈화되면서, 유통 업체들도 이를 활용해 고객의 가심비를 높이기 위한 전략을 고심하고 있다. 2018년 AK플라자 분당점의 경우 실제 판매되는 '보냉백'을 일정 금액 이상 구매한 고객에게 사은품으로 제공하는 이벤트를 진행했다. 해당 사은품은 다른 제품보다 더 폭발적인 인기를 끌어 한 달 동안 제공될 예정이었던 물량이 이틀 만에 동날 만큼 주객이 전도된 상황이 펼쳐졌다.[6]

3. 집중소비 확대

2018년 두드러진 가심비 현상의 마지막은 바로 자신에게 만족감을 주는 특정 분야에 아낌없이 소비하는 가치소비 현상이었다. 수백만 원짜리 가방과 시계를 구매하기 위해 다른 영역의 소비를 줄이는 가치소비가 아니라, 나만의 기준을 세우고 스스로를 가장 기쁘게 만드는 영역에 한해서 돈을 아끼지 않는 것을 말한다. 이 또한 타인에게 자랑하기 위한 목적보다는 나만의 심리적 만족감을 극대화하는 가심비 소비 전략이라고 할 수 있다.

자신이 좋아하는 영역에 소비를 집중한다고 해서 '집zip중소비'란 신조어도 등장했다. 여러 파일을 하나로 압축할 때 사용하는 'zip'이라는 확장자를 활용해, 가심비를 느끼는 제품에는 돈을 아끼지 않고 압축적으로 소비하는 행태를 표현한 것이다. 잠옷·속옷·방향제 등이 대표적인 집중소비 영역이다. 특히 잠옷의 인기가 두드러졌는데, G마켓이 2018년 1~8월 잠옷 판매량을 분석한 결과 전년 동기 대비 31% 신장한 것으로 나타났다.[7] '스파오 짱구 잠옷'처럼 만화 속 캐릭터가 입었던 잠옷이 깜짝 출시되어 품절 대란이 벌어지기도 했고 고가의 실크 잠옷이 대중적인 인기를 끌기도 했다.

커피 한잔의 여유 속에서도 가심비를 중시하는 소비 행태를 발견할 수 있다. 좋은 원두로 만든 풍미 좋은 커피를 넘어 약간 비싼 가격에도 불구하고 '보기에 더 좋은' 커피, 이른바 '더티커피dirty coffee'가 소비자의 눈길을 사로잡은 것이다. 2018년 SNS를 뜨겁게 달군 더티커피는 크림이나 우유를 잔이 넘쳐흐를 만큼 따르고 그 위에 초코 가루나 원두 가루를 지저분하게 뿌려 놓은 커피를 통칭하는데, 유명한 카페마다 차별화된 레시피와 다양한 이름으로 선보이고 있다.[8] 공통점은 모두 지저분한 진흙 같은 비주얼을 가진 커피라는 점이다. 지저분해 보이는 외관 그 자체도 매력이 되어 맛과 향은 물론이고, 시각적인 즐거움까지 더해져 소비자들의 가심비를 올려주고 있다.

어른들의 장난감이라 불리는 키덜트 상품 역시 단연 가심비가 높은 제품군이다. 2018년 7월 한국콘텐츠진흥원 발표에 따르면 한국인이 키덜트 상품 구매에 지출하고 있는 비용은 연평균 5만8천 원으로 나타났는데, 이는 출판·유아동 용품(5만5,882원), 인형·로봇 외 완구(4만7,713원)보다 높은 수준이다.[9] 카카오 프렌즈, 라인 프렌즈 등 캐릭터 플래그십 스토어에서 쓰는 비용이 어린이를 위한 캐릭터 제품을 구매하는 데 쓴 비용보다 높다는 분석이다. 가격 비교 사이트 에누리에 따르면 드론의 2017년 연간 매출이 전년에 비해 49% 증가했다. 게임기와 관련한 용품 매출도 증가해 2018년 1월 게임 카테고리의 매출은 전년 동기 대비 약 75% 뛰었다.[10] 취향과 취미를 충족시키는 영역에 대해서는 가심비를 높게 지각해 아낌없이 소비하는 집중소비가 발현된 것이다.

향후 전망

필요를 넘어 주관적이고 심리적인 욕구를 채우라

—

'같은 가격이라면 높은 성능'이라는 기준이 한차례 더 진화해, 이제는 '가격 대비 객관적 품질과 주관적 마음'을 모두 충족하는 가심비 높은 제품이 시장의 선택을 받는 시대가 되었다. 제품을 구매할 때 고객의 선택 기준이 훨씬 세분화되고 있다는 의미다. 현대의 소비자는 객관적인 경제 주체이기도 하지만 수시로 변덕을 부리기도 한다. 이들의 까다로운 기질에 대응하기 위해서는 기업 역시 과거의 방식을 버리고 새로운 전략과 기준으로 무장해야 할 것이다.

우선, 제품과 서비스 본연의 기능 이외에 소비자의 심리적 만족감을 높일 수 있는 지점을 찾고 전략화해야 한다. 최근 분양되는 아파트를 살펴보면 입지·교통 편리성·교육 환경 등 아파트 본연의 기능 이외에 가심비를 높이기 위한 측면에 집중하고 있다. 2018년 분양한 힐스테이트 범계역 모비우스는 귀가 전 외부 먼지를 털어낼 수 있는 에어샤워부스 설비와 입주민 얼굴 확인을 통해 출입문을 개방하는 안면 인식 출입 시스템으로 주목받았다. 김포한강 롯데캐슬은 입주민 대상으로 생활가전제품을 저렴하게 렌탈해주는 서비스부터 홈클리닝·조식·아이 돌봄 등 각종 생활 지원 서비스까지 제공할 예정이다.[11] 필요에 의한 충족을 넘어 보다 다차원적으로 고객을 만족시키기 위한 전략이 필요하다는 뜻이다.

다음으로는 만물이 굿즈화되는 시대, 전략적인 기브어웨이give away(증정품) 정책으로 고객의 가심비를 높여야 한다. 호텔 체인 콘래드는 자사만의 기브어웨이 전략으로 고객들의 사랑을 받고 있다. 전 세계 28개 지점에서 인형을 증정·판매하고 있는데, 지점마다 곰·황소 등 증정하는 인형의 종류가 달라 이를 수집하기 위해 콘래드 체인의 호텔을 이용하는 고객이 있을 정도다. KLM네덜란드항공 역시 창사 기념일마다 비즈니스클래스 탑승객에게 도자기로 만든 미니어

출처: 위키미디어

■■■ 네덜란드 항공의 증정품인 '델프트 하우스' 미니어처. 60년이 넘은 전통의 굿즈로 인터넷 중고거래사이트에서도 인기가 높다.

처인 '델프트 하우스'를 선물한다. 1952년부터 제공된 이 기념품을 모두 수집하기 위해 인터넷 중고 거래가 이루어질 정도다. 이처럼 단기간 매출 증대를 위한 일회성 굿즈 전략을 넘어서 궁극적으로는 브랜드 충성도까지 향상시킬 수 있는 차원 높은 굿즈 전략이 필요한 시점이다.

마지막으로 고객이 가심비를 크게 지각하는 영역을 찾고, 이를 강조해 심리적 만족감을 극대화해야 한다. 가령 신한카드에서 2018년 7월 출시한 '딥 드림 플래티늄 플러스Deep Dream Platinum+' 카드는 개인의 소비 특징에 따라 매월 이용 금액이 가장 높은 적립처를 자동으로 분석해 추가로 적립해주는 오토 셀렉션Auto Selection 서비스를 제공한다. 소비자에 따라 가심비가 높은 영역이 다르다는 전제하에 카드사에서 제공하는 일괄적 혜택 대신, 소비자의 구매 패턴에 따라 최적화된 혜택을 제공하는 것이다. 이렇듯 기업이 중요하게 여기는 속성을 고객에게 강요하는 것이 아니라, 고객이 해당 상품과 서비스로부터 무엇을 기대하는지 정확하게 파악하고 이를 신속하게 제공하는 것이 관건이다. 풍요의 시대, 소비자는 더 이상 필요에 의해 구매하지 않는다. 소비자 스스로 자신의 구매를 합리화할 수 있도록 하라. 소비자의 마음을 먼저 채워야 그들의 장바구니도 가득 채울 수 있을 것이다.

WAG THE DOGS

Generation 'Work-Life-Balance'

'워라밸' 세대

「트렌드 코리아 2018」 예측 내용

"직장이 나의 전부가 될 수 없다"고 외치는, 새로운 '직딩'이 나타났다. 일과 삶의 균형을 뜻하는 '워라밸'(work-life-balance)이 적당히 벌면서 아주 잘 살기를 희망하는 젊은 직장인 세대의 라이프스타일로 새롭게 등장한 것이다. 『트렌드 코리아 2018』이 워라밸 세대라고 명명한 이들은 대한민국 소비의 변곡점이라고 할 수 있는 서울올림픽이 개최된 1988년생 이후부터 이제 갓 사회로 진입한 1994년생까지 정도의 세대를 직장생활의 관점에서 규정하는 명칭이다. 워라밸 세대는 완벽함을 추구하기보다는 불완전함 그대로를 수용하고 긍정적인 태도로 '자기애'를 높이며 돈보다 '스트레스 제로'를 추구한다. 또한 개인생활보다 직장을 우선시하는 과거 세대와 달리 일 때문에 자기의 삶을 희생하지 않는다. 적어도 대등한 가치를 부여해 삶의 저울대 위에 올려놓고 균형점을 모색하려 한다. 이들에게 특히 나 자신, 여가, 성장은 희생할 수 없는 가치다.

「트렌드 코리아 2018」 pp. 291-312

"그 회사 워라밸은 어떤가요?"

취업정보 사이트마다 빠지지 않고 등장하는 질문이다. 이제 구직자들에게 "워라밸은 어떤가요?"라는 질문은 "연봉은 얼마예요?"처럼 마땅히 따져 물어야 할 직장 선택의 첫 번째 기준이 되었다. 실제로 청년정책 사용설명서와 잡코리아가 진행한 '좋은 청년 일자리 현황'에 대한 설문조사 결과를 살펴보면, 20대 구직자의 59.1%, 30대의 61.2%가 좋은 일자리 요건 1위로 워라밸을 꼽았다.[1] 소득이 줄어들지언정 일과 삶의 균형을 맞출 수 있는 일터를 중시하는 분위기가 확산되며 워라밸이 좋은 일자리의 척도가 되고 있는 것이다. 취준생뿐만이 아니다. 2018년 직장인들의 최대 화두는 일과 삶의 균형, '워라밸'이었다고 해도 과언이 아니다.

2018년 주 52시간 근무제가 시행되면서 한국 소비자들의 '저녁'은 극적으로 변했다. 주당 법정 근로시간을 이전 68시간에서 52시간으로 단축한 근로기준법 개정안이 2018년 7월 1일부터 종업원 300인 이상의 사업장과 공공기관을 대상으로 시행되었다. 회사에서 늦게까지 일하며 하얗게 밤을 불태우는 번아웃의 일상이, 퇴근 후 소소한 행복을 누리는 소위 "저녁이 있는 삶"으로 변하며 워라밸을 위한 토대가 마련된 것이다. 제도의 시행 범위를 둘러싼 논란이 크고 경제적 효과를 판단하기에는 아직 이르지만 변화의 조짐은 이미 여러 분야에 번지고 있다.

프로야근러·사축·쉽포족 등의 자조 섞인 표현이 절정에 달하던 한국 사회에서 휴식의 가치를 깨닫고 워라밸을 중시하는 사람들이 늘고 있다는 점은 분명 반가운 일이다. 하지만 갑작스러운 워라밸 열풍은 누군가에게는 폭풍처럼 삶을 뒤집는 변수가 되기도 하고, 어떤 이에게는 상대적 박탈감을 들게 만드는 요인이 될 수도 있다. 이미 '머라밸(Money and Life Balance)'이라는 신조어가 나올 정도로 우려의 목소리도 크다. 근로시간 단축으로 소득이 줄어 '돈은 없고 저녁만 있는 삶'에 대한 걱정이 커진 것이다. 워라밸 트렌드를 온전히 받

■ ■ ■ 저녁 있는 삶을 누리게 된 2030 직장인들이 늘어나면서 백화점 문화센터가 특수를 맞았다. 요가와 필라테스는 물론이고 고급 취미생활인 도예와 그림, 발레까지 다양한 강좌에 사람들이 몰리고 있다.

아들이기에는 우리 사회가 너무 오랫동안 일하는 삶에 묶여 있었기 때문일 것이다. 그럼에도 2018년의 워라밸은 분명 우리 앞에 펼쳐진 새로운 삶의 이정표로 자리 잡고 있다. 적당히 벌고 잘 살기를 희망하는 대한민국의 워라밸 세대는 근로시간 단축이라는 시대의 분위기 속에서 어떻게 일과 삶의 균형을 찾았을까? 그 겉과 속을 들여다본다.

소비자들의 라이프스타일 변화

직장인들의 라이프스타일에서 단연 눈에 띄는 변화는 새로이 확보된 평일 저녁 여가 시간이다. 백화점과 대형마트 등의 유통 업체들은 이들의 발길을 잡기 위해 다양한 서비스들을 제공하고 있다. 직장인들을 겨냥한 문화센터 클래스가 대표적이다. 신세계백화점 문화센터는 직장인 대상의 강좌 92개를 새롭게 선보였다. 바디 밸런스 필라테스·가정식 이탈리아 요리·몸치 탈출 방송댄스·직장인 천연비누와 화장품 등의 아카데미 프로그램을 퇴근 시간인 오후 6시 이후에 집중 배치했다. 해당 아카데미 접수처에는 이에 대한 직장인들의 문의가 평소 대비 두 배 증가했을 만큼 인기가 높았다. 롯데백화점도 2030 직장인 대상의 강좌를 지난해보다 150% 늘렸다. 본점에는 워라밸 파트를 신설했고 피트니스 위주였던 저녁 강좌를 재테크·공예·메이크업 등으로 다양화했다.[2] 젊은 직장인들이 강좌 등록과 관련 제품 구매에 지갑을 열고 있다는 것은 실제 데이터로도 확인된다. 현대백화점이 전국 15개 점포 문화센터의 2018년 여름학기 강좌를 신청한 고객을 분석한 결과 2030 직장인 비중이 25.7%를 차지해 전년(13.1%) 대비 두 배 늘어난 수치를 보였다.[3]

워라밸 세대가 여가 시간을 보내는 무대는 백화점 문화센터뿐만이 아니다. KB국민카드가 주 52시간 근무제 시행 첫날인 2018년 7월 1일부터 31일까지 한 달간 전국의 주요 가맹점에서 사용한 카드 결제 내역을 분석한 결과, 서점의 약진이 단연 눈에 띄었다. 서점에서 결제된 금액은 11억2,387만 원으로 전년의 9억1,390만 원보다 23% 늘었다. 영화관은 이보다 더 약진하여 전년에 비해 무려 54.5% 증가한 6억721만 원에 달했다. 이밖에 비디오 및 도서대여점, 공연장이나 전시장, 뮤지컬 등 티켓의 결제 금액 증가세도 두드러졌다. 전과 달리 퇴근 후 여유 시간이 많아진 직장인들이 이를 자신을 위한 휴식 혹은 자기계발 시간으로 활용하고 있음을 알 수 있다.

반대로 노래방·주점 등의 유흥 부문은 각각 6.6%, 6.7% 느는 데 그쳐, 전체 업종 중 가장 저조한 증가세를 보였는데 이는 늘어난 여

주 52시간 관련 직장인들 카드 이용 현황(2018년 7월 주중)

출처: 〈아시아경제〉, 2018.08.27.

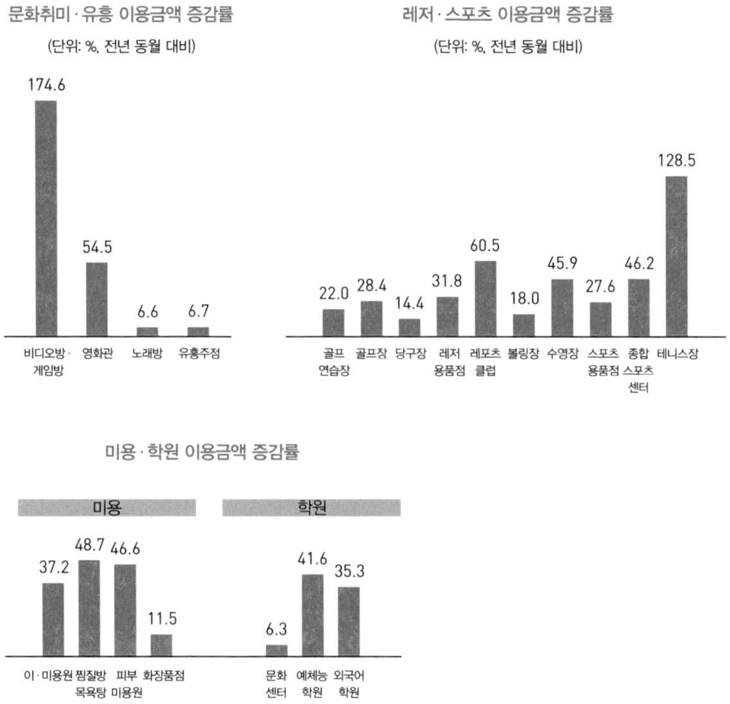

가시간을 일회성 유흥으로 소비하기보다는 자신을 발전시키고 계발하는 데 쓰기 원하는 것으로 해석된다.[4]

자기만족과 자기계발에 더 적극적으로 뛰어든 직장인들의 모습은 여러 각도에서 다양하게 나타났다. 저녁 시간, 피아노 등의 악기를 배우거나 그림을 그리기 위한 예체능계 학원 등록 금액이 전년 동기 9억9,749만 원에서 올해 14억1,196만 원으로 41.6% 늘었다. 취미 활동뿐 아니라 업무와 승진에 필요한 어학 능력을 향상시키기 위한 외국어 학원 등록 금액도 12억6,586만 원에서 17억1,320만 원으로 35.3% 증가한 것으로 나타났다.[5]

퇴근 후의 변화는 새로운 저녁 식사 풍경으로도 이어졌다. 잦은 야근과 회식 대신 가족과 저녁밥을 함께 즐기는 가정이 늘어난 것이다. 무엇보다 신선식품 매출의 상승이 눈에 띄었다. 모바일 커머스 티몬이 2018년 7월 1일부터 15일까지 자사 생필품 매장인 슈퍼마트의 매출을 분석한 결과 신선식품의 매출 상승폭이 뚜렷했다. 특히 쌀과 잡곡류의 성장세가 두드러져 전년 동기 대비 381%나 증가했다. 과일·채소류는 142%, 수산·축산물류는 103% 상승하며 세 자릿수의 상승률을 보였다. 집에서 요리하는 데 꼭 필요한 오일·소스·조미료·장류 매출도 115% 오르는 등 느긋한 저녁 시간을 따뜻한 집밥과 함께 즐기려는 분위기가 높아졌음을 확인할 수 있다.[6]

직장인들의 쇼핑 시간대도 이동했다. 주 52시간 근무제가 시행된 7월 한 달간 신세계백화점의 평일 6시 이후 매출은 시행 직전인 6월 대비 8.6% 증가하며 7월 신세계백화점 전체 신장률(6월 대비 2.8%)을 크게 웃도는 수치를 기록했다. 주변에 사무실이 많아 직장인들이 방문하기 편리한 서울 3개 점포(본점·강남점·영등포점) 역시 6월 대비, 7월 6시 이후 매출이 5.8% 신장하는 등 근무시간 단축으로 인한 저녁 있는 삶이 쇼핑 시간에도 영향을 미치는 것으로 나타났다. 특히 백화점의 주 고객층인 30대와 40대 고객의 매출은 주 52시간 근무제 시행 이전보다 12% 신장하며 저녁 시간대 매출 신장을 견인했다.[7] 이러한 변화에 발맞추어 백화점 등 주요 유통 업체는 문을 여닫는 시간 자체를 바꾸고 있다. 신세계백화점이 점포 개점 시간을 오전 10시

30분에서 11시로 늦춘 사례가 대표적이다. 내부 직원의 워라밸과 워라밸로 바뀐 고객의 쇼핑 행태를 동시에 고려한 변화로 보인다.

달라진 조직문화

근무 관행도 바뀌고 있다. 조직문화 전반에서 '양보다 질'을 강조하며 생산성과 효율성을 높이기 위한 노력이 돋보였다. 생산성을 높여 단축된 근무시간을 상쇄하려는 노력들이 조직문화 전반에서 감지되고 있다. 집중근무시간의 확보가 대표적이다. 이는 조직 구성원이 자율적으로 가장 효율이 높은 시간대를 정해 하루 2시간에서 3시간 정도 개인의 고유 업무에만 집중할 수 있는 시간을 갖는 것을 말한다. 이 시간대만큼은 회의·출장·업무 지시 등을 최대한 줄여 개인의 생산성을 끌어올리자는 전략이다.

회식 문화도 바뀌고 있다. 1차로 술과 고기, 2차 노래방으로 이어지던 저녁 회식을 간단한 점심 회식으로 대체하는 기업이 늘고 있다. 직장인들의 저녁 시간을 온전히 보장해주기 위해서다. 이를 반영해 점심에도 식사와 함께 맥주를 파는 음식점이 늘고 있는데 수제맥주펍 데블스도어 코엑스점의 경우, 주 52시간 근무제가 시행된 7월 맥주 판매량이 전월 대비 18% 늘어났고 4인 이상 단체 고객도 31%나 늘어났다.[8] 이와 같은 점심 회식 문화는 외식 업체 이외의 분야에도 영향을 미쳤다. 스크린야구 업체 리얼야구존의 경우 전국 주요 지점의 이용 현황을 분석한 결과, 점심시간 등 평일 오후 매출이 지속적으로 상승한 것으로 나타났다. 오후 12시부터 2시까지의 방문 고객이 2018년 6~7월 두 달 기준으로 전년 대비 약 14% 증가한 것이다. 특히 금요일 오후 3시부터 6시까지의 경우 방문 이용객 수가 약 19% 상승했다. 이는 평일 점심시간 및 금요일 오후에 이른 회식과 워크샵을 진행하는 문화가 증가했음을 보여준다.[9]

이처럼 직장인들의 야근과 회식이 줄면서 상권 지형에도 명암이 엇갈렸다. 특히 야간 오피스 상권이 위축되면서 관련 소상공·자영업자들이 고스란히 타격을 입었다. 주 52시간제 시행으로 기업의 회식 문화가 달라지면서 업소용 맥주 판매가 급격히 줄어들었고 이는 국산 맥주 시장에도 악재로 작용하고 있다.[10] 상당수 기업들은 주 52시간제 시행을 계기로 거래처와의 저녁 약속과 부서의 저녁 회식을 최소화하거나 꼭 필요할 경우 점심시간을 이용하도록 독려하고 있다. 이로 인해 소맥(소주+맥주) 폭탄주 회식 문화가 빠르게 사라지면서 맥주 판매량도 급격히 줄고 있다. 워라밸 세대의 변화된 근무 환경이 조직문화에 긍정적인 영향을 끼치고 있는 반면에 일부 산업과 자영업계는 수요 감소라는 부작용에 시달리고 있다.

달라진 수입 구조

'투잡족'의 증가도 주목할 만하다. 보장된 여가 시간에 부가 수익을 창출하려는 이들이 증가한 것이다. 특히 재능마켓을 이용하는 직장인들이 많아졌다. 재능마켓이란 온라인에서 재능판매자와 의뢰인을 연결해 재능거래를 지원하는 전자상거래 플랫폼을 말한다. 재능마켓 플랫폼 선두기업 '크몽'의 경우 누적 거래액이 회사 설립 6년 만에 450억 원을 넘어선 것으로 파악됐다. 여기서 거래액은 재능의뢰인이 판매자에게 지급한 금액을 의미한다. 특히 2018년 상반기 거래액이 전년 동기 대비 3배 이상 급증했으며 활동 중인 재능판매자 수도 11만 여명에 달한다.[11] 사람인에이치알이 운영하는 '오투잡'의 누적 거래액도 서비스 재출시 2년 6개월 만에 110억 원을 돌파했다. 취미생활도 단순한 덕질을 넘어 자신의 직업이 될 수 있다고 여기는 워라밸 세대를 중심으로 재능을 활용한 각종 서비스 판매부터 수제품 제작 등이 붐을 이루고 있다. 이러한 변화는 시장구조의 근본적인 변화를 동반하는 트렌드로 자리 잡을 것으로 전망된다. 다시 말해서 시장구조가 '세포화'하는 것이다(2019 전망편, '세포마켓' 키워드 참조).

반면 생계형 투잡의 증가라는 부정적인 측면도 대두하고 있다. 근로시간 단축으로 인한 소득 감소로 생계에 영향을 받는 직장인들도 많기 때문이다. 월급이 줄다 보니 대리운전을 하는 등 투잡족으로 내몰린 직장인들이 늘고 있다. 실례로 울산의 한 중소기업에 다니는 정모씨는 "잔업과 특근이 줄어 연간 급여가 500만~800만 원가량 감소하게 됐다"며 "일주일에 이틀 정도 야간 대리운전을 할 생각"이라고 했다.[12] 한 빅데이터 연구원에 따르면, 투잡 연관 키워드를 살펴본 결과, 2017년에는 언급이 거의 없었지만 2018년에는 1위가 '근로시간', 2위 '고물가', 3위 '경기불황', 4위 '최저임금'으로 조사됐다. 물가상승과 경기불황이 투잡을 찾게 하는 대표적인 요인이지만 최근에는 근로시간 단축이 가장 큰 요인이라고 볼 수 있다.[13] 이 때문에 워라밸 트렌드의 긍정적인 효과뿐 아니라 당장의 소득 감소로 투잡에 떠밀리는 이들을 위한 진정한 워라밸의 길을 모색할 필요성도 함께 대두되고 있다.

향후 전망

한국의 워라밸 지수는 아직 10점 만점에 4.7

앞에서 살펴본 바와 같이 워라밸 트렌드의 확산은 직장인의 라이프스타일에 큰 변화를 주고 있을 뿐만 아니라 출퇴근에 대한 고정관념을 깨며 기업들의 인력 운영 방식도 크게 바꾸고 있다. 이러한 변화는 2019년 이후로도 더 가속화될 것으로 보인다. 그러나 부작용 없는 워라밸 문화의 정착을 위해 여전히 보완해야 할 점들도 남아있다.

먼저 앞서 언급했듯 소득 감소에 따른 문제를 함께 풀어야 한다. 근무시간 축소로 임금이 줄어드는 직종의 경우 노동자의 타격이 크다. 때문에 이들의 소득을 보장할 수 있는 투잡에 대한 인식 변화가 필요한 시점이다. 우리 사회에서는 여전히 투잡을 아르바이트나 겸업이라는 관점에서 본래 직장에 소홀해질 수 있다며 부정적으로 바라보는 시선이 많다. 하지만 일본의 경우 투잡을 권장하고 있는 분위기가 조성되고 있기도 하다. 예를 들어, 소프트뱅크는 2017년 11월부터 사원들의 부업을 공식적으로 허가했다고 한다. 사원들의 사외 활동이 창의력을 이끌어낼 수 있다고 판단했기 때문이다. 이처럼 근로자의 투잡 선택을 다른 관점에서도 볼 수 있는 사회적 인식 변화가 함께 요구되는 시점이다.

두 번째로는 저녁 시간 재구성에 대한 사회적 논의가 필요하다는 점이다. 기혼 직장인 10명 중 9명 이상이 퇴근 후 귀가를 두려워한다는 결과는 다소 충격적이다. 〈매일경제〉와 취업 정보 포털 사람인이 직장인 1,000명을 대상으로 설문조사한 결과, 기혼 직장인 336명 중 318명이 가정에서 보내는 시간을 두렵다고 느낀 적이 있는 것으로 나타났다. 직장에서 가정으로 돌아가는 퇴근이나 주말이 두렵다고 생각한 적이 있는지를 묻는 질문에 '자주 있다'고 답한 응답자는 228명(67.9%), '가끔 있다'고 답한 응답자는 90명(26.8%)으로 각각 집계됐다. '배우자 잔소리와 의견 충돌(45.4%)', '과중한 집안일(36.1%)', '육아 부담감(30.6%)'은 이들이 가정을 두려워하게 만든 주요인이었다.[14] 제도 변화로 인해 직장인들의 저녁 시간이 물리적으로 확보는 되었지만 이를 어떻게 사용해야 하는지에 대해서도 우리 사회가 함께 고민할 필요가 있다.

마지막으로 단순히 노동 시간 감축만을 추구하기보다, 노동의 질을 생각해야 한다. 일의 총량은 줄지 않는데 근무시간만 줄어들어 퇴근 후 집이나 카페에서 근무를 이어가는 이들도 많다. 또한 과도한 업무량을 줄이지 않은 상태에서 노동시간을 줄이라는 새 근로기준법만 기계적으로 따르는 기업에서는 각종 편법과 꼼수가 난무하는 실정이다.[15] 예를 들어, 어느 기업에서는 저녁이 되면 업무용 컴퓨터의 시스템 시간을 2~3시간 뒤로 돌리는 직원들이 등장하고 있다. 오후 6시가 되면 컴퓨터 전원이 자동으로 꺼지는 까닭에 남은 일을 하기 위해 어쩔 수 없이 우회로를 찾은 것이다.

일 때문에 자신의 삶을 희생하지 않는 워라밸 세대의 트렌드가 열풍처럼 번지며 우리 사회 곳곳에 많은 변화가 생겼다고는 하지만 아직 갈 길이 멀다. 경제협력개발기구OECD '베터 라이프 인덱스'에 따르면 한국의 워라밸 지수는 10점 만점에 4.7점에 불과하고, OECD 35개 회원국 가운데 32위에 머물고 있기 때문이다.[16] 주 52시간 근무제의 시행으로 우리의 워라밸은 좋은 방향으로 발전하겠지만, 분명히 기억해야 할 사실은 시간과 행복은 항상 비례하지 않는다는 것이다. 근무시간 단축이 누군가에게는 피해가 되거나 그림의 떡이 되지 않고, '워라밸 소외계층'이 없도록 탄탄한 기반을 만들어야 할 때다. 제도를 넘어 근무 환경의 질에 대해 논의해야 한다. 단순히 근무시간을 단축해 워라밸을 끌어올리는 데는 분명 한계가 있다. 일과 삶의 균형을 지키는 삶, 워라밸은 이제부터가 진짜 시작이다.

Technology of 'Untact'

언택트 기술

「트렌드 코리아 2018」 예측 내용

현대사회의 소비 방식이 날이 갈수록 조용해지고 있다. 사람과 사람 사이의 일도 굳이 만나지 않고 비대면의 방식으로 이루어진다. 인공지능AI · 로봇 · 사물인터넷IoT · 빅데이터와 같은 기술과 플랫폼에 의한 연결성은 기존의 전통적 소비 지형을 완전히 바꿨다. 정보로 무장하고 온라인으로 상호 연결된 현대인들은 더 이상 소비에서 서비스하는 사람과의 만남이 필수적이라고 여기지 않는다. 이 때문에 무인 편의점 · 무인 마트 · 무인 주문시스템 등의 무인 서비스들이 부상하고 있다. 무인 항공기의 '무인unmanned'과 자율주행 자동차의 '셀프self', 사람 대신 로봇이 작동하는 공장의 '자동화automation'와 같이 그 방식은 서로 다르지만 비대면이라는 공통분모를 지닌 서비스들의 개념이 모두 섞이며 이제는 사회 전반에서 '무인無人'이라는 하나의 의미로 대표되고 있다. 『트렌드 코리아 2018』은 이러한 무인 서비스를 함축하는 개념으로 사람과의 접촉, 즉 콘택트Contact를 지운다는 의미에서, 언택트Un+tact라는 조합어를 새롭게 제시한다.

언택트는 상황 적응적이고 개별화된 서비스를 제공한다는 측면에서 단순한 무인이나 비대면 기술을 넘어선다. 중요한 것은 이러한 기술이 등장했다는 사실이 아니라, 이제 소비자들이 언택트 기술에 익숙해지고, 나아가 편안하게 느끼기 시작했다는 것이다. 그동안 자동화 등에 따른 경비 절감 · 가격 인하 등 경제적 동기에 가려져 있던 소비자의 심리적 욕구를 새롭게 발견하게 된 것이다.

「트렌드 코리아 2018」 pp. 313–334

알리바바가 미국 자동차 제조사 포드와 손잡고 대담한 시도를 했다. 중국 광저우에 판매 직원과 접촉할 필요 없이 모바일 앱으로 10분 안에 자동차를 구매할 수 있는 자판기를 설치한 것이다. 모바일 앱으로 원하는 차량을 선택하고 신분 확인을 거치면 된다. 중국에만 자동차 자판기가 있는 것이 아니다. 싱가포르 중고차 판매 업체 아우토반모터스는 커다란 투명 자판기처럼 생긴 15층짜리 타워를 세웠다. 페라리, 맥라렌 등 고급 스포츠카들이 진열되어 있는 타워에서 1층에 설치된 터치스크린으로 원하는 차를 선택한 뒤 결제하면 몇 분 후 해당 상품이 도착한다. 이러한 자판기의 장점은 언제든지 구매자가 원하는 시간에 제품을 살 수 있다는 것이다.

우리나라에서도 쇠퇴하던 자판기 시장에 초록색 불이 들어왔다. 1977년 첫선을 보인 이후 성장했던 국내 자판기 산업은 지난 20여 년 간 연평균 5%가량씩 감소세를 보이고 있었다. 하지만 자판기 산업이 지난 쇠퇴기를 뒤로하고 화려한 복귀의 신호탄을 쏘아 올린 것이다. 자판기 산업은 2018년 전년 대비 10% 정도의 성장률을 기록하며 2019년에는 최소 20% 이상의 성장이 예측되고 있다.[1]

실제로 성인 남녀 1천 명을 대상으로 시장조사 기업 엠브레인 트렌드모니터가 실시한 설문조사에 따르면 전체 응답자의 85.9%가 "점원이 말을 거는 곳보다는 혼자 조용하게 쇼핑을 할 수 있는 곳이 더 좋다"고 응답했을 정도로 매장 내 직원의 서비스를 부담스러워하는 사람들이 많아지고 있다.[2] 이 때문에 아모레퍼시픽은 이니스프리 매장 내에 화장품 자판기 '미니숍'을 설치해 소비자들이 적은 용량의 화장품을 저렴하고 손쉽게 구매할 수 있도록 했다. 이색적인 자판기들도 인기다. 연세대 학생들의 비영리단체 인액터스는 '책 it out' 프로젝트를 통해 랜덤으로 책을 추천해주는 '설렘자판기'를 운영하고 있다. 여행 상품 자판기도 있다. 서울 중구의 SM면세점에 설치된 하나투어의 '스마트 패스 자판기'는 해외여행 상품 및 일본 열차권·대만 이동통신 유심칩 등 20여 종의 상품을 판매하고 있다. 고기 자판기도 등장했다. 농협중앙회는 '한우자판기'를 설치해 정육점이 아닌 곳에서도 진공 포장된 고기를 부위별, 양념별로 구매할 수 있게 했다. CU 편의점도 농협·KT와 협업해 1인 가구도 쉽게 고기를 구매할 수 있도록 작은 단위로 포장해 파는 한우·한돈 자판기를 시범 운영하고 있다.

쇠퇴하던 자판기가 2018년 다시 늘어난다는 것은 무슨 의미일까? 무인·비대면 서비스, 즉 언택트 기술이 비약적으로 성장하고 있다는 뜻이다. 사람과의 접촉, 콘택트 대신 시장의 주역으로 조용하게 부상한 언택트 기술은 어떻게 소비자에게 다가갈 수 있었을까? 디지털 기술과 현대적 감성으로 무장한 언택트 기술의 활약상을 살펴본다.

불경기와 인건비 상승에 따른 불가피한 선택

국세청이 발표한 자료에 따르면 우리나라의 자영업 4대 업종(도매·소매·음식·숙박업)의 경우 2017년에 48만 개가 새로 생기고 42만 개 이상이 폐업했다고 발표했다. 10곳이 문을 열 때 어디에선가 9.2곳은 문을 닫았던 것이다.[3] 장기 불황으로 인한 매출 부진과 최저임금 인상에 따른 인건비 상승 등의 이유로 많은 매장들이 존폐의 위기에 처한 상황에서 무인화 기기는 불황의 돌파 전략 중 하나가 되고 있다.

무인화 시스템에 가장 발 빠르게 대응하고 있는 곳은 유통 업계다. 무인화에 앞서고 있는 아마존의 무인 편의점 '아마존고'가 대표적으로, 계산대가 없는 아마존고 매장은 고객이 들어가면서 스마트폰 앱을 매장 문 앞에 스캔한 뒤 상품을 고르면 나갈 때 자동으로 계산이 되어 스마트폰으로 영수증이 발송된다. 국내에서도 무인 편의점 매장이 속속 시도되고 있다. 세븐일레븐은 다양한 형태의 무인 점포를 운영하고 있는데 서울 잠실 롯데월드타워에 있는 첨단 무인 편의점 '세븐일레븐 시그니처'는 핸드페이, 360도 자동 스캔 무인 계산대 등의 첨단 기술이 적용됐다. 세븐일레븐뿐만 아니라 CU · 이마트24 · GS25도 첨단 기술이 집약된 스마트 점포를 선보이며 무인 편의점 경쟁에 뛰어들었다.

객단가가 높지 않은 만큼 비용 인상에 민감할 수밖에 없는 패스트푸드와 음식료 프랜차이즈 업계에서도 빠르게 키오스크를 도입하고 있다. KFC · 버거킹은 키오스크에서 원하는 메뉴를 고르고 신용카드로 결제까지 완료하는 방식의 시스템을 연내 모든 매장에 도입할 계획이다.[4] 키오스크 도입 초반에는 소비자들의 불만도 있었지만, 최근 현금으로 결제하는 경우를 제외한 대부분의 소비자들은 키오스크를 이용하고 있다. 직원에게 직접 주문하는 것보다 키오스크를 이용하는 것이 주문 시간을 더 단축할 수 있기 때문이다.

1인 가구의 증가와 함께 편리성과 심리적 안정을 위한 무인 택배

함도 시장을 넓히고 있다. 혼자 사는 여성의 경우 택배나 음식 배달 서비스를 받을 때 범죄 노출에 대한 심리적 불안감이 따라올 수밖에 없다. 이 때문에 택배 기사와 고객이 대면하지 않아도 되는 '언택트 배송'이 확산되는 추세다. 집 앞에 두고 가는 방식보다 이러한 무인 택배함이 분실 위험이 더 적다는 장점도 있다. GS25 편의점 앞에 설치한 무인 택배함 '스마일 박스'는 2016년 첫선을 보인 이후 매달 이용자 숫자가 2배씩 증가할 정도로 뜨거운 호응을 받고 있다.[5] CU 편의점과 11번가도 '십일픽' 무인 택배함으로 교환·환불·반품 서비스를 제공하는 등 비대면 언택트 서비스의 장벽이 낮아지고 있다.

언택트의 진화

향후 언택트는 어떤 진화를 겪고 있으며 어떻게 발전하게 될까? 위에서 소개한 자판기·키오스크·무인 택배 등이 현재완료 시제의 현상이라면, 로봇과 챗봇의 발달은 현재진행이자 미래 시제의 언택트 기술이다.

1. 대면 서비스를 대신하는 로봇

미국에서는 실업률이 사상 최저 수준인 4% 아래로 떨어지면서 종업원을 찾기 어려운 식당이 늘고 있다. 이 때문에 어렵게 채용한 직원이 이직하지 않도록 관리하고, 직원 수를 최소화하는 것이 경영의 핵심이 되고 있는 실정이다. 이러한 상황에서 음식 조리부터 서빙과 설거지까지 사람이 아닌 로봇이 처리하도록 만든 레스토랑이 있다. 4명의 MIT 졸업생이 미국 보스턴에 오픈한 스파이스Spyce다.[6] 먼저 터치스크린이 음식 주문을 받으면 주방에 있는 로봇이 7개의 회전식 프라이팬에 식자재를 담아 요리를 시작한다. 요리를 완성하는 데 걸리는 시간은 대략 3분 정도다. 9,000원 정도의 가격에 라틴·지중해·아시아 스타일의 볶음밥 등 일곱 가지 메뉴를 선보이고 있는데 7대의 로봇을 모두 가동하면 1시간에 200그릇도 조리가 가능하다고 한다. 중국에서도 로봇 음식점에 대한 관심이 뜨겁다. 최대 전자상거래 업체 알리바바와 유통 업체 허마는 자체 개발한 로봇이 음식 주문부터 요리와 서빙까지 전 과정을 대신하는 식당의 출시를 앞두고 있다.

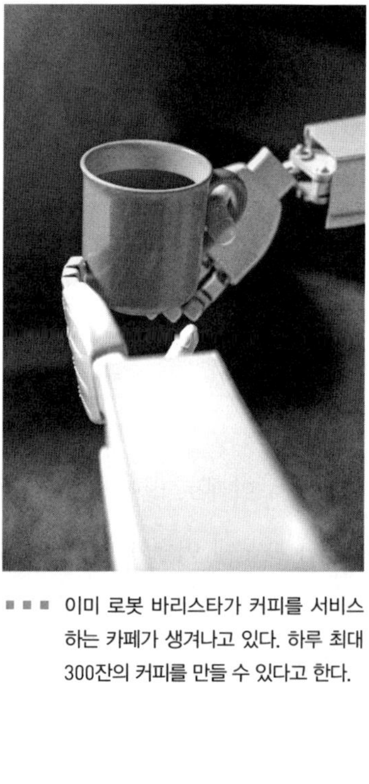

■ ■ ■ 이미 로봇 바리스타가 커피를 서비스하는 카페가 생겨나고 있다. 하루 최대 300잔의 커피를 만들 수 있다고 한다.

커피 매장에도 로봇이 활용되기 시작했다. 달콤카페는 로봇카페 '비트B;eat'를 선보여 고객들에게 로봇 바리스타의 손맛을 보여주고 있다. 스마트폰 앱이나 키오스크를 통해 원하는 음료나 커피를 주문하면 로봇 팔이 움직이며 음료를 제조한다. 로봇 팔은 2평 남짓한 공간에서 하루 최대 300잔의 커피를 만들어 판매할 수 있다.[7]

로봇의 도입은 인건비 절감과 함께 협소한 공간에서도 운용이 가능하다는 장점이 있지만 다른 한편으로는 누군가의 직업이 사라져버리는 과정이라는 측면에서 우려의 목소리도 높다. 그럼에도 사람의 자리를 대신해주는 로봇들은 점차 우리 생활 깊숙이 들어오고 있다. LG전자는 로봇 포트폴리오를 뜻하는 브랜드인 '클로이CLOi'를 론칭해 서빙 로봇·포터 로봇·카트 로봇 등 '배송 로봇 3종'을 선보이며 가까운 시일 내에 상용화를 목표로 하고 있다. 이 밖에도 안내 로봇·청소 로봇·잔디깎이 로봇·가사도우미 로봇들이 이미 등장한 상태다.

안내 로봇 '에어스타AIRSTAR'는 인천국제공항 제1·2여객터미널에서 활약 중이다. 에어스타는 자율주행, 음성인식 기능과 인공지능 등 각종 ICT 기술이 접목된 로봇으로 공항 이용객이 위치 등의 정보를 질문하면 "저를 따라오세요"라고 답하며 안내해준다. 이동 방향에 장애물이나 사람이 나타나면 잠깐 멈추거나 피하기도 하고 길을 안내하다가 사람과의 거리가 멀어지면 잠시 멈춰서 기다려주기도 한다. 서빙 로봇의 출시도 눈여겨볼 만하다. 공항 라운지 방문객에게 음료 서빙이 가능한 로봇과 호텔 투숙객을 위한 룸서비스를 제공하는 로봇 등이 상용화를 앞두고 있다. '배달의 민족'을 운영하는 '우아한 형제들'은 자율주행 배달 로봇 '딜리'를 선보였다. 이 밖에 신세계 푸드코트에서도 스마트폰으로 음식 주문 번호와 테이블 번호를 입력하면 로봇이 완성된 음식을 배달해준다. 비슷한 방식으로 포터 로봇은 호텔에서 일하는 서비스 종사자들의 고된 노동을 줄여줄 수 있다. 짐 운반뿐만 아니라 체크인과 체크아웃도 할 수 있으며 로봇의 자동 결제 시스템으로 비용을 지불하고 체크인·아웃이 가능해 대면

서비스의 자리를 대신하고 있다.

휴머노이드 로봇
Humanoid Robot

줄여서 '휴봇'이라고도 불린다. 시각, 청각 및 감각 수단을 포함하는 정보 입력을 통해 현재 상태를 인식하고 인식 결과에 따라 각종 명령을 수행한다. 각각 모듈화된 프로세서들이 인간 신경계 모델을 기반으로 내부 네트워크를 통해 동작되는 로봇을 지칭한다.[8]

최근에는 로봇 점원의 모습도 심심치 않게 목격할 수 있다. 마치 사람과 같은 친절한 목소리와 고객과의 눈 맞춤까지 가능한 **휴머노이드 로봇**(휴봇)이 등장하고 있다. 일본 소프트뱅크의 인공지능 기반 휴머노이드 로봇 '페퍼Pepper'는 다양한 산업에 맞춰 특화된 기능으로 고객을 접대하고 있다. 복잡한 백화점에서는 길 안내를, 붐비는 마트 안에서는 상품 안내까지, 휴봇은 24시간 지치지 않고 고객 응대가 가능하며 외국어에도 능통하다. 길병원은 국내 의료계 최초로 휴봇 페퍼를 도입해 병동에서 환자와 보호자를 위한 서비스를 돕고 있다. 교보문고도 페퍼에 서비스 이용 안내와 연령대별 도서 추천, 베스트셀러 추천 기능 등을 탑재해 업그레이드된 무인 서비스를 선보이고 있다.

2. 고객과 대화하는 챗봇

최근 여러 기업이 고객과의 비대면을 유지하며 편리하고 개인화된 서비스 제공을 위해 '챗봇' 도입에 적극적인 행보를 보이고 있다. 챗봇이란 사용자와 인공지능 로봇이 일상 언어로 채팅을 주고받는 서비스를 말한다. 24시간 언제든지 상담이 가능하며 시공간의 제약 없이 스마트폰만 손에 있다면 사용할 수 있다는 장점이 있다. 또한 한꺼번에 방대한 양의 소비자 질문들을 처리할 수 있다. 상담 창구, 콜센터 서비스와 같은 업무를 챗봇이 수행하면서 인건비를 절약할 수 있고 고객 입장에서도 대기 시간이 최소화되어 신속한 서비스를 받을 수 있다.

국내에서도 다양한 산업에서 챗봇을 활용하기 시작했다. 아시아나항공은 카카오톡, 페이스북 메신저의 챗봇을 통해 예약 확인·운항 정보·출도착 확인 등 11가지 서비스를 제공하고 있다. 도미노피자는 챗봇 '도미챗'을 통해 모바일 앱으로 간편 주문할 수 있는 시스템을 도입했고 아모레퍼시픽몰의 챗봇, '뷰티 크리에이터'는 상담원을 통해야 확인이 가능했던 배송 상태와 운송장 번호, 주문내역 조회 등의 서비스를 24시간 제공하고 있다.

특히 금융업은 챗봇 도입에 가장 적극적이다. 최근 금융감독원이 국내 352개 금융회사를 대상으로 챗봇 운용 현황과 계획을 점검한 결과 2018년 챗봇을 운용한 회사는 모두 26개사이며 2019년까지 추가로 21개사가 챗봇을 도입할 예정이다.[9] 이렇듯 챗봇의 상용화가 가까워지며 금융업에서는 사람과 챗봇의 거리감을 좁히는 전략으로 챗봇에 '페르소나(인격)'를 입히는 등의 업그레이드 작업이 한창이다. 예를 들어, 현대카드 고객들은 수다스럽고 친근한 '피오나'와 예의와 매너를 중시하는 '헨리'라는 두 가지 인격체의 챗봇을 만날 수 있다. 고객에게 보다 자연스럽게 다가가기 위한 시도다. 신한카드도 기존 챗봇 서비스인 '파니FANi'에 페르소나를 입혔다.

페르소나화된 챗봇을 넘어 인구통계학적 정보, 채널별 구매 특성, 구매 이력, 선호도 등 다양한 항목으로 고객 개개인의 특성을 분석해서 대응하는 챗봇들도 등장하고 있다. 롯데백화점이 선보인 챗봇 '로사'는 IBM의 인공지능 '왓슨'과 연계해 고객의 구매 정보·행동 정

출처: 롯데백화점

■ ■ ■ 롯데백화점의 AI 채팅로봇, 로사. 딥러닝 기술을 기반으로 고객과의 자연스러운 대화가 가능하며 때로는 수다도 떤다.

보·관심 정보·선호 정보 등을 수집하고 자체적으로 데이터를 축적 및 분석해 개개인에게 맞는 상품을 추천해주고 있다.[10] 롯데백화점의 쇼핑 앱 '엘롯데' 이용자는 별도의 서비스에 가입하지 않고도 언어·음성·이미지 모두를 사용해 로사와 채팅할 수 있다. 로사는 패션·식품·리빙 등 대부분의 상품군에 걸쳐 고객 맞춤형 상품을 추천하고, 온·오프라인 매장에 대한 질문에 답하는 등 고객과의 자연스러운 대화를 통한 안내 서비스를 선보이고 있다. 키워드 검색에 따른 상품을 고객에게 단순히 연결해주는 것에 그쳤던 서비스가 고도화된 추천 서비스로 진화한 것이다.

향후 전망

언택트 기술의 확산에 대비한 유연한 시스템 마련해야

—

기술의 발전은 때로 양날의 검이 되기도 한다. 특히 사람의 자리를 대신하는 언택트 기술은 눈부신 활약에도 불구하고 우려의 목소리도 높아지고 있다. 실제로 키오스크, 로봇 팔, 휴봇 등의 기기들은 사용 도중 멈추거나 이용자의 요구를 정확하게 인지하지 못할 때가 종종 있다. 특히 휴머노이드 로봇인 페퍼의 경우 부서지거나 고장 나면 수리를 위해 일본이나 중국으로 보내야만 한다. 그럼에도 불구하고 이런 문제 또한 학습의 과정이 되어 빅데이터와 인공지능 기술은 끊임없이 진화하고 있다. 차곡차곡 쌓이는 데이터를 활용하여 계속 학습하면서 더 스마트한 서비스로 발전하고 있으며, 가능 범위를 확장 중이다. 무엇보다 도입 초반에 키오스크 앞에서 기계 이용을 도와주던 사람의 모습도 점점 사라지고 있다. 무인 매장에 대한 일반 소비자들의 거부감도 이용 횟수가 늘어나면서 낮아지고 있는 것이다.

무인화는 4차 산업혁명 시대의 거스를 수 없는 트렌드임에 분명하다. 하지만 문화와 제도가 시대의 변화에 발맞추기도 전에 사람이 할 수 있는 일들이 급격히 기계로 대체되면 고용에 악영향을 미침은 물론, 사회문제로 이어질 수 있다. 언택트 기술의 확산에 대비해 산업 전반에서 다양한 고용 형태를 갖추고, 인력을 탄력적으로 운용할 수 있도록 유연한 시스템을 마련해야 한다. 나아가 재교육·전직 지원·고용보험 등 사회안전망의 확충이 더욱 중요해지는 시점이다. 기계가 사람의 노동을 대체할 수 있다고 해서 일자리가 무조건 줄어드는 것은 아니며 여전히 사람의 서비스가 필요한 영역이 있다. 특히 금융업의 PB Private Banking 서비스에서 보듯, 프리미엄 서비스에서는 사람의 역할이 중요하다. 앞으로 언택트 기술이 확산됨에 따라 인적 서비스의 질이 점차 프리미엄의 요소로 작용하게 될 것이다.

기술의 습득 차이로 인한 세대 갈등도 풀어야 할 과제로 남아 있다. 비대면 기술에 익숙한 젊은 세대는 편리한 소비생활이 가능해지는 반면, 디지털 환경에 익숙지 않은 노년 계층은 소외감을 느끼는 현상이 발생할 수 있기 때문이다. 언택트 기술이 증가함에 따라 이에 적응하지 못하는 사람들이 느끼는 '언택트 디바이드' 문제가 심화될 수 있다는 얘기다. 이에, 인력이 필요하지 않은 곳은 기술로 대체하고 대면 서비스가 필요한 취약 소비자를 위해 인적 서비스를 보편적으로 제공할 수 있는 방안을 모색해야 한다. 결국 언택트 기술의 궁극적인 목표 역시 사람을 위한 것이기 때문이다.

Hide Away in Your *Querencia*

나만의 케렌시아

케렌시아는 투우장의 소가 마지막 일전을 앞두고 홀로 잠시 숨을 고르는 자기만의 공간을 의미한다. 인생이라는 매일매일의 전투에서 지쳐가는 현대인들에게도 안식처로서 케렌시아의 공간이 절실하다. 제3의 공간인 케렌시아에서 사람들은 지친 몸과 마음을 추스르고 다시 전장으로 나갈 준비를 한다.

케렌시아는 단순한 수동적인 휴식을 넘어서 능동적인 취미와 창조 활동을 위한 공간이기도 하다. 기존의 선입견을 깨고 상호 이질적인 것들이 결합되는 이 새로운 공간은 책맥카페처럼 신선하고 창의적인 문화 콘텐츠로 변신해 고객들에게 다가서기도 한다. 1코노미 시대에 나홀로족의 최적의 케렌시아는 다름 아닌 집이다. 신경건축학이 강조되는 시대에 집 공간을 푸르른 식물로 꾸미려는 플랜테리어 트렌드가 인기를 끌고 있으며, 맨케이브는 고도의 취향을 갖추어가는 남성들에게 심리적 위안과 안정을 주는 자기만의 사적 공간으로 자리 잡고 있다.

이제 케렌시아는 오프라인을 넘어 온라인 공간까지 확장되어 가고 있는 모양새다. 사람들은 온라인의 케렌시아에서 익명이라는 가명을 쓰고 억압되었던 마음을 풀어헤치며 억눌린 감정을 해소하고 있다. 향후 케렌시아는 공간 비즈니스의 핵심으로 자리 잡을 것으로 전망된다. 도심을 가로지르는 새로운 시장의 원동력이 될 이 평화롭고도 강렬한 제3의 공간에 주목하라!

「트렌드 코리아 2018」 pp. 335–356

"일론, 테슬라의 미래는 당신이 얼마나 오래 깨어 있느냐에 달린 것이 아닙니다. 당신이 정기적으로 재충전할 시간을 갖는다면 테슬라는 더 나아질 것입니다."

2018년 8월, 미국 〈허핑턴포스트〉의 창립자인 아리아나 허핑턴은 테슬라 최고경영자인 일론 머스크에게 위와 같은 내용의 공개서한을 보냈다. 전날 머스크는 〈뉴욕타임스〉와의 인터뷰에서 "최근 일주일에 최대 120시간을 일하고 있다. 이번 생일에도 24시간 일했다"면서 이로 인해 건강 상태가 좋지 않다고 말했다. 다음 날 허핑턴은 〈워싱턴포스트〉를 통해 이 문제가 머스크에게만 해당되는 것이 아니라며, "자신을 일에 소진시키는 것이 성공을 위해 마땅히 치러야 할 대가라는 것은 잘못된 생각"이라고 말하며 자신이 공개서한을 보낸 이유를 설명했다.

같은 달 영국 〈파이낸셜타임스〉는 일을 많이 할수록 생산성에 악영향을 미친다는 연구 결과를 보도했다. 프랑스 ESCP 유럽 경영대학원과 영국 런던 시티대 카스 경영대학원이 공동으로 진행한 이 연구는 유럽 근로환경조사EWCS에 참여한 36개국의 직장인 5만1,895명을 대상으로 한 것이다. 이 공동 연구팀은 장시간 고강도의 업무를 수행한 직장인들이 덜 행복할 뿐만 아니라, 직업에 대한 만족도와 승진에 대한 기대감도 낮은 경향이 있다고 발표했다.[1]

일 많이 하기로 세계적으로 유명한 대한민국이 귀담아 들어야 할 연구 결과가 아닐 수 없다. 최근 피로사회의 대명사였던 대한민국에서 변화가 감지되고 있다. 과도한 연장근로가 오히려 일의 효율성을 떨어트릴 수 있다는 인식이 커지고 있는 것이다. 바야흐로 휴식의 가치가 재발견되는 시대, 2018년 한국인들은 여유 시간을 더욱 값지게 보내기 위해 자신만의 쉴 곳을 찾아 나섰다. 투우장의 소가 치열한 싸움 도중 잠시 휴식을 위해 경기장 한 곳으로 자신의 케렌시아를 찾아가듯, 사람들도 삶이라는 전투 속에서 충전의 시간이 필요함을 절감하게 된 것이다. 싸움소가 마지막 반격을 위해 영리한 모색을 하듯, 사람들 또한 앞으로 더 나아가기 위해 에너지를 충전하고 가치 있는 삶을 위한 자기만의 휴식처를 찾기 시작했다.

오늘날 케렌시아는 이 시대를 살아가는 현대인에게 더욱 절실한 곳이 되어가고 있다. 특히 2018년은 대한민국 곳곳의 케렌시아 공간이 우리 사회에 더욱 다양하고 진화된 모습으로 현대인에게 꿀 같은 휴식과 재충전의 시간을 선물해준 한 해였다. 도심을 가로지르며 공간 비즈니스의 핵심으로 자리 잡은 케렌시아, 조용하지만 강력했던 그 에너지의 힘을 확인해보자.

케렌시아 비즈니스의 성장

빠른 인터넷 속도만큼이나 온라인 배송까지도 LTE급 속도를 자랑하는 대한민국에서는 휴식도 빠를수록 좋다. 빠르고 간편하게 즐길 수 있는 휴식, '패스트 힐링'이야말로 도심 속 현대인들에게 최적의 케렌시아였다. 이들은 주로 점심시간이나 퇴근 후 혹은 야근 중 자투리 시간을 이용해 자신만의 케렌시아를 찾아 나선다.

2030 직장인들 사이에서 인기를 얻기 시작한 낮잠카페, 수면카페는 이제 40대 부장님도 즐겨 찾는 패스트 힐링 장소로 자리 잡을 만큼 인기를 더해가고 있다. 이들 수면카페는 주로 사무실이 밀집한 서울 종로·여의도·강남 지역에서 성업 중이다. 암막 커튼이 쳐진 조용하고 아늑한 개별 공간은 물론이고, 영업점에 따라 허브 차나 수면복 서비스가 제공된다. 직원에게 알람 서비스를 요청할 수도 있다. 뿐만 아니라 침대·안마의자·소파·해먹 등 취향에 맞는 잠자리 환경도 선택할 수 있다. 이용 요금은 1시간에 6천 원, 2시간에 1만 원 정도로 한 끼 식사 값에 달하지만 이용자들은 패스트 힐링의 대가로 아깝지 않은 비용이라는 반응이다.

『트렌드 코리아 2018』에서 패스트 힐링의 사례로 소개했던 만화 카페나 한방 카페에 이어 최근에는 셀프빨래방 또한 패스트 힐링의 공간이 될 수 있다는 사실을 보여주고 있다. 셀프빨래방 '워시엔조이'는 다양한 세탁 코스와 함께 대기시간에 이용자들이 쉴 수 있는 감각적인 인테리어 공간을 제공해 눈길을 끌었다.[2] 대형세탁기와 건조기계들 옆에 마치 카페와 같은 휴게 공간을 두어 빠르고 신속한 세탁과 카페에서 누리는 휴식을 동시에 얻을 수 있게 해놓은 것이다. 일상의 자투리 시간도 허투루 보내지 않는 현대인들의 소박한 케렌시아 풍경이라고 할 수 있다.

휴가철 풍경도 달라지고 있다. 국내외의 유명 관광지로 떠나는 여행도 좋지만 그마저도 피곤한 이들에게는 '호텔 스테이' 혹은 '호캉스'(호텔 + 바캉스)가 대세로 떠올랐다. 바쁘고 치열한 일상에 치인 현대인이 자신에게 주는 선물이자 여유롭게 누리는 작은 사치인 셈이

출처: 파크 하얏트서울

■ ■ ■ '호캉스'는 멀리 떠나지 않고 도심 호텔에서 즐기는 나만의 바캉스를 말한다. '호텔콕족'을 겨냥한 다양한 패키지 프로그램이 인기를 끌고 있다.

다. 주로 주말을 낀 2박 혹은 주중 연차를 이용한 1박의 '호텔콕'이 인기다.

이들 '호텔콕족'을 겨냥한 다양한 객실 패키지 프로그램도 속속 선보이고 있다. 롯데호텔 서울의 '나만의 케렌시아' 1인 패키지와 글래드 호텔의 '최상의 숙면 글래드 꿀잠 패키지', 파크 하얏트서울의 '서머 앳 더 파크 패키지'와 노보텔 앰버서더 독산 '휴休 패키지' 등이 도심 속 호텔의 대표 상품으로 자리 잡았다. 이와 같은 '호텔 스테이'는 휴가철 관광지들의 바가지 물가 스트레스에서 벗어나 비교적 합리적인 가격에 온전한 휴식과 재충전의 시간을 보낼 수 있어 실속 있는 휴가법으로 각광받고 있다.[3]

명절이면 친척들에게 취업 면접에 버금가는 질문 공세에 시달려야 했던 이들이 2018년 선택한 인기 명절 대피소도 호텔이었다. 3박 이상의 긴 연휴 동안 가족, 친지들과 불편한 대면을 하느니 호텔에서 나만의 근사한 휴식을 누리기 위해서다. 이런 추세를 반영해 롯데호텔 부산, 신라호텔 서울/제주의 경우 설연휴 기간 다양한 1인 전용 패키지 상품을 내놓았다.[4]

체험 공간의 진화

조용한 나만의 휴식도 좋지만 일상의 권태로움을 해소하기 위해 다양하고도 새로운 체험에 도전하는 이들도 많다. 앞에서 휴식에 방점을 둔 힐링 공간이 소극적 케렌시아라면, 이런 소비자들을 위한 공간은 적극적 케렌시아라고 부를 수 있다. 먼저 창조적인 여가 활동을 누리며 일상으로 복귀할 에너지를 재충전하려는 현대인을 위해 도심 속 체험카페들의 변신이 두드러졌다. 특히 역대급 폭염으로 뜨거웠던 2018년 여름, 오감을 자극하는 다양한 체험 프로그램을 갖춘 카페들은 여가 공간이자 실내 피서지로도 각광받으며 인기를 모았다.

서울 강남과 홍대 등 젊은이들이 모이는 지역에서 성업 중인 가상현실VR 체험관에는 야외 놀이공원에서 즐길 수 있던 롤러코스터 등 다양한 놀이기구들이 가상현실 게임 부스로 마련되어 있다. 여름이면 땡볕에서 한 시간 이상 줄을 서야 겨우 탈 수 있는 놀이기구들을 시원한 실내에서 가상현실로 즐길 수 있는 것이다. 이러한 체험카페들은 주로 영화관이나 대형 쇼핑몰 내에 위치하고 있어 이용 접근성이 높다는 편리함을 가졌다.

전에 없던 체험카페들도 속속 등장하고 있다. 인스타그램과 같은 인기 SNS에서 '#어른놀이터'로 통하는 이들 카페는 때로는 아이처럼 신나게 놀고 싶은 어른들의 꿈을 현실로 바꾸어주는 놀이카페로 큰 인기를 얻고 있다. 성수동의 '어반스페이스'가 대표적인 명소다. 이곳은 창고 건물을 개조한 펍pub으로 공간의 3분의 1을 대형 볼 풀장으로 만들었다. 풀장 가득한 알록달록한 볼들 위로 다양한 대형 튜브와 인형들은 물론 미러볼과 조명, 음악이 한데 어우러져 어른들의 동심과 환상을 충족시켜주기에 충분하다. 어반스페이스는 20대 여성들과 외국인 관광객들의 인기에 힘입어 서울 명동에 2호점을 오픈할 만큼 인기가 높다.

서울 인사동의 '푸릇푸릇뮤지엄'은 과일이 테마인 체험형 전시 공간이다. 관람객들은 과일을 모티프로 다양한 색과 감각을 표현한 작품들을 관람하고, 복숭아 그네와 바나나 미끄럼틀 등의 색다른 기구 또한 즐길 수 있다. 최근 아이들뿐 아니라 어른들의 장난감으로 급부상한 **슬라임**을 테마로 한 체험카페도 생겼다. 이곳에서는 다양한 슬라임을 구매하는 것을 넘어 나만의 슬라임을 직접 만들 수도 있다.[5]

슬라임slime
끈적거리는 점액질 형태의 장난감으로 특유의 촉감과 만질 때 나는 단순하고 반복적인 소리가 스트레스 완화와 마음의 안정에 도움을 줄 수 있다.

이처럼 시각·청각·촉각 등 감각을 자극하는 것들이 심신의 안정을 선사하는 활동으로 각광받으며 각종 문화예술 활동이 현대인을 위한 케렌시아로 기능하고 있다. 특히 고즈넉한 한옥에서 즐길 수 있는 국악 및 클래식 공연이나 카페에서 열리는 소규모 인디밴드 및 재즈 공연들이 관람객들의 호응을 이끌었다. 그중 서울돈화문국악당 잔디마당에서 열린 야외콘서트의 경우 '케렌시아'를 타이틀로 다양한 국악 장르의 연주팀들이 공연을 선보여 낭만적인 도심 속 힐링 음악회로 주목받았다.[6]

몇 년 전부터 한국인들이 선호하는 실외 레저 활동으로 급부상한 캠핑 문화 역시 케렌시아로 자리 잡으며 점차 진화하는 모습을 보이고 있다. 특히 캠핑장에 자신의 텐트를 설치해놓고 퇴근 후나 주말마다 찾아가는 '장박長泊 캠핑'이 인기를 얻고 있다. 캠핑을 할 때마다 텐트를 치고 거두는 번거로움이 없고, 오랜 기간 머무르며 자신만의 공간으로 꾸밀 수 있어 나만의 별장처럼 이용할 수 있다는 장점이 있다.[7]

텐트 대신 차를 이용하는 차박車泊 또한 캠핑 문화의 새로운 트렌드로 떠오르고 있다. 대형 밴은 물론 SUV나 승용차에서 먹고 자고 즐기는 캠핑으로, 어디든 주차 공간만 있다면 가능하기 때문에 기동성을 선호하는 캠핑족들에게 특히 인기다. 이에 따라 온라인 쇼핑몰 옥션의 경우 2018년 여름(7월 24일~8월 23일) 동안 차량 내외부에 설치 가능한 천막·캐노피·그늘막·스크린텐트·자동충전식 에어매트 등 차량용 캠핑용품의 판매가 증가했다고 밝혔다.[8] 이렇듯 캠핑장 속 케렌시아도 갈수록 진화해나가는 모습이다.

내 집 안의 케렌시아

"내 쉴 곳은 작은 집 내 집뿐"이라는 노래 가사처럼 집은 본디 사람들의 궁극적인 안식처다. 이에 더해 오늘날의 집은 단순히 주거의 기능뿐 아니라 휴식과 안정은 물론 취미활동까지 가능한 장소로 진화하고 있다. 사람들의 주거 공간에 대한 애착과 휴식에 대한 열망이 커지면서 셀프테리어·그린테리어·플랜테리어 등의 주거 인테리어

■ ■ ■ 그린테리어로 꾸민 나만을 위한 케렌시아 공간, 집

문화도 자연스럽게 정착하고 있다.

먼저 소파와 탁자, TV와 오디오로 채워졌던 거실 풍경에 변화가 찾아왔다. 1인용 의자 여러 개와 소형 가전제품 아래 포근한 러그를 깔아 아지트와 같은 공간을 꾸미거나, 거실 중앙에 커다란 원목 테이블을 두고 주변에 크고 작은 화분들을 가득 배치해 마치 숲속에 와 있는 듯한 분위기를 연출할 수도 있다. 또한 집 내부에 독특한 공간을 마련해 마치 북카페나 서재처럼 꾸미기도 한다. 전체적인 채도를 낮추고 은은한 조명을 설치해 아무도 모르는 사색의 공간으로 삼는 식이다.[9]

국내 홈퍼니싱 시장의 성장 또한 주목할 부분이다. 대표적으로 효도 선물의 대명사였던 리클라이너 의자와 안마 의자가 전 세대에 걸

쳐 인기를 얻고 있다. 특히 각도 조절이 용이해 침대와 같은 안락함을 주는 1인용 리클라이너 의자는 단순 휴식은 물론 독서나 영화 감상에 적합한 아이템으로서 휴식과 엔터테인먼트를 동시에 즐기고자 하는 싱글족이나 신혼부부들에게 인기가 높다.[10]

국내에 2000년대 후반부터 소개되기 시작했던 모션베드 역시 최근 국내 침대 시장의 뜨거운 아이템으로 떠올랐다. 500~700만 원을 호가하는 가격과 생소함 때문에 그다지 인기를 얻지 못했지만 2016년 일룸에서 출시한 이후, 케렌시아 트렌드를 타고 인기를 얻기 시작했다. 현재 국내 침대 시장의 10%를 차지할 만큼 성장세를 유지하며, 템퍼·시몬스·한샘·바디프렌드 등 관련 업체들도 가세해 치열한 경쟁을 벌이고 있다.[11]

향후 전망

근본적인 쉼을 추구하는 현대인의 욕망을 어떻게 해소할 것인가

—

"지난 열흘 동안 침묵 명상silence meditation을 수행했습니다. 이런 시간을 가질 수 있어 행운이고 감사해요. 다시 태어난 기분이에요!"

2018년 새해 첫날, 트위터의 CEO 잭 도시Jack Dorsey가 자신의 트위터에 올린 글이다. 누구보다 친親디지털적인 그가 새해를 맞이하며 디지털 소음으로부터의 탈출을 결심하고 열흘간 불교 마음 수련법인 위파사나Vipassana를 수행했다고 한다. 최근 영국의 일간지 〈가

디언〉은 고요silence가 차세대 사치품next luxury으로 떠올랐다며 최고급 여행·숙박 업체들이 각종 디지털 기기로부터 벗어난 '디지털 소음 디톡스' 상품을 경쟁적으로 출시하고 있다고 보도했다. 유명 호텔 체인 만다린 오리엔탈은 와이파이와 전자파를 전면 차단한 스파 상품을 출시해 큰 인기를 얻고 있다.[12] 과거 전형적인 사치의 형태가 과시적 소비였다면 이제는 나만의 공간과 나만의 시간이 보장될 수 있는 무형의 심리적 가치가 더 큰 의미의 사치품으로 다가오는 시대다.

케렌시아의 본질이 휴식이라면 궁극의 케렌시아는 수면일 것이다. 이와 관련해 '잠'과 '경제'의 합성어인 '슬리포노믹스Sleeponomics' 역시 지속적인 성장세를 보이고 있다. 귀뚜라미·바람·물 소리 등 잠을 청하는 소리, 즉 '백색소음'을 만들어주는 앱을 비롯해 숙면율을 측정해주거나 잠꼬대나 코골이를 녹음해주고, 일정 소음 이상으로 코를 골면 알람이 작동하는 앱도 등장해 스마트폰이 꿀잠 도우미로 나섰다. 나아가 수면무호흡증 진단, 양압기 대여, 수면다원검사 등 수면 관련한 진단과 치료에 건강보험 적용의 범위가 넓어지고, 수면 환경을 전문적으로 관리하는 수면환경관리사(일명 슬립 코디네이터) 자격증도 신설됐다.[13]

이처럼 케렌시아 트렌드는 현대인의 휴식과 관련해 다양한 산업에 새로운 기회를 제공하고 있다. 카페·책방·극장 등 도심의 공간 비즈니스가 새로운 부가가치를 추구하고, 호텔·캠핑장·휴양지 등 여가 비즈니스에서도 새로운 기회를 창출할 수 있으며, 인테리어·가구·침대 등 주거 관련 산업에서도 큰 변화가 예상된다. 특히 전술한 슬리포노믹스나 슬립테크 관련 산업 영역에서는 새로운 창업과 첨단 혁신 산업으로의 발전 가능성도 엿보인다. 케렌시아를 추구하는 현대인들에게 근본적인 쉼을 제공해주는 제반 산업들은 앞으로도 지속적인 성장을 유지할 전망이다.

자, 이제 마지막으로 투우장의 소를 다시 떠올려보자. 싸움소에게 케렌시아는 모든 움직임을 내려놓고 안정을 취하는 한편 온전히 자신에게 집중하여 다음의 움직임을 영리하게 모색하는 공간이다. 쉼이 힘이다. 치열한 삶을 뒷받침하는 진정한 휴식의 공간, 나만의 케렌시아가 더욱 절실한 시기에 우리는 놓여 있다.

WAG THE DOGS

Everything-as-a-Service

만물의 서비스화

「트렌드 코리아 2018」 예측 내용

이제 서비스가 상품의 본질이다. 제품이 본질이고 서비스는 덤이라는 고정관념을 깨고 꼬리(서비스)가 몸통(제품의 경쟁력)을 뒤흔들며, 서비스가 구매의 결정적 요인으로 작용하고 있는 것이다. 사물인터넷·빅데이터·인공지능과 같은 신기술을 바탕으로 유통·물류·금융 등 각 분야에서 새로운 서비스업이 속속 등장하고 있다. 이처럼 모든 가치가 서비스로 재창출되고 있는 흐름을 『트렌드 코리아 2018』에서는 Everything-as-a-Service, '만물의 서비스화'라는 키워드로 개념화했다.

만물의 서비스화는 크게 두 방향에서 인식할 수 있다. 하나는 전통적 산업에 다양한 서비스가 부가되는 전통 산업의 서비스화 경향이며 다른 하나는 신산업 영역에서 수익을 창출하는 비즈니스 모델이 서비스 위주로 재편되는 경향이다. 기존 제품의 서비스 강화는 아날로그적이라고 할 수 있는 식품·외식 산업에서 하이테크 기술과 만나 진화하고 있는 '푸드테크'와 같은 분야를 들 수 있으며, 제조사들도 뛰어들고 있는 렌탈과 공유를 통한 서비스 강화도 큰 흐름을 같이하고 있다. 또한 급격히 빨라지는 서비스화 진행에 따라 서비스 중심의 신산업 비즈니스 모델 또한 생기고 있다. 온디맨드 산업에서의 서비스화와 무료 콘텐츠의 유료 전환과 같은 사업 모델들이 이에 해당한다. 더 이상 기술과 외형 중심의 제품만으로는 차별성을 갖기 어려워진 시대, 기업 혁신의 주안점이 점차 서비스로 이동하고 있다.

「트렌드 코리아 2018」 pp. 357–380

어느 회사의 고객서비스 콜센터로 전화가 한 통 걸려왔다. 이번에 결혼을 하게 되어 주소를 변경하고자 한다는 내용이었다. 콜센터에서는 당연히 데이터베이스에 있는 해당 고객의 주소를 수정해 주었지만, 놀라운 일은 이때부터 시작되었다. 콜센터는 이 정보를 영업 및 마케팅 부서와 공유했고, 해당 부서에서는 고객에게 결혼 축하 선물을 보내고 향후 결혼기념일을 지속적으로 관리하는 서비스 마케팅을 전개했던 것이다. 고객이 깜짝 놀라 감동했음은 물론이다. 이 회사의 이름은 영국의 의류 업체 막스앤스펜서Marks&Spencer다. 어쩌면 그냥 지나치기 쉬운 소소한 데이터를 기반으로 기업 전체를 관통해 업무 내용과 서비스를 통합하는 옴니채널 솔루션을 구축함으로써, 전체 매출의 4%가 늘어나는 효과를 봤다.[1] 전사적인 서비스 솔루션이 빛을 발하는 순간이었다.

막스앤스펜서의 사례에서 보듯이, 이제 제조나 유통 기업에서도 서비스가 핵심 역량으로 작용하고 있다. 아파트나 사무실 등 주거·임대 산업에서 공간의 효율성만큼이나 서비스의 중요성이 커졌고, '판매'가 사업의 주된 방식이던 산업들도 렌탈이나 서브스크립션과 같이 지속적인 서비스 제공으로 비즈니스 모델의 형태를 바꾸고 있다. 소프트웨어 시장에도 단순한 제품이나 솔루션 판매에서 그치는 것이 아니라, 그 제품을 통해 가치 있는 서비스를 제공하는 산업 모델이 등장하고 있다. 아마존닷컴에서 개발한 아마존웹서비스AWS가 좋은 예다. AWS는 일종의 클라우드 컴퓨팅 플랫폼으로 IT 인프라 구축에 필요한 모든 서비스들을 제공하고, 고객 기업들이 클릭 몇 번만 하면 웹 관리를 비롯해 내부 데이터를 쉽게 자동화할 수 있는 서

비스를 선보이며 시장을 넓혀 현재 클라우드 분야에서 세계 1위의 점유율을 차지하고 있다.[2]

이처럼 만물의 경쟁력이 품질이나 디자인이 아니라 서비스로 이행하고 있는 지금, '무엇을 만들고 판매할 것인가'만큼 '어떤 서비스'를 제공할 수 있는지가 더욱 중요해졌다. 전 세계에 걸쳐 이루어지고 있는 만물의 서비스화라는 시대의 흐름이 2018년, 대한민국의 소비 시장에서는 어떻게 발현되었을까? 그 치열했던 서비스의 현장을 따라가본다.

공간의 서비스화 경쟁

'모든 것의 서비스화'가 진행 중인 산업 중 가장 넓은 범위의 변화가 일어나는 영역은 바로 공간의 서비스화 분야다. 1인 가구는 고액의 보증금이나 고정 지출에 대해 경제적인 부담감이 클 수밖에 없다. 공유경제가 급성장하고 이와 관련된 다양한 서비스가 생겨나고 있는 지금, 1인 가구는 그 서비스를 통해 이전과 크게 다른 형태로 공간 소비를 하며 경제적 부담을 덜어낼 방안을 모색하고 있다.

최근 급성장하고 있는 공유 공간의 변화가 대표적이다. 이곳에서는 비단 공간의 공유뿐만이 아니라 청소나 식사 등 더 구체적인 서비스의 영역에서 소비자들의 공유 활동이 이어지고 있다. 대표적으로 셰어하우스는 경제적 비용의 분배와 가사 분담 등 공동생활로 인한 대안적 서비스가 가능한 공간으로 부상했다.

실제로 서울에 존재하는 기업형 셰어하우스만 1,500여 실 이상으로 추정되며, 해당 시장 규모는 3년 새 약 7배 정도 급성장했다.[3] 셰어하우스가 늘어감에 따라 입주자에게 차별화된 서비스를 제공하는 것이 중요해지고 있다. 취미와 관심사가 비슷한 입주자들을 연결해 룸메이트로 맺어주는 테마형 셰어하우스 '우주'가 대표적이다. 또한 모바일 앱으로 운영과 관리가 가능하도록 만들어 운영진 또는 다른 입주자와 쉽게 의사소통할 수 있도록 구축한 '동거동락', 여성을 위한 전용 셰어하우스인 '루온하우스', 다양한 국적의 외국인을 대상으로 하는 외국계 기업인 '보더리스 하우스'가 있다. 나아가 공유의 개념을 유지하되, 개인의 공간을 보다 더 중요시하는 코리빙co-living 형태의 공간 서비스도 주목받고 있다. 주거를 공유하면서 반려동물과의 동거와 같은 개인의 사적인 영역도 보호해주는 형태로는 코오롱하우스비전의 '트리하우스'가 있다.

최근 가장 눈에 띄는 공간 서비스 분야로는 공유오피스를 꼽을 수 있다. KT경제경영연구소에 따르면 국내 공유오피스 시장은 매년 평균 63% 성장해 2022년 7,700억 원 규모의 시장으로 성장할 것으로 보인다.[4] 비싼 임대료 때문에 공간을 나누는 개념의 공유에서 벗어나 입주 기업 간의 협업과 청소, 기본 사무용품 제공 등의 다양한 업무 서비스를 제공하는 **서비스드 오피스**로 진화한 것이다. 사실 주거지에 인접한 공동 사무실에서 업무를 처리할 수 있도록 하는 개념이 아주 새로운 것은 아니다. 하지만 최근

서비스드 오피스
Serviced Office

사무 공간 등 공간적인 서비스 이외에도 주소지 제공, 전화 응대, 우편물 관리, 회계, 보안, 비서 서비스 등을 제공하는 새로운 유형의 오피스 임대 사업을 의미한다.[5]

출처: 위워크

■ ■ ■ 공유오피스도 단순히 공간의 임대를 넘어 효율적인 서비스 제공에 더 공을 들이고 있다.

공동 사무실의 핵심이 단순히 입지가 아니라 "어떤 서비스를 얼마나 효율적으로 제공할 수 있는가?"로 전환되면서, 공유오피스를 사용하는 업체들의 시너지까지 고려할 수 있는 단계로 발전하고 있다. 대표적으로 위워크WeWork, 태평양물산의 넥스트데이Next they, 패스트파이브Fastfive 등은 역세권에 위치해 편리한 접근성을 자랑하고, 초기 계약 시 목돈이 필요하지 않다는 점에서 소비자들의 발길을 모으고 있다.

공유오피스의 창시자이자 세계 최대 규모(전 세계 23개 국가, 77개 도시, 287개 지점, 회원 수 26만)를 자랑하는 위워크의 경우 2017년 매출이 전년 대비 2배 이상 늘어난 8억8,600만 달러(약 1조 원)를 기록할 만큼 빠른 성장세를 보이고 있다.[6] 총 14개 지점으로 국내에 가장 많은 공유오피스를 갖고 있는 패스트파이브도 커뮤니티 활성화를 차별점으로 내세우며 전 지역에서 공실률이 사실상 거의 없는 97%의 입주율을 기록해 공유오피스의 인기를 실감케 했다.

기존의 틀을 깨고 성장하는 렌탈 산업

제조업은 다양한 물건들을 만들어내지만 이를 통해 이윤을 취하는 방식은 단 하나다. 바로 판매를 통해서다. 적정한 대가를 받고 생산한 상품의 소유권을 소비자에게 넘겨주는 일, 즉 '판매'가 이제까지 제조업의 가장 일반적인 비즈니스 모델이었다. 하지만 상품 자체에서 그에 수반하는 서비스로 방점이 옮겨지면서, 소비자에게 소유권을 완전히 넘겨주지 않고도 비즈니스 모델을 형성할 수 있게 되었다. 렌탈이 좋은 예다. '만물의 서비스화'는 최근 렌탈 산업의 급성장을 설명할 수 있는 구조적 배경이다.

실제로 국내 렌탈 서비스 시장은 2018년 31조9천만 원 수준에서 2020년에는 40조 원대를 돌파할 것으로 전망되고 있다.[7] 렌탈 산업은 1998년 IMF 외환위기 시절에 태동한 뒤, 지속적인 성장을 이뤘으나 2018년이야말로 황금기의 시작이라고 할 수 있을 만큼 그 성장세가 가파르다. 렌탈 제품의 대명사인 정수기·공기청정기는 물론이고 의류청정기·침대 매트리스·에어컨·건조기 등 가전제품과 가구에서부터 반려동물 용품이나 미용 기구까지 거의 모든 제품에서 렌탈의 대중화가 이루어지고 있다.

나를 위한 가치소비가 중요한 현대인이지만 경제 불황기에 고가의 제품을 구매하는 것은 부담스러울 수밖에 없다. 렌탈 시장의 영역이 제조품을 넘어 예술품까지도 확장되고 있는 배경이다. 국내 예술품 렌탈 기업, 오픈갤러리는 복사본이 아닌 국내 유명 화가들의 실제 작품을 월 3만9천 원부터 시작하는 저렴한 가격에 빌려주고, 3개월마다 새로운 작품으로 교체해주는 서비스를 제공하고 있다. 바쁜 일상 탓에 갤러리를 자주 가지 못하거나 미술품을 소장하고 싶지만 비싼 가격에 포기했던 예술 애호가들에게는 귀가 솔깃한 제안이 아닐 수 없다.[8]

이처럼 가치소비의 영역인 예술 작품에서 현재의 행복을 누릴 수 있는 드론 등 고가의 취미 용품의 렌탈까지 대여 시장의 영역이 무한대로 넓어지며 **3세대 시장**으로 진화하고 있다. 이제는 집 앞 텃밭을 대신하는 식물 재배기도 렌탈이 가능하다. 교원웰스는 청경채, 스위트 바질 등 채소 모종을 배달받아 집에서 기를 수 있는 재배기인 '웰스팜'을 렌탈하고 있다. 시간 빼고는 거의 모든 것을 빌릴 수 있다는 말이 과언이 아닐 정도다.

소비 방식이 구매에서 경험으로 변함에 따라 이제 렌탈 산업은 고객 중심의 서비스에 더욱 포커스를 맞추고 있다. 특히 고객의 안전과 위생을 체계적으로 관리하는 전문 케어 서비스는 렌탈 산업을 견인하는 동력 중 하나다. 코웨이의 경우 다양한 홈케어 서비스를 전면에 내세우며 기존의 단순 제품 렌탈에서 더 나아가 매트리스 등 제품의 오염도 측정, 제품 클리닝 및 워싱, UV살균 등의 서비스를 제공하고 있다. 롯데렌탈도 라이프스타일 렌탈 플랫폼 '묘미'를 론칭하여 프리미엄 음향기기·반려동물 용품·골프 용품·유아 용품 등과 같은 생활 전반에 걸친

3세대 시장

하나금융경영연구소에 따른 렌탈 시장의 정의로, 1세대 대표 상품이 정수기 등 생활필수 가전이었다면 2세대는 헬스케어 제품과 세탁기 등의 대형 가전 제품과 유아동 제품이 해당된다. 3세대로 넘어오면서 현재의 행복을 가장 중시하는 '욜로족'을 겨냥한 제품이 주를 이루면서 그림 등의 예술 작품, 드론과 같은 고가의 취미 용품으로 시장이 넓어졌다.[9]

급팽창하는 국내 렌탈시장

(단위: 원) 출처: 〈한국경제〉 2018.09.04.

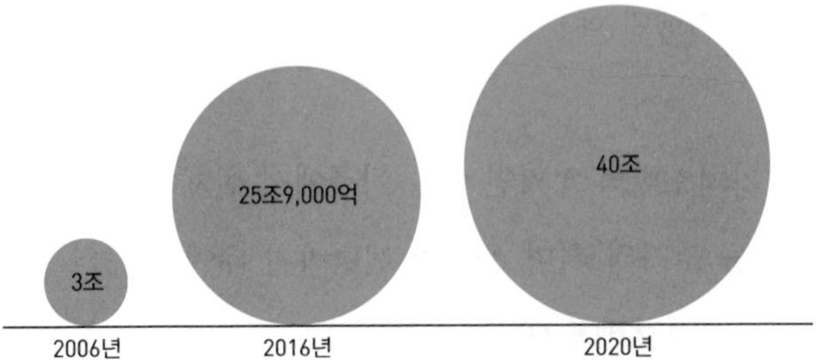

렌탈 서비스를 시작했다. 청결에 엄격한 유아 용품의 경우 '위생'에 초점을 둬 안심 클리닝 서비스를 제공하는 등, 고객 중심의 관점으로 접근하는 렌탈 서비스도 늘고 있다. 이제 렌탈 산업의 무게중심이 '무엇을 빌려줄 것인가'에서 '어떤 서비스를 함께 제공하는가'와 같은 고객 관점의 케어 서비스로 이동하는 것을 볼 수 있다.

계속되는 서브스크립션의 진화

서브스크립션subscription 서비스 역시 최근 급성장하고 있다. 서브스크립션의 사전적 의미는 '구독'으로, 월정액 요금을 내는 정기 구독자에게 다양한 제품이나 서비스를 이용할 수 있게 해주는 것이다. 신문이나 잡지가 전통적인 구독 품목이지만, 이제 서브스크립션은 신문·잡지의 범위를 훌쩍 뛰어넘어 **구독경제**라는 하나의 독립된 영역을 구축하게 되었다. 〈하버드 비즈니스 리뷰〉에 따르면 미국에서 서브스크립션 시장 규모는 매년 200%씩 높은 성장세를 이어가고 있으며 2018년 상반기 기준 시장 규모가 29억 달러에 달한다.[10]

구독경제
Subscription Economy

소유하기 위해 한 번에 돈을 지불하는 것이 아니라, 일정 기간 정액의 돈을 지불하고 경험하는 형태의 경제활동을 말한다. 대표적인 예로 신문·잡지 구독을 들 수 있다. 최근에는 소프트웨어나 애플리케이션 사용, 동영상 콘텐츠의 광고 없는 무제한 스트리밍, 고가의 자동차와 명품 의류 같은 사치품의 공유, 화장품이나 식료품 배송까지 다양한 분야로 월정액 서비스가 확대되고 있다.[11]

서브스크립션은 서비스에 따라 크게 세 가지 종류로 나눌 수 있다. 정해진 날짜에 배달하는 보급형 모델, 회원에게만 전용 혜택을 제공하는 접근형 모델, 구독자의 개인적 성향을 고려해 맞춤형으로 제공하는 큐레이션형 서비스 모델이 있다. 보급형 모델의 대표적인 분야는 와이셔츠를 정기 배송해주는 서비스인 '위클리셔츠Weekly shirts', 접근형 모델은 월정액 서비스에 가입한 사람만 광고 없이 자유롭게 영상을 시청할 수 있는 '유튜브 프리미엄Premium'과 같은 서비스가 있다. 큐레이션형은 시간이나 금전적 편리함 이외에 개별 구독자에게 새로운 경험을 제공하는 데 중점을 두고 있으며 이러한 서비스로는 소비자가 자신의 몸 상태 등을 전달하면 영양제를 조합해 배송해주는 '케어오브care/of', 이용자의 건강 유형에 맞춰 식단을 제안해 배달해주는 '닥터키친Dr.kitchen', 월 2회 야식 박스를 배송해주는 스타트업 '벨루가veluga', 맞춤형 꽃 정기구독 서비스인 '꾸까kukka'를 들 수 있다.

서브스크립션과 렌탈 서비스는 제품의 소유보다 체험을 강조하는 방식이라는 점에서 비슷한 면을 지니고 있지만 시장의 진화 방향은 정반대의 모습을 보이고 있다. 렌탈 시장은 자동차 리스와 같은 고가의 제품에서 저가의 생활용품 공유로 확대되는 반면, 서브스크립션 서비스는 저가의 면도날 정기 배송에서 성장해 현재 럭셔리 자동차 시장과 같은 고가의 제품 시장으로 확산되기 시작했기 때문이다.

출처: 포르쉐

■ ■ ■ 자동차 서브스크립션도 점차 확대되는 추세다.

서브스크립션 서비스와 공유경제의 결합도 활발하게 진행 중이다. 메르세데스-벤츠가 도입한 서브스크립션의 경우, 기본적으로 차를 빌려 타는 형식인데 최근 개인 맞춤형 서비스를 지향하고 있다. 일정 기간 사용료를 내면 차종을 마음대로 바꿔 탈 수도 있고, 이용 기간도 마음대로 설정할 수 있다는 게 장점이다. 또한 제품을 한 번에 구매하는 단발성의 매출보다 지속적인 구매를 유도하기 때문에 브랜드 로열티를 높일 수 있다는 추가적인 장점도 있다. 현재 미국에서는 BMW와 포르쉐, 렉서스, 볼보, 캐딜락 등 다양한 브랜드가 이러한 방식의 서브스크립션에 뛰어들고 있다.[12]

앞으로 서브스크립션은 더욱더 소비자지향적인 방향으로 성장해 나갈 전망이다. 구독 비즈니스를 관장하는 클라우드 소프트웨어 기업이자 '구독경제'라는 용어를 만들어낸 주오라Zuora의 창업자 티엔 추오는 앞으로 소비자가 직접 구독요금제를 설정하는 방향으로 발전할 것이라고 전망한다. 즉, 같은 소프트웨어 구독도 사용자 수, 공유 링크 개수, 오프라인 사용 가능 여부, 관리자 기능 부여 등등의 옵션에 따라 구독료가 달라진다는 것이다.[13] 이러한 변화는 소프트웨어뿐만 아니라 다양한 영역에서 소비자의 서비스 선택권을 넓히고 그에 따라 가격이 조정되는 방향으로 진화할 것임을 시사한다.

향후 전망

서비스화의 바탕은 무엇보다 '고객신뢰'

—

산업의 서비스화는 앞으로도 지속적으로 발생할 중요한 트렌드이기는 하지만, 장밋빛 미래만을 보장하는 것은 아니다. 예를 들어 전술한 서브스크립션 서비스도 무조건 승승장구하지는 못하고 있다. 미국 맥킨지에 따르면 서브스크립션 서비스에 가입하는 이용자의 3분의 1이 3개월 안에 구독을 취소했으며, 6개월 기준으로 구독을 취소하는 경우도 이용자의 절반에 이른다.[14]

비즈니스 모델 서비스화의 시사점은 패션 렌탈 사업에서 찾을 수 있을 것이다. 렌탈 산업 전반의 급성장과 함께 국내 의류 렌탈 업계 또한 기회의 영역으로 주목받았다. 그러나 의류 렌탈 사업들은 기대와 다르게 론칭한 지 1~2년 만에 주요 서비스가 중단되고 있는 실정이다. 이들 업체는 평균 5만 원에서 10만 원 정도의 정액제 상품에 가입하면 한 달에 4벌 정도의 옷을 대여해주는 O2O 서비스를 제공했다. 출범 초기, 소비자들의 반응은 뜨거웠지만 성장통도 함께 앓고 있다. 물류·유통·제품소싱 등 초기 투자비용 부담이 컸을 뿐만 아니라, 주요 타깃이었던 20대는 저렴한 SPA브랜드를 선호했고 구매력이 있는 30~40대들이 이용하기에는 서비스의 매력이 부족했던 탓이다.[15] 제품의 공유를 통한 금전적 이득 외에 소비자에게 어필할 수 있는 서비스 요소가 부족했던 것으로 분석된다.

그 외에도 산업의 서비스화가 발전하기 위해서는 넘어야 할 산이 많다. 가장 먼저 지적하고 싶은 부분이 규제 문제다. 만물의 서비스화는 산업의 구조가 바뀌는 맥락적 변화를 수반하므로, 정부나 지방자치단체의 규제 완화도 동반되어야 한다. 특히 셰어하우스·공유오피스 등 신생 공유 서비스에 대한 규제상의 제약을 다시 검토할 필요가 있다. 이를 위해서는 기존 사업자와 상생할 수 있는 공통의 이해관계를 구축하며 지속적인 성장 모델을 제시해야 할 것이다.

또 한 가지 서비스 경제에서 빼놓을 수 없는 가장 중요한 요소는 신뢰다. 서비스 경제는 일회적인 계약이 아니라 지속적으로 이루어지는 관계 형성이 중요하기 때문에 공유 공간·렌탈·서브스크립션 서비스 등등 모두 신뢰가 바탕이 되어야 뿌리내릴 수 있는 사업이다. 또한 서비스의 좋고 나쁨을 판단하는 것은 제공자가 아닌 고객이라는 사실을 유념해야 한다. 시장의 경쟁력이 제조업에서 서비스업으로 이행되고 있는 지금, 어떤 서비스를 얼마나 잘 다루어 제공하느냐에 기업의 미래가 달려 있다. 소비의 양극화만큼 서비스 산업 간의 양극화도 심해지고 있다. 소비자와 사회가 충분히 신뢰하고 공감할 수 있는 산업 간의 긍정적 시너지 효과가 그 어느 때보다 절실하다.

WAG THE DOGS

Days of 'Cutocracy'

매력, 자본이 되다

'매력'이 자본이 되고 있다. 소비자들의 사고방식이 원자화되고 또 그것을 표현하는 매체가 고도로 개인화된 SNS를 통해 표현되는 시대에, 소비의 기능이 자기 자신의 개성을 표현하는 데 초점이 맞춰지면서 조금이라도 더 매력 있는 상품을 찾게 된 것이다. 기업들 또한 하루가 다르게 쏟아져 나오는 수많은 상품들 중 자사의 제품과 서비스를 확실하게 어필하기 위해서는 강한 매력이 필수다.

매력의 魅는 '도깨비 매'자다. 매력은 단지 예쁜 것이 아니다. 여러 결점이 있음에도 불구하고 도깨비에 홀린 듯, 마법에 걸린 듯, 비이성적인 힘에 의해 이유 없이 사람을 끌어당기는 힘이다. 단점이 존재하는데도 불구하고 끌리게 하는 힘, 매력은 ▲자기만의 특출한 장점이 하나라도 있을 때 ▲친근하고 귀여울 때 ▲반전이 있을 때 ▲능숙한 '밀당'이 있을 때 발생한다.

이제 작은 상품 하나도 적극적인 매력 어필을 통해 소비자의 관심을 끌어들이고 존재감을 확인하는 시대다. 상품의 과잉공급이 일반화된 현대사회에서 만성적인 '선택 장애'를 겪고 있는 소비자들에게 '매력'은 가장 강력한 구매 요인이다. 여러 제약 때문에 완벽할 순 없지만 그래도 선택받기를 포기할 수 없는 상품들, 나아가 현대인에게 매력은 생존의 필살기가 되고 있다.

『트렌드 코리아 2018』 pp. 381–402

"방탄소년단은 미국 차트 역사상 가장 성공한 K팝 가수입니다."

2018년 9월 미국 로스앤젤레스 그래미 뮤지엄의 클라이브 데이비스 극장에서 열린 '방탄소년단과의 대화'에서 이곳의 예술 감독인 스캇 골드만Scott Goldman은 방탄소년단을 이와 같이 소개했다. 그의 말은 과장이 아니었다. 2018년 LOVE YOURSELF 轉 'Tear' 외국어 앨범으로 12년 만에 '빌보드 200' 1위를 차지했던 방탄소년단은 다음 앨범 LOVE YOURSELF 結 'Answer'로 또다시 빌보드 200 1위를 수성했다.[1]

토종 한국 그룹 방탄소년단이 미국에서 이토록 인기를 끌고 있는 이유는 무엇일까? 사실 전 세계적으로 K팝의 인기가 대단하고 여타 많은 아이돌 그룹들도 해외 팬들의 큰 사랑을 받고 있지만, 방탄소년단의 인기와 기록들은 단연 독보적이다. K팝 시장은 물론 전 세계 대중음악 시장에서 군계일학이 되어 정상에 올라섰다. 이들의 인기를 분석하는 기사가 연일 쏟아져 나오고 있지만 명확한 해석은 앞으로도 힘들 것이라고 한다. 이유는 바로 이들 그룹의 힘이 한마디로 정의할 수 없는 '매력'에 있기 때문이다. 이유 없이 사람을 끌어당기는 비이성적인 힘의 근원을 논리적으로 설명하기는 어렵다. "아름답다", "멋있다", "근사하다"라는 수식어보다 "매력 있다"라는 표현이 더 묘한 분위기를 풍기는 것처럼, 매력은 똑 부러지게 정의 내릴 수는 없지만 현시대의 가장 강력한 필살기가 되었다.

매력이 자본이 되는 시대, 전형적으로 예쁘거나 잘생긴 것이 다가 아니다. 고스펙이나 고성능도 감히 이기지 못하는 것이 매력이다. 오히려 여러 단점들이 확연히 보임에도 마치 도깨비魅에 홀린 듯 비이성적인 힘力에 의해 압도당하고 마는 것, 그것이 매력이다. 그래서 우리는 어떤 존재가 가진 매력에 대해서 논리적으로 설명하기 어려운 것이다. 이성과 논리가 가득한 세상에서 아이러니하게도 이 매력이라는 기이하고 희한한 힘이 시대의 막강한 자본이 되고 있다.

『트렌드 코리아 2018』은 매력이 자본이 되고 매력이 지배하는 사회를 'Cutocracy'라는 키워드를 통해 다양한 사례와 함께 소개했다. 현재 시장에서 소비자에게 확실한 매력을 어필하고 있는 상품들의 공통적인 속성을 추출하여 분류한 결과, ▲상품 고유의 특출난 장점이 하나라도 있을 때, ▲친근하고 귀여울 때, ▲반전이 있을 때, ▲능숙한 '밀당'이 있을 때로 분류했다. 그렇다면 2018년, 위와 같은 매력을 자본으로 삼아 승승장구한 제품과 브랜드들의 활약상을 하나씩 살펴보도록 하자.

Lethal Weapon, 단 하나의 치명적인 그것

—

시장에서 소비자의 구매 심리를 가장 쉽게 자극하는 것은 뭐니 뭐니 해도 가성비다. 하지만 가성비 중심의 상품은 소비자의 구매 욕구를 쉽게 가져올 수 있는 만큼 쉽게 잃을 수도, 쉽게 빼앗길 수도 있다. 소비자의 변치 않는 사랑을 얻어내려면 소비자의 마음까지 가져와야 하는 법, 즉 '가심비'가 확실해야 한다. 더욱이 최근 우리 사회의 대표적인 키워드인 '소확행'이나 '작은 사치' 현상들이 동반되면서 '가심비'는 충분히 매력적인 소비 자극제가 되었다.

가심비가 좋은 제품들의 특징을 살펴보면 그 자체로서 고유하고 눈에 확 띄는 장점이 뚜렷하다는 것이다. 실제로 소비자들은 제품의 필요성보다는 단지 끌린다는 이유만으로도 기꺼이 구매를 결정하곤 한다. 독보적인 제품 디자인이 대표적인 매력의 한 요소다. 이탈리아의 유명 가전 업체 스메그SMEG의 음료수 전용 냉장고 'SMEG 500'은 1,500만 원이라는 고가에도 불구하고 2017년 매출이 전년보다 30% 이상 증가했다. 자동차 모양을 본뜬 재치 있는 디자인과 이탈리아 특유의 색감으로 소비자에게 확실한 매력으로 다가간 것이다. 미용 기기 업체 위드뷰티WITHBEAUTY의 화장품 전용 냉장고는 제품 디자인에 구스타프 클림트의 유명한 〈키스〉 작품을 반영해 여성 소비자들의 눈길을 끌었다.

디자인은 물론 성능까지 뛰어난 매력적인 제품이라면 대중의 소비 심리를 사로잡기에 더할 나위 없다. 일본 가전 업체, 발뮤다BALMUDA의 '더 토스터' 가격은 30만 원대로 일반 토스터보다 3~10배 이상 비싸다. 하지만 빵 맛을 살려낸다는 입소문을 타면서 매출 성장세가 이어지고 있다. 다이슨Dyson의 헤어드라이어 역시 50만 원 대로 일반 헤어드라이어보다 5~10배 정도 비싸지만 소비자들의 잇따른 호평에 매출도 함께 늘었다.[2] 기존 소형 가전제품들이 주로 가성비를 무기로 삼아 치열한 경쟁을 벌였다면, 이러한 고가의 제품들은 색다른 디자인과 성능에 집중한 대체 불가한 매력으로 강력한 경쟁력을 갖게 된 것이다.

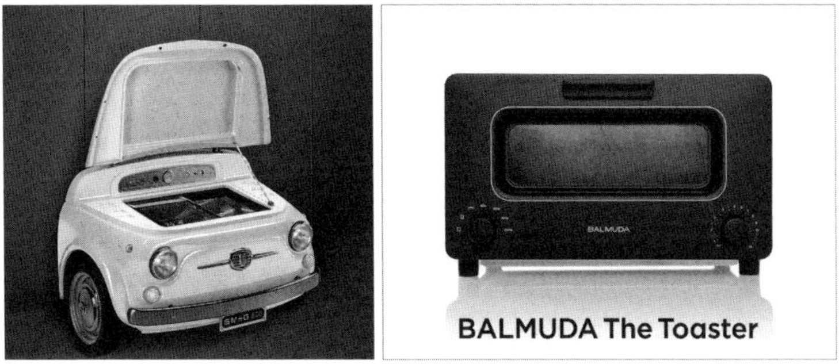

출처: Smeg/Balmuda

■ ■ ■ 디자인이든, 맛이든 선택할 수밖에 없는 매력 덩어리들. 비싼 가격에도 불구하고 소비자들의 구매가 이어지고 있는 스메그 음료수 전용 냉장고와 발뮤다 토스터기.

식품 업계 또한 특출한 매력을 어필하며 소비자의 입맛을 사로잡기에 분주했다. 2018년 3월, 대만의 국민 샌드위치 홍루이젠이 국내 시장에 상륙했다. 이 샌드위치는 겉보기엔 다소 빈약해 보일 만큼 단출한 재료로 만들어졌지만 프랑스산 버터와 네덜란드산 연유, 고급 돈육 햄 등 특별한 식재료들로 만들어진 70년 전통의 샌드위치다. 무엇보다 가장 매력적인 것은 2천 원이 넘지 않는 저렴한 가격.[3] 훌륭한 가성비와 남다른 가심비 전략은 소비자들에게 거부할 수 없는 매력으로 다가왔다. 한편, 우리나라의 대표 토스트 업체인 이삭토스트의 경우 역으로 대만 시장에 진출해 현지 뉴스에도 등장할 만큼 엄청난 인기를 모으고 있다. 홍루이젠과 완전히 다르게 과일 잼과 신선한 야채 등의 식재료를 사용해 대만 현지인들의 입맛을 사로잡은 것이다. 이처럼 맛과 품질의 특별함을 지키며 가격까지 매력적이라면, 단 하나의 치명적인 '그것', 소비자들의 워너비가 되기에 충분하다.

The Girl Next Door, 늘 내 곁에 있는 귀여운 존재

2018년 하반기 대한민국 SNS와 온라인을 온통 들썩이게 만든 엄청난 존재가 나타났으니, 그 이름도 별난 '인절미', 애칭은 '짱절미'인 귀여운 강아지 한 마리다. 우연히 도랑에 빠져 떠내려가던 어린 강아지를 구출한 누리꾼이 강아지에 대한 지식을 구하고자 관련 커뮤니티에 사진과 글을 올리면서 인절미는 큰 관심을 얻기 시작했다. 작고 통통한 몸집에 갈색 털을 가진 덕에 '인절미'라는 이름을 얻게 된 이 강아지는 날로 커지는 인기에 결국 2018년 8월 전용 인스타그램 계정을 개설하기에 이르렀고, 한 달도 되지 않아 60만 명이 넘는 팔로워(2018년 9월 6일 기준)를 거느리며 '견생역전'의 주인공이 되었다. 인절미라는 이름처럼 귀여운 외모와 반려견·반려묘에 대한 대중의 사랑이 이전보다 각별해진 풍조가 더해져 소위 '우주대스타'로 거듭나게 된 것이다.

출처: zzangjeolmi 인스타그램

■ ■ ■ 도저히 참을 수 없는 귀여움. 60만 명의 팔로워를 거느린 강아지, 인절미는 이제 여느 스타 못지않은 인기를 누리고 있다.

귀여움의 대명사를 논할 때, 캐릭터가 빠질 수 없다. 특히 스마트폰 메신저 창에서 매일 접하는 캐릭터들은 친근하고 귀여운 매력의 대표 주자다. 메신저 캐릭터계의 양대 산맥인 다음카카오의 카카오 프렌즈와 네이버의 라인 프렌즈는 이제 국내를 넘어 해외에서도 그 매력을 한껏 발산하며 미키마우스(디즈니)나 헬로키티(산리오)의 아성에 도전하고 있다. 지난 2017년 11월 11일, 중국의 블랙 프라이데이로 불리는 광군제光棍節 당일, 중국 최대 온라인 쇼핑몰인 티몰T-mall에서는 라인 프렌즈 캐릭터 상품을 구매하기 위한 중국인들의 쇼핑 전투가 벌어졌다. 이날 라인 프렌즈가 티몰에서 벌어들인 매출액은 원화로 약 46억 원을 기록하며 티몰의 영유아동 완구 부문 3년 연속 매출 1위 자리를 수성했다. K팝에 버금가는 캐릭터 한류의 인기는 중국에서 그치지 않는다.[4] 라인 프렌즈는 일본·대만·미국 등 세계 각국에 2018년 8월 기준, 112개의 오프라인 매장을 운영하고 있다. 미국 LA 할리우드에 문을 연 라인 프렌즈 팝업스토어 앞에는 개점 당일 이른 아침부터 1,500여 명의 사람들이 줄을 섰고, 이틀간 1만5천 명 이상이 방문할 정도였다. 카카오 프렌즈 또한 최근 회사 이름을 카카오아이엑스IX로 바꾸며 일본을 필두로 미국 등 해외 진출에 박차를 가하고 있다.[5]

캐릭터가 주는 친근하고 귀여운 매력은 다양한 업계와의 수많은 콜래보레이션을 통해 배가되는 양상을 보여주었다. 그중 식품유통업계의 콜래보레이션 행보는 여전히 왕성하다. 특히 겨울철 별미 간식, 호빵의 캐릭터 열전이 치열했다. 편의점 CU는 일본 애니메이션 '하이큐 호빵', 세븐일레븐은 '포켓몬 캐릭터 호빵'을 선보이며 선풍적인 인기를 모았다.[6] 던킨도너츠는 스폰지밥 캐릭터를 활용한 도넛 4종을 출시하며 다양한 프로모션을 선보였는데 '스폰지밥 틴 케이스', '스폰지밥 쇼퍼 백' 등 일부 판촉물은 조기 품절되는 현상이 벌어지기도 했다.[7]

The Usual Suspects, 짜릿한 반전!

2018년 8월, 일본 도쿄 긴자의 소니 파크 지하 1층에 별난 편의점이 문을 열었다. 쇼핑을 마치고 나온 고객들의 장바구니 안에는 편의점 상품처럼 보이지만 실제로는 패션 매장에나 있을 법한 제품들이 가득하다. 편의점처럼 포장되어 있지만 편의점은 결코 아닌 이상한 매장, 바로 일본 스트리트 패션계의 대부, 후지와라 히로시藤原ヒロシ의 컨셉스토어 '더 콘비니THE CONVENI'이다. 이곳은 매장의 외형뿐만 아니라 제품의 포장이나 진열 방식까지 편의점과 꼭 닮았다. 하지만 그 속을 들여다보면 흥미 넘치는 반전 매력으로 꽉 채워져 있다. 플라스틱 보틀에는 음료가 아닌 티셔츠를 돌돌 말아 넣어놓고, 과자 봉지 안에는 후디와 스웨트셔츠를 담았으며, 냉장 진열장에는 스마트폰 케이스와 열쇠고리를 줄줄이 걸어놓았다. 삼각 김밥 패키지의 손수건이나 계란 모양의 비누, 케이크 모양의 양초 등 숨은 반전 자체가 매력인 곳이다.[8]

못 견디게 귀엽거나 짜릿한 반전은 없지만 평범함과 투박한 외형 그 자체가 필살기가 된 인기 상품도 많다. 최근 넷플릭스Netflix에서 방영한 음식 다큐멘터리 〈어글리 딜리셔스Ugly Delicious〉는 화려하고 정돈된 SNS용 음식이 아닌 김치찌개·만두·피자 등 일상 속 평범하고 소박한 음식들의 투박하고도 자연스러운 매력에 주목해 대중의 관심을 받았다. 서울 망원동에 위치한 '어글리 베이커리'라는 작은 빵집은 아예 대놓고 못생긴 빵을 매력으로 내걸어 인기를 끌었다. 이곳의 빵은 제각기 모양도 다르고 울퉁불퉁해 화려한 멋은 없지만, 뛰어난 맛과 자연스러운 멋으로 소비자들의 발길을 모으고 있다.

트렌드에 가장 민감한 패션 업계는 이미 '어글리'의 매력을 간파한 지 오래다. 『트렌드 코리아 2018』에서도 소개했던 '어글리 슈즈'의 인기가 여전한 가운데 '추함'과 '세련됨'의 합성어인 '어글리 시크ugly chic'가 패션 트렌드의 전방에 서게 된 것이다.[9] 과거에는 그저 못생김으로 치부해버렸던 것들이 이제는 '멋짐 폭발'로 대접받게 된 시대, 이것이 바로 짜릿한 반전의 매력이 가져오는 효과다.

My Sassy Girl, 잡힐 듯 잡히지 않는 묘미

좋아하는 이성의 마음을 얻기 위해 한없이 잘해주기만 한다면 당신은 연애의 하수다. 좌중을 압도하는 유머와 재치를 겸비했다 해도 당신은 아직 중수다. 연애의 고수로 올라서기 위해 갖춰야 할 자질은 바로 '밀당'(밀고 당기기) 기술이다. 이성의 마음을 열기 위해 열심히 밀고 당기듯 시장의 상품들도 소비자의 선택을 받기 위해 밀고 당기는 줄다리기에 한창이다.

소비자의 마음을 애태우는 데 한정판만큼 효과적인 전략이 또 있을까? 2018년 8월 13일 오전, 하루에 23만 부가 발행되는 미국의 일간지, 〈뉴욕포스트〉가 단독 특종 보도기사 하나 없이 단 2시간 만에 완판되는 이변이 벌어졌다. 이유는 단 하나, 1면에 찍힌 빨간색 로고 '수프림Supreme' 때문이었다. 인기 스트리트 패션 브랜드인 수프림은 루이비통·구찌·나이키 등 여러 패션 브랜드와 협업한 제품들은 물론, 2016년 수프림 로고를 찍은 30달러짜리 벽돌마저 품절될 만큼 그 인기가 엄청나 "쓰레기도 '수프림' 로고를 붙이면 잘 팔린다"는 말이 있을 정도다. 비결은 단순하다. 바로 '희소성'.[10]

한정판 전략만큼 '숨바꼭질' 전략도 효과적인 밀당의 방법이다. 간판 없는 식당과 카페의 경우 지나는 이들의 호기심을 자극하며 여전히 성업 중이다. 매장의 위치도 단번에 찾아가기 어려운 곳이나 눈에 띄지 않는 곳인 경우가 대부분이지만 사람들은 기어이 그곳을 찾아간다. 그 호락호락하지 않은 매력이 핫플레이스로 등극하는 요인이 되면서 더욱더 꼭꼭 숨고자 하는 가게들까지 등장했다. SNS를 통해 유명세를 타게 되면 감당하기 힘들 정도로 많은 손님들이 몰려들어 영업에 차질을 빚기도 하고, 피로와 스트레스가 가중되는 탓이다. 게다가 반짝 몰려든 손님들로 인해 이전 단골들의 발길이 끊기기까지 하자 이른바 '혐핫(핫플레이스가 되기를 극도로 꺼리는)' 신드롬이 불기 시작했다. 일부 영업장에서는 '노포토 노모바일폰No photo, No mobile phone' 푯말을 내걸고 일체의 사진 촬영이나 온라인 포스팅을 금지하는 등 소비자와의 속 타는 눈치 게임을 이어가고 있다.[11]

향후 전망

정형화되지 않은 날것의 매력이 곧 경쟁력

2018년 6월, 스타필드 코엑스몰에 문을 연 신세계 이마트의 '삐에로쑈핑'이 인기몰이에 성공하며 9월, 동대문 두타몰에 2호점까지 개점

했다. 일본의 돈키호테 매장을 벤치마킹한 삐에로쑈핑은 매장 공간에 비해 과할 정도로 많은 상품들을 복잡하게 진열해놓은 신개념 만물상 할인점이다. 일각에서는 돈키호테 베끼기라는 논란도 있지만 고객들은 이곳에서 흥미로운 쇼핑을 경험하기 위해 기꺼이 줄을 서서 입장을 기다린다. 『트렌드 코리아 2018』에서도 매력자본의 한 사례로 돈키호테 매장이 언급된 바 있다. 매장의 구조와 제품의 진열 방식이 물건을 찾기 어렵게 설계되어 있기 때문에 소비자가 보물찾기를 하듯 상품을 고르며 즐거움을 만끽할 수 있다는 점에서 '밀고 당기기' 전략의 일례라고 소개한 것이다. 삐에로쑈핑은 이러한 매력을 고스란히 옮겨왔을 뿐만 아니라 이 만물상 안에 밀당 전략 외에 또 다른 매력들을 심어놓았다.

바로 '예쁜 쓰레기'들의 전시장과도 같은 컨셉이다. 실상 아무 쓸모도 없고, 없어도 별로 아쉽지 않음에도 불구하고 그저 예쁘고 특이한 디자인, 재치 있는 쓰임새에 깔깔 웃다 보면 어느새 물건들은 장바구니에 들어 있다. 다양한 캐릭터 상품들과 동물을 테마로 한 제품 등 귀엽고 친숙한 물건들이 매장 곳곳을 가득 메우고 있다. 무엇보다 '혼돈의 탕진잼 블랙홀'이라는 매장 컨셉에 따라 10~30대 젊은 층이 열광하는 B급 유머코드를 충분히 활용해 예상치 못한 재미를 제공하며 반전 매력까지 발산하고 있다.[12] 오늘날 시장에서 그 효용 가치를 인정받고 있는 대표적인 네 가지 매력을 모두 보여준 것이다.

시대의 흐름에 따라 매력자본의 속성은 변화할 것이고 그에 따라 시장은 진화할 것이다. 과거의 매력이 오늘의 매력이 아닐 수 있듯이 오늘의 매력이 내일의 매력이 될 것이라 확신할 수도 없다. 역으로 말하자면, 과거에는 매력적으로 여겨지지 않았던 것이 오늘날에는 매력자본이 될 수도 있다는 얘기다. 최근 일고 있는 '보디 포지티브body positive' 즉, 자신의 몸을 긍정적으로 받아들이자는 사회적 움직임이 가져온 시장의 변화가 이를 뒷받침하고 있다.

미국의 속옷 브랜드 에어리Aerie의 광고에는 다양한 인종과 체형의 모델들이 등장한다. 근사한 몸매와는 거리가 먼 체형에다가 울퉁불퉁한 셀룰라이트, 잡티·주근깨까지 눈에 띄지만 별다른 보정 없이 그대로 노출된다. 비현실적인 외모보다 있는 그대로의 평범한 모습을 내건 광고와 프로모션 덕분에 에어리는 2018년 1분기의 매출이 전년보다 38% 증가하는 뚜렷한 성장세를 보였다.[13]

정형화되어 있지 않은 날것의 매력이 곧 경쟁력이며 자본이 되는 시대, 공급이 넘쳐나는 시장에서 이제 매력은 부차적인 흥행 요소가 아니라 살아남을 수 있는 힘과도 같다. 출중한 능력으로 상대를 압도할 수도 있고, 귀엽고 친숙하게 상대의 일상을 파고들 수 있으며, 짜릿한 반전 매력으로 상대를 무장해제시킬 수도, 치밀하게 밀고 당기며 상대를 굴복시킬 수도 있다. 중요한 것은 본인이 가진 매력의 속성을 영민하게 파악하고 이것을 경쟁력으로 키울 수 있는 방법을 꾀해야 한다. 또한 시대의 흐름과 시장의 변화를 늘 살피고 이에 따라 자신의 매력자본을 진화시켜야 한다. 매력이 자본이 되는 시대, 2019년에는 우리 사회 전반에서 또 어떤 매력이 톡톡 튀며 시장을 흔들지 기대해본다.

One's True Colors, 'Meaning Out'

미닝아웃

「트렌드 코리아 2018」 예측 내용

자기주관을 적극적으로 표현하는 소비자가 늘고 있다. 함부로 드러내지 않았던 자기만의 의미, 그러니까 취향과 정치적 사회적 신념을 '커밍아웃'한다는 점에서 이러한 현상을 '미닝아웃'이라고 명명할 수 있다. 미닝아웃이 전통적인 불매운동이나 구매운동과 차원이 다른 지점은 그 의미가 다양해지고 표현 방법도 놀이처럼 변하고 있다는 데 있다. SNS에 자기 관심사를 해시태그로 붙이고, 축제 같은 집회에 나들이 가듯 참석하며, 촌철살인 메시지를 담은 패션을 통해 미닝아웃을 실천한다.

사회문제를 해결할 수 있는 공권력과 제도에 대한 믿음은 떨어지는 가운데, 시민·소비자 개개인의 내적 효능감은 높아지고, SNS를 위시한 온라인 커뮤니케이션의 발달로 혼자서도 얼마든지 여론을 모을 수 있고 변화를 꾀할 수 있게 되었다. 개인화된 매체인 SNS에서 신념과 가치관으로 자아를 연출하고자 하는 소비자들의 욕망은 미닝아웃 트렌드를 키우고 있다. 커뮤니케이션이 극도로 평등화된 사회에서 스스로의 신념을 강하게 확신하는 소비자들이 자기의 소신을 추구하기 위해 고군분투하는 사회 변화의 '하드캐리'가 시작된 것이다. 이에 대응하는 기업과 조직에 대한 시사점은 기본에 충실하라는 것이다. "선한 것이 강한 것"이다.

「트렌드 코리아 2018」 pp. 403–424

미닝아웃, 즉 자신의 주관과 신념을 적극적으로 밝히는 목소리가 높아질 것이라고 전망했던 2018년, 신년 벽두부터 미투#Metoo 운동이 대한민국을 뒤흔들었다. 1월 29일, 검찰 내 성폭력 실상을 폭로한 어느 여검사의 고발로 시작된 한국의 미투 운동은 연극연출가 이윤택에게 성추행을 당했다는 고발이 소셜네트워크 서비스를 통해 널리 퍼지면서 들불처럼 번져나갔다. 각계각층에 숨어 있던 성추행·성폭력 피해에 대한 고발이 줄을 이었으며, 이후 문화계와 정치계를 막론하고 대한민국을 움직이던 유명인사 20여 명이 '위력에 의한 성폭력' 가해자로 지목되었고, 이들에 대한 검찰 조사가 이어지면서 그동안 묻혀왔던 성폭력 사건들이 수면 위로 드러났다.

그동안 성폭력은 피해자의 침묵을 강요하는 구조 하에 존속해왔다. 피해자가 폭로를 하고 나면 오히려 2차 피해와 불이익을 감수할 수밖에 없었으며, 피해조차 개인의 책임으로 간주되곤 했다. 하지만 2018년 이어졌던 미투 운동은 달랐다. 바로 미투 운동이 지닌 '이어 말하기' 속성 때문이다. 피해자들이 자신의 경험을 직접 말하고, 증언에 동참하는 다른 이들은 이 사실을 공유하고 동참한다. '위드유'#Withyou를 실현하는 것이다. 그 과정에서 피해자에 대한 지지가 형성된다.

그렇다. 변화는 개개인이 자신의 신념과 생각을 함께 '이어 말하면서' 시작되었다. 이는 『트렌드 코리아 2018』에서 제시한 자기의 주관, 신념을 드러내는 행위, '미닝아웃'의 본질과 닿아 있다. 미투운동뿐만 아니다. 2018년은 그 어느 때보다도 소비자의 목소리가 높았던 한 해였다. 과연 대한민국 소비자들은 어떤 메시지로 미닝아웃을 외쳤을까? 저마다의 신념으로 가득 찬 그들의 이야기를 다시 들어본다.

#해시태그, 변화가 시작되는 곳

2018년 9월, 대전의 한 동물원에서 퓨마 '뽀롱이'가 사육사의 실수로 탈출했다가 4시간여 만에 사살되는 사건이 있었다. 경찰과 소방당국은 퓨마를 포획하려 했지만 마취제가 제대로 듣지 않아 시민 안전을 위해 사살했다고 설명했다. 같은 날 국립중앙과학관은 사체를 박제하고 싶다는 의사를 대전도시공사에 전했다. 멸종위기종인 만큼 교육용으로 전시하겠다는 요청이었다. 그러자 온라인을 중심으로 "평생 동물원에서 자라 인간의 실수로 사살됐는데 죽어서는 자유롭게 해 달라"는 요구가 빗발쳤다. 청와대 홈페이지에는 120여 개의 퓨마 관련 청원이 게재되었고, 일부 연예인도 목소리를 보탰다. 동물단체 케어는 '#동물원가지않기' 해시태그 운동까지 벌였다. 이러한 대중의 공분은 결국 9월 28일, 뽀롱이의 수목장이 결정되면서 잦아들었다.[1]

해시태그를 통한 운동은 전 세계적으로 활발하게 이뤄지고 있다. 실례로 "내가 다음 희생자?"라는 뜻의 다소 섬뜩한 해시태그 '#Me Next?'가 화제가 되기도 했다. 미국 플로리다 주의 한 고교에서 총기 난사로 17명이 숨지는 사건이 발생하자 사람들이 미국 정부의 총기 정책을 비판하면서 누구나 지금처럼 쉽게 총기를 가지게 된다면 "내가 다음 희생자가 될 수 있다"는 의미로 SNS에 해시태그를 쓴 것이다.[2]

사회 운동뿐만 아니라 해시태그는 특정 기업을 겨냥한 불매 운동의 촉매제 역할을 하기도 한다. 2017년 미국 대선에서 도널드 트럼프 후보 캠프와 연계됐던 데이터 회사 케임브리지 애널리티카Cambridge Analytica를 통해 수천만 명의 페이스북 이용자 개인정보가 유출됐다는 폭로가 나온 뒤 온라인에서는 페이스북 삭제#DeleteFacebook 캠페인이 전개됐고 이 캠페인은 실제 행동으로도 이어졌다. 실리콘밸리의 컨설팅 회사인 크리에이티브 스트래티지Creative Strategy는 미국인 1천 명을 대상으로 한 여론조사 결과 케임브리지 애널리티카 파문 이후 개인정보 유출 우려로 인해 응답자의 9%가 페이스북 계정을 삭제한 것으로 나타났다고 밝혔다.[3] 또 응답자의 17%가 스마트폰에서 페이스북 앱을 지웠다고 답했고, 35%는 정보 유출 파문 이전보다 페이스북을 덜 이용하고 있다고 답했다.

문화계에서도 해시태그의 영향력은 컸다. '#레옹_재개봉_불매'라는 해시태그를 단 트윗들은 영화사에 한 획을 그은 명작을 시대착오적 작품으로 일순간에 전락시켜버렸다. 감독 뤽 베송의 성추문과 마틸다 역을 연기한 나탈리 포트만의 고백이 더해지면서 문제가 시작되었다. 뤽 베송 감독은 할리우드 여배우로부터 성폭행 혐의로 고소를 당해 수사를 받았으며, 나탈리 포트만은 로스앤젤레스에서 진행된 '여성의 행진' 행사에서 영화 출연 이후 수차례 성희롱 피해를 당했다고 고백한 바 있다. 이에 원 개봉판에서 23분 분량이 추가된 133분짜리 감독판을 고화질·고음질로 재개봉할 예정이었던 영화 〈레옹〉은 결국 개봉 하루 전에 무기한 연기되었다.[4]

물론 해시태그만 붙인다고 해서 세상이 당장 변하지는 않는다. 하지만 특정 주제에 대해 지속적인 관심과 참여를 강조함으로써 대중의 힘을 보태는 시작점은 될 수 있다. 2018년의 해시태그는 자신의 생각이나 신념을 가장 손쉽게 표현하면서도 많은 사람들의 동참을 촉구할 수 있는 가장 파급력 높은 수단으로 맹활약했다.

패션, 메시지를 입다

패션도 해시태그만큼이나 함축적이고 분명하게 자신의 스타일과 생각을 표현할 수 있는 방법이다. 화려한 패션을 자랑하는 미국의 퍼스트레이디 멜라니아 트럼프의 경우 이 때문에 곤욕을 치르기도 했다. 그녀가 텍사스 주 멕시코 접경지역의 이민자 아동 수용 시설을 방문했을 때 입은 재킷에 적힌 "난 정말로 상관 안 해, 당신은(I really don't care, Do U)?"이라는 문구가 문제가 된 것이다. "이민자 문제에 관심이 없다는 뜻 아니냐"는 지적에 "그저 기성복 재킷일 뿐이며 숨겨진 메시지는 없다"고 해명했지만, SNS에서는 하루 만에 패러디물이 쏟아졌다. 한 의류 업체에서는 원래 문구와 반대로 "난 정말로 신경이 쓰여, 당신은(I really care, Don't U)?"이라고 적힌 재킷 사진을 SNS에 올리는가 하면 "우리는 모두 관심을 가져야 한다(We should all care.)"는 문구가 적힌 재킷을 입은 자유의 여신상이 불법 이민자 아동으로 보이는 소녀 손을 잡고 있는 일러스트도 등장했다. 정작 본인은 패션과 자신의 주관 사이의 관계를 부인했지만 정말로 그저 우연이었을까? 이제 패션은 자신의 생각을 표출하는 수단을 넘어 정치·사회적인 운동을 촉발할 수 있는 오프라인 세상의 해시태그로 기능하게 됐다.

그렇다면 정작 패션계는 이러한 변화에 어떤 목소리를 냈을까? 2018년 국내외 패션계의 화두 역시 슬로건 패션slogan fashion이었다. 디자이너 스텔라 매카트니는 "모두 사랑이다All is Love"를, 패션 브랜드 디젤은 진취적이고 역동적인 메시지를 담은 "용감한 세대Brave Generation"를 제시했다. 지춘희 디자이너의 '미스지 컬렉션'은 쇼 도입부에 #METOO, #WITHYOU, #SPEAK, #TRUST 등의 해시태그가 박힌 티셔츠를 입은 모델들을 연달아 등장시켜 강력한 메시지를 전달했다.[5]

조금 더 강력하게 메시지를 표현하는 디자이너도 있다. 2012년 동성 결혼을 한 크리스토퍼 베일리는 버버리를 떠나는 마지막 패션쇼에서 LGBTQ+(레즈비언, 게이, 바이섹슈얼, 트랜스젠더를 비롯한 성소수자들)에 대한 존중의 메시지를 담았다. 성소수자의 상징인 무지개 컬러를 버버리의 대표 상품인 트렌치코트나 머플러뿐 아니라 거의 모든 제품에 집어넣은 그는 한 인터뷰에서 "다양성이 창의력의 근본"이라는 말을 남기기도 했다.

실제 행동에 나선 액티비즘Activism 소비자들

플라스틱 제품과 쓰레기가 지구 생태계를 파괴하고 해양 생물의 생명까지 위협하는 것으로 알려지면서, 플라스틱 줄이기 운동이 전 세계적으로 벌어지고 있다. 무엇보다 생활 플라스틱 쓰레기의 주범으로 주목받고 있는 곳은 대형마트. 특히 겹겹의 플라스틱 포장을 당장

출처: www.plasticattack.co.uk

■ ■ ■ 세계 플라스틱 어택의 날을 맞아 마트에서 구입한 물품의 플라스틱, 비닐 포장재를 그 자리에서 벗겨낸 사람들.

줄이기 위한 운동이 광범위하게 벌어지고 있는데, 2018년 6월 2일, 파리와 런던, 마드리드 등 전 세계 57개 도시에서 동시다발적으로 벌어진 **'플라스틱 어택'**이 대표적인 예다. 이날 시민들은 마트에서 생필품을 구매한 뒤, 계산을 치르자마자 바로 그 자리에서 가위를 꺼내 들어 과도하게 포장된 플라스틱 포장을 벗겨내고는 본인이 가져온 재생 가방에 물건을 담았다. 그런 다음 '플라스틱 제

플라스틱 어택 Plastic Attack
매장에서 물건을 산 후 과대 포장된 플라스틱과 비닐 등을 분리해서 버리고 오는 운동으로, 유통 업체에 유통 과정에서 불필요한 일회용품의 사용을 줄이도록 경각심을 주기 위해 진행한다. 2018년 3월 영국에서 시작되어 유럽을 중심으로 세계 각국으로 퍼져나갔다.[6]

로'라고 쓰인 플래카드를 든 채 포장재가 수북이 쌓인 쇼핑 카트 앞에서 촬영을 한 뒤 곧바로 페이스북 등 소셜 미디어에 사진을 올렸다. 이 행사는 환경보호단체나 비영리기관이 주관한 것이 아니라 시민들의 자발적인 모임을 통해 이루어졌다는 데 큰 의미가 있다.[7] 그만큼 환경보호 이슈가 '남의 문제'에만 머무르지 않는다는 것을 사람들이 자각하고 있다는 얘기다.

행동하는 소비자들의 캠페인성 항의는 우리나라에도 상륙했다. 2018년 4월 어느 대형 마트에서 장을 보고 계산을 마친 고객 너덧 명이 카트 하나를 둘러싸며 모였다. 이들은 각자 구매한 물건의 포장지를 벗겨 카트에 담기 시작했다. 투명한 플라스틱 상자에 담긴 토마토, 기다란 비닐봉지에 포장돼 나온 대파, 2중·3중으로 비닐에 휘감긴 '1+1' 제품까지……. 몇 사람이 쇼핑한 물건의 포장만 모았을 뿐인데도 카트의 절반이 금세 찼다. 플라스틱 쓰레기 위에는 한 장의 편지가 놓였다. "마트를 계속 이용하고 싶지만 과대 포장이 마음에 걸립니다. 대안을 마련해주신다면 마음 놓고 장을 볼 수 있을 것 같습니다. 과대 포장 문제와 관련해 함께 대화하고 개선하고 싶습니다."

과대 포장에 대한 항의 표시로 포장재를 마트에 남겨두고 오는 플라스틱 어택이 국내에서 처음으로 진행되던 날의 풍경이다. 국내 첫 플라스틱 어택의 기획자는 환경 운동가도, 전문가도 아닌 프리랜서 디자이너로 활동하고 있는 평범한 주부로 알려졌다. 이처럼 각자의 생활 속에서 조용히 착한 소비를 실천하던 '샤이shy한 소비자'들이 점차 '행동파'로 변신하고 있다.[8] 이러한 분위기는 2019년의 '필환경' 트렌드로 이어져 더욱 적극적인 소비자 참여가 일어날 것으로

전망된다.(2019 전망편, '필환경' 키워드 참조)

환경 문제뿐만 아니라, 소비나 여성 문제에 대해서도 적극적으로 자기 주장을 하는 행보가 이어지고 있다. 여성소비총파업에 동참하면서 자신의 SNS에 '#여성소비총파업', '#우리가_멈추면_세상도_멈춘다'란 해시태그를 다는 것도 이러한 투쟁의 일환이다. 여성소비총파업은 매월 첫 번째 일요일 여성들이 소비와 지출 일체를 중단함으로써 여성 인구의 영향력을 가시화하고 성차별 철폐를 촉구하기 위한 의도로 기획됐다. 인구의 절반인 여성을 비하하는 여성혐오 광고 제작 관행을 비판하고 비싸고 질 낮은 여성용품을 판매해온 소비업계에 경종을 울리겠다는 전략이다.[9]

향후 전망

목소리를 내는 소비자들에 귀 기울여야

기업보다 발 빠르고 정부보다 과감한 실행력을 갖춘 개인들이 정치·사회적 변화에 적극적으로 동참하고 있다. 개인의 목소리는 작지만 함께 모였을 때 더 큰 울림이 가능하다는 것을 알게 됐으며, 그런 울림을 가능하게 하는 플랫폼이 많아졌기 때문이다. 따라서 기업과 조직은 이러한 개인들의 목소리를 귀 기울여 듣고 적절하게 대응할 수 있는 방안을 마련해야 한다. 실제로 의식 있는 소비자들의 요구를 반영하기 위한 기업들의 노력도 점점 두드러지고 있다.

먼저 다양한 친환경 캠페인이 눈에 띈다. 현대백화점그룹의 현대

출처: 현대홈쇼핑

■ ■ ■ 기업의 친환경 전략도 소비자의 쉬운 동참을 유도하는 쪽으로 바뀔 필요가 있다.

홈쇼핑은 아이스팩 수거 캠페인 '북극곰은 얼음팩을 좋아해'를 진행했다. 한 달 동안 전국에서 캠페인 참여를 희망하는 고객 1천 명을 선착순으로 모집한 후 택배 업체에서 고객의 집을 방문해 아이스팩을 직접 수거하며, 운송비용은 현대홈쇼핑이 전액 부담한다. 참여한 고객에게 현대백화점그룹 온·오프라인 채널에서 현금처럼 사용할 수 있는 'H.포인트'를 증정한다. 기업의 입장에서는 아이스팩을 재활용할 수 있고 고객의 입장에서도 여름마다 처치 곤란이었던 골칫덩이를 무상으로 처리할 수 있어 좋은 반응을 얻었다. 모바일 프리미엄 마트 마켓컬리의 경우 기존 샛별배송에 사용되는 보냉제를 물과 재활용 비닐로 제작한 친환경 에코워터팩으로 교체했다. 에코워터팩은 기존 아이스팩과 달리 보냉제를 100% 물로 대체하면서도 중량을 20% 늘려 보냉력은 그대로 유지하는 것이 특징이다. 화학제품이 아닌 물을 사용한 까닭에 사용 후 버릴 때의 후처치가 용이해 소비자들의 만족도가 높았다.

이 같은 소비자들의 움직임에도 불구하고 국내의 착한 소비는 아직 '대세'라기에는 미약하다. 마스터카드가 2017년 발표한 '착한 소비Ethical Spending' 현황에 따르면 아·태 지역 14개국 가운데 우리나라는 100점 만점에 36점을 기록해 12위에 머물렀다. 심지어 2016년 37.4점(11위)보다 더 떨어진 순위다. 이 조사는 국가별 소비자 500~1,000명을 대상으로 친환경, 공정무역, 기부금 자동적립 제품을 구매한 적이 있는지를 묻고 "그렇다"고 답한 비율을 100점 만점의 지수로 환산한 것이다. 물론 재활용품 사용 최소화나 로컬푸드 구매 등 다양한 착한 소비의 방식이 있는 점을 고려하면 이 조사가 현실을 100% 반영한다고 말하기는 어렵다. 하지만 우리나라에서 착한 소비가 사회를 바꿀 힘을 얻기 위해서는 갈 길이 먼 것 또한 사실이다.[10]

이처럼 자기 목소리를 내는 적극적인 소비자가 많아짐에 따라 기업의 위기관리 대응 능력도 시험대에 올랐다. 과거 같으면 조용히 넘어갔을 작은 문제들도 이제는 순식간에 사회적 이슈로 불붙곤 한다. 대표나 사주의 개인적 문제도 전체 기업의 불매운동으로 발전되어, 큰 경제적 피해로 이어지기도 한다. 이러한 사태가 발생하지 않도록 『트렌드 코리아 2018』에서 제안했던 '선한 경영'에 매진하는 것이 근본적인 대응 방안이겠지만, 문제가 발생했을 경우에는 신속하고 진정성 있는 사실 규명과 사과가 필수적이다.

우리는 아직 더 목소리를 높여 미닝아웃을 해야 한다. 과거에는 함부로 드러내지 않기 위해 조심했던 개인의 견해가 이제는 사회를 바꾸고 시장을 변화시키는 불씨가 될 수 있는 시대다. 2019년, 아직 우리 사회에는 더 많은 미닝아웃이 필요하다.

Gig-Relationship, Alt-Family

이 관계를 다시 써보려 해

랜선이모, 티슈인맥, 반려식물, O2O 인간관계, 뷰니멀족, 버그아웃족, 싱글웨딩, 결혼인턴제, 그리고 졸혼까지……. 새로운 인간관계가 속출하고 있다. 이처럼 새로워지는 가족과 관계의 종류를 일컬어 '긱관계gig-relationship' 혹은 '대안가족alt- 혹은 alternative family'이라고 부른다. 이러한 변화를 초래한 주된 배경으로는 관계에도 가성비의 원칙을 적용하려는 개인주의 사회의 가치관을 들 수 있다. 관계를 맺는 데 드는 노력 대비 관계에서 얻을 수 있는 효용을 계산해서 관계를 선택하는 변화가 등장하고 있는 것이다. 이 관계의 가성비에 따라 사람 대신 반려동물과 교감하기도 하고 동물과의 관계에서 부담을 느끼면 반려식물을 찾기도 한다. 이 정도의 여유조차 없는 사람들은 온라인에서 애착을 형성하거나 이름도 얼굴도 모르는 사람과 소통하기도 한다. 연애와 결혼을 거부하거나 같은 집에서 각자의 라이프스타일을 유지하는 부부도 관찰된다. 동거와 이혼 등 제도의 경계가 무색해지는 가족 및 관계의 해체 그리고 재편이 등장하고 있다.

관계를 위해 나의 에너지를 낭비하고 싶지 않지만 외로움은 해결하고 싶은 현대인들. 이제 그들에게 관계의 본질은 깊으냐 얕으냐 심도의 문제가 아니라, 필요·애착·소통의 필요를 누가 충족시켜줄 수 있느냐의 문제가 되고 있다.

「트렌드 코리아 2018」 pp. 425~446

말을 하지 않아야 대화가 진행되는 채팅방이 있다. 이 채팅방의 규칙은 간단하다. 텍스트 없이 사진이나 이미지로만 이야기해야 한다.

문자를 입력하는 순간 경고를 받거나 바로 쫓겨난다. 주로 SNS에서 '고독한 ○○방'이란 타이틀을 달고 오픈채팅방으로 운영되고 있는데 검색창에 '고독한'을 입력해보면 이미 개설된 채팅방만 수천 개가 넘는다. 고독한 박명수방, 고독한 아이유방, 고독한 김설현방 등 주로 연예인을 주제로 한 방들이 많다. 팬클럽을 연상시키는 채팅방들이지만 가입 가능한 인원은 1천 명으로 제한된다.

대화의 기본 수단은 언어다. 그럼에도 불구하고 말없이 대화하자는 '고독한 ○○방'의 제안에 많은 사람들이 열광하는 것은 말을 하고 싶지 않기 때문이다. 회사에서 혹은 학교에서 끊임없이 관계를 맺어야 하는 것은 물론이고, 시시각각 노출되는 SNS상에서도 확장되는 관계를 관리해야 한다. 인간관계에 피로감을 느끼는 현대인들은 말하지 않을 권리를 외치는 동시에 그럼에도 불구하고 누군가와 연결되고 싶은 마음 사이에서 줄다리기 중이다. '고독한 ○○방'은 탈접속과 접속이라는 모순된 마음 사이에서 발명된 현대인의 대화법인 셈이다.

사람이 살아가려면 관계에 쏟는 에너지를 어느 정도는 감수해야 한다는 것이 당연한 생각이었으나 이제 그것을 당연하다고 여기지 않는 사람들이 증가하고 있다. 내가 투자할 수 있는 여력과 얻을 수 있는 효용 사이에서 인간관계의 가성비를 따지는 것이다. 『트렌드 코리아 2018』에서는 이처럼 다양화되는 관계 맺기의 양상을 살펴보고 이를 '긱관계Gig-relationship, 대안가족Alt-family'으로 명명한 바 있다. 혼자이고 싶으나 외로움을 느끼고 싶지 않은 사람들의 관계 맺기 전략이 어떻게 진화하고 있는지 알아보고, 앞으로 이러한 트렌드가 미칠 영향력을 살펴보기로 한다.

피로한 관계, 필요한 관계로 재편하다

『혼자 있고 싶은데 외로운 건 싫어』, 『신경 끄기의 기술』, 『무례한 사람에게 웃으며 대처하는 법』, 『나는 나로 살기로 했다』 등 2018년 서점가의 베스트셀러 목록을 차지했던 책들은 대부분 인간관계에 대한 조언을 담은 책들이었다. 한 취업 포털 사이트의 조사에 따르면 직장동료로 인해 스트레스를 받은 경험이 있다고 응답한 사람이 93.3%에 달했고, 또 다른 조사에서는 직장인 5명 중 4명이 회사 안에서 외롭다고 응답했다.[1] 자신이 소속된 조직에서 친밀감이나 안정감보다 외로움과 불안감을 더 크게 느끼고 있는 현대인들에게 인간관계도 업무의 연장처럼 관리가 필요한 대상이 되고 있는 것이다.

이렇듯 관계에 피로도가 쌓이면서 SNS를 탈퇴하거나 연락처를 주기적으로 삭제하는 등의 인맥 다이어트가 사람들의 관심을 받기도 한다. 친목을 위한 대면 만남에 에너지를 쏟거나 감정소모 자체를 거부하는 사람들이 당당히 혼자가 되기를 선언한 것이다. 하지만 이러한 선언이 평생 아무도 만나지 않고 살겠다는 것을 의미하는 것은 아니다. 피곤한 관계를 탈피하고 서로 필요한 순간 목적에 의해 재편되는 인간관계의 등장이다.

가장 두드러진 변화는 여행에서 보인다. 나홀로 여행족이 꾸준히 늘고 있는 것이다. 신한카드 빅데이터연구소에 따르면 30대의 경우 장거리 해외여행이 증가했으나 인당 이용액은 연휴기간 동안 오히려 감소한 것으로 나타났다. 여행은 친구나 가족과 함께한다는 통념을 버리고 오로지 나만을 위해 씀씀이를 줄여 소비하는 여정을 선택한 것이다. 사실 누군가와 함께 여행을 계획하는 것은 실로 신경 쓰이는 일이다. 내가 가고 싶은 곳과 친구가 원하는 관광지가 다를 수 있고 심지어 여행의 개념부터 맞지 않는다면 문제가 복잡해진다. 좋은 의도로 떠났다가 사이가 틀어져서 돌아왔다는 여행담도 많다. 이럴 때 가장 좋은 방법은 나와 취향이 비슷한 사람, 같은 목적으로 여행을 가는 사람을 찾는 것이다. 바로 온라인에서 말이다. 최근 한 조사에 따르면, 나홀로 여행객 10명 중 6명은 온라인에서 여행 동행 찾기를 시도하거나 실제로 동행과 여행을 다닌 적이 있는 것으로 나타났다.[2] 일단 떠날 때는 혼자 출발하고 여행지에서 필요에 따라 동행을 찾는 것이다. 프로젝트를 수행하기 위해 꾸려진 TF팀처럼 약속한 목적을 달성하면 쿨하게 헤어지면 된다.

거주 형태에서도 '따로 또 같이' 공동의 목적을 지향하는 변화가 포착되고 있다. 셰어하우스의 규모 자체가 성장하고 있으며, 입주자의 목적에 맞는 컨셉을 만들어 맞춤형 거주공간으로 진화하고 있다. 지하철 2호선 구로디지털단지역 인근에 1호점을 운영 중인 여성 전용 셰어하우스 오써즈하우스author's house는 여성 작가 지망생들을 위한 공간을 지향한다. 입주자들끼리 한 달에 한 번씩 독서모임을 진행하며 읽은 책과 글들을 나누고 이렇게 모여진 글을 묶어 책으로 발간하는 프로젝트를 진행한다. 강남역 근처에 운영 중인 '하품하우스'에는 창업이나 스타트업에 관심이 많은 사람들이 모여 산다. 전문가 초청 네트워킹 행사나 스타트업 실전 경험이 있는 사람들의 조언을 듣는 프로그램이 있는 것이 특징이다.[3] 현대인들이 공통의 관심사나 니즈를 바탕으로 프로젝트화된 가족을 만들고 있는 셈이다.

반려동물, 그리고 나의 그린메이트

댕댕이, 개냥이, 초록이…….

최근 인스타그램을 장식하고 있는 인기 해시태그들은 대부분 반려견·반려묘·반려식물과 관련된 것들이다. 개나 고양이 등 반려동물 보유 가구 비율은 전체 가구의 28.1%로, 4가구 중 1가구가 반려동물과 함께 살고 있는 셈이다.[4] 2018년은 반려동물과 함께 사는 펫팸족이 증가하면서 관련 시장도 기하급수적인 성장세를 기록한 한 해였다. 신한카드 빅데이터연구소에 따르면 애견묘 카페의 경우 총 이용건수와 인당 이용액, 건당 이용액까지 모두 증가한 것으로 나타났다.

반려동물 시장이 커지면서 새로운 직업이 등장하기도 했다. 반려견 산책을 대신 해주는 도그워커Dog Walker, 반려동물장의사, 식품코디네이터 등 주인을 대신해 반려견과 반려묘를 관리해주는 전문 직업인이 그것이다. 특히 반려동물 의료시장의 성장세가 두드러진다. 반려동물 유전자검사 서비스 '마이펫진'은 2015년 12월 서비스 출시 이후 검사를 의뢰하는 소비자가 증가하고 있다. 반려동물의 유전자 검사를 통한 질병 예방과 건강한 번식 그리고 실종 시 도움을 받기 위해서다. 제약업계도 반려동물 시장에 뛰어들면서 반려견 치매를 치료하는 신약이 개발 중이다.[5]

반려동물을 전면에 내세우는 광고도 늘어나고 있다. 2018년 월드컵 기간 동안 현대자동차는 애견과 함께 응원하는 애견팬파크를 운영해 눈길을 끌었다. 또한 반려동물과 동반 여행을 다니는 사람들이 많아지면서 랜드로버 디스커버리는 광고에 강아지들을 등장시켜 넓은 차내 공간을 강조하기도 했다.[6] 특히 금융사들의 반려동물 관련 상품 출시가 줄을 이었는데, 신한은행이 2017년 출시한 '위드펫 withpet' 적금은 2018년 6월 가입자 수가 6,600명을 넘어섰다. 삼성카드가 개설해 운영하고 있는 반려동물 커뮤니티 '아지냥이'는 반려인들의 정보 공유 장場으로 인기가 높다. 삼성카드는 커뮤니티 가입자의 특성을 분석해 상품개발에 활용할 예정이다.[7] 반려견만큼 반려묘를 키우는 집사(고양이를 기르는 반려인을 지칭하는 말)들이 급속도로 증가하면서 편의점 CU에서는 이들을 위한 고양이 장난감, '연어스테이크'와 '연어반마리'를 출시해 눈길을 끌었다. 애묘인들의 고양이 사랑이 지극한 덕에 고양이의 특성을 반영한 상품 및 서비스 시장은 점점 더 증가할 것으로 보인다.

반려견이나 반려묘보다 더 적은 노력으로 적당한 효용을 얻을 수 있는 반려식물 시장도 양적·질적으로 성장하는 모양새다. 시장조사업체, 엠브레인이 성인 남녀 1천 명을 대상으로 한 설문조사에 의하

주요 금융회사의 펫금융 상품

금융사	내용
신한은행	반려동물 키우면 최대 연 2% 금리 주는 '위드펫 적금'
롯데손해보험	반려동물 진료비·장례비 등 지급하는 펫보험
SBI저축은행	반려동물 키우면 최대 연 3% 금리 'SBI스타펫 적금'
삼성카드	반려동물 키우는 고객 빅데이터 분석·상품 발굴

출처: 〈한국경제〉 2018.07.15.

■ ■ ■ 삼성카드의 온라인 반려동물 커뮤니티 앱 '아지냥이'와 월드컵 기간 동안 현대자동차가 운영한 '애견팬파크.' 기업의 광고 및 홍보활동 전면에 반려인들이 등장하는 추세다.

면 응답자의 58%가 "식물을 키우고 있다"고 응답했으며, 42.1%는 '반려식물'이라는 표현에 공감한다고 답했다.[8] 식물과 교감하는 사람들이 늘면서 '그린메이트green+mate'라는 신조어가 탄생하기도 했다.

관계는 랜선을 타고

2018년 스크린을 가득 채운 대작들 사이에서 기발한 연출로 눈길을 끈 영화가 있다. 딸의 실종을 추적하는 영화 〈서치〉는 거의 모든 장면이 컴퓨터 화면 안에서 이루어진다. 주인공의 딸이 자신의 속마음을 가장 잘 나누는 사람은 학교 친구도, 아빠도 아닌 바로 랜선친구다. 정확한 이름도, 얼굴도 모르지만 그렇기 때문에 가장 솔직한 마음을 나눌 수 있는 것이다. 영화 속에서 아빠는 딸이 자신이 아닌 온라인으로 만난 친구에게 감정적으로 더 의지하고 있었음을 알고 충격을 받지만, 때로는 가깝기 때문에 말할 수 없는 것들이 더 많은 법이다.

주변 사람들과 감정을 나누고 공유하는 것에 부담을 느끼는 현대인이 늘고 있다. 낯선 사람들에게 고민을 털어놓는 모바일 앱이 인기를 끄는 이유다. '나쁜기억지우개'는 앱을 켜고 고민을 써 올리면 다른 사용자들이 댓글을 달아 위로해준다. 출시 2년 만에 다운로드 15만 건을 넘어섰다. 모바일 게임 '비 내리는 단칸방'은 방 안에 우두커니 앉아 있는 주인공에게 말을 걸면서 친해지는 게임이다. 말을 걸고 점점 많은 대화를 나누면 레벨업이 되고 친구가 될 수 있다. 고독한 현대인의 마음을 대변한 이 게임은 출시 8개월 만에 36만 건의 다운로드 횟수를 기록하며 높은 인기를 누리고 있다.[9]

오프라인 관계에 지친 사람들은 랜선으로 맺어진 관계에 더 친밀감을 느끼기도 한다. 랜선친구, 랜선아빠, 랜선엄마, 랜선이모, 랜선삼촌 등 랜선 다음에 오는 촌수도 끝이 없다. 랜선여친, 랜선남친도 등장했다. 이들이 인기를 끌자 랜선족族을 소개하는 〈랜선라이프〉라는 TV 예능 프로그램까지 탄생했다. 대부분이 유명 유튜브 크리에이터인 이들 랜선족은 인기스타 못지않은 팬들을 거느리고 있는데, 육아 크리에이터로 인기를 끌고 있는 '비글부부'가 연 랜선돌잔치에는 아들의 생일을 축하하는 랜선친지들이 무려 6천 명이나 온라인으로 모여들어 화제를 뿌렸다.[10]

사람보다 더 인기가 많은 랜선동물들도 있다. 여러 가지 사정으로 직접 강아지와 고양이를 기를 수 없는 사람들은 랜선으로 반려인 노릇을 대신한다. 매주 금요일 고양이의 일상을 방송하는 유튜브 채널 '크림히어로즈'는 160만 명이 구독하고 있으며, 유기견에서 SNS 스타가 된 '달리'는 그 인기를 바탕으로 인천공항 명예 홍보대사로 임명되었다. 대세 강아지로 뜬 '인절미'의 인스타그램 계정은 곧 100만 팔로워를 앞두고 있다. 이와 같은 랜선동물 열풍은 강아지, 고양이에 그치지 않고 다양한 동물로 확장되고 있기 때문에 앞으로 가상돌봄 현상 또한 여러 분야에 영향을 미치며 심화될 것으로 보인다.

결혼과 연애 없는 행복을 선언하다

인간관계에도 가성비가 고려되기 시작하면서 가장 눈에 띄는 변화는 비혼주의자들의 증가다. 비혼 문화와 관련한 인식조사 결과, 결혼에 큰 필요성을 느끼지 못하는 미혼 남녀들이 점차 확산되고 있는 것으로 나타났다. 미혼자 71.8%는 비혼은 개인의 선택이 아닌 사회적 문제로 야기된 현상이라고 답했으며, 10명 중 3명은 비혼족 대열에 합류하고 싶다고 응답했다. 비혼 문화에 공감하는 이유로 이들은 주로 경제적인 문제를 꼽았다. 미혼자 10명 중 9명이 경제적 어려움 때문에 비혼에 대한 인식이 증가한 것 같다고 응답한 것이다.[11] 알바천국이 20대 미혼 남녀 1,368명을 대상으로 한 조사에서도 17.3%가 "결혼계획이 없다"고 답했다. 결혼을 계획하지 않는 가장 큰 이유로는 "나에게 집중하는 삶을 살고 싶어서"라는 응답이 가장 많았다. 결혼을 위해 각종 비용과 심리적 노력을 감수하기보다 한정된 자원을 나를 위해 투자하겠다는 생각이다.[12]

이처럼 이유 있는 싱글족이 증가하면서 비혼주의자를 타깃으로 한 상품이나 프로그램들도 다수 기획되고 있다. 금융상품의 경우 일반적인 생활주기에 맞는 4대 목적자금으로 불리는 결혼자금과 주택자금, 자녀교육자금과 노후자금이 아닌 주택자금과 자기계발자금, 노후자금이 더욱 강조되고 있다.[13] 비혼주의를 선언한 연예인들이 자신의 싱글라이프를 선보였던 MBN 예능프로그램 〈비혼이 행복한 소녀(비행소녀)〉는 시즌1을 마무리하고 시즌2를 준비 중이다. 웹드라마 〈연애 강요하는 사회〉도 솔로를 불완전한 사람으로 취급하는 주변의 시선 속에서 끊임없이 자신의 행복을 의심하는 주인공의 모습을 보여주며 시청자들의 공감을 받고 있다.[14]

향후 전망

혼자와 자유의 밸런스를 찾는 것이 과제

혼자 있고 싶지만, 외로운 것은 싫다. 인간관계에 가성비 원칙을 적용하기 시작한 사람들의 심리다. 인간관계에 드는 사회적·경제적 비용을 감당하기 어려워 혼자를 택했고 랜선으로 연결된 관계 속에서 적당한 만족을 추구하지만 느슨한 관계는 외롭기 마련이고, 외롭기 때문에 또 다른 관계를 찾아나서는 아이러니가 발생한다. 결국 혼자라는 자유와 자유에 수반되는 외로움을 관리하는 일이 현대인의 핵심과제가 될 것으로 보인다.

전통적인 관계 속에서 충분한 심리적 만족을 느끼지 못하는 사람들은 다각도로 외로움을 해소하기 위한 전략을 찾아 나서고 있다. 특히 반려동물 시장은 지속적인 성장이 예견된다. 미국과 일본에서는

출처: SONY

■ ■ ■ 혼자 있고 싶지만 외로운 건 싫은 현대인을 위한 반려로봇 시장도 커지고 있다. 사진은 소니에서 개발한 반려 로봇견, 아이보. 주인의 기분을 맞춰주고 같이 놀아주기도 한다.

이미 펫시터는 기본이고 캣 와인, 강아지 카푸치노 등이 인기다. 국내에서도 신세계가 스타필드 매장에 반려동물 출입을 허용한 것에서 더 나아가 최근 오픈한 '레스케이프' 호텔에 반려견 출입이 가능한 객실을 도입했다. 9층 총 14개 객실에 허용되는데, 카펫을 깔지 않고 오염 방지와 위생을 위해 바닥을 나무로 구성한 것이 특징이다. 객실에는 장난감·간식·배변패드 등으로 구성된 웰컴패키지가 룸서비스처럼 제공된다고 한다.[15]

반려동물 시장에 IT 기술이 접목되면서 반려로봇 시장의 성장도 눈여겨볼 분야가 될 것이다. 2018년 초, 미국 라스베이거스 국제가전전시회CES에서 소니가 공개한 강아지형 로봇 '아이보aibo'는 가정에서 키우는 반려견과 비슷한 외형으로 주목을 받았다. 눈, 귀 등에 탑재된 센서를 이용해 사람과 교감하는데, 등을 쓰다듬으면 꼬리를 흔들고, 공을 던지면 그 방향으로 걸어간다. 음성과 공간을 식별하기 때문에 자신과 더 많은 시간을 보낸 사람의 목소리를 인지해서 우선적으로 반응한다는 점이 진짜 반려견과 비슷하다.[16]

조직이나 사회에서도 외로움을 해소하고 오프라인 관계를 회복하기 위한 노력이 수반될 것으로 보인다. 2018년 1월 영국에서 흥미로운 소식이 전해졌는데, 세계 최초의 외로움 담당 장관Minister for Loneliness을 임명한다는 것이다. 물론 별도의 장관을 임명하는 것은 아니고, 체육시민사회부 장관이 겸직하도록 하였지만 외로움을 국가 정책의 의제로 다루고 있다는 점은 눈여겨볼 만하다. 이러한 경향은 비단 영국의 문제만이 아니다. 일본과 독일에서도 외로움을 관리해야 한다는 목소리가 커지는 추세라는 점에서 한국에서도 사회구성원의 외로움에 대한 논의가 활발해질 것으로 보인다.

한국임상심리학회가 심리학자 317명에게 요즘 한국인이 얼마나 고독한지 묻고 점수를 매긴 결과, 100점 만점에 78점으로 고독감이 상당히 높은 것으로 나타났다. 관계의 가성비가 효율적일 수는 있으나 관계의 응집력이 그만큼 약하다는 뜻이다. 적은 노력으로 적당한 관계를 얻겠다는 것은 관계에 쏟을 에너지가 없기에 어쩔 수 없었던 현대인의 고육지책이었는지도 모른다. 때로는 피곤하고 짜증날지라도 주변의 가까운 사람들과 관계의 허기를 채울 수 있도록 사회구성원들에게 에너지를 가득 충전시켜줄 수 있는 사회적 역할이 필요한 때이다.

Shouting Out Self-esteem

세상의 주변에서 나를 외치다

「트렌드 코리아 2018」 예측 내용

우리의 자존감이 흔들리고 있다. 개인의 원자화가 가속화되면서 그 누구에게도 의지할 수 없이 '나로서기'를 해야 하는 시대이다. 자존감의 3대 구성요소인 자기 효능감·자기 조절감·자기 안전감 모두가 노동소외·중독사회·위험사회의 시대적 흐름 속에서 위기를 맞이하고 있다. 장기불황이 계속되고 계급 사다리가 붕괴되면서 자신의 낮은 사회적 위치를 비관하는 수저계급론은 위기를 맞이한 우리 사회의 자존감을 상징한다.

소비와 직접 연결되는 주제가 아닌 것으로 보이지만 자존감은 사치와 명품 소비, 창조적 소비, 윤리적 소비, 개성표현 소비, 보상적 소비와 자기 선물주기, 복고 소비, 외모관리 소비 등 최근 주목받는 수많은 소비트렌드의 기저를 흐르고 있는 핵심적인 열쇠말이다. 사치를 향한 인간의 욕망은 존재의 근원적 소멸 공포에 기인하며 창조적 소비는 기성품의 수동적 구매를 넘어 아트슈머artsumer로서의 자기 효능감을 고양시킨다. 또한 자존감을 높이려는 소비자들은 우아한 윤리적 소비로 눈을 돌리기도 한다.

이제 자존감은 개인적 차원을 넘어 기업과 조직도 내부 고객의 자존감과 자부심을 높임으로써 궁극적으로 사회적 차원으로 승화되어야 한다. 나 홀로 살아가는 것이 운명이 되어버린 이 시대에 관계밀도에 대한 집착을 내려놓고 자기밀도를 높이기 위한 방법을 모색해야 할 것이다.

「트렌드 코리아 2018」 pp. 447–469

"사람들이 저한테 얘기를 해요. 되게 당당하다고. 근데 그게 아니거든요. 내가 어디 가서 무척 괜찮은 몸매라고 생각하지 않아요. 저도 끊임없이 사회의 인식과 나의 자존감과 싸우고 있는 거예요. 당당하게 버텨보려고 벗은 거야. 내 몸이니까."

'잉여'로 표현되는 현대인의 자기 비하와 자존감 하락이 사회적 문제로 부상하는 가운데, 방송인 이영자가 사회적 편견에 맞서는 그만의 자존감으로 대중에게 큰 박수를 받았다. 올리브TV의 〈밥블레스유〉라는 예능 프로그램에서 티셔츠와 바지로 몸매를 가린 여성 출연자들 사이에서 당당하게 원피스 수영복을 입고 등장해 멋지게 헤엄치는 모습을 보여줬기 때문이다. 이후 그녀는 사람들이 어떤 방식으로 자신을 바라보든 상관하지 않는다며, 있는 그대로의 자신을 사랑하는 모습으로 대중에게 강한 인상을 남겼다.[1] 자신의 몸마저도 타인의 시선에서 자유롭지 못한 사회 분위기 속에서 "80kg도 행복하단다!"라고 외치는 그녀의 당당함에 환호하는 대중의 모습은 역설적으로 자존감 회복이 현대인에게 얼마나 무거운 짐이자 풀어야 할 과제인지 드러냈다.

실제로 최근 몇 년간 한국 사회에서 자존감의 위기가 점차 커졌다. '1코노미' 트렌드가 가속화하면서 많은 사람들이 단지 혼자 먹고 혼자 노는 생활에 더해 온갖 불안과 위협에도 홀로 대처해야 하는 상황에 놓였다. 관계도 필요에 따라 모였다 흩어졌다를 반복하며 사회적 지지 기반이 되어주지 못하고, 사람들은 빠르게 변화하는 시대와 개인을 소외시키는 사회구조 속에서 자존감을 잃은 채 이리저리 흔들리고 있다. 행복의 기반이자 삶의 기반인 자존감을 되찾으려는 움직임은 피해 갈 수 없는 흐름이었다.

『트렌드 코리아 2018』에서 전망한 바와 같이 자존감은 다양한 소비트렌드의 근인根因으로 작용한다. 힘든 일과를 마치고 수고한 자신에게 맛있는 한 끼를 대접하는 '소확행'이 대표적이다. 숱한 물리적 위협과 심리적 불안 속에서 작더라도 확실히 손에 쥘 수 있는 행복을 찾는 것은 주체성 있는 행복 찾기의 방법이 되었다. 이때 나를 위한 선물만큼은 가격이 얼마인지 중요하지 않다. 나의 자존감을 찾아준다면 높은 가격과 상관없이 '가심비'만으로도 충분하다. 누구보다 자존감 회복이 절실한 이들은 미래에 대한 확신 없이 사회에 첫 발걸음을 뗀 '워라밸 세대'다. 이들은 퇴근 후 자신만의 취미활동에 투자하면서 삶의 의미를 찾아가기도 하고, 위험 사회 속에 자기안전감을 되찾을 수 있는 '케렌시아'를 만들며 자존감을 찾으려 노력한다. 무엇보다 가치 있는 일에 투자하며 자기 효능감을 높이는 '미닝아웃'을 통해 자존감을 찾는 행동들이 2018년 우리 사회의 에너지를 끌어올리는 동력이 되었다. 이처럼 자존감은 다양한 트렌드의 근저에 자리했다.

그렇다면 2018년 한 해 동안 현대인들은 보다 능동적으로 자존감을 지키기 위해서 구체적으로 어떠한 노력을 했을까? 스스로 삶의 주체가 되어 '자기 밀도'를 높이기 위해 고군분투한 개개인의 발자취를 따라가본다.

‘나’를 외치는 목소리에 공감하다

자존감 관련한 소비가 가장 분명하게 드러난 곳은 도서 시장이었다. 2018년에도 지난해에 이어 자존감을 키워드로 내세운 책이 봇물 터지듯 쏟아져 나왔다. 교보문고의 ‘2018년 상반기 종합 베스트셀러 및 결산 발표’에 따르면 『무례한 사람에게 웃으며 대처하는 법』, 『신경끄기의 기술』, 『나는 나로 살기로 했다』 등 ‘나’로 단단해지고 싶은 마음을 대변하는 책들이 상위권을 차지했다.[2] 전문가들은 최근의 자기계발 트렌드가 자신의 발전을 통한 변화에서 타인과 거리두기를 통해 자신을 지키는 것으로 바뀌었다고 해석한다. 타인지향적 사회에서 자신을 채찍질하는 것에 지쳐 자존감이 더욱 약해진 사람들에게 자아지향적 태도를 갖는 것만으로 충분하다는 조언이 자존감을 찾을 수 있는 용기를 준 것이다.

나로서기를 위한 표현과 공감은 그동안 자신의 목소리를 낼 기회가 적었던 집단에서 더욱 두드러졌다. 자신의 이름 석자보다 ‘누구 엄마’라는 호칭에 익숙해져야 했던 여성들의 목소리를 담은 ‘엄마 에세이’가 대표적이다. 『엄마의 속도로 일하고 있습니다』, 『엄마 말고 나로 살기 』, 『남편은 내가 집에서 논다고 말했다』 등 2018년 상반기에만 다수의 관련 에세이가 출간되었다. 육아와 창업을 병행 중인 워킹맘이나 경단녀(경력단절녀) 신분을 졸업하고 싶은 전업맘과 일을 그만둔 전업맘 등 저자들의 상황은 모두 달라 보이지만 모두 엄마라는 정체성과 나라는 정체성 사이의 분투를 다루고 있다. 『며느라기』, 『며느리 사표』 등 억눌렸던 며느리들의 나로서기 또한 여성들의 자존감 회복 열풍에 동승해 격한 사회적 공감을 얻었다.

이처럼 개인의 솔직한 이야기를 담은 에세이들이 인기를 얻자 아예 자신의 이야기를 직접 표현하려 나서는 이들 또한 많아지고 있다. 덕분에 출판 시장에서 마이너리그와도 같았던 **독립출판물**의 입지도 함께 커졌다. 수익성과 상관없이 비교적 적은 금액으로 자가출판을 할 수 있는 제반 환경이 갖추어졌고, 자금이 여유롭지 않다면 '텀블벅'과 같은 크라우드 펀딩 사이트에서 사람들로부터 소액 투자를 유치받기도 한다. 아직 발굴되지 않은 콘텐츠에 주목하는 1인 출판사가 많아지고, '인디 서점'으로 불리는 전문 서점이 늘어나는 것 또한 독립출판물 시장의 성장과 무관하지 않다. 개인이 보다 손쉽게 자신의 글을 펼쳐낼 수 있는 유통 및 판매 환경이 갖추어진 것이다.

독립출판물
공식적인 용어 정의는 없지만, 대형 출판사에서 출간하기에는 개성이 강하고 실험적인 출판물을 말한다. ISBN을 등록하지 않아 법적 도서로 인정되지 않은 경우도 많으며, 주로 소규모의 테마형 서점을 중심으로 유통된다.[3]

『죽고 싶지만 떡볶이는 먹고 싶어』라는 2018년 하반기 베스트셀러가 대표적인 성공 사례다. 이 책은 저자가 가벼운 우울증 진단을 받은 후, 그 치료 과정을 에세이로 풀어내 독립출판물로 출간한 것이었다. 그 후, 폭발적인 반응에 힘입어 정식 도서로 재출간되고 베스트셀러 순위에까지 이름을 올렸다. 자존감 회복이 시대의 처방전으로 주목받고 있는 사회 분위기와 맞물려 에세이 도서의 인기는 더욱 높아질 것으로 전망되며, 독립출판 시장 역시 앞으로 더욱 활성화될 것으로 보인다.

SNS, 나로 거듭나기 위한 공간이 되다

SNS는 현대인의 타인지향성을 부추기는 주범으로 지목되어왔다. 국내의 한 연구 결과에 따르면, 자존감이 낮은 집단이 높은 집단에 비해 SNS로 인해 느끼는 피로감과 SNS 중단 의향이 모두 높게 나타났다.[4] 취약한 자존감 때문에 힘들어하는 이들이 타인에 대한, 혹은 타인으로부터의 관심을 끄고 자신에게 집중하기 위해 SNS 이용을 중단하고 싶어 하는 것이라고 해석할 수 있다. DMC미디어의 '2018 소셜 미디어 이용 행태 및 광고 접촉 태도 분석 보고서'에 따르면 응답자들의 주요 소셜 미디어 이용 시간은 하루 평균 35.5분으로 2017년 하루 평균 42.9분에 비해 7.4분 감소했다. 또한 앱 분석 업체 와이즈앱은 국내 안드로이드 스마트폰 사용자 표본조사 결과, SNS 앱(구글 플레이의 소셜 카테고리에 등록된 앱)의 총 사용시간이 2017년 4월 155억 분에서 2018년 3월 130억 분으로 감소했다고 밝혔다.[5]

그렇다 해도 개인의 자존감 회복에 SNS는 여전히 유용한 도구다. 지인에게 털어놓기 어려웠거나, 굳이 밝히기에는 사소하지만 답답했던 이야기들을 솔직하게 표현해 지지와 공감을 얻을 수 있는 도구로 SNS만 한 것이 없다. 최근 인스타그램에서는 '#그림일기'라는 해시태그가 다수 눈에 띈다. 전문 일러스트레이터의 작품이 아니더라도 많은 사람들의 공감을 얻기에는 충분하다. 노트에 연필로 끄적인 그림, 그림판으로 비뚤배뚤 그린 그림이지만 자신의 색깔을 담은 표현에 사람들이 응원을 보내는 것이다. 오늘의 점심 메뉴나 육아 일기, 퇴사를 고민하는 마음 등 그리는 사람도, 내용도 다양하지만 읽기 쉬

■ ■ ■ 인스타그램에서 인기를 끌고 있는 '#그림일기.' 전문 아티스트가 아닌 일반인들이 소소한 일상을 그림으로 표현해 지지와 공감을 얻는다.

운 일상의 언어와 단순한 그림을 매개로 쉽게 공감을 끌어낸다.

SNS 무대에서의 나로서기 외침에 대중의 공감이라는 힘이 더해지면, 주류 사회에 대한 영향력 있는 외침으로 나아가기도 한다. 앞서 언급한 인기 콘텐츠 '며느라기' 역시 페이스북과 인스타그램의 게시물 형태로 세상에 처음 선보였다. 주요 웹툰 플랫폼에 연재를 희망했으나 거절당한 작가가 스스로 SNS 계정을 열어 시작한 작품이 폭발적인 공감을 불러일으킨 것이다. 책으로 정식 출판된 후에는 오프라인 팝업스토어를 열 정도로 많은 사람들의 성원이 이어졌다. SNS를 통한 '나로서기 연대'는 우리나라뿐 아니라 일본에서도 관측되는 현상이다. 『섹시함은 분만실에 두고 왔습니다』로 번역되어 출간된 웹툰 역시 출산과 육아라는 현실에 처한 여성의 마음을 위트 있게 그려, 일본 인스타그램에서 공감과 화제를 불러일으켰다.

자존감을 찾기 위해 시작된 나에 대한 존중은 다른 사람에 대한 존중으로 나아간다. 우리 사회에서 상대적 약자로 온갖 갑질을 감내해야 했던 알바들이 주인공으로 당당히 대접받게 된 것이다. 2017년, 스튜디오 온스타일에서 운영하는 인기 콘텐츠 〈알바썰〉의 경우 공개되는 회차마다 평균 100만 뷰 이상을 기록할 만큼 높은 인기를 누렸다.[6] 일상에서 누구나 한 번쯤 이용해봤을 법한 유명 프랜차이즈 커피 전문점과 패스트푸드점, 놀이공원 등 곳곳에서 스쳐갔던 전·현직 알바생들이 자신들의 일에 대한 썰을 풀어놓는 구성이다. 진상고객 유형과 같은 고충을 털어놓기도 하지만 때로는 자신이 맡은 일의 매력을 설파하며 자기 일을 사랑하는 프로페셔널한 면모를 보이기도 한다. 이 외에도 '직띵썰', '급여극장' 등 평범한 사람들이 모여 일상의 어려움을 함께 토로하고 서로를 응원하는 공간이 젊은 층 사이에서 잃어버린 자존감을 찾는 작은 베이스캠프가 되고 있다.

나만의 고유함을 위해 투자하다

자본주의 사회에서 소비활동은 현대인의 자존감을 세울 수 있는 일종의 투자이자 전략이다. 가장 직접적인 방법으로는 훼손된 자존감을 치유할 수 있는 의료 서비스를 이용하는 것이다. 실제로 과거에는 부정적인 이미지가 강했던 정신건강의학과에 대한 심리적 장벽

출처: 마인딩/인큐

■ ■ ■ '마인딩,' '인큐'와 같이 손쉽게 접할 수 있는 온·오프라인 자존감 향상 프로그램이 젊은 층 사이에서 인기를 얻고 있다.

도 낮아지는 추세다. 유명 연예인들의 공황장애 투병 공개로 정신질환이 대중에게 널리 알려졌고, 또 건강보험 수가 개편 및 본인 부담금 완화라는 제도적 요인도 크게 작용했다. 이 때문에 충동조절장애나 대인관계 관련 문제 등 다양한 스트레스성 질환으로부터 자신을 지키기 위해 병원을 방문하는 젊은이들이 늘고 있다. 친구들이 돈을 모아 생일 선물로 정신과 상담을 등록해줄 만큼, 이들은 의학의 힘을 빌려 마음건강을 지키는 것을 흉이 아닌 당당한 의료 행위로 여긴다.[7]

한편으로는 여전히 병원이 부담스러운 이들을 위해 집에서 편하게 마음을 관리 받을 수 있는 경로도 생겨나고 있다. 온라인 자존감 향상 프로그램을 표방하는 심리 상담 서비스, '마인딩'은 단계별 미션을 수행하면서 내가 누구인지 돌아보고 상담가들의 도움을 얻어 구체적인 자존감 향상 방안을 실천하도록 도와준다. 창업 1년 반 만에 이용자들이 수행한 개별 미션이 11만 개를 넘을 만큼 젊은 층을 중심으로 인기가 높다. 오프라인 공간도 존재한다. '인큐'는 '나를 공부하는 학교'를 표방하며 자존감을 회복할 수 있는 여러 가지 프로그램을 제공한다. 이처럼 마음 관리에 대한 현대인의 수요가 늘어나면서 여러 사람이 함께 모여 치유의 방법을 모색하는 모임들도 늘고 있다. 대표적인 모임 참여 플랫폼 서비스인 '프립'의 경우 블라인드 마음보듬·감정탐험·딥토크의 밤 등 다양한 컨셉의 자존감 모임이 형성되어 있어 현대인의 발길을 모으고 있다.

자존감의 위기와 마주했을 때 즉각적으로 해결할 수 없다면 간접적으로 고유성을 획득할 수 있는 소비를 통해 극복을 모색하기도 한다. 대표적인 예가 맞춤 제작 상품이다. 과거의 맞춤 상품이 정장과 같이 다른 사람들에게 보이는 나를 위한 것들이 주를 이루었다면, 최근의 맞춤형 서비스는 맞춤 깔창·맞춤 침구·맞춤 속옷과 같이 보이지 않는 곳에서 나의 삶의 질을 높여주는 품목들이 주목받고 있다. 특히 여성들에게 기성 속옷은 체형과 맞지 않는 틀에 자신을 욱여 넣어야 하는 갑갑함의 상징이었지만 맞춤 속옷은 고유한 체형을 고려한 편안함으로 반응이 좋다. 맞춤 속옷 브랜드 '사라스핏'에서는 오프라인 매장을 마치 살롱처럼 운영한다. 이곳에서 여성 고객은 일대일 상담 서비스를 통해 자신의 몸 치수를 제대로 이해하고 그에 맞는 맞춤 속옷을 구매할 수 있다. 지극히 사적이고도 소소한 소비지만 온전히 나만을 위한 소비라는 측면에서 맞춤 제품의 인기는 계속될 것으로 보인다.

맞춤 제작보다 편의성을 높인 **커스텀 상품**도 주목받고 있다. 소품종 대량생산의 대표 품목이었던 자동차도 취향대로 쉽게 주문 제작할 수 있는 모델이 출시되었다. 쌍용자동차의 티볼리 아머는 소비자가 수십만 가지 부품의 조합으로 자신만의 차를 주문할 수 있도록 했고, 한국GM의 쉐보레 스파크 마이핏은 루프·라디에이터 그릴·아웃사이드 미러·리어스키드 플레이트의 색상 등을 선택할 수 있도록 했다.[8] 무인양품에서는 옷과 스니커즈, 가방 등에 원하는 스타일의 문구나 자수를 새겨주는 자수공방을 운영한다. 자수의 난이도에 따라 3천~5천 원을 내면 나만의 상품이 탄생한다.[9] 이니스프리에서 출시한 마이드롭은 피부 상태나 상황에 따라 스스로 파운데이션을 맞춤화하여 사용할 수 있도록 제작된 제품이다. 소비자가 기존에 지녔던 자신의 파운데이션에 섞으면 유수분 밸런스나 톤업, 광택 느낌을 조절할 수 있다. 소비자가 직접 입맛대로 제품을 제작하거나 변형하는 DIY가 커스텀 상품으로 한 단계 업그레이드되며 자기 효능감을 높일 수 있는 대표적인 소비 형태로 자리 잡았다.

커스텀Kustom 상품

커스텀은 '주문에 의해 특별히 제작한 차 또는 오토바이'라는 뜻의 프랑스어 커스텀custom에서 유래했다. 커스텀은 기본적인 재료나 뼈대는 기성품을 사용하되, 세부적인 일부 디자인을 마음대로 바꾼다는 점에서 기존 DIY와는 다르다. 패션 산업에서는 기성복을 재가공하거나 디자이너 제품을 상품화해 양산하는 의복 형태를 말한다.

향후 전망

나만 바꾸기보다 사회구조적 문제 해결과 같이 가야

—

갈수록 개인이 원자화되는 사회에서 현대인 스스로가 더 단단해지기 위한 자존감과 관련된 트렌드는 앞으로 더욱 중요해질 것이다. 『트렌드 코리아 2018』이 제시한 "세상의 주변에서 나를 외치다"라는 키워드는 이제껏 나 자신을 세상의 중심에 두지 못했던 개인들이 나로 서기 위해 고투하고 있는 시대의 고민을 담은 표현이었다. 경제 위기와 사회적 불안이 지속될 것으로 보이는 2019년에도 세상의 주변에서 자존감을 지키고 회복하기 위한 개인의 고군분투는 계속될 것으로 보인다. 다만 자존감 회복이라는, 현대인에게 꼭 필요한 처방전이 사회구조적인 문제의 해결보다 단지 나만 바꾸면 모든 게 해결될 것 같은 사적인 프레임 안에 갇혀서는 안 될 것이다. 사회 구성원들의 자존감이 흔들린다는 건 그만큼 우리 사회가 직면하고 있는 구조적이고 현실적인 문제들이 위태로운 수준이라는 경고일 수도 있기 때문이다. 진보는 개인의 노력과 사회구조의 개선이라는 두 바퀴가 함께 움직일 때 가능한 것이다.

2018년 곳곳에서 터져 나온 미투 선언으로 한국 사회는 여러 번 충격에 휩싸였지만 한편으로는 그 덕분에 각자의 목소리를 낼 수 있는 토양이 형성됐다. 워라밸 문화가 확산된 것 역시 회사라는 조직에 묻혀 있던 개인의 라이프스타일과 행복을 존중해야 한다는 사회적 인식이 비로소 수면 위로 부상하고 있음을 의미한다. 변화된 사회분위기 속에서 자신의 생각과 주장을 보다 솔직하게 표현하려는 이들이 늘면서 대화·화술 분야의 도서 판매량이 전년 대비 2.9배 증가하기도 했다. 또한 자신의 의사를 확실하게 전달하려는 현대인들의 어휘 선택에서 '부탁'이라는 단어의 언급량은 2014년 이후 변화가 없는 반면 '거절'은 매년 증가하는 추세다. 특히 '단호한'이라는 표현이 2015년 대비 29배나 늘었다는 자료는 인상적이다.[10] 세상의 주변에서 나를 외치던 사람들이 당당히 세상의 중심에서 나를 드러내는 모습으로 트렌드의 양상이 변화하는 중이라고 할 수 있다(2019 전망편 '나나랜드' 키워드 참조). 이제 '나로서' 보다 단단해진 만큼 2019년은 그 껍질을 깨고 나아가, 나뿐만이 아니라 우리 사회 전체가 단단한 자존감을 바탕으로 함께 흔들림 없이 굳건해지기를 기원해본다.

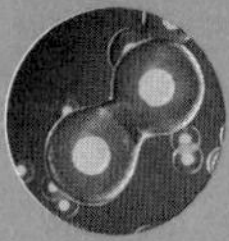

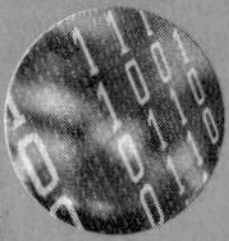

ZERO
WASTE

2

2019년 소비트렌드 전망

Play the Concept 컨셉을 연출하라

Invite to the 'Cell Market' 세포마켓

Going New-tro 요즘옛날, 뉴트로

Green Survival 필환경시대

You Are My Proxy Emotion. 감정대리인, 내 마음을 부탁해

Data Intelligence 데이터 인텔리전스

Rebirth of Space 공간의 재탄생, 카멜레존

Emerging 'Millennial Family' 밀레니얼 가족

As Being Myself 그곳만이 내 세상, 나나랜드

Manners Maketh the Consumer. 매너소비자

Preview

2019년의 전반적 전망

2018년은 나라 안팎으로 좋은 소식과 나쁜 소식이 함께 오간 한 해였다. 낯선 겨울 스포츠에 열광하며 온 국민이 한마음이 되었던 평창동계올림픽을 성공적으로 치러낸 데 이어, 남북 정상회담과 북미 정상회담이 우리 국민뿐만 아니라 세계인의 관심을 모았다. 하지만 기나긴 폭염이 끝날 줄 모르고 이어졌고, 매년 반복되는 제품 결함으로 인한 피해는 소비자를 분노케 했다. 갈수록 악화되는 체감 경기와 일자리 사정에 걱정을 표하는 사람도 많았다. 한 해 내내 크고 작은 사건과 사고가 많이 일어났지만 자신만의 '작지만 확실한 행복'을 찾는 소비자들의 행복 전략이 돋보이기도 했다.

2019년은 다시 조심스럽게 숨죽이고 출발하는 한 해다. 경기 침체를 우려하게 하는 위험 요인들과 그래도 낙관론을 포기하지 않게 하는 희망적 요인이 교차한다. 고질적인 문제였던 한반도의 지정학적 리스크가 크게 완화되지 않을까 하는 기대를 품게 되는 가운데, 고용 지표가 나아질지, 집값이 안정세를 이어갈지, 출산율이 더 떨어지지는 않을지 등 지켜봐야 할 걱정거리가 많다. 미국의 금리 인상과 선진국의 긴축 기조, 미중 간의 무역 갈등, 신흥국의 경제 불안, 급등하는 유가와 같이 우리 경제를 위협하는 대외적인 요인도 많다. 중장기적인 경제 하강 국면에 들어선 것이 아닌가 하는 비관론이 끊이지 않는 시점에서, 우리 경제의 또 다른 돌파구를 찾기 위해 모두가 눈을 부릅떠야 할 시기다. 우려 속에서도 희망의 단서를 놓치지 않고자 한다. 2019년의 경제, 나라 살림, IT · 기술, 사회 · 문화 분야의 전반적인 전망을 살펴보자.

2019 경제

2018년에는 한국 경제도, 세계경제도 날아오르지 못했다. 모처럼 살아났던 경기가 제대로 기를 펴보지도 못하고 다시 수그러들 조짐이다. 내년 세계경제는 올해의 상황을 유지하거나 아니면 서서히 하향 국면으로 전환될 것이라는 전망이 나오고 있다. 물론 양호한 수준의 성장세는 유지될 것이므로 당장 한국 기업의 수출에 빨간불이 켜진 상황은 아니다. 다만 여러 대외적인 위험 요인들이 산재해 있다. 유로존 및 일본 등 주요 선진국의 경제가 회복을 이어나갈 것이라는 평도 있지만 이미 하향세로 접어들었다는 분석도 공존한다.[1] 미국은 내년까지 성장세가 계속될 것으로 보이지만 지금까지의 막대한 재정 지출로 인한 부담과 지속적인 금리 인상에 따른 긴축의 리스크도 안고 있다. 또한 미중 간의 무역 갈등은 당사국만의 문제가 아니라 세계 교역을 위축시킬 수 있는 중대한 위험 요인으로 작용한다. 중국도 세계경제에 부정적 영향을 미칠 수 있는 리스크를 안고 있다. 경기 부양을 위해 대규모로 발행했던 채권 가운데 다수의 만기 시점이 2019년과 2020년에 도래할 뿐만 아니라, 지방자치단체와 가계의 부채가 빠르게 증가하여 위기감이 고조되고 있기 때문이다. 신흥국들 중에서는 미중 무역 전쟁과 미국 금리 인상의 영향으로 휘청거리기 시작한 나라가 이미 속출하고 있다.

이러한 대외 환경 속에서 한국 경제는 세계경제보다 성장이 더욱 둔화되는 모습을 보이고 있다. 기업 경기 호조로 2018년도 1분기 근로소득은 2010년 이후 가장 큰 폭으로 증가했으나, 수출과 투자 성장을 이끌었던 반도체 산업의 호황이 내년을 기점으로 마무리될 것이라는 염려가 상존한다. 내년부터 전 세계적으로 반도체 공급량이 늘어나면서 반도체의 단가가 하락할 수 있다는 전망이 나오고 있다. 건설 분야 역시 지난 몇 년간 지속된 주택 공급으로 인해 더 이상의 투자를 기대하기 어렵고, SOC Social Overhead Capital(사회간접자본) 예산이 지속적으로 감축됨에 따라 마이너스 증가폭이 확대될 것으로 보인다.

소비 심리는 2018년 동계올림픽과 정상회담 등을 치르며 나아지는 듯했으나 이내 약화되었다. 2019년에는 국내 고용 시장의 상황이 나아질 수 있을지에 관심이 쏠려 있다. 2018년에 발표된 고용 지표

한국은행 및 국내 연구소의 2019년 경제 전망

(전년 동기 대비 수치)

기관 / 경제 부문	한국은행 (7월 발표)	한국개발연구원 (7월 발표)	LG경제연구원 (9월 발표)	현대경제연구원 (9월 발표)
경제성장률(%)	2.8	2.7	2.5	2.6
원/달러 환율(원)	-	-	1,080	-
민간 소비지출(%)	2.7	2.6	2.6	2.5
소비자물가(%)	1.9	1.6	1.4	1.7
실업률(%)	3.8	3.7	3.9	3.8
경상수지(억 달러)	640	726	650	630
무역수지(억 달러)	-	-	-	711
수출 증가율(%)	-	3.5	4.1	4.8
수입 증가율(%)	-	2.6	6.5	6.0

자료: 각 기관 보도자료 취합

가 매우 낮았기 때문에 기저효과가 발생하고, 동시에 생산가능인구가 전년 대비 2018년 -4.6만 명에서 2019년 -6.8만 명으로 빠르게 줄어들면서 실업률 자체는 개선될 수 있을 것으로 예상된다. 하지만 고용 효과가 큰 건설업의 부진과 경제성장의 둔화로 체감 고용률은 크게 나아지지 않을 것이라는 우려가 커지고 있다. 정부는 일자리 예산을 포함해 복지 예산을 대폭 늘려 저소득층의 소득 증대를 지원하고 공공 부문 일자리를 창출하여 경기를 부양할 계획이다. 다만 관건은 양질의 민간 일자리가 얼마나 늘어날 것인가 하는 점이다.

국내 기관들은 소비자물가가 현재와 비슷한 안정세를 이어가며 대체로 1% 중반대로 유지될 것이라는 전망을 내놓았다. 국제 유가와 원자재 가격 상승, 불가피한 금리 인상, 공공 서비스 및 요금 인상 압력이 물가 상승을 이끌겠지만 내수 경기가 둔화되는 만큼 상승폭이 제한적일 것이라는 예측이다. 그러나 최근 유가 급등세가 심상치 않아 내년 초에는 유가가 100달러 수준까지 오를 것이라는 전망이 나오고 있다는 점,[2] 미국의 금리 인상에 따라 우리나라의 기준 금리도 인상되면 가계와 자영업의 이자 부담이 늘어 소비 여력이 줄어드는 점 등을 고려하여 경기 침체를 일으킬 수 있는 또 하나의 위험 요인으로 염두에 두어야 할 것이다.

OECD는 한국 경제의 내년도 성장률 전망을 지난 3.0%에서 0.2% 낮추어 2.8%로 조정했고(2018년 9월 발표된 중간 전망 기준), 국내 경제 관련 연구기관들도 내년 경제성장률을 올해보다 낮은 2.5~2.6%로 예측하고 있다. 최저임금 인상과 정부의 경제정책이 실질소득 증가와 이에 따른 소비 심리의 개선으로 이어질지 여부가 주목을 끈다. 당장의 급격한 경제 침체를 막는 방어전도 중요하지만, 동시에 중장기적으로 경제의 활력을 되찾기 위한 새로운 먹거리 창출과 규제 완화, 그리고 출산율 대책이 절실한 시점이다.

2019 나라 살림

정부가 발표한 2019년 예산안의 제목은 '내 삶의 플러스, 활력 예산안'이다. 우리 사회의 구조적 문제에 선제적으로 대응하고, 일자리 창출과 미래 성장 동력을 확보하기 위해 확장적인 재정 운용을 하겠다는 의미가 담겼다. 이를 보여주듯 총지출은 470.5조 원(2018년 대비 9.7% 증가)으로 2008년 금융 위기 직후의 예산안을 제외하고 2000년대 들어 가장 크게 증가했는데, SOC 분야를 제외한 모든 분야에서 예산을 확대 편성한 것이다. 예산안의 세부 목표는 '①일자리 창출 ②혁신성장 등 경제 활력 제고 ③소득분배 개선 및 사회안전망 확충 ④국민의 삶의 질 개선 ⑤국민안심사회 구현에 중점 투자'로, 지난 한 해 고용 지표가 좋지 않았던 만큼 일자리 창출과 경제 활력에 방점이 찍혔다. 분야별로 보면 일자리 예산이 포함된 보건·복지·노동 분야 예산이 가장 크게 증액되어 162.2조 원으로 총지출 중 34.5%을 차지한다. 증감률로 봤을 때는 산업·중소기업·에너지 분야 예산이 가장 크게 증가하여 18.6조 원이 책정되었다(2018년 대비 14.3% 증가).

먼저 많은 우려를 낳고 있는 일자리·경제 분야 예산을 살펴보면, 일자리 예산이 23.5조 원으로 2018년에 비해 22% 확대되었다. 민간 부문에 대해서는 중소기업 취업 청년과 재취업할 수 있는 신중년을 중심으로 지원하고, 공공 부문 일자리로는 사회 서비스 일자리 6만 명, 공무원 2.1만 명을 확충할 예정이다. 한편 혁신성장 경제를 위한 지원으로는 기존의 R&D 지원을 더욱 늘려 최초로 20조 원이 넘는 예산을 배정했으며, '플랫폼 경제'로 불리는 데이터·AI·수소경제 영역에 1.5조 원, 8대 핵심 선도 분야(자율주행 인프라 구축, 드론 공공 수요 창출, 스마트 시티 확산 등)에 3.6조 원을 투자한다. 이 외에도 창업을 위한 지원과 주력 산업의 경쟁력을 강화하기 위한 지원이 포함되었다.

소비자들의 직접적인 삶의 질 개선과 관련된 예산을 살펴보면, 첫째로 지역밀착형 '생활 SOC' 확대가 있다. 생활 SOC란, 도로·항만·철도와 같은 전통적인 SOC와 달리 문화·체육·복지 시설과 같은 생활환경을 일컫는다. 국민체육센터나 박물관과 같은 전시 시설 내 VR·AR 체험존 등 여가·건강 시설 설치에 1.6조 원, 구도심·농어촌 지역의 활력 제고를 위한 3.6조 원 등의 예산이 여기에 포함된다. 두 번째로는 저출산 문제 해결을 위한 투자다. 단기 근로자·자영업자 등 고용보험에 가입되지 않아 출산휴가 중 급여를 받지 못하는 사람들에게도 월 50만 원의 출산지원금을 지급하기 위한 신규 예산이 편성되었다. 마지막으로 눈에 띄는 것은 미세먼지 문제 대응책이다. 2018년 대비 33.2%를 늘려 총 1.7조 원을 책정했다. 전기·수소차 보급과 노후된 경유차의 조기 폐차를 지원하고 도시숲을 조성하는 데 사용할 계획이다.

이 외에 현 정부가 국정 전략으로 '모두가 누리는 포용적 복지국가'를 내세우는 만큼, 소득분배 구조를 개선하고 사회안전망을 확충하기 위한 복지 분야 예산이 확대되었다. 생계급여 지원 기준을 완화하였고 저소득층 노인의 기초연금 인상 시기를 예정되었던 2021년보다 앞당겨 내년 4월부터 월 30만 원씩 지급하기로 했다. 또한 '계층 사다리 구축'이라는 의미에서 저소득층 학생 3천 명에게 월평균 40만 원을 지원하는 정책을 시행하고, 한부모 가족의 양육비를 인상하는 등 복지 사각지대에 있는 소외계층에 대한 지원을 늘려 소득분배를 개선한다는 계획이다. 영세 소상공인·자영업자에 대한 지원을 강화하는 방안으로 100만 개의 점포에 QR코드와 단말기를 보급하

2018년 8월 발표된 2019년 정부 예산안

(단위: 조 원)

구분	2018년	2019년	증감	
	(A)	(B)	(B−A)	(%)
총지출(조 원)	428.8	470.5	41.7	9.7
1. 보건·복지·노동	144.3	162.2	17.6	12.1
※ 일자리	19.2	23.5	4.2	22.0
2. 교육	64.2	70.9	6.7	10.5
3. 문화·체육·관광	6.5	7.1	0.6	10.1
4. 환경	6.9	7.1	0.2	3.6
5. R&D	19.7	20.4	0.7	3.7
6. 산업·중소기업·에너지	16.3	18.6	2.3	14.3
7. SOC	19.0	18.5	-0.5	-2.3
8. 농림·수산·식품	19.7	19.9	0.2	1.1
9. 국방	43.2	46.7	3.5	8.2
10. 외교·통일	4.7	5.1	0.4	7.5
11. 공공질서·안전	19.1	20.0	0.9	4.9
12. 일반·지방행정	69.0	77.9	8.9	12.9

출처: 기획재정부

여 QR코드 결제시스템 확산에 적극적으로 나섰으며, 고용안전망을 강화하기 위해 실업급여를 기존 평균임금의 50% 지급에서 60%로 늘리고 지급기간도 늘렸다. 청년들에게 월 50만 원의 구직활동지원금을 주기 위한 예산도 새로 편성되었다.

2019 IT · 기술

글로벌 IT 전문 시장조사 기관 가트너Gartner는 지난 1995년 신기술의 산업적 적용 및 영향력을 통찰하기 위한 '가트너 하이프 사이클Gartner Hype Cycle'이라는 개념을 소개했다.[3] 흔히 신기술이 나타나면 곧 그 기술이 가져올 미래에 대한 무성한 소문hype이 생기고, 이 거품이 가라앉고 나면 기술의 실제 가치가 드러나면서 산업적 대중화가 이루어지기 마련이다. 가트너는 가까운 미래에 핵심 기술들이 맞이할 혁신의 주기를 '하이프 사이클'이라 이름 붙이고 매해 부상할 메가트렌드를 발표하고 있다. 2018년 가트너가 제시한 다섯 가지 트렌드(민주화된 인공지능, 디지털화된 생태계, DIY 바이오해킹, 투명한 몰입 경험, 유비쿼터스 인프라)를 중심으로 2019년에 소비자들이 만나게 될 주요 IT 산업의 변화를 살펴보도록 하겠다.[4]

첫째, '민주화된 인공지능Democratized AI'은 향후 10년 이내에 거의 모든 사람들이 거의 모든 곳에서 인공지능 기술을 사용할 수 있게 되는 것을 의미한다. 보다 많은 사람이 단순히 AI를 사용하는 데 그치지 않고 클라우드 컴퓨팅, 오픈 소스, 개발자 커뮤니티 등을 활용하여 직접 개발에 참여해 새로운 솔루션을 만들어낼 수 있다. 이러한 트렌드가 실현시킬 구체적인 기술로는 서비스로서의 AI 플랫폼AI PaaS, 대화형 인공지능 플랫폼, 자율주행, 심층 신경망, 스마트 로봇, 가상 비서 등이 있다. 국내에서도 AI 서비스의 공격적인 확장이 예상된다. 일례로 현대·기아차는 카카오와 손잡고 2019년 출시될 신차부터 차량 내 인포테인먼트 시스템에 음성인식 AI 서비스를 적용할 계획임을 밝혔다. 최근 확산되고 있는 스마트 스피커를 차량에 최적화시켜 탑재하면 미디어 활용, 차내 온도 설정과 같은 자동차 편의장비를 음성으로 제어할 수 있다.

둘째, '디지털화된 생태계Digitalized Ecosystems'는 신기술이 등장하려면 이를 뒷받침하는 기술적인 제반 환경으로서 디지털 생태계가 갖추어져야 함을 의미한다. 기존의 구획화된 기술 인프라에서 벗어나 플랫폼 기반 비즈니스 모델로 혁신할 필요가 있다는 것이다. 이를 통해 인간과 기술 사이를 장벽 없이 이어줄 수 있게 된다. 구체적으로는 블록체인, 디지털 트윈, IoT(사물인터넷) 플랫폼 같은 기술을 통해 가능하다. 특히 블록체인은 중앙 집중화된 시스템을 분산해 복원력, 안정성, 투명성 및 신뢰성을 높일 수 있어 데이터 보안 영역의 패권을 바꿀 것으로 전망된다.

세 번째 키워드 'DIY 바이오해킹Do-It-Yourself Biohacking'은 국내에선 다소 낯선 개념이지만 하이프 사이클을 타고 빠르게 도래하고 있는 기술의 하나다. 전문 연구기관이 아니더라도 미생물 유전자 연구를 통해 원하는 기능을 가진 생명체를 설계하고, 바이러스 치료용 백신을 가정에서 직접 제조하는 것과 같은 생명공학 DIY 활동을 말한다.[5] '기술 증강technology augmentation', '영양유전체학nutrigenomics', '실험생물학experimental biology', '그라인더 바이오해킹grinder biohacking'이 이에 속한다. 해킹 생물학과 인간의 범주 확장은 점차 대중성을 얻을 것이며 단순한 진단을 위한 기술부터 신경 이식과 같은 복잡한 기술까지 적용 범위도 넓어질 것이다. 이와 관련해 가트너는 이제 '트랜스휴먼Trans-human' 시대가 오고 있다고 평하고 있다. 물론 인류와 윤리에 관한 법적·사회적 논의가 선행될 필요가 있다. 이러한 트렌드에는 배양·인공조직, 뇌-컴퓨터 인터페이스, 증강현실AR, 혼합현실MR, 스마트 패브릭 등이 포함된다.

넷째, '투명한 몰입 경험Transparently Immersive Experiences'은 사람, 비즈니스, 사물 간의 경계가 투명하다고 할 정도로 허물어지고 업무와 생활, 삶의 경험을 확장시키는 인간 중심적인 기술로 나아가는 것을 의미한다. 업무 공간에서의 전자칠판, 사물인터넷이 결합된 사무용품, 가정에서의 일명 '커넥티드 홈' 기술이 이에 해당한다. 보다 구체적인 기술로는 4D 프린팅, 커넥티드 홈, 에지 AI, 자가 치유 시스템 기술, 실리콘 양극 배터리, 스마트 더스트, 스마트 작업 공간, 체적 측정 디스플레이 기술이 있다. 가트너는 국내 스마트 홈 시장이 매년 20% 성장하고 있다고 진단한 바 있다. 한국스마트홈산업협회는 2019년 스마트 홈 시장 규모가 23조4천억 원으로 팽창할 것이라고 내다봤다.[6]

다섯 번째 트렌드인 '유비쿼터스 인프라Ubiquitous Infrastructure'는 말 그대로 클라우드 컴퓨팅과 무제한적인 인프라 환경을 바탕으로 만들어진 새로운 인프라 랜드스케이프를 의미한다. 이제 기업의 전략적 목표에 있어 인프라 환경은 중요한 기반 정도가 아니라 비즈니스의 미래를 쥐고 있다고 평가받는다. 이러한 흐름에는 5G, 탄소나노튜브, 심층 신경망 ASICApplication-Specific Integrated Circuit, 신경 구조와 유사한Neuromorphic 하드웨어, 양자컴퓨팅 같은 기술이 해당된다. 이 중 이동형 5G 기술은 '세계 최초 상용화'를 목표로 2019년 3월 국내 상용화를 앞두고 있다. 4G LTE의 최대 속도는 1Gbps, 평균 400~500Mbps인 데 반해, 5G 네트워크의 최대 다운로드 속도는 20Gbps에 달한다. 동영상 재생·다운로드가 훨씬 빨라질 뿐만 아니라 가상현실·증강현실·홀로그램 등 전송할 수 있는 정보의 질적 변화가 예상된다. 더욱이 4G 네트워크에서는 상대적으로 활용도가 낮았던 산업군에서도 폭발적으로 증가하는 사물인터넷 데이터를 이용해서 인공지능과 결합된 다양한 서비스들을 접목할 수 있을 것으로 전망된다.

2019 사회·문화

2019년은 다른 해에 비해 조용한 해로 느껴질 수 있다. 월드컵·올림픽·엑스포 등 이목을 끌 만한 국제 행사가 눈에 띄지 않기 때문이다. 그럼에도 주 52시간 근무제 확대와 함께 여가와 삶의 질에 대한 사회적 관심이 커지면서 작더라도 소비자들의 생활에 영향을 미칠 수 있는 변화들이 큰 의미를 가질 수 있다. 관심을 가져볼 만한 사회·문화의 소식을 살펴본다.

올림픽 정도의 대규모는 아니지만 다양한 국제 행사가 전국 각지에서 개최될 예정이다. 서울에서는 세계재생에너지총회가 10월 23일부터 나흘간 열릴 예정으로 4천여 명의 국제기구 및 각국의 정·재계 인사들이 방문한다. 그에 앞선 4월에는 송도에서 유엔기후변화협약UNFCCC과 환경부가 공동 주최하는 글로벌 국가적응계획 국제포럼Grobal NAP Expo이 개최된다. 지난해의 플라스틱 폐기물 이슈에 이어 지속가능한 환경에 대한 국민들의 관심이 커질 것으로 보인다. 의료 분야의 행사로는 12월 부산에서 당뇨병 관련 세계 최대 규모의 권위를 가진 국제당뇨병연맹IDF 총회가 열려 1만5천여 명의 국내외 전문가들이 찾을 것으로 예상된다.[7] 또 재미있는 행사로는 '트레킹 아시안게임'이라고 불리는 아시아 걷기 총회ATC가 있다. '걷기 좋은 부산'이라는 도시 브랜드를 아시아 각국에 소개할 기회로 삼아 2019년 10월에 3일 동안 개최되며 컨퍼런스뿐만 아니라 다양한 행사가 함께 진행되어 관심을 가져볼 만하다.[8]

콘텐츠 산업이 전 세계적으로 자동차·IT 산업 규모를 넘어서는 주요 산업으로 부상한 만큼, 국내외 콘텐츠 산업의 동향도 살펴볼 필요가 있다. 넷플릭스·디즈니·아마존·애플 등 전통적인 콘텐츠 제작사부터 하드웨어 제조사까지 산업 간 경계를 무너뜨리고 콘텐츠 전쟁을 벌이는 양상은 비단 외국의 이야기만은 아니다. 일본을 배경으로 한 프랑스 원작 소설을 영화화하기 위해 미국 할리우드의 감독과 한국의 제작사가 협업하고, 연예인 소속사·콘텐츠 유통사가 직접 드라마 제작에 나서기도 한다. 동영상만이 아니라 오디오 콘텐츠 역시 함께 부상하고 있다. 최근 넷플릭스는 라디오 사업에 진출하겠다고 선언했으며, 구글도 자사 AI 스피커에서 이용할 수 있는 팟캐스트 애플리케이션을 출시했다. 국내 팟캐스트 광고 시장은 2019년 1천억 원대 규모로 성장할 것이라는 전망이 나온다.[9]

2019년에 소비자들이 알아두면 좋을 제도 변화로는 일명 '한국형 레몬법'이 있다. 개정된 자동차관리법은 2019년 1월 1일부터 소비자가 구매한 자동차에서 동일한 하자가 계속 발생하면 제조사가 교환

혹은 환불을 해주도록 하는 내용을 담았다. 구체적으로는 신차 구입 후 1년 이내에 2회의 중대 하자 또는 3회의 일반 하자가 발생하여 수리했음에도 하자가 해결되지 않는 경우, 그리고 누적 수리 기간이 30일을 초과한 경우에 적용된다. 하자의 범위, 입증 책임 등 법률 적용에 논란의 여지가 있긴 하지만 이를 통해 소비자의 권익이 점진적으로 향상되기를 기대해본다. 차주들이 알아두어야 할 소식이 한 가지 더 있다. 2019년 9월부터 신규 발급되는 자가용 및 렌터카 승용차 번호판(등록 번호)의 앞자리가 세 자릿수로 바뀌는 것이다. 이를 통해 승용차 2.1억 대의 등록 번호가 추가로 확보되어 앞으로 다가올 이동 수단의 발전 및 확대에도 유연하게 대응할 수 있을 것으로 보인다.

한편 소비자들이 시장과 직접 만나는 유통 분야에서는 모바일 간편 결제로 나아가기 위한 움직임이 분주하다. 'QR코드 결제'라고 불리는 새로운 결제 방식을 두고 신용 결제를 기반으로 하는 카드사와 계좌이체 방식을 기반으로 하는 기존 간편 결제 업체들 간 경쟁이 치열할 전망이다. 민간기업뿐 아니라 소상공인의 경영 환경 개선을 위한 정책의 일환으로 각 지자체와 중앙정부까지 나서고 있다. 스마트폰으로 소비자가 판매자의 QR코드를, 혹은 판매자가 소비자의 QR코드를 인식하면 결제가 이루어진다. 이러한 변화는 "지갑을 가져오지 않아서"라며 계산을 미루는 핑계를 추억 속의 이야기로 만들어놓을지도 모른다.

지금까지 2019년의 전반적인 전망을 살펴보았다. 나쁜 소식은 종종 예고 없이 찾아오지만, 좋은 소식 역시 뜻밖의 순간에 찾아와 큰 기쁨을 준다. K팝 스타의 노래가 다시 세계 곳곳에 울려 퍼질 수도 있고, 한국 기업의 제품이 세계 시장에서 선전하고 있다는 소식이 들려올 수도 있다. 이런 국가적인 뉴스가 아니더라도 누구나 일상 속에서 생각지 못한 희소식을 만나기 마련이다. 마치 돼지꿈을 꾸고 일어나 보니 갑자기 멋진 일이 벌어지기 시작하는 기분 좋은 아침처럼 말이다.

2019년 기해년, 우리는 과연 어떤 돼지꿈을 꿀 수 있을까? 돼지꿈, "PIGGY DREAM"으로 두운을 맞춘 2019년의 트렌드 키워드를 지금부터 살펴보자.

Play the Concept

컨셉을 연출하라

그냥 좋아서는 안 된다, 컨셉이 있어야 한다. 가성비나 품질보다 컨셉이 화두가 된 시대다. 소비자들은 자신만의 개성 있는 컨셉을 연출하는 '컨셉러'를 자처하며, 직관적인 미학, 순간적인 느낌, 가볍고 헐거운 컨셉에 빠르게 반응한다. 구구절절 설명하는 기승전결의 이야기 구조보다 한눈에 알아볼 수 있는 콘텐츠에 열광하는 소비자들의 기호에 맞춰, 많은 기업들 역시 호응을 이끌어낼 수 있는 컨셉 개발에 열심이다.

컨셉에 죽고 사는 소비자들은 셀카 한 장도 특별한 상황을 만들어 찍기 위해 자신이 가장 돋보일 수 있는, 컨셉이 분명한 전시회나 특별한 이벤트를 찾고 있다. 무엇보다 디지털 세대가 바로 반응하는 것은 짧고 재미있는 컨셉이다. 나아가 컨셉만 확실하다면 대충 만들어 완성도가 떨어지더라도 상관하지 않는다.

컨셉의 등장은 분절되고 파편화된 하이퍼텍스트가 특징인 하이퍼 모던 시대를 어릴 때부터 경험한 디지털 원주민들, '플로팅floating 세대'의 성장과 궤를 같이하고 있다. 디지털 매체의 특성인 맥락과 서사의 실종이 컨셉의 중요성을 키우고 있는 것이다. 소비도 마찬가지다. 과거에는 실용적이고 합리적인 '이유 있는 소비'가 만족을 제공했다면, 이제는 쾌락적이고 유희성이 강한 '컨셉 있는 소비'가 더 큰 만족감을 선사한다. 끊임없이 유동하는 감각적인 젊은 세대는 이미지에 열광하고, 기능이 아니라 컨셉을 소비한다. 이들의 마음을 여는 것은 논리적이고 이성적인 이해보다 가벼운 터치와 직관적인 감성이다. 이제 기업들은 자기만의 컨셉을 가지고 고객들과 수평적으로 커뮤니케이션해야 한다. 구매의 근거가 이유에서 컨셉으로 바뀌고 있다. 이제 마케팅하지 말고 컨셉팅하라.

바람은 시원하고 하늘도 맑은 어느 날, 한강 공원에 간다고 가정해보자. 무엇을 준비해야 할까? 이 질문에 그저 맥주 한 캔 정도가 떠오른다면 당신은 초보다. 우선 원터치텐트를 빌려야 한다. 블루투

스 스피커에 감성 돋는 음악을 장착하고 미니 테이블과 그에 어울리는 예쁜 도시락도 필요하다. 저녁이 되면 미니 전구나 휴대용 무드 조명도 필수다. 여기에 에어베드까지 있다면 완벽한 힐링 컨셉의 완성이라 하겠다. 이렇게 연출된 하루는 하나의 해시태그로 마무리된다. '#한강갬성.'

한 장의 사진을 찍더라도 컨셉에 살고 컨셉에 죽는 소비자들이 늘고 있다. 컨셉이 있어야 진정한 '갬성사진'이 완성된다. 갬성은 감성과 같은 말이다. 하지만 다른 말이기도 하다. 감성이라고 하면 갬성이 느껴지지 않는다. 감성을 굴려서 발음한 갬성은 감성보다 감각적이고 순간적인 느낌을 표현할 때 쓰인다. 한국트렌드연구소 김경훈 소장은 감성이 보편적인 정서라면 갬성은 각자에게 특화된 정서라고 정의한다.[1] 그래도 갬성이 무엇인지 알쏭달쏭하다면 인스타그램에 '#갬성'을 검색해보면 느낌으로 알 수 있다. 말로 구구절절 설명할 수 없는 느낌적인 느낌, 그것이 바로 갬성이다. 갬성이 특화된 정서라면, 컨셉은 그 정서를 느끼기 위한 직관적인 자극이다.

대한민국의 소비 시장에 컨셉러(컨셉+er, 컨셉을 중시하는 소비자라는 의미의 신조어)들이 늘어나고 있다. 이들은 직관적인 미학, 순간적인 느낌, 가볍고 헐거운 컨셉에 빠르게 반응한다. 구구절절 설명하는 기승전결의 이야기 구조보다 한눈에 알아볼 수 있는 콘텐츠에 열광하고 이성적인 이해보다 감성적인 공감을 선호한다. 이러한 모든 컨셉의 최우선적인 목적은 당연히 내가 가장 돋보이는 것이다. 이를 위해서는 나에게 맞는 컨셉을 잡고 그에 맞는 아이템을 적재적소에 배치할 수 있는 능력이 중요하다.

사실 컨셉은 새로운 개념이 아니다. 디자인컨셉, 방송컨셉, 제품컨셉 등 모든 창작자들은 컨셉을 찾기 위해 고군분투한다. 그런데 이제 컨셉을 찾고 컨셉을 연출하는 일이 전문 창작자에게만 국한되지 않고 일반 소비자에게까지 확산되고 있다. 마치 내 인생의 무대를 연출하듯 모두가 감독이 되고 누구나 작가가 되어 컨셉을 찾고 즐기는 소비 현상이 두드러지고 있다. 『트렌드 코리아 2019』에서는 컨셉러들이 만들어가는 새로운 소비트렌드와 그에 따른 시장의 변화 그리고 앞으로의 시사점을 알아본다.

컨셉이라는 이름의 연극

MBC 예능프로그램 〈나 혼자 산다〉는 항상 시청률 상위를 달리는 인기를 누린다. 그중에서도 개그맨 박나래가 화제인데, 그를 유명하게 한 '나래바'는 바로 컨셉의 힘을 잘 보여준다. 2년 전 나래바는 소파에 앉아서 예술을 논할 것 같은 프렌치시크 컨셉이었는데, 이사를 하면서 꾸민 새 나래바는 홍콩 컨셉을 구현했다. 걸그룹 마마무의 멤버인 화사의 경우 나래바를 벤치마킹해 자신의 집 한쪽에 이자카야 컨셉의 '화자카야'를 완벽하게 컨셉팅하기도 했다. 이처럼 '내 집 안의 작은 술집'이라는 컨셉을 구현하기 위해서는 필요한 아이템들이 있다. 홍콩 컨셉에는 홍콩 뒷골목 어딘가 있을 것 같은 강렬하고 화려한 색상의 조명이 필수고, 이자카야 풍은 나무를 깎아 만든 것 같은 일본 분위기의 네온사인 간판이 빠질 수 없다.

미국의 사회학자 어빙 고프만Erving Goffman은 그의 책 『자아연출의 사회학』에서 인간의 커뮤니케이션 방식이 연극과 같다고 말했다. 배우가 관객을 대상으로 무대에서 연기를 하듯, 사람들도 타인을 대상으로 일종의 연극과 같은 소통을 한다는 것이다. 이 연극의 목적은 타인에게 좋은 인상을 심어주는 것이다. 연극을 통해 자신이 보여주고 싶은 모습을 드러내고, 보여주고 싶지 않은 모습은 통제함으로써 자신의 이미지를 만들어나간다. 또한 고프만에 따르면 사람은 본능적으로 누구나 의식적으로든 무의식적으로든 자기를 연출한다. 여기서 연출의 방식은 물질적인 것부터 비물질적인 것까지 다양하다. 계급사회에서는 자신의 신분을 드러낼 수 있는 옷·에티켓·말투 등이 중요했고, 이후에는 내가 소유하고 있는 물질적 부의 정도가 나를 드러내는 수단이 되었다.

자기 컨셉을 연출해야 한다면, 문제는 무대 위에 어떤 연극을 어떻게 올릴 것인가다. 비싸고 좋은 아이템, 일등소품만으로 잔뜩 치장한 무대에는 이제 관객이 오지 않는다. 특별한 무대장치가 없어도 매력 있는 컨셉만 있다면 셀프 연출에 성공할 수 있다. 그렇다면 성공적인 자기 연출은 어떻게 만들어낼 수 있을까?

눈길을 끄는 연출의 기술

—

셀카도 컨셉 있게, #showcept

백화점에 소비자의 발길이 줄고 있다는 뉴스가 새롭지 않던 2018년 봄, 신세계백화점 본점 1층에 유난히 많은 사람들이 모였다. 매장 입구에 설치한 2,500여 송이의 움직이는 플라워 월(키네틱 아트) 앞에서 인증샷을 찍기 위해서다. 봄을 맞이하여 마련된 신세계의 '러브즈스프링' 행사에서는 움직이는 꽃벽 외에도 115만 송이의 꽃을 전시했는데, 주목할 점은 이 많은 꽃들을 모두 천장에 설치했다는 점이다.[2] 이유는 간단하다. 사람들이 꽃을 배경으로 사진을 찍기 때문이다. 고객들이 꽃과 함께 장면을 연출할 수 있도록 일종의 배경을 만들어준 셈이다.

바야흐로 사진의 시대다. 이미지 주도의 SNS가 인간관계의 주된 무대로 자리 잡은 현대사회에서 셀카의 컨셉은 자기 연출의 가장 핵심적인 영역이다. 평범한 사진을 거부하는 컨셉러들에게 독특한 배경은 필수다. 포토월은 이러한 컨셉러들의 욕구를 대변하는 인기 아이템이 되고 있다. 특히 뜨는 골목이나 페스티벌에는 꼭 사진을 찍어야 하는 상징적인 장소가 있기 마련이다. 감성적인 문구, 파스텔톤의 색감, 몽환적인 분위기가 컨셉의 재료가 되는 것이다.

개인 카메라와 성능이 뛰어난 스마트폰의 보급으로 사진관들이 사양길에 접어든 가운데서도 특화된 컨셉을 내세워 소비자들의 발길을 끌어 모으는 곳이 있다. SNS에서 입소문을 타고 본점이 있는 대구에서 홍대까지 진출한 '산격동 사진관'은 컨셉 사진관을 표방한다. 아날로그 시대의 감성을 고스란히 살려낸 웨딩 배경은 특히 신세대 커플들 사이에 인기가 있고 경성시대 컨셉은 친구들끼리 즐겨 찾는다고 한다. 사진관이 핫플레이스인 홍대 지역으로 진출할 수 있었던 것도 5천만 원 가까운 크라우드 펀딩 목표액을 거뜬히 달성한 덕택이라고 하니, 그 인기를 짐작하고도 남는다. 현재는 '복고웨딩' 컨셉과 '경성시대' 컨셉 두 가지 종류가 있으나 앞으로 '응답하라' 컨셉을 추가하는 등 컨셉러들의 취향을 저격하는 다양한 변화를 꾀할 예정이다.[3]

사진 스튜디오 못지않게 전시회를 향한 관심도 심상치 않다. 여기서 말하는 전시회란 고흐, 샤갈 등 거장의 작품을 감상하는 고급 순수예술 전시회가 아니라, 관람객이 소위 '인생샷'을 찍을 수 있도록 공간 전체를 포토존으로 꾸민 비주얼 전시회를 말한다. 티몬에 따르면 2018년 7월 1일부터 24일까지 비주얼 전시 매출이 2017년에 비해 644% 증가했다고 한다. 전체 티켓 매출에서 차지하는 비중도 5%에서 24%로 크게 상승한 것으로 나타났다.[4] 이런 전시회들의 홍보문구는 한결같이 '인생샷'을 강조하는 것이 공통점이다. 전시회를 다녀온 사람들의 후기도 "인생샷 건졌어요~"가 주류를 이룬다. 아이들과 부모의 인생샷을 책임진다는 '하이, 아이스크림전展', '거울정원'으로 환상적인 연출을 자랑한 '인스타지아' 팀이 만든 또 하나의 걸작인 '마녀정원', 그리고 시공을 초월한 환상의 나라 이야기인 '이상한 나라의 앨리스' 전시회는 소위 'SNS 성지'로 불리며 특히 20대 여성들의 발길을 모았다. 이제 전시회는 기존 작가들의 작품을 관람객에게 전시하는 역할에서 관람객에게 공간의 컨셉을 판매하는 곳으로 이동하는 모양새다.

컨셉이 있는 공간은 전시회에서 그치지 않는다. 최근에는 호텔도 감성 넘치는 개성으로 무장하고 있다. 쾌적하고 편안한 숙박을 제공하겠다는 약속만으로는 소비자의 관심을 끌기 부족하기 때문이다.

특히 호텔에서 휴가를 즐기는 호캉스(호텔+바캉스)족이 증가하면서 특별한 휴식을 기대하는 소비자를 만족시킬 수 있는 컨셉이 더욱 중요해졌다. 서교동에 위치한 부티크호텔 '라이즈 오토그래프 컬렉션'은 지역적 특성을 반영한 청년 문화와 예술 감성을 표방한다. 신진작가들의 작품을 설치하는 것은 물론이고 통유리창으로 설계된 1층 로비를 개방함으로써 자유분방한 컨셉을 극대화하고 있다.[5] 신세계조선호텔이 만든 부티크 호텔 '레스케이프'는 어반프렌치스타일 컨셉을 강조한다. 도심 속에서 파리 분위기를 느낄 수 있도록 만들어졌는데 프랑스 부티크 호텔 인테리어의 대가로 알려진 자크 가르시아가 19세기 파리 귀족사회에서 영감을 받아 설계했다고 알려졌다.[6] 호텔 내 어느 곳에서 사진을 찍어도 파리 감성이 물씬 풍기는 장면을 연출할 수 있는 것이다.

여행 명소로 이름난 특정 국가 혹은 도시를 내세운 컨셉은 소위 잘 먹히는 아이템이다. 파리, 도쿄, 하노이 등 그 이름만으로도 느껴지는 독특한 도시의 컨셉이 소비자에게 직관적으로 다가오기 때문이다. 필터카메라 앱의 성공신화로 불리는 오디너리 팩토리의 아날로그 필름은 아날로그 파리, 아날로그 도쿄, 아날로그 부다페스트, 아날로그 런던 등의 도시 시리즈로 유명하다. 파리 컨셉의 필터는 어딘지 모르게 몽환적이고 아방가르드한 프랑스 감성을 품고 있고, 도쿄 컨셉은 일본 특유의 분위기를 풍긴다.

다른 나라의 컨셉을 차용한 것 중 최근 가장 눈에 띄는 현상은 할로윈데이의 인기다. 최근 크리스마스는 조용해지고 할로윈데이는 떠들썩해지고 있다. 할로윈데이는 매년 10월 31일 유령이나 괴물 분장을 하고 즐기는 서양의 축제인데, 이제는 한국 소비자들에게도 특별한 페스티벌로 자리 잡는 모양새다. 특히 국내 테마파크들은 적극적으로 할로윈을 겨냥한 호러 컨셉에 공을 들이고 있다. 에버랜드는 2017년부터 가을페스티벌의 일환으로 '블러드시티' 시리즈를 기획하고 있다. 롯데월드 또한 '호러 할로윈 더 바이러스'라는 이름으로 할로윈 축제를 여는데, 관람객도 좀비 분장을 할 수 있도록 별도의 분장숍을 만들어 주목받았다. 일본에서는 이미 할로윈데이 시장의 매출 규모가 발렌타인데이의 매출을 넘어섰다고 한다.[7] 평범한 일상에서 독창적인 장면을 연출하기를 원하는 컨셉러들에게 할로윈은 그야말로 찰떡궁합의 아이템인 셈이다.

컨셉은 짧고 재밌게, #funcept

카피라이터 탁정언은 좋은 컨셉이란 즉시 반응이 오는 것이라고 지적한 바 있다.[8] 즉각적인 반응이 일어날 만큼 명확하고 간략하되 강렬해야 한다는 것이다. 그렇다면 직관적인 자극을 주기에 가장 효율적인 컨셉은 무엇일까? 바로 재미다. 재미있는 콘텐츠를 좋아하지 않는 사람은 없겠지만 컨셉러들이 추구하는 재미는 좀 다르다. 더 작고, 가볍고, 휘발하는 느낌이 강하다. 특히 빠르게 감각적으로 접근한다는 점에서 언어유희는 컨셉러들의 시선을 끄는 좋은 수단이다. 일단 재밌어야 눈길을 끌 수 있다.

국내 워터파크 업계의 마케팅 전쟁이 펼쳐지는 여름, 2018년 가장 눈에 띄는 광고는 캐리비언베이의 '캐비지'였다. 캐리비언베이의 줄임말인 캐비지를 십분 활용하기 위해 양배추라는 가명으로 활동한

출처: 스타티스 / 에프엠커뮤니케이션즈

컨셉에 살고 컨셉에 죽는 컨셉러들에게 가장 중요한 것은 SNS에 올릴 수 있는 '인생샷'이다. 성공한 비주얼 전시회는 모두 이들의 SNS 성지로 떠오른 곳들이다.

조세호를 모델로 기용하고 "캐비지가 캡이지"라는 언어유희를 이용해 캐리비언베이가 회자되는 데 큰 역할을 담당했다. 롯데리아의 경우 페이스북에 유행하는 짤(짧은 인터넷 이미지) · 드립(농담성의 말) · 시리즈 등을 자사에 맞게 변형하여 빠르게 대응하는 것으로 유명하다. 특히 머쓱한 모습으로 식은땀을 흘리는 사물을 보여주는 언어유희가 유행하자 제품명에 바로 도입하면서 '티렉쓱', '롱치즈쓱틱', '핫크리쓱버거'등 머쓱시리즈를 선보여 눈길을 끌었다.[9]

제품의 공식적인 명칭조차도 아예 언어유희를 이용해서 짓기도 한다. CU의 케이크 3종의 소위 급식체(학교 급식을 먹는 중고생들이 사용하는 과도한 줄임말) 상품명은 'ㅇㄱㄹㅇㅂㅂㅂㄱ(이거레알반박불가)', 'ㅇㅈㅇㅇㅈ(인정어인정)', 'ㄷㅇㅇㅂㄱ(동의어보감)'이다. 1020세대들의 취향을 저격한 것은 물론이고 3040세대에게는 호기심을 자극함으로써 출시 3개월 만에 판매량 100만 개를 돌파했다. 화장품 브랜드 라벨영Labelyoung도 하루가 다르게 쏟아져 나오는 신제품들 사이에서 직관적이고 독특한 네이밍으로 소비자에게 눈도장을 찍은 케이스다. 쿠션을 반으로 나눠 피지와 유분을 효과적으로 조절해주는 '쇼킹안녕반반쿠션'과 시중에서 판매하는 마요네즈 용기를 꼭 닮은 '쇼킹마요네즈헤어팩' 등 이름만 들어도 단번에 이해되는 직관적 네이밍 덕분에 SNS를 중심으로 유명세를 떨쳤다.[10]

짧고 재미있는 것이 하나의 컨셉으로 자리 잡으면서 이 특성을 잘 담아낸 콘텐츠가 광범위한 인기를 얻고 있다. 모바일 라이브로 진행되는 퀴즈쇼인 잼라이브는 15분의 접속시간 동안 12개의 3지선다형 문제를 푸는 형식으로 매일 12시 30분과 8시 2회 진행되는데, 접속자 수가 10만 명을 넘기면 대박이라는 인터넷 생중계 분야에서 최대 동시접속자 수 21만을 기록해 놀라움을 안겼다.[11] 사람들은 퀴즈를 통해 지식과 상식을 넓히기보다는 짧은 시간이나마 진행자의 유머러스한 입담과 난센스 퀴즈의 엉뚱함을 즐기기 위해 접속한다. 짧은 것이 생명인 스낵 콘텐츠의 인기는 웹소설·웹드라마·웹예능의 진화로 이어지고 있는데 이들의 특징은 러닝타임이 9~13분 정도로 최대 20분을 넘지 않는 데 있다. 또한 전편을 처음부터 끝까지 다 보지 않고 어디서부터 봐도 빠져들게 만드는 것이 묘미인데 이는 재밌는 순간만 편집하거나 거침없는 말투와 날것 그대로의 자막으로 점철되어 있기 때문이다. 웹드라마 〈에이틴〉, 〈방과 후 연애〉가 이런 원칙을 충실히 지켜 성공을 거두었고 가수 god의 멤버였던 박준형이 트렌디한 아이템과 핫플레이스를 소개해 인기를 끈 예능 프로그램 〈와썹맨〉 또한 #funcept의 성격을 충실히 따른 사례다.

광고 또한 점점 짧아지고 있다. 길이가 짧아지다 보니 더 직관적으로 핵심만 담아야 하는 것이 필연적이다. 영상광고의 오랜 관행이었던 15초 룰을 깨고 7초 광고, 6초 광고가 이어지더니 급기야 3초짜리 광고도 나왔다. 우아한 형제들의 배달의 민족은 IPTV와 영화관에서 3초짜리 광고를 내보내고 있다. 카피는 "오늘은 치킨이 땡긴다"가 전부지만 지글지글 끓는 기름소리와 함께 갓 튀긴 치킨을 건지는 3초의 영상은 시청각적으로 식욕을 극대화하는 데 모자람이 없다.[12] 유튜브도 이용자들이 30초짜리 광고를 참지 못하고 건너뛰기 skip 하는 현상이 늘어나자 일찌감치 6초 광고를 도입했다. 일명 '범퍼 광고'라고 하는 이 6초 광고는 전체를 다 봐야만 본 콘텐츠로 넘어갈 수 있다. 폭스스포츠미디어그룹 또한 6초 분량의 광고 상품을 회당 20만 달러(약 2억2,400만 원)에 판매해 화제가 되기도 했다.[13] 짧은 광고가 대세가 되는 분위기다.

대충이라도 컨셉만 확실하다면 #roughcept

3월에 개봉한 공포영화, 제작비 11억 원의 저예산 영화, 스타 캐스팅이 없는 영화, 그런데도 국내 공포영화 역대 2위를 기록한 영화.

2018년 개봉한 영화 〈곤지암〉은 앞에 열거한 어려운 조건에도 불구하고 2018년 4월 말 기준 누적관객 수 267만 명을 훌쩍 넘겼다. 곤지암의 흥행요인은 여러 가지가 있겠지만 무엇보다 유튜브 방송의 형식을 차용했다는 점이 꼽힌다. 실제로 7명의 배우들이 직접 찍은 영상이 전체 촬영 분량의 90%를 담당했다. 정교한 특수촬영기법보다 흔들리고 넘어지는 엉성한 촬영장면이 영화에 생생한 현장감을 부여하면서 관객들은 실제로 더 무서운 공포체험을 경험한다. 또한 한국 공포영화에서 흔히 보이는 한恨의 정서나 신파 스토리를 가미하지 않았다는 점도 주목해야 한다. 곤지암에 열광했던 세대는 기승전결로 이어지는 스토리 중심의 서사보다 순간적인 자극과 호기심 유발에 더 익숙한 세대이기 때문이다.[14] 다시 말해 주인공의 장황한 과거 스토리는 중요하지 않다. "공포영화는 무서우면 된다"는 본질에 집중한 것이다. 곤지암은 완성도보다 컨셉이 확실해 흥행에 성공한 사례지만, 최근에는 대충 만들어서 더욱 인기 있는 컨셉도 등장하고 있다.

이러한 '대충 컨셉'은 이모티콘에서도 두드러진다. 최근 뜨는 만화나 이모티콘은 흰 바탕에 검은 선, 점 몇 개, 직관적인 한마디가 전부다. 글씨체 또한 무성의한 데다 윈도우 그림판에서 누구나 그릴 수 있을 것 같은 단순한 형태들이다.[15] 비록 그 수준은 발퀄(발로 만든 수준의 퀄리티)이지만 단순하고도 직설적인 표현이 컨섑러들의 마음을 사로잡는다. 특히 김케장이라는 웹툰 작가의 캐릭터를 이용한 케장콘은 1020세대의 지지층이 두텁다. 매우 단순한 그림으로 '아 싫어요', '가요 좀', '없었습니다' 등 직설적인 표현이 특징이다. 이모티콘 '빡치는 답장'은 똑같은 그림에 메시지만 다르다. 동일한 그림인데도 카카오톡의 이모티콘 판매 순위에서 늘 상위권을 차지한다. 심지어 2초 만에 그렸다고 해서 '이초티콘'으로 불리는 이모티콘도 등장했다. '제제의 발 그림'은 유명 이모티콘 작가 임선경의 아들 제제가 만든 이모티콘으로 서툰 그림이지만 단순함에 매력을 느낀 대중의 마음을 사로잡았다.[16]

게임도 거추장스러운 포장과 힘을 빼고 있다. 화려한 그래픽으로 무장한 게임들 사이에서 나름의 상위권을 유지하며 강세를 보이는 몇몇 게임들을 주목할 필요가 있다. 모바일 캐주얼게임을 지향하는 '동물온천'은 동물들이 찾는 온천탕을 경영한다는 컨셉으로 말 그대로 정말 캐주얼하다. 어려운 전략을 구사하거나 무리한 과금도 필요없다. 특히 단순하고 허술하지만 귀여운 그림체가 매력으로 꼽힌다. 2018년 2월 기준 구글플레이 게임 부문에서 9위까지 랭킹된 '좀비고등학교'도 다소 투박한 2D그래픽 게임이다. 3D그래픽 게임처럼 자유롭게 시점을 바꿀 수 없고 캐릭터 조작도 다소 불편하지만 10대를 중심으로 큰 인기를 끌고 있다.[17]

자영업 트렌드 2019
판의 변화
영리한 겁쟁이가 살아남는다
트렌드 코리아 2019
소비의 거대한 세포분열이 시작된다
PIGGY DREAM
AUGMENTED: LIFE IN THE SMART LANE
현실 위의 현실, 슈퍼 리얼리티의 세계가 열린다
증강현실
고양이 본능 사전
JACKSON GALAXY
TOTAL CAT MOJO
미래의창
도서목록
A SHORT HISTORY OF DRUNKENNESS
술에 취한 세계사
THE TRUTH MACHINE
트루스 머신
블록체인과 세상 모든 것의 미래
당신의 잠재력을 이끌어낼 최고의 생각 도구
토니 부잔 마인드맵 마스터
마인드맵 창시자 토니 부잔,
마침내 최고의 마인드맵 안내서를 완성하다
iraebookjoa.blog.me 페이스북 facebook.com/miraebook 인스타그램 @miraebook

출처: 유튜브 화면 캡처

■ ■ ■ 대충 컨셉으로 성공한 LG 생활건강 '피지' 세제 광고. 마지막 몇 초를 남겨놓고 마지못해 제품을 보여주는 식이다.

대충 컨셉은 보수적인 대기업의 마케팅에서도 활용되고 있다. 친구와 주말을 즐기려다 상사의 지시로 광고를 만들어야만 했던 한 콘텐츠 제작자의 넋두리를 담은 LG생활건강 피지 세제 광고의 이름은 '본격 LG 빡치게 하는 노래'다. 1분 30초 길이의 영상에서 실제 제품은 거의 끝나갈 무렵에 20초 정도 살짝 등장한다. 이 광고는 공개 일주일 만에 광고를 제작한 크리에이터 페이지에서만 2만6천 건이 넘는 '좋아요'와 1,870개 이상의 댓글이 달렸다. 대충 만든 듯한 약간 촌스러운 애니메이션과 은어, 비속어가 난무해 과연 이것이 대기업 광고가 맞나 의구심마저 들게 하는 이 광고가 온라인에서 대박을 터뜨린 이후 LG생활건강의 2018년 1분기 '피지' 매출액은 전년 동기 대비 약 40% 성장했다고 한다.[18] 홍보를 위한 절절한 노력이 보이지 않는 '대충' 컨셉에 소비자들이 더 공감한 것이다. 느슨한 매력이 오히려 빈틈없이 완벽한 컨셉을 이긴 경우라고 할 수 있다.

등장 배경

하이퍼 모던 시대의 유동하는 플로팅 세대

완성도는 떨어지더라도 구구절절 설명이 필요 없이 컨셉만 확실하다면 그만이라는 작금의 트렌드는 크게 세대 요인과 미디어 요인으로 나누어 그 등장 배경을 설명할 수 있다.

트렌드는 보통 전 산업에 걸쳐 나타나는 현상이며 어느 특정 세대 혹은 성별에 한정되기보다는 남녀노소를 모두 아우르는 시대의 흐름으로 정의 내릴 수 있다. 그렇다 해도 오늘날 트렌드를 이끌어가는 가장 큰 배경으로 IT 기술과 최첨단 디바이스, SNS의 역할을 주목하지 않을 수 없고, 이를 가장 자유자재로 이용하는 세대가 1020세대라는 점은 시사하는 바가 크다. 즉, 1020세대가 대부분 트렌드의 시발점이자 진앙지가 되는 현상이 낯설지 않다. 컨셉 열풍 또한 예외가 아니다.

우선 정착하지 못하는 **플로팅 세대**가 등장하고 있다는 점에 주목해야 한다. 학문적으로 명확한 정의는 없으나 대개 1995년부터 2010년 출생한 세대를 일컫는데 보편적으로 알려진 용어로는 'Z세대'라고 한다. 이들에게는 모바일이 책보다 더 편한 정도가 아니라 태어날 때부터 모바일이 생활의 중심 그 자체다. 책이나 TV보다 유튜브 방송을 더 많이 보는 세

플로팅 세대
Floating Generation

하나의 콘텐츠에 길게 집중하지 못하고 여러 가지 정보를 동시다발적으로 수용하는 세대로, 콘텐츠뿐만 아니라 직장과 거주지도 유목민처럼 여기저기 옮겨 다니는 세대다. 자신에게 맞는 선택지를 끊임없이 탐색한다는 뜻에서 『트렌드 코리아 2019』에서는 플로팅 세대라고 명명하고자 한다.

대인 이들에게는 극장에서 2시간을 꼬박 앉아 영화를 보는 것도 익숙한 문화생활이 아닐 수 있다. 짧은 콘텐츠로 여가생활을 집중적으로 즐기고 또 다른 콘텐츠로 곧바로 옮겨간다. 휴대폰·아이패드·컴퓨터를 동시에 다루는 멀티태스킹도 가능하다. 이들이 정착하지 못하는 것은 콘텐츠뿐만이 아니다. Z세대의 경우 평생 17개의 직장과 5개의 직업, 15번의 거주지를 갖는다고 한다.[19] 디지털 유목민이자 끊임없이 스스로 원하는 것이 무엇인지 탐구하는 세대이기도 하다.

이들에게는 영상과 이미지가 커뮤니케이션의 기본 도구라는 점도 직관적이고 감각적인 컨셉팅 트렌드의 배경으로 꼽을 수 있다. 이들은 소비에 있어서도 첫인상·느낌·브랜드의 컨셉이 중요한 세대다. 특히 인스타그램을 통해 이미지로 구성된 자아를 표출하고 소통하기 때문에 직관적인 이미지가 백 마디 말보다 더 중요하다. 이에 대해 커뮤니케이션 학자 김은미는 『연결된 개인의 탄생』에서 과거에는 면대면 커뮤니케이션을 위해 인상관리가 대화의 부산물로 작용한 반면 오늘날에는 인상관리 자체가 목표로 부상했다고 지적한 바 있다.[20] 인상관리를 위해 연출된 자아가 여러 개가 될 수도 있다. 인스타그램 활동이 활발한 유저의 경우 두 개 이상의 계정을 소유하고 각 계정에 따라 자신의 컨셉과 정체성을 다르게 관리하기도 한다. 이렇게 관리되는 계정을 가짜fake와 인스타그램instagram의 합성어인 '핀스타그램'[21]이라고 한다.

또한 이들은 어렸을 때부터 모바일에 익숙한 세대로, 인터넷 문법을 태생부터 습득한 세대다. 다시 말해 인터넷의 특성이 이들의 세계를 구성하는 요소다. 인터넷은 책으로 축적되어온 지식 구조와는 태

밀레니얼 세대 vs. z세대

구분	밀레니얼 세대	Z세대
영향 매체	TV	유튜브
선망 직업	연예인 및 운동선수	유튜브 크리에이터
브랜드	지명도 중시	내 개성(맞춤형) 중시
소통	텍스트 메시지	동영상 메시지
소비 기준	가성비-가격 할인 필요 (부모보다 경제적으로 어려움)	첫인상, 디자인과 포장 중요

출처: 〈요즘 것들〉 허두영 사이다 2018.02.07(https://brunch.co.kr/@davidstoneheo/34)

생적 작동 원리가 다르다. 선형적 내러티브의 서사 구조를 갖는 책과 다르게 인터넷은 내가 원하는 정보에 순식간에 접근할 수 있게 해준다는 측면에서 정보들 사이의 서사적 완결성보다는 비선형적 구조를 지향한다. 이러한 텍스트 구조를 하이퍼텍스트라고 한다. 하이퍼텍스트hypertext란 1960년대 미국 철학자 테드 넬슨Ted Nelson이 구상한 'hyper(초월한)'와 'text(문서)'의 합성어로서 컴퓨터나 다른 전자기기로, 한 문서를 읽다가 다른 문서로 순식간에 이동해 읽을 수 있는 비선형적 구조의 텍스트를 의미한다. 책과 같은 아날로그 매체에서는 처음부터 순서대로 정보를 찾아야 하지만, 디지털 미디어에서는 해당 키워드를 클릭해 바로 원하는 정보를 찾을 수 있는 구조다. 하이퍼텍스트 구조는 한 정보에서 다른 정보로 빠르게 이동할 수 있다는 점에서 효율적이지만 동시에 파편적이기도 하다.

특히 모바일은 정보에 접근하는 속도는 매우 빠르지만 파편성은 극대화되는 매체다. 다시 말해서 정보의 완결성이 없다. 하지만 시작과 끝이 없기 때문에 정보의 크기를 무한대로 확장할 수 있다는 특징이 있다. 일반적인 문서로는 저자가 주는 일방적인 정보를 받기만 하지만 하이퍼텍스트로는 독자의 필요에 따라 원하는 정보만 선택해 받을 수 있다는 점에서 좋은 정보를 선별하고, 이를 올바르게 연결하는 개인의 능력이 중요하게 여겨진다.[22]

맥락과 서사의 실종이 컨셉력을 키운다

파편적이고 가벼운 인터넷의 특성은 하이퍼 모던 시대의 특징으로 이어진다. 프랑스 철학자 질 리포베츠키Gilles Lipovetsky는 저서 『가벼움의 시대』에서 디지털 혁명으로 인해 우리의 삶이 경량화·소형화·비물질화되고 있다고 말한다. 이러한 문명을 하이퍼 모던 시대라고 명명했는데, 하이퍼 모던 시대의 개인은 세상을 바꾸겠다는 야망이나 계급 없는 사회를 만들겠다는 포부 대신 더 잘, 더 가볍게 살고 싶어 한다고 지적했다.[23] 여기서 가볍게 산다는 것은 미덕이나 악덕을 의미하지 않는다. 합리주의적이고 형식주의적인 가벼움이 아닌 좀 더 탐미적이고 서정적인 가벼움을 추구한다는 것이다.

현대 산업사회의 공급 여량이 크게 향상되면서 최근 시장의 '상품력'이 비슷비슷해지고 있다는 점도 컨셉이 중요해지는 또 하나의 배경이다. 자극의 강도가 낮을 때는 자극 수준의 변화에 민감하지만 자극의 강도가 높아질수록 자극 변화에 둔감해지는 현상을 한계민감도 감소현상diminishing marginal sensitivity이라고 한다. 예컨대 무게 1kg의 물건을 들다가 무게 2kg의 물건을 들면 그 무게 차이가 쉽게 느껴지지만, 무게 20kg의 물건을 들고 있을 때는 1kg이 추가돼도 차이를 잘 느끼지 못한다. 이 현상을 소비 측면에 적용하면, 낮은 품질의 제품을 사용하다가 그보다 우수한 품질의 제품을 사용하면 더 좋다는 걸 쉽게 인식하지만, 이미 품질이 우수한 제품을 사용하는 경우 더 우수한 제품을 사용해도 그 차이를 잘 느끼지 못하게 된다는 것이다.[24] 이러한 소비의 한계민감도 감소 속에서, 상품의 품질이 균질화된 산업사회를 사는 소비자 입장에서는 상품 간의 품질과 기능 차이를 인지하기 어렵게 됐다. 그 결과 직관적인 컨셉을 구매의 최우선 순위로 삼게 된다는 것이다.

요컨대 현대 과잉공급사회에서 컨셉의 중요성을 키운 것은 바로 맥락과 서사의 실종이라고 할 수 있다. 과거에는 실용적이고 합리적인 소비가 소비자에게 만족을 제공했다면 이제는 쾌락적이고 유희적인 소비를 통한 만족감이 더 크다.[25] 다시 말해서, 어떤 것이 실용적이고 합리적인 소비인가에 대한 기준이 모호해지면서 소비자들은 이제 자신이 연출하고자 하는 컨셉과 구매하고자 하는 브랜드 또는 상품과의 동일성을 중시하게 됐다는 것이다.

시사점

브랜드의 컨셉력 극대화를 위해서는 소비자와의 수평적 커뮤니케이션과 공감대 형성이 무엇보다 중요하다. 여행자의 취향을 고려하거나 공감 스토리를 담는 컨셉으로 트렌드가 진화하고 있는 여행상품의 경우가 좋은 예다. 하나투어가 내놓은 모녀여행 컨셉의 패키지 상

출처: 하나투어/모두투어

■ ■ ■ 여행도 컨셉이 중요한 시대다. 엄마와 같이 가거나 유명 셰프와 같이 가거나, 뭔가 컨셉이 있어야 한다.

품 '엄마愛발견'은 평소에 엄마를 챙기지 못한 딸들의 미안한 마음을 대변해주는 컨셉 자체가 큰 호응을 얻었다. 모두투어는 아예 '컨셉 투어' 시리즈를 출시했다. 인기 셰프와 함께하는 미슐랭 투어, 프로야구 인기구단의 원정 응원과 지역 관광을 접목시킨 프로야구 투어, 해외자원봉사활동을 펼치는 볼런 투어, 여행작가 및 BJ와 함께하는 컨셉 투어 등이다.[26] 특히 여행작가나 BJ들은 직접 상품을 기획하거나 참여하면서 끊임없이 자신의 SNS를 통해 구독자들과 소통할 수도 있다. 상품의 테마도 여행자의 입장에서 더 컨셉화가 가능하며 자연스럽게 홍보까지 유발할 수 있어서 인기가 높다.

마케팅을 넘어 컨셉팅으로

현대 소비자들이 일상의 컨셉을 연출하고 있는 트렌드가 기업에게 주는 두 번째 시사점은 두루뭉술한 마케팅이 아니라 정밀한 '컨셉팅'이 필요하다는 것이다. 최대한 보편적인 제품을 만들어 많은 사람에게 팔던 시대는 지났다. 오히려 확실한 컨셉을 세울수록 강력한 로열티를 가진 소수의 마니아층을 형성할 수 있고, 그 마니아들의 입소문이 더 큰 시장을 여는 길이 되기도 한다.

소비자들이 '내 컨셉'이라고 자발적으로 인식하도록 하기 위해서는 소비자가 참여할 수 있는 여백을 마련하는 것이 중요하다. 마케팅의 아버지로 불리는 필립 코틀러Philip Kotler는 시장의 진화를 3단계로 설명한다. 1.0 시장은 공급이 부족하고 시장이 성장하는 산업화 시대로, 상품을 잘 만드는 것이 중요했던 시기다. 2.0 시장은 공급이 넘쳐나면서 새로운 시장을 창출하는 것이 핵심이었다. 마지막으로 3.0 시장은 가치주도의 시대로 정의하고 기업은 소비자를 이성과 감성, 영혼을 지닌 인간으로 바라봐야 한다고 했다. 3.0 시장에서는 고객의 욕구를 충족시켜주는 것은 기본이고 공감과 소통, 참여를 통해 영혼마저 감동시켜야 한다는 것이다.[27] 특히 자신만의 독특한 컨셉을 연출하고 싶어 하는 세대에게 소통과 참여는 브랜드 관여도를 높이는 계기가 될 수 있다.

경계해야 할 것은 참신한 컨셉이 완전히 새롭거나 너무나 독특한 시도 자체를 의미하는 것은 아니라는 점이다. 컨셉은 이성보다 직관, 이해보다 감성에서 비롯된다. 소비자의 세밀한 감수성의 변화를 포착하지 못하고 맥락에 대한 이해 없이 특이한 것만을 쫓는다면 불편한 어그로aggro(공공장소에서 튀는 행동을 하는 비호감인 사람)가 되는 길이다. 따라서 컨셉 시대에 살아남아야 하는 기업에게는 소비자의 감수성을 캐치할 수 있는 '촉'이 중요한 능력이 될 것이다.

소비자의 선택을 설명하는 행동경제학의 이론 중에 '이유에 근거한 선택이론reason-based theory'이 있다. 소비자는 구매 이유를 스스로 합리화하기 쉬울 뿐 아니라 타인에게 그 이유를 쉽게 설명할 수 있는 브랜드를 선택하려는 경향이 있다는 것이다. 컨셉러에게 있어서 선택의 근거는 저렴한 가격, 유명한 브랜드가 아니라 느낌, 주관적 만족, 컨셉, 취향이다. 행동경제학자들의 이론에 빗대자면 '컨셉에 근거한 선택이론concept-based theory'이 되는 셈이다. 이유에서 컨셉으로 구매의 근거가 바뀌고 있다.

2019년, 소비 시장이란 무대 위로 컨셉이라는 연극의 막이 올랐다. 그 무대 위에서 펼쳐질 다채로운 연기와 연출력은 우리 사회에 어떤 갬성 넘치는 변화를 불러일으킬 수 있을까? 관객들의 선택이 주목되는 시점이다.

Invite to the 'Cell Market'

세포마켓

유통이 세포 단위로 분화하고 있다. 수많은 1인 사업자들이 SNS를 기반으로 자신의 재능을 바탕으로 한 정보와 상품을 팔고, 1인 크리에이터들은 자기만의 콘텐츠를 모바일 라이브로 방송한다. 이들은 기존의 대형 유통 기업이나 방송사들과 협업할 정도로 존재감이 커졌다. 이런 트렌드의 배경에는 세포 단위의 시장이 만들어진다는 의미의 세포마켓Cell Market, 소비자가 직접 판매한다는 의미의 셀슈머Sellsumer가 있다. 이들은 전문성을 바탕으로 자기만족을 추구하면서 유급 생산을 하며 자신의 SNS에서, 영상 기반 플랫폼에서, 혹은 전통적인 유통에서도 '새판'을 만든다.

세포마켓의 발달은 여러 가지 요인의 복합적인 산물이다. 우선 플랫폼이나 결제 기술이 발달하면서 개인의 유통시장 진입이 극도로 쉬워진 점을 들 수 있다. 취업은 어렵고 자영업은 고전하는 상황에서 여러 직업을 수행하는 'N잡러'가 소비자를 직접 손쉽게 만날 수 있는 다양한 SNS 채널을 통해 사업을 시작하게 된 것이다. 세계적으로도 저성장기를 맞아 창업을 장려하고, 안전하고 가성비 높은 투자를 모색하는 사회적 분위기도 커졌다. 개인의 취향과 다양성을 인정하는 소비자 커뮤니티가 늘어나면서, 이 새로운 유통 질서가 탄력을 받고 있다. 세포마켓은 경제의 새로운 활력소인 것만큼은 분명하지만 소비자 기만으로 인한 피해나 유해 콘텐츠와 같은 문제를 야기하기도 한다. 따라서 세포마켓의 발전을 위해서는 소비자 신뢰 확보가 무엇보다 절실하다. 시장에 새로운 활력을 불러일으킬 세포마켓의 도약을 위해 다양한 모색이 필요한 시점이다.

유난히 옷을 좋아하던 소녀가 있었다. 엄마를 따라 동대문에 쇼핑을 갔을 때 자기가 입으려고 사온 옷들을 옥션에 올렸는데 빠른 속도로 팔려나갔다. 이후 본격적으로 동대문에서 예뻐 보이는 옷을 골라 온라인에 올렸더니 한 달 만에 1천만 원 가까운 돈이 벌렸다. 이를 계기로 22세가 되던 2005년에는 아예 회사를 차렸다. 이 회사는

창업 10년 만에 매출 1천억 원을 넘어서는 메가브랜드로 성장했고, 2018년 세계적인 화장품 기업, 로레알 그룹이 지분 100%를 인수해 화제를 낳았다.[1] 인수 금액 또한 최소 5천억 원 이상이 될 것으로 예상되어 창업자는 일약 신데렐라 스토리의 주인공이 되었다. 이 자본주의의 동화 같은 이야기는 '스타일난다'로 유명한 주식회사 '난다'와 설립자 김소희 전 대표의 이야기다.

김소희 대표는 소위 온라인 쇼핑몰 1세대에 속한다. 인터넷이 등장하고 개인 소비자도 쇼핑몰에서 물건을 판매할 수 있는 채널이 생기면서 스타일난다 신화의 초석이 됐다. 다양한 SNS와 플랫폼들이 만개한 지금, 제2, 제3의 '스타일난다'를 꿈꾸는 사람들이 자신의 재능과 정보와 상품을 판매하고 있다. 하지만 이제는 굳이 인터넷 쇼핑몰의 채널에 의지할 필요가 없다. 자신의 SNS에서 팔로워들과 소통하며 바로 거래가 가능하기 때문이다. 2018년 9월 현재 팔로워 수 14만6천 명을 보유한 고밤비(본명 김고운)가 대표적인 예다. 고밤비는 인스타그램에서 구독자들에게 다양한 뷰티 팁과 라이프스타일을 공유 중인 셀럽 인플루언서 중 하나로 직접 우수한 화장품을 선별해 소싱하는 소셜마켓이 인기를 끌면서 최근에는 자신의 이름을 딴 뷰티 커머스 기업인 '밤비뷰티'를 설립할 정도로 큰 성공을 거두었다.

사실 이러한 현상은 오래전부터 예견됐던 것이다. 1980년 세계적인 미래학자 앨빈 토플러는 그의 대표작인 『제3의 물결』이라는 책에서 '프로슈머prosumer'의 등장을 예견했다. 판매나 교환을 위해서라기보다 자신의 사용이나 만족을 위해 제품, 서비스 또는 경험을 생산하는 이들을 가리켜, 생산과 소비를 겸한다는 의미의 '프로슈머'로 지칭한 것이다.[2] 토플러가 지금 대한민국 SNS의 수많은 1인 사업자들을 본다면 뭐라고 진단했을지 궁금하다.

이 프로슈머 개념이 40년 가까운 시간의 강을 건너 새롭게 재구성되며 대한민국 시장에 지각변동을 일으키고 있다. 1인 1마켓, 1인 기업, 1인 크리에이터……. 모두 2030 소비자들 사이에서 회자되는 키워드다. 기존의 기업 조직이나 유통의 메커니즘이 아니라 소비자 개인이 SNS나 블로그와 같은 온라인 플랫폼을 통해 직접 판매에 나서면서 시장의 주역으로 활약하고 있다.

이들은 앨빈 토플러가 처음 제안했던 프로슈머 개념에서 한층 진화한 모습을 보인다. 원래 프로슈머는 '자기 사용 혹은 만족을 위함'이라는 목표와 제품·서비스·경험을 '무급으로' 생산하는 두 가지 요인을 내포하고 있는 개념이다. 그런데 최근 등장한 판매자 혹은 공급자들은 자기 사용 혹은 만족을 위함이라는 목표를 가지고 있으면서도 시장 시스템과 매우 긴밀하게 연결되어 있다. 다시 말해, 앨빈 토플러가 언급한 프로슈머보다 한 단계 진화한 '프로슈머 2.0'이라고 볼 수 있는 셈이다.

그렇다면 판매자 혹은 공급자들의 '자기만족' 행위가 어떻게 시장 시스템과 연결될 수 있을까? 결론부터 말하자면, 바로 판매자의 '전문성'에 답이 있다. 국내의 한 논문에서도 소비자의 소셜 인플루언서와의 관계 유지 의도에 영향을 미치는 요인이 해당 공급자의 전문성임을 확인한 바 있다.[3] 요약하자면 프로슈머 2.0 형태의 공급자들은 전문성을 바탕으로 자기만족을 추구하는 유급의 생산자인 사람들이다. 토플러가 '생산 활동에 참여하는 소비자'라는 의미에서 프로슈머라는 용어를 사용했다면, 이들은 '판매 활동에 참여하는 소비자'라는 의미에서 셀슈머sellsumer라고 부를 수 있을 것이다. 셀슈머들이 판매하는 상품과 채널은 매우 기본적이면서도 무척 다양하다. 이는 생명을 이루는 기능적·구조적 기본 단위이며 셀 수 없을 만큼 많은 세포cell와 유사하다. 이에 『트렌드 코리아 2019』에서는 프로슈머 2.0 형태의 공급자들이 주도하고 있는 극도로 세분화된 세포 단위의 시장을 '세포마켓Cell Market'이라 명명한다.

"세포마켓은 전문성을 바탕으로 자기만족을 추구하면서
유급 생산 또는 유통을 개별적으로 수행하는 개인 마켓을 의미한다."

세포마켓의 유형

역사적으로 특정 유통 채널의 등장은 사회 전반에 변화를 촉발하곤 했다. 슈퍼마켓·백화점·24시간 편의점·TV홈쇼핑·인터넷 쇼핑몰 등의 등장은 단지 판매의 경로가 하나 늘어난 것에 그치지 않고 생산 및 소비의 구조와 방식을 근본적으로 변화시켰다. 세포마켓은 비록 개개인 셀슈머의 영향력은 미미할지라도 그 수가 엄청나게 방대하다는 측면에서 커다란 변화를 몰고 올 것임을 쉽게 예상할 수 있다. 2019년 세포마켓이라는 새로운 상인 군단의 등장은 국내 시장경제의 유의미한 변화를 주도할 것으로 전망된다. 먼저 세포마켓의 주된 무대가 되는 채널과 플랫폼들을 살펴보고 소비자와 판매자가 어떻게 관계를 유지하며 유통의 새판을 짜고 있는지 알아본다.

세포들의 활동 플랫폼 1. SNS

세포마켓의 대표적인 판매 채널은 바로 블로그나 인스타그램과 같은 SNS다. 기존의 쇼핑몰이나 오픈마켓이 아닌 SNS에서 판매자가 자신의 일상을 공유하며 상품을 거래하는 형태로 SNS 마켓, 블로그 마켓 등이 대표적이다. SNS 마켓을 비롯해 중고 거래, 오픈마켓 거래 등을 포함한 국내의 개인 간 거래C2C 시장은 약 20조 원 규모에 달할 만큼 유통 시장에서 또 하나의 핵심 축이 되고 있다. 또한 이 시장을 이끄는 이들의 대부분이 블로그, 인스타그램 등 개인 계정을 통해 구매자와 소통하면서 제품을 파는 판매자들이다. 이들은 1만 명 이상의 팔로워 수를 거느린 스타급 계정을 소유하고 그 계정을 통해 왕성한 거래를 하고 있다. 구매자는 이들이 올린 게시물 중 상품이 마음에 들 경우 댓글을 달거나 판매자 계정으로 다이렉트 메시지DM를 보내 가격에 대한 문의를 하고 구매 절차를 밟을 수 있다.[4]

SNS를 기반으로 한 세포마켓은 꾸준히 성업 중이다. 인스타그램에서 '#마켓'으로 검색하면 2018년 9월 기준 142만 개가 넘는 게시물이 나온다. 전 세계로 보면 2017년 11월 기준으로 2,500만 개에 달한다. 통신판매업자도 꾸준히 증가하고 있다. 2010년 8만9천 명이던 통신판매업 사업자는 2015년 말 기준, 15만1천 명으로 2010년 대비 사업자 수 6만2천 명, 증가율 70.1%를 기록했다.[5] SNS 업계도 적극적으로 이런 추세에 대응하고 있다. 페이스북은 2018년 5월 한국 인스타그램 사용자들을 대상으로 쇼핑 태그 기능을 선보였다.[6]

출처: 롯데백화점/에이블리

■ ■ ■ 패션계의 세포마켓은 이미 성업 중이다. '에이블리'와 '네온' 등, 이들을 모아놓은 플랫폼도 속속 등장하고 있다.

인스타그램 개별 게시물에 제품 정보와 가격, 구매할 수 있는 웹사이트로 연결되는 링크 정보 태그가 가능해진 것이다. 또한 인스타그램 쇼핑 태그에 인앱 결제 기능을 추가하는 방안도 검토 중인 것으로 알려졌다.

최근에는 SNS를 기반으로 한 세포마켓들을 한데 모아 통합적인 서비스를 제공하는 플랫폼들도 성장 중이다. 인스타와 블로그마켓, 쇼핑몰을 모은 쇼핑 앱인 '에이블리ABLY'는 2017년 11월 서비스 론칭 이후 6개월 만에 누적 다운로드 수 60만, 월 거래액 20억 원을 돌파했다.[7] 또 다른 업체인 '하트잇Heart it'은 인플루언서들의 스타일링에 관심이 많은 소비자들에게 제품을 소개하고 구매할 수 있도록 도와주는 플랫폼이다. 인기 인플루언서의 사진 아래 관련 제품의 브랜드 정보를 제공하고 바로 구입할 수 있도록 웹사이트로 연결해준다. 론칭 이후 LF · 유니클로 · 코오롱 등의 패션 기업 및 유통사들과 제휴를 진행할 만큼 높은 영향력을 자랑하며 네이버의 자회사인 스노우가 지분 100%를 20억 원가량에 인수한 것으로 알려져 소셜 인플루언서의 높은 영향력을 입증했다.[8] 롯데백화점도 가세해 유명 인플루언서들을 한곳에서 만나볼 수 있는 플랫폼인 '네온NEON'을 오픈했다.

그렇다면 SNS 기반의 세포마켓이 가진 강점은 무엇일까? 가장 큰 장점은 투자 비용이 적다는 점이다. 온라인 쇼핑몰처럼 웹 페이지 제작과 디자인 작업에 드는 비용이 거의 없다. 또 대부분 주문량에 맞춰 발주하는 형태로 이루어져 있어, 재고 관리에 따른 위험도 낮다. 또한 SNS를 통해 자신을 팔로잉하는 사람들을 마케팅 매개체로도 활용할 수 있다. 소비자가 SNS를 통해 판매자의 코디나 화장 등 경험 사항들을 일종의 학습서로 활용해 입소문을 내주기 때문이다. 나아가 제품에 관한 불편 사항들을 실시간으로 소통하며 확인할 수 있기 때문에 빠른 피드백이 가능하다. 무엇보다도 판매자들의 콘텐츠가 그들 개인의 일상을 바탕으로 하고 있으며, 제품이 아니라 스토리 중심이기 때문에 소비자의 입장에서는 그 콘텐츠에 공감하고 공유하기 쉽다. 예를 들어, 패션 인플루언서는 자신의 SNS 계정을 통해 라이프스타일을 노출시키고 자연스럽게 일상 속 패션 스타일과 코디 방법 등을 공유한다. 제품 중심의 이미지보다는 자신이 외출할 때 실제로 착용한 이미지와 함께 솔직한 후기를 전달하는 방식으로 소비자들에게 훨씬 더 친근하게 다가가는 것이다.

세포들의 활동 플랫폼 2. 영상 콘텐츠 채널

1인 크리에이터, 유튜버의 활약도 빼놓을 수 없다. 이들은 자신의 감각과 전문성을 장점으로 자기만족을 이루며 유급 생산을 한다는 측면에서 세포마켓을 이루는 주역이다. 사실 이들의 등장은 새삼스럽지 않다. 1인 방송이 대중문화의 트렌드로 자리 잡은 것은 이미 오래전 일이기 때문이다. 하지만 이들이 진화하는 방향을 관찰해보면 세포마켓의 미래를 그려볼 수 있다는 점에서 그 의미가 크다.

우선 이들의 현황을 살펴보자. 구글코리아에 따르면, 2017년 기준으로 구독자 10만 명 이상을 가진 유튜브 크리에이터의 수는 1,275개로 2015년 367개에서 2년 동안 4배 정도 늘었다고 한다. 구독자 100만 명 이상인 크리에이터 계정도 100개가 넘는다. 유튜브 이용자 수 자체도 증가했다. 닐슨코리아에 따르면 2017년 국내 유튜브 월 이용자 수가 2,500만 명에 이르렀다고 한다. 무엇보다 주요 연령층이 기존에는 10~20대 위주였다면 지금은 중장년층들도 대규모로 유입되어 50대 이상 이용자가 700만 명에 이른다. 이는 국내 유튜브 이용자 2,500만 명 가운데 30%에 해당하는 수치이기도 하다.

인기 크리에이터는 영상에 붙는 광고로 적지 않은 수익을 거두기도 한다. 한국방송통신전파진흥원의 자료에 따르면 게임 전문 크리에이터인 '도티'와 '대도서관'은 각각 2017년 한 해 15억9천만 원, 9억3천만 원의 광고 수익을 올린 것으로 집계됐다. 과학 실험 영상을 선보이는 크리에이터 '허팝'은 12억3천만 원의 수익을 거둔 것으로 알려지고 있다.[9]

개인 유튜브 채널의 주제는 게임과 음악, 요리부터 키즈 전문 채널까지 거의 모든 분야를 망라한다. 특히 크리에이터 스스로 좋아하고 잘할 수 있는 분야가 다양하기 때문에 콘텐츠 주제는 그야말로 무궁무진하다. 이러한 1인 크리에이터의 성장 뒤에 날개를 달고 있

출처: DIA TV

■ ■ ■ 대도서관, 씬님, 허팝 등 유명 크리에이터의 소속사인 다이아TV. 2천 명이 넘는 크리에이터가 소속된 국내 최대 MCN으로 알려져 있다.

는 비즈니스도 있다. 바로 이들을 관리하며 매니저 역할을 하는 회사들이다. 엔터테인먼트사가 연예인을 발굴·육성·관리하듯, 1인 크리에이터들의 매니저 역할을 하는 이들을 가리켜 다중채널네트워크, 줄여서 MCN Multi Channel Network이라고 부른다. 현재 국내 MCN 업계에서는 대도서관과 씬님, 허팝 등 유명 크리에이터를 비롯해 2천 여 명의 크리에이터들이 소속된 CJ ENM의 '다이아DIATV'가 선두를 지키고 있다. 이밖에 MCN '트레져헌터Treasure Hunter'가 인기 크리에이터인 양띵, 악어와 김이브 등을 영입해 세를 늘리고 있다. 자체 아카데미 시스템을 설립해 크리에이터를 양성하는 MCN까지 등장할 정도로 그 수가 급격히 불어나는 가운데, 국내 MCN 사업체의 수는 100개를 넘고 있으며 시장 규모 또한 3천억 원대로 추정된다.[10]

세포들의 활동 플랫폼 3. 전통 유통 채널

아이러니하게도 이러한 세포마켓의 가능성을 가장 눈여겨보고 있는 곳은 기존의 전통적인 대형 유통 채널들이다. 온라인과 오프라인에 대형 매장을 보유한 유통 공룡들이 셀슈머들에게 집중적으로 러브콜을 보내고 있다.

먼저 웬만한 브랜드도 명함을 내밀지 못했던 콧대 높은 백화점도 유명 패션 인플루언서들의 브랜드들을 팝업스토어, 편집 매장 등의 형태로 입점시켜 협업을 진행하고 있다. SNS 브랜드만을 모은 팝업 매장들이 기대 이상의 실적을 거두는 것을 경험한 신세계백화점은 2017년부터 패션 담당 본부에 SNS 브랜드·신규 디자이너 브랜드만 발굴하는 담당자를 새로 배치했다. 7만 명 이상의 인스타그램 팔로워를 보유한 김나리 대표의 '심플먼트', 팔로워 수 3만 명인 김민아 대표의 여성 의류 '바이먼슬리' 등이 참여했으며, 가장 매출이 높은 브랜드의 경우 사흘 동안의 행사에서 약 5천만 원의 매출을 올렸다고 한다.[11] 세포마켓의 영향력을 포착한 롯데백화점 역시 SNS 브랜드만을 모은 편집 의류 매장 '아미 마켓'을 본점에 오픈했다. 롯데백화점은 잠실점에서도 인스타그램에서 여성 오피스룩을 판매하는 '으네드레스' 팝업 매장을 오픈한 바 있다. 현대백화점은 인플루언서가 착용한 상품을 오프라인 매장에서 선보이고 있다. 현대백화점의 컨템퍼러리 브랜드 편집숍 '앳마이플레이스'에는 앞서 소개된 인스타그램 기반의 패션 큐레이션 서비스 '하트잇'이 론칭한 '잇프로젝트' 상품이 입점했다.

1인 미디어는 이제 홈쇼핑 채널도 접수 중이다. CJ ENM 오쇼핑 부문은 모바일 생방송 전용 채널인 '쇼크라이브'에 1인 미디어로 활동하는 유명 크리에이터를 적극 활용하고 있다. 이들은 고객에게 상품을 소개하고 사용 노하우를 전하는 것은 물론, 실시간으로 고객들의 궁금증을 해결해주는 역할을 한다. 대표적으로 최근 트렌드와 아이디어 상품을 주로 소개하는 '뻔펀한 가게'에서는 개그맨 출신인 유인석 쇼호스트의 진행하에 인기 유튜버들이 게스트로 출연하고 있다. 먹방 유튜버로 유명한 에드머와 이설이 출연한 방송에서는 각각 '굽네 치밥볶음밥' 1천 세트, '이광기의 몬스터 떡볶이' 2,500세트의 판매고를 올렸다. 평균 조회수 1만 건 이상을 보이고 있는 롯데홈쇼핑의 모바일 생방송 '쇼킹호스트'에서는 아프리카TV의 인기 BJ 임다가 화려한 입담으로 '블루투스 삼각대 셀카봉' 완판을 기록하기도 했다.[12]

셀슈머들의 활동이 가장 두드러지는 화장품 업계에서도 세포마켓과의 콜래보레이션이 활발하게 이뤄지고 있다. 아모레퍼시픽이 운영하는 프리미엄 뷰티 편집숍 '아리따움'도 서두에서 소개한 인스타그램 인플루언서 고밤비(밤비뷰티)와 스페셜 틴트 립 팔레트 세트를 출시했고, 아모레퍼시픽의 뷰티 디바이스 브랜드인 '메이크온'도 인플루언서 비피샵과 특별 콜래보레이션을 진행한 바 있다. K-뷰티 신드롬을 연 대형 뷰티 브랜드로는 이례적으로 소셜 인플루언서와 마케팅 홍보 차원의 협업에 그치지 않고 특별 세트를 제작해 그에게 직접 판매까지 맡기는 프로젝트였다는 점에서 눈길을 끈다.[13] 한편, LG생활건강은 사회공헌 활동으로 '더페이스샵 내추럴 뷰티 크리에이터' 양성 프로그램을 시작한다고 밝혔다. 선발된 인원들은 직접 1인

미디어 교육을 받는 등 인플루언서가 되기 위한 과정을 거친다고 한다.[14] 안티에이징 전문 브랜드 리엔케이Re:NK도 인기 인플루언서 홍지효의 소셜마켓을 통해 립틴트를 론칭해 판매 2일 만에 완판을 달성했다.[15]

패션 업계도 SNS 기반의 세포마켓 활용에 열중하고 있다. 코오롱인더스트리FnC부문은 5월 가정의 달에 코오롱몰 기획전을 준비하면서 SNS 인플루언서 3명과 함께 '2018 봄·여름 시즌 화보'를 촬영한 바 있다. 그 결과 코오롱몰 매출이 전년 대비 약 2배 늘었고 방문자 수도 4배가량 증가했다. 삼성물산 패션 부문도 에잇세컨즈 제품을 입은 인플루언서가 매력적인 모습을 SNS 계정에 올리는 '#myfavoriteme' 캠페인을 진행했다. 에잇세컨즈 관계자는 "캠페인이 진행되는 동안 2,400만 회의 뷰를 달성하는 등 소비자들의 호응을 이끌어냈다"고 밝혔다.[16]

이상의 사례를 종합하면, 기존 유통 채널이 인플루언서들에게 "홍보해주세요"라고 부탁했다면 이제는 "팔아주세요" 혹은 "신제품을 함께 개발해주세요"라고 요청하고 있음을 알 수 있다. 대단한 판도의 변화이자 세포마켓의 질적 성장이라고 할 수 있다.

세포마켓의 성장인자

세포분열이나 성장 및 분화를 촉진하는 다양한 물질을 세포 성장인자cell growth factor라고 부른다. 시장에서도 세포마켓이 분화하고 성장하게 된 요인들이 다양하게 존재하는데, 세포마켓이 성장할 수 있는 자양분으로 작용하고 있는 다양한 인자가 무엇인지 살펴본다.

1) 기술적 인자: 스마트폰, 소셜 혁명의 수혜자들

무엇보다도 판매 채널을 열기 위한 관문이 낮아졌다는 점을 들 수 있다. 자본과 설비를 갖추지 않아도 누구나 스마트폰만 있으면 마켓을 열 수 있게 되었다. 게임·디자인·패션·뷰티 등 다양한 영역에서 자신의 재능을 전문화시키며 소득원으로 삼을 수 있는 여건이 마련된 것이다. 다시 말해 누구나 생산수단을 보유하게 되었다. 산업 자본주의 시대에서는 공장·기계장치 등의 생산수단을 활용해 상품이나 서비스를 만들어 소비자에게 판매함으로써 이익이 창출되며, 이 결과 생산수단의 소유자는 부를 쌓게 된다. 하지만 이제는 플랫폼이 생산수단으로 떠올랐다. 페이스북·유튜브·인스타그램·네이버·다음 카페 등 다양한 플랫폼의 홍수 속에서 누구나 생산수단을 소유할 수 있게 된 것이다.[17] 즉, 플랫폼의 소유자가 자기노동의 주인이 될 수 있는 시장 환경이 형성되었다는 의미이기도 하다. 결제 기술의 발달도 세포마켓 발전의 동인이다. 현금이나 신용카드 이외에도 다양한 '○○페이'와 같이 비대면 결제수단이 속속 보급되면서 셀슈머들이 판매 활동을 벌이기 위한 장벽이 급격히 낮아지고 있다.

2) 사회적 인자: 고용 위축과 N잡러의 대두

평생직장으로 대표되는 고용의 안정성이 무너지고, 취업난과 조기 은퇴로 자의든 타의든 한 직장에만 매달릴 수 없는 사람들이 크게 늘어났다. 그 결과 최근에는 여러 일과 취미를 병행해 자아실현을 추구하는 사람들이 많아지고 있다. 바로 **N잡러**라 불리는 새로운 족속이 등장한 것이다. 이들은 기존의 투잡two-job족과는 조금 다르다. 일반적으로 투잡족이 본업만으로는 수입이 부족해 생존형 업무를 병행하는 경우를 지칭한다면 N잡러는 수입보다 본업에서는 채워지지 않는 자아실현을 추구하는 경향이 더 강하다. 퇴근 후 1인 크리에이터 활동을 위해 수십만 원을 들여 유튜브용 방송 장비를 장만하거나, 취미로 시작한 활동이 전문성을 띠게 되는 식이다. 일례로 대도서관 역시 처음에는 대기업을 다니던 평범한 회사원이었다. 퇴근 후 소소하게 하던 유튜브 방송이 인기를 끌면서 광고 수입이 연봉을 넘어서자 부업이 주업이 된 케이스다.[18] 당연히 이러한 성공을 선망하는 사람들도 늘어나고 있다. 초등학생들이 꼽은 장래희망 1순위 직업이 1인 크리에이터라는 조사 결과가 나올 만큼 부업에 대한 인식, N잡러에 대한 인식이 바뀌었다. 나아가 '전직 ○○항공 직원', '○○화장품 개발자 출신' 등의 경력이 전문성을 담보해주는 브랜드 역할을 하면서 N잡러의 셀슈머 활동을 더욱 왕성하게 하고 있다. 이들은 투잡으로 시작해 자아실현을 이루거나 본업에 집중하면서 그와 연관된 부업으로 자연스럽게 일을 확장해나가는 등, 누구나 꿈꾸는 '덕업일치'의 삶을 살고 있는 사람들이라고 할 수 있다.

N잡러

2개 이상 복수를 뜻하는 'N'과 직업을 뜻하는 'job', 사람을 뜻하는 '~러(er)'가 합쳐진 신조어로 '여러 직업을 가진 사람'이란 뜻이다. 본업 외에도 여러 부업과 취미활동을 즐기며 시대 변화에 언제든 대응할 수 있도록 전업轉業이나 겸업兼業을 하는 이들을 말한다.

출처: [매경이코노미]

3) 판매자 인자: 저성장기의 리스크 관리와 투자가성비 중시

전반적인 글로벌 저성장기를 맞아 투자의 리스크를 더 보수적으로 관리하고 이른바 가성비 높은 투자 전략을 모색하다 보니 세포마켓이 증가하는 측면도 존재한다. 이는 자영업 시장에서 소규모 창업이 늘어나고 있는 현상과 궤를 같이한다. 최근 10년간 자영업 시장의 유행을 주도했던 업종들은 대부분 핫도그 전문점과 카스테라 전문점, 테이크아웃 주스와 저가 커피숍, 스몰비어, 닭강정, 밥버거, 떡볶이 등 5~10평대에서 창업 가능한 저비용·소규모 업종이었다. 그러던 것이 최근 들어서는 이런 업종뿐 아니라 이전에는 적어도 30~40평대로 출점하던 전문 음식점 분야에서조차 10~20평 정도의 소규모 매장이 인기를 끌고 있다.[19] 오프라인 시장과 마찬가지로 온라인에서의 창업 역시 리스크를 줄일 수 있는 작은 규모의 사업이 대세가 된 것이다.

상대적으로 큰 투자를 할 수 있는 대기업에서도 적은 비용으로 큰 효과를 모색할 수 있는 방안을 과거보다 더 적극적으로 모색하고 있다. 에미레이트항공은 2016년 유튜브 인기 스타인 케이시 네이스탯Casey Neistat에게 1등석 항공권을 제공하며 "솔직한 사용 후기를 유튜브에 올려달라"고 부탁했다. 네이스탯은 퍼스트클래스의 좌석과 식사, 부대 편의 시설을 즐기는 모습을 영상에 담아 올렸고, 해당 영상은 전 세계에서 5,200만 명이 시청했다. 에미레이트항공 측은 "1등석 항공권(21,000달러 상당) 하나로 50억 원대 모델이 출연한 광고의 9배 효과를 봤다"고 밝혔다.[20] 막대한 홍보 비용을 들이지 않고도 큰 효과를 볼 수 있는 '작지만 강한 수단'을 찾은 셈이다.

출처: Casey Neistat 유튜브 채널

■ ■ ■ 유명 유튜버에게 퍼스트클래스 항공권을 제공한 것만으로 50억 원 모델 광고에 버금가는 홍보 효과를 거둔 에미레이트항공. 조회수가 5천만 회를 훌쩍 넘었다.

4) 소비자 인자: 소비자의 '개취' 존중

개인의 취향을 다른 무엇보다 중시하는 소비자들이 많아진 것도 세포마켓의 성장 요인이다. 이는 2019 소비트렌드 키워드 중 하나인 '나나랜드'와도 일맥상통한다. 공동체주의에 익숙한 한국인들이 남의 시선을 의식하고 성실을 미덕으로 여기며 타인과 비교하는 삶을 살아왔다면 2019년 '나나랜드'에 살고 있는 현대인들은 나 자신, 자기만족, 자연스러움, 다양성을 존중하며 살아간다. 이들은 '내'가 좋아하는 SNS 인플루언서를 추종하고 나와 취향과 분위기가 비슷한 사람을 선호하면서 자발적으로 그들과 팬십을 맺길 원한다. 또 나를 사랑하는 만큼 나와 유사한, 혹은 닮고 싶은 이들에 대한 추종도의 정도 또한 매우 강하다. 이 때문에 추종자를 강하게 신뢰하며, 그들의 전문성을 의심하지 않는 성향이 짙다.

무엇보다 '개취(개인의 취향)'가 중요한 소비자들이 세포마켓의 성장을 이끈 또 다른 이유로 이들이 지닌 남다른 포용력과 강한 동조력을 들 수 있다. 이들은 자신의 취향이 중요한 만큼 타인의 취향도 존중하기 때문에 개성 강한 상품이나 별난 서비스에도 관용적이다.

이처럼 기존의 전통적인 브랜드를 따르기보다, 새로운 상품과 특이한 경험을 추구하는 소비자들 덕분에 초경쟁적인 세포마켓이 존재할 수 있는 것이다. 나아가 일단 같은 취향을 공유하고 있다고 확인되면 매우 강한 동조 성향을 보인다. 이러한 관용성과 동조성이 판매와 만날 때 엄청난 파급효과를 낼 수 있음은 물론이다.

세포마켓의 진화 방향

세포가 성장해 하나의 유기체가 되고, 그 생물은 필연적으로 진화한다. 다각화된 1인 기업가들의 결과물이자, 극세분화된 유통 채널의 면면인 세포마켓 역시 시간이 지나면서 시장에 새로운 활력을 불어넣을 수 있는 당당한 주체로서 진화하게 될 것이다. 하지만 마냥 장밋빛 미래가 보장된 것만은 아니다. 세포마켓 성장에 장애가 될 수도 있는 암적인 요소들을 제거해나가야 한다. 세포마켓이 당면한 문제점을 진단하고, 앞으로 나아가야 할 방향에 대해 고찰해본다.

불법 거래와 유해 콘텐츠와의 전쟁

무엇보다 가장 큰 문제는 바로, SNS 기반의 세포마켓에서 불법 거래가 만연해 소비자 피해로 이어지고 있다는 점이다. 예를 들면, 카드 결제보다 현금 결제를 유도하고, 카드 수수료를 소비자가 부담하게 하거나, 교환이나 환불을 거부하는 등의 전자상거래법 위반 행위가 늘고 있다. SNS 마켓이 탈세의 온상으로 지목되기도 한다. "가격과

SNS 마켓 피해 상담 건수

(단위: 건) 출처: 〈한국경제〉, 2018.04.17.

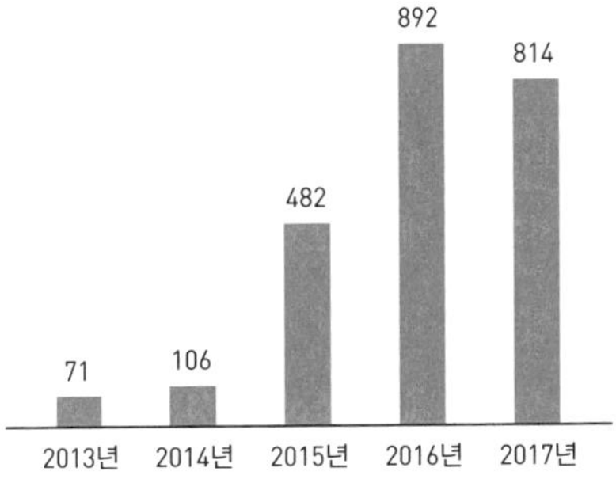

상품 문의, 주문은 비밀 댓글로 부탁한다"라는 대부분의 블로그 마켓의 주문 방식은 판매자가 매출을 감춰 소득 신고를 거짓으로 하거나 간이과세자(연 매출 4,800만 원 이하 사업자)로 세금 혜택을 받는 데 악용될 수도 있다. 현금으로 결제 시에 할인을 해주거나 판매자가 사업자 등록을 하지 않았을 경우 역시 소득을 숨겨 탈세의 수단이 될 수 있다. 실제로 2017년 SNS 마켓과 관련한 소비자 피해 상담 건수는 814건으로 71건에 머물렀던 2013년에 비해 10배 이상 급증한 것으로 집계되고 있다.[21]

뿐만 아니라, 주로 SNS와 유튜브를 이용하는 연령대가 낮기 때문에 콘텐츠의 선정성과 폭력성 문제도 수면 위로 떠오르고 있다. 개인 간에 오가는 비밀 거래의 형식 탓에 마약이나 주민등록증 판매 등의 불법 상품을 구매하는 경로로 악용되기도 한다. 크리에이터의 경우에는 경쟁이 심화되다 보니 구독자 수나 후원금을 모으기 위해 선정적인 영상이나 발언을 남발하기도 한다.

이처럼 다양한 소비자와 이용자 간의 문제가 발생하고 있지만

SNS는 통신판매나 통신판매중개업자가 아니기 때문에 개인 간의 거래를 추적하기 어려워 피해에 대한 책임을 묻기 어려운 상황이다. 영상 기반의 사업자 영역도 마찬가지다. 국회에서는 이러한 문제점을 해결하기 위해 전기통신사업법 개정안을 발의한 바 있다.[22] 하지만 이들에 대한 존재 정의 자체가 모호한 탓에 실효성 있는 규제가 쉽지 않아 보인다. 이를테면 버튼만 누르면 생방송을 진행할 수 있는 'SNS 라이브 방송'까지 규제 대상에 포함시킬 수 있을 것인지, 나아가 국내법 적용이 어려운 해외 기업이 서비스하는 페이스북 라이브, 인스타그램 라이브까지 규제할 수 있을 것인지 등등 여러 이슈가 얽혀 적절한 입법을 어렵게 하고 있다. 어느 정도의 공적 개입과 행정력 동원이 필요한지에 대해 사회적 합의가 필요한 시점이다.

부익부 빈익빈, 압정형 구조의 개선

세포마켓, 1인 기업, 1인 크리에이터와 관련된 예측 중 가장 심각한 문제는 바로 수익의 극심한 양극화다. 이러한 문제는 이미 가시화되고 있는데, 한국방송광고진흥공사(코바코)가 발표한 'MCN 브랜드 콘텐츠의 광고효과 분석' 보고서의 내용이 흥미롭다. 추측만 무성했던 양극화의 정도를 수치상으로 확인할 수 있기 때문이다. 2016년 말 기준으로 국내에서 활동하는 크리에이터는 1만 명 정도로 부업과 전업을 모두 포함한 수치이다. 이들 중 1억 원 이상의 수입자는 1% 정도인데, 국내의 경우 100명 정도라는 이야기다. 또한 국내 대표 MCN인 다이아TV 소속 크리에이터 중 상위 5%의 수입이 연 1천만 원이 안 된다. 행사나 광고 등의 가외 수입이 빠진 통계이기는 하

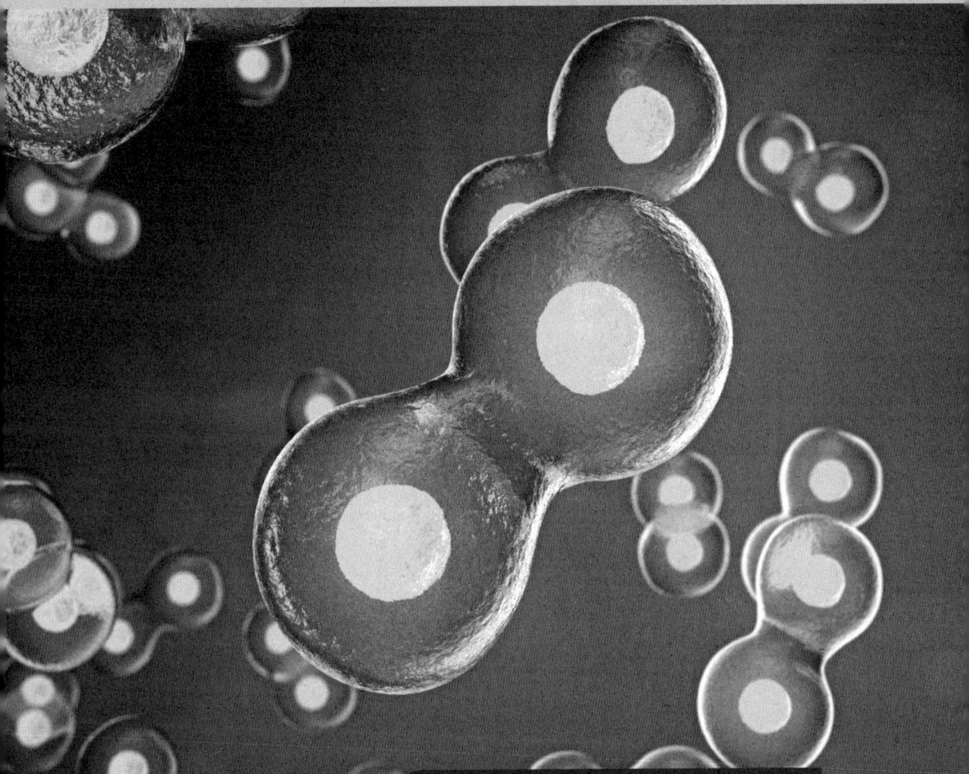

'1인 1마켓'의 시대. 소비자가 판매자가 되는 셀슈머sellsumer의 탄생은 시장의 세포분열을 촉진시키며 새로운 유통혁명을 불러오고 있다.

나 시사하는 바는 크다. 상위 크리에이터라고 해도 최상위 크리에이터와의 격차는 비교할 수 없을 만큼 벌어져 있다. 이는 극소수가 수익의 대부분을 취하는 전형적인 압정형(ㅗ) 구조라 할 수 있다.[23]

세포마켓과 N잡러의 등장, 고용 불안정 극대화와 더불어 이와 같은 양극화 경향은 더욱 심각해질 것이다. 소수의 특화된 인재들은 많은 사람들의 러브콜을 받으며 여러 가지 일을 동시에 벌이고 높은 수입을 거두겠지만, 다수의 사람들은 오히려 수입 감소를 겪을 수도 있다. 이는 로버트 프랭크가 쓴 『승자독식사회』에 나오는 '원시사회의 이야기꾼'을 떠올리게 한다.[24] 원시사회에는 마을마다 최고의 이야기꾼이 있었으나 그 이야기꾼이 세계 최고일 필요는 없었다. 하지만 인터넷과 소셜 미디어의 발달로 각 마을 이야기꾼들의 실력이 만천하에 드러나게 되고 비교를 당한 결과, 결국은 세계 최고의 이야기꾼 반열에 오른 사람들만이 살아남는 시대가 되었다는 얘기다. 이야기꾼뿐만 아니라 각 분야마다 이렇게 최고의 경지에 오른 사람의 수는 10명 남짓밖에 되지 않으며 이들에게는 당연히 수백억 대의 연봉이 주어진다. 과거 온 마을의 이야기꾼들이 나누어가졌던 수입을 단 한 사람이 독식하는 시대가 온 것이다.

시사점

소비자 신뢰의 확보가 관건

2019년을 필두로 향후 미래 시장에서 세포마켓은 피할 수 없는 트렌드로 성장할 것이다. 엇갈리는 명암에도 불구하고 이들의 건강한 발전을 위해서는 적극적인 지원이 필요하다. 먼저 팔로워 수가 적은 초기 세포마켓의 경우 제작비나 제작 공간, 시설 확충과 같은 물리적 지원과 더불어 전문 서비스 영역에서의 도움이 필요하다. 예를 들면, 소비자 문제가 발생했을 경우 중재 가능한 법률 서비스나 콘텐츠 편집 전문 서비스, 데이터 관리를 할 수 있는 데이터 전문가 등을 지원할 필요가 있다. 이들만을 위한 전문 인력의 등장은 또 다른 시장 형성에도 기여할 것이다.

둘째로 세포마켓을 향한 일반 소비자와 대중의 시선에 대한 고민이 필요하다. 1인 크리에이터, SNS 마켓이 큰 화제를 뿌리면서 평범한 소비자들조차 제대로 된 준비 없이 "나도 한번 해볼까?"라는 유혹에 빠지곤 한다. 따라서 급변하는 시장 환경에 대응하기 위해서는 스스로 자신의 정체성을 피고용자가 아닌, 자기 경영의 관점에서 장기적으로 설계해야 한다. 무엇보다 스스로 브랜딩을 하는 세포마켓의 오너로서 기량을 재확립하고 끊임없이 경험을 쌓는 것이 중요하다. 즉, 비관도 낙관도 아닌 명확한 현황 분석을 통해 미래 시점에서의 목표를 그리되, 현재에 충실해야 한다는 의미다. 사실 이러한 삶의 태도는 동서고금을 막론하고 강조되었지만 하루가 다르게 급변하는 작금의 시기를 사는 현대인에게 더 절실해 보인다.

셋째로, 불법 거래 및 유해 콘텐츠를 근절하기 위해서는 무조건적인 규제보다 자정 능력을 키우는 것이 중요하다. 이를 위해서는 세포마켓 운영자들의 직업의식에 대한 각성이 필요한데 여기서 직업의식은 '기업가정신'을 의미한다. 어느 시대 어떤 상황에서든 기업가가 갖추어야 할 본질적 정신은 크게 다르지 않다. 기업은 이윤의 획득을 목적으로 운용하는 자본의 단위이기 때문에 생존을 위해서는 먼저 이윤을 창출해야 한다. 하지만 동시에 기업은 이윤을 사회에 환원한다는 점에서 사회적 책임도 지니고 있다. 따라서 규모를 떠나 모든 기업가에게는 이윤을 창출하면서도 사회적 책임을 저버리지 않는 정신이 요구된다. 세포마켓의 오너들을 위한 전문적인 교육과 지원이 병행되어야 하는 이유도 여기에 있다.

마지막으로, 시장의 성장은 전적으로 세포마켓이 소비자 신뢰를 얼마나 확보할 수 있느냐에 달려 있다는 점을 강조하고자 한다. 초고속 인터넷이 막 보급되기 시작하던 시점에 인터넷을 통한 전자상거래 산업이 함께 발아하기 시작했다. 당시에도 크고 작은 인터넷 쇼핑몰이 우후죽순 난립했고, 일부에서는 소비자 기만이나 범법 행위 등이 빈발했다. 이러한 문제점들을 불식시키고 소비자의 신뢰를 확보하기 위한 업계의 자정 노력과 관련 단체의 제도적 노력들이 효과를 낸 결과, 전자상거래 시장이 안정되고 성장할 수 있었던 것이다. 지금은 편의점을 이용하듯 당연하고 쉽게 사용할 수 있는 전자상거래 역시 소비자의 신뢰가 없었다면 불가능했을 것이다. 세포마켓의 경우도 마찬가지다. 소비자의 신뢰를 바탕으로 건전한 유기체로 성장해, 대한민국 유통은 물론 구조전환기의 경제에 든든한 버팀목이 될 수 있기를 기대한다.

Going New-tro

요즘옛날, 뉴트로

40대가 유년 시절에 신던 추억의 운동화가 10대들의 패션 잇템이 되고, 촌스러워 보이는 빅로고 디자인의 티셔츠가 젊은이들에게 인기다. 출시된 지 30년이 다 되어가는 복고 음료와 과거에서 타임머신을 타고 온 듯한 디자인의 가전제품들이 불티나게 팔린다. 럭셔리 시계 브랜드는 최첨단 스마트워치에 맞서 50년도 더 된 구모델을 복각하고 있다. 복고의 열기가 뜨겁다.

복고는 수시로 등장했다가 사라지는 트렌드이지만, 이번 복고는 중장년층이 아닌 1020 세대를 공략하는 새로운 복고라는 점에서 차별화된다. 『트렌드 코리아 2019』는 이를 '돌아온 복고, 레트로Retro'가 아니라, '새로운 복고, 뉴트로New-tro'라 명명한다. 레트로가 중장년층을 대상으로 지난날의 향수에 호소하는 것이라면, 뉴트로는 과거를 모르는 1020 세대들에게 옛것에서 찾은 신선함으로 승부한다. 뉴트로 감성을 찾는 밀레니얼 세대는 모자람이 주는 충족감, 불완전함이 갖는 미학에 매력을 느끼며 낡고 보잘것없는 것에서 정신적 충족감을 얻는다.

뉴트로는 기업에게 도전이자 기회다. 자사만의 독창성과 전통성, 즉 오리지낼리티와 헤리티지를 확보하고, 사물의 이야기인 잇스토리Itstory를 들려줘야 한다. 그러기 위해서는 상품과 브랜드의 성공과 실패에 대한 축적, 아카이빙archiving이 지금이라도 필요하다. 뉴트로는 과거라는 이름의 '가보지 않은 곳'에 대한 설렘이다. 그래서 과거의 무조건적인 재현이 아니라 현재의 미학적 감성에 대한 해석이 필요하다. 뉴트로는 단지 과거를 파는 것이 아니라 과거를 빌려 현재를 파는 것이기 때문이다.

2018 F/W헤라서울패션위크가 열린 동대문디자인플라자DDP에서는 90년대 올드 힙합의 대표가수 현진영의 '흐린 기억 속의 그대'가 흘러나왔다. 디자이너 박환성이 이끄는 디앤티도트가 패션 브랜드 휠라와의 협업 제품들을 선보이며 추억을 소환한 것이다. 그런데 열

광적인 반응을 보인 소비층은 의외로 10대였다. 해당 기업의 브랜드 로고도 제대로 본 적 없는 10대들 사이에서 새로운 유행이 된 휠라의 복고풍 운동화, '디스럽터2'는 50만 켤레의 판매를 돌파하며 화려하게 부활했다.

추억의 브랜드 프로스펙스 역시 반가운 오리지널 라인을 재등장시켰다. 2018년 5월에 출시한 테니스화가 1년 만에 3만 켤레가 팔리며[1] 기대 이상의 반응을 얻자 오리지널 라인에의 투자를 대폭 확대했다. 1981년 론칭 후 90년대까지 인기를 끌었던 디자인의 제품이 재출시되어 2000년대 출생인 10대들에게 어필한 것이다. 옛 브랜드에 대한 사랑은 이뿐이 아니다. 1969년 처음 세상에 나온 아디다스 오리지널스 슈퍼스타 운동화는 10대들에게 핫한 인스타그램 자랑 품목으로 떠올랐다. 나이키의 에어맥스1과 에어맥스90 모델도 '올흰(바디와 로고 전체가 흰색)'과 '올검(바디와 로고 전체가 검은색)'의 인기가 폭발적이어서 나오는 즉시 품절이 되는 기현상을 빚고 있다.

다소 촌스러워 보이는 빅로고 디자인의 티셔츠, 90년대 스타일의 수영복 스윔슈트 등 패션계에도 복고 코드가 화려하게 귀환했다. 2018년 2월 뉴욕 패션위크가 끝나자마자 패션잡지 〈보그〉와 〈엘르〉, 〈하퍼스바자〉 미국판은 일제히 올해의 트렌드를 '80년대 복고'라고 전한 바 있다. 그런데 이번 복고는 다르다. 기존의 복고 콘텐츠에 반응하던 중장년층이 아닌 1020 세대를 공략하는 새로운 복고기 때문이다. 중장년층의 향수를 자극했던 복고 열풍과 달리 뉴트로는 과거를 모르는 젊은 층에게 인기가 있다는 것이 가장 큰 특징이다.

왜 요즘 젊은 세대가 과거에 유행하던 빅로고 옷을 입고, 20~

30년 전 유행하던 브랜드들을 찾을까? 이러한 현상을 정확히 이해하기 위해서는, 먼저 이것이 지금까지의 '복고 트렌드'와는 미묘한 차이가 있다는 점을 이해해야 한다. 복고 트렌드는 과거의 것이 다시 유행하는 것이고 그 문화 코드를 누렸던 중장년층의 향수nostalgia에 소구하는 것이다. 하지만 지금 젊은 층이 과거의 콘텐츠를 찾는 것은 본인들이 경험한 적이 없음에도 불구하고 '색다름'에 끌려 과거를 뒤지고 있는 것이다.

그런 의미에서 이 흐름은 단순히 다시 돌아온 복고, 즉 레트로Retro가 아니라, 새로운 복고인 뉴트로New-tro라고 명명하는 것이 더 적확하다.[2] 이제 복고는 장노년층의 전유물이 아니다. 한눈에 봐도 오래된, 촌스러워 보이는 물품들을 '레어템'으로 여기며 모으고 인증샷을 찍기에 바쁜 젊은이들이 이 새로운 복고, 뉴트로 트렌드를 만들어내는 주인공들이다.

레트로 vs. 뉴트로

	레트로(Retro)	뉴트로(New-tro)
의미	과거의 재현	익숙하지 않은 옛것
소구	노스탤지어, 친밀감	새로운 콘텐츠, 아날로그 감성, 참신함
타겟	40~50대 이상 중장년층	10~20대

과거라는 새로움

클래식의 매력에 흠뻑 빠진 밀레니얼 세대가 주도하는 뉴트로 트렌드는 오래된 것과 새로운 것, 상충하는 두 개의 가치를 접목시키며 독특한 스토리와 감수성을 낳고 있다. 과거의 향수와 새로운 경험에 반응하는 사람들이 늘어나면서, 2019년 뉴트로 감성은 추억과 호기심을 자극하는 모습을 띠고 더 많이 나타날 것이다. 새로운 복고, 뉴트로는 어떻게 구닥다리 옛날을 '힙'하게 만들고 있을까? 기억 저편에서 현재 시제로 돌아와 업그레이드된 복고, 뉴트로의 힘을 확인해본다.

전통을 팔다, 복각 신드롬

1992년 국제 요트대회의 미국 국가대표팀 유니폼이 2018년 백화점 쇼윈도에 걸렸다. 폴로 랄프로렌이 발표한 'CP-93 컬렉션'은 1992년 미국에서 열린 국제 요트대회의 미국 국가대표팀 유니폼이었던 것을 이듬해 정식 발매한 제품들이다. 25년 전 발매된 오리지널 컬렉션을 1020 세대가 알 리 만무했지만 90년대 로고를 그대로 가져온 이 컬렉션은 큰 인기를 끌며 이른바 복각 트렌드의 힘을 잘 보여줬다.

럭셔리 시계 시장은 복각 열풍이 유독 거세게 불고 있다. 전 세계 시계 브랜드의 최대 집결지이자 박람회장인 2018 바젤월드Baselworld에서 가장 두드러진 특징은 바로 복각판들의 대거 등장이었다. 수십 수백 년의 시간을 거치면서 이미 검증받은 모델을 복각시킨다는 것

복각復刻

'원형을 모방해 다시 판각한 것'이란 뜻으로 예전 제품을 재현하는 작업을 복각이라 한다. 복제품을 뜻하는 '레플리카replica'와 결과는 유사하지만 목적이 다르다. 소비자들에게 기념비적인 모델을 소유할 수 있는 기회를 창출한다는 명목으로 비교적 역사가 긴 브랜드들이 마케팅에 활용한다.

은 오랜 역사를 가진 브랜드의 혁신적인 성과와 이야기를 자랑할 수 있는 좋은 기회다. 소비자들 또한 과거의 위대한 유산을 소유할 수 있다는 매력에 복각판을 구매한다.

유서 깊은 시계 브랜드 브레게는 무려 1794년에 완성한 회중시계 'No.5'를 복각했고, 파일럿 워치로 유명한 IWC는 창립 50주년을 맞아 IWC의 최초 손목시계였던 폴베버의 150주년 에디션을 복각판으로 선보였다. 바쉐론 콘스탄틴은 피프티식스 컬렉션을, 예거 르쿨트르는 폴라리스 컬렉션을 복각판으로 출시했으며 이외에도 브라이틀링·해밀턴·세이코·미도·론진 등 다수 브랜드들의 복각판이 바젤월드를 장식했다. 최첨단 스마트 워치의 기술이 날로 발전하고 있는 시대에, 백 년 전의 기술로 만들어진 전통 시계의 재현이 더 부각되고 있는 아이러니한 현상이다. 어쩌면 디지털에 맞서야 하는 오랜 기계식 시계의 필연적인 전략이었을 수도 있다.

일본의 게임 회사 닌텐도는 약 30년 만에 추억의 게임기, 슈퍼패미컴의 미니 복각판인 슈퍼패미컴 미니를 재출시했는데, 마치 기다리기라도 한 듯 출시 한 달도 채 되지 않아 전 세계에서 200만 대 이상이 팔렸다. 과거의 추억을 되살리기 위해 화면에 스캔라인을 살릴 수 있는 조절 효과를 넣었지만, 화면 출력은 HDMI로, 충전은 USB 단자로 할 수 있다. 디자인은 타임머신을 타고 온 듯 그대로인데 편의성은 현재의 기술만큼 향상되어 젊은 세대의 구미에 정확히 들어 맞는다.

뉴트로 감성은 식품 업계에서도 중요한 화두다. 리뉴얼 과자의 인기몰이 속에 삼양식품은 '별뽀빠이 스낵' 47주년을 기념해 한정판 레트로 제품을 출시했다. 오리온 역시 과자 '태양의 맛 썬 오리지널'을 재출시해 한 달 만에 200만 봉을 판매하는 기록을 세웠다. 2016년 공장 화재로 생산이 중단되었던 과자가 뉴트로 트렌드를 이끄는 소비자들의 요청에 힘입어 2018년 4월에 부활한 것이다.

출시된 지 20~30년이 훌쩍 지난 복고 음료도 불티나게 팔리고 있다. 편의점 CU의 2018년 상반기 과즙 음료 누적 판매량 1, 2위는 '갈아만든 배'와 '포도봉봉'이 각각 차지했다. 추억의 1980~1990년대 음료를 마셔보고 SNS에 리뷰를 올리는 것이 놀이처럼 퍼지면서 해당 상품을 경험한 적 있는 중장년층 소비자뿐 아니라 처음 맛본 젊은 소비자 사이에서도 화제가 되었다. 이런 추세에 맞추어 CU는 1989년 롯데칠성음료에서 출시했던 '따봉 제주감귤'을 업계 단독으로 재출시했는데, 복고 느낌을 살리기 위해 옛 용기 모습을 그대로 재현해 눈길을 끌었다.[3]

제품에만 복각이 있는 것이 아니다. 소비자의 기억 한편에 자리 잡고 있던 옛 브랜드의 부활도 눈여겨볼 만하다. 90년대 중반까지 국내 가전제품 분야에서 시장점유율 1위를 달리던 대우는 '탱크TANK주의'의 명성을 뒤로한 채 2006년 파산 이후 사명社名을 상실했었다. 역사 속으로 사라졌던 '대우전자'는 2018년 2월 위니아와 딤채 브랜드를 보유한 대유그룹이 새롭게 인수하면서 12년 만에 사명이 부활했다. 이는 과거의 신화에 기대는 것이 아니라 이 시대에 맞는 새로운 제품 경쟁력을 갖춘 브랜드로서 재기를 도약하겠다는 의지의 표명일 것이다.

뉴트로 색채를 입힌 상업 공간도 사람들의 발길을 모았다. 패션 전문기업 세정이 용인에 오픈한 복합몰 '동춘175'는 헤리티지를 살린 네이밍과 모던 코리안 스타일로 오픈과 동시에 핫플레이스 리스트에 올랐다. '동춘'이라는 이름은 세정기업 회장이 1968년 부산 중앙시장에 처음으로 문을 열었던 작은 상회의 이름이다. 현재 패션 기업에서 미래 유통 사업으로의 확장에 큰 포부를 건 세정기업은 초심으로 돌아가자는 의미로 동춘이라는 옛 이름을 되살렸고, 유통 플랫폼으로 새롭게 문을 연 라이프스타일몰의 이름 또한 '동춘상회'로 정했다. 공간의 뉴트로 버전이라고 할 수 있다.(2019 전망편 '카멜레존' 키워드 참조)

다소 부족한, 오래된 것들의 부활

소셜 미디어 속 세상을 들여다보면 행복감과 풍요로움이 가득하다. 나만 빼고 다 잘 살고 있는 것만 같은 그곳, 온갖 자랑과 과시의 무대가 펼쳐지는 SNS 때문에 상대적 박탈감에 시달리는 현대인들이 늘고 있다. 그런데 변화의 조짐이 감지된다. 인생은 불완전한 것이라는 명제를 받아들이고 그 속에서 일어나는 소소한 일상을 사랑하기 시작하는 움직임이다. 이들이 찾은 라이프스타일 중 하나가 **'와비사비'**(わび・さび)인데, 와비사비는 완벽하지 않은 것들을 귀하게 여기는 삶의 방식을 뜻한다. 모자람이 주는 충족감이라고 할까? 아이러니하지만 모든 것이 고도로 문명화된 사회에서 매일매일을 살아가

는 1020 세대는 불완전함이 갖는 미학에 매력을 느낀다. 뉴트로 감성을 찾는 젊은 세대는 새것, 화려하고 튀는 것, 비싸고 고급스러운 것이 아닌 낡고 흠집 난 것, 손때 묻고 보잘것없는 것, 그러나 내게 정신적 충족감을 주는 것을 찾고 있다. 오히려 매끈하고 완벽한 것이 재미가 없다고 느끼는 현상까지 벌어지고 있다. 과거의 낡고 오래된 정취를 불편하게 바라보는 게 아니라 따뜻하게 받아들이는 것이다.

와비사비わび・さび
일본어 '와비'는 세속적인 삶에서 벗어나 단순하고 덜 완벽하지만 본질적인 삶을 추구하는 것을 뜻하며, '사비'는 낡고 불편하지만 한적한 삶 속에서 정취를 느끼는 미의식을 뜻한다. 불완전함의 미학을 나타내는 일본의 문화적 전통 미의식 또는 미적 관념의 하나로 할리우드 스타들이 자신이 추구하는 라이프스타일이라고 공표하면서 현대인들에게 주목받는 라이프스타일 중 하나로 대두되고 있다.

타인의 삶과 비교하지 않고 내 삶에 주목하는 와비사비족에게는 낡고 못난 것일수록 매력이 된다. 못났지만 매력적인 추억의 아이템들을 불러내다 보니 싸구려 식기까지 불려 나왔다. 학교 앞 분식집에서 떡볶이를 담아주던 녹색 플라스틱 그릇을 기억하는가? 트렌드세터들이 모이는 서울 강남의 도산공원 근처에 자리한 한 레스토랑은 그때 그 시절 분식점을 떠올리게 하는 저렴 버전의 플라스틱 식기를 사용한다. 부자 동네에 새로 오픈한 맛집의 정체성과는 도통 어울리지 않는 언밸런스가 이 트렌디한 음식점을 단숨에 핫플레이스로 등극시켰다. 촌스러운 꽃문양의 알루미늄 쟁반에 더치커피 한잔을 올려놓고 사진을 찍는 밀레니얼 세대들, 그들은 이처럼 와비사비를 감각적으로 소화해낸다.

디지털 네이티브로 통하는 밀레니얼 세대들에게 아날로그 디자인

출처: 동춘 175

출처: 닌텐도

■ ■ ■ 뉴트로 열풍의 진원지는 중장년층이 아니라 1020 세대다. 이들에게 과거는 이제껏 경험해보지 못한 '새로움'으로 다가온다. 옛 공간을 재현한 '동춘 175'에 사람들이 몰리고, 한물간 레코드판에 열광하며 추억의 게임기인 '패미컴 미니'가 완판되는 이유다.

은 경이로움 그 자체가 되기도 한다. 요즘 뉴트로 컬렉터들에게 가장 핫한 아이템은 어느 집에나 있었을 법한 음료 브랜드가 찍힌 판촉용 유리컵이다. 서울우유·델몬트·썬키스트·비락우유 등의 로고가 찍힌 옛날 음료컵들이 중고 시장에서 거래되고 있다. 전에 본 적 없는 투박한 디자인에 본인 나이보다 더 된 컵을 중고품 거래 채널에서 수집하는 이들은 보물찾기를 하는 기분으로 옛 물건을 발굴하는 중이다.

LP long playing 레코드의 매출 상승도 뉴트로 열풍의 주요한 현상 중 하나다. 과거에 LP를 향유해본 적 없는 1020 세대의 구매로 때아닌 호황을 맞은 것이다. 미국의 레코드판 판매량은 2007년 고작 99만

장이었던 것이 2015년에는 1,200만 장 이상으로 늘었고, 연간 성장률은 20%를 웃돈다. G마켓에 따르면 국내 또한 2018년 5월 말 기준 LP와 턴테이블의 판매가 전년 대비 286%나 늘었다.[4] LP의 인기가 뜨거워지자 한국에서 종적을 감췄던 LP 제작 공장도 13년 만에 부활했다. LP 생산 업체인 마장뮤직앤픽처스는 2017년 6월 서울 성수동에 '바이닐팩토리'라는 이름으로 문을 열었다. LP 음악을 들으며 음주까지 즐길 수 있는 'LP바'를 찾는 사람들도 덩달아 늘어나고 있는 추세다.

고음질의 하이파이Hi-fi와는 반대말인 로파이Lo-fi는 거칠고 정제되지 않은 저음질 사운드를 일부러 만들어내는 음악을 뜻한다. 라디오의 지직대는 소리나 LP판의 바늘 긁히는 소리와 같은 잡음이 오히려 날것의 매력으로 통하며 예스러운 감성으로 1020 세대에 어필했다. 멀쩡한 음원을 로파이 음질로 편집해서 올리는 유튜브 채널이 수백 개에 이르고 아예 로파이 음악만 모아 들려주는 음악 앱들도 등장해 많게는 5만 건 이상 다운로드되고 있다.[5] 이와 비슷한 현상으로 폴라로이드 인스탁스를 들 수 있는데 디지털을 입은 즉석카메라는 뉴트로를 즐기는 젊은 세대들에게 꽤나 실용적인 아이템이다.

첨단성이 핵심 경쟁력인 IT·가전 업계에서도 레트로 디자인이 봇물처럼 쏟아지고 있다. 홈퍼니싱에 대한 관심이 확산되면서 레트로 디자인의 가전제품이 집안의 포인트 역할을 톡톡히 하는 소품으로 대접받기도 한다. 미식 가전 전문 브랜드 딤채는 '마망'과 '쁘띠' 시리즈에 이어 '딤채쿡 레트로'를 출시했다. 80년대 라디오를 연상시키는 디자인의 밥솥 '딤채쿡 레트로'는 기존 전기밥솥에선 볼 수 없던 민트 그린, 로맨틱 레드 등 고광택의 에나멜 색상을 적용해 레트로 감성을 한층 더했다. 건조기 시장의 확산과 함께 1950년대를 방불케 하는 클래식한 '레트로 에디션 의류디자인의 건조기'를 선보인 디자인 가전 브랜드 코스텔 역시 전 라인에 레트로 디자인을 십분 활용하고 있다. 디자인은 수십 년 전을 지향하지만, 기술은 미래로 뻗은 최첨단이다. 기술과 디자인이 이원화되어 기능과 감성 모두를 충족시켜주는 것이야말로 IT가전 뉴트로 트렌드의 핵심이라 할 수 있다.

무자극의 자극, 밋밋한 새로움

서점가에도 복각본들이 하나둘 선보이며 베스트셀러에 오르는 기현상이 벌어졌다. 윤동주 시인의 유고 시집 복각본 『하늘과 바람과 별과 시』를 비롯해 김소월의 『진달래꽃』 등이 온라인 서점 종합 베스트셀러 최상위권에 진입한 것이다. 세로쓰기에 글꼴까지 그대로 살려 초판본 표지 디자인을 재현한 복각본들은 독자들의 소장 욕구를 자극하는 데 성공했다. 지금으로부터 70년 전인 1948년에 출간된 초판을 복각하며 등장한 세로쓰기는 낯설기 그지없고 읽기조차 수월하지 않지만 이를 처음 접하는 밀레니얼 세대들에게는 한없이 신선하다. 불편함이 이색적인 매력으로 다가온 것이다. 이제 1020 세대에게 뉴트로는 단순한 소비트렌드를 넘어서 경험형 소비트렌드로 자리 잡고 있다.

이미 오래전 시간이 멈춘 것 같은 좁은 골목에 허름한 철물점과 오래된 제지 공장들, 그 사이사이 자리한 이질적인 현대적 감성이 주는 오묘한 조화는 단숨에 시선을 빼앗는다. 뉴트로 감성이 물씬 풍기는 서울 을지로의 모습이다. 상호부터 심상치 않은 '커피 한약방'에 있는 자개장은 단연 화제가 되었고, 식물 카페 등이 혼합되어 만든 독특한 공간은 그곳을 찾는 젊은이들에게 기대 이상의 경험을 제공한다. 무엇보다 힙한 옛것을 알아보는 스스로의 감각에 감탄하는 귀여운 자아도취까지 제공하면서 을지로 힙스터들을 배출하고 있다.

을지로와 함께 뉴트로 트렌드의 양대 산맥을 이루는 지역은 익선동이다. 익선동 전자오락실에는 추억의 전자오락 '테트리스'와 '보글보글'이 있다. 자이로 센서가 몸의 움직임을 감지해 허공에 주먹을 날려도 상대방을 타격할 수 있고 VR 디바이스를 쓰면 우주 여행까지 가능한 오늘날, 100원짜리 동전을 넣고 작은 막대기를 휘저으며 버튼만 누르면 되는 오락기는 단순하기 짝이 없다. 그래서 신선하다. 해본 적 없는 경험이기 때문이다. 무자극이 자극이 되는 아이러니함 그 자체다. 자신의 얼굴이 캐릭터로 등장하는 반응형 웹툰이 당연한 1020 세대는 과거의 만화 월간지 챔프·윙크·마블코믹스가 있는 익선동의 만화 가게를 어떻게 바라볼까? 선정적이고 자극적인 요즘의 콘텐츠에 비하면 건전하다 못해 초라하기까지 하지만 그러한 궁핍함마저 생소해서 재밌고, 어딘지 모르는 순수한 매력을 자아낸다.

이웃 나라, 중국의 뉴트로 열풍도 뜨겁기는 마찬가지다. 베이징의 '춘리 밥먹는 회사春丽吃饭公司'라는 식당은 명품 브랜드 샤넬과 글로벌 기업 나이키가 화보 촬영 장소로 선택할 만큼 쿨한 곳으로 입소문이 파다하다. 이곳은 2017년 9월에 문을 연 후 단시간에 SNS 스타 왕홍을 비롯해 유명 연예인들이 다녀갈 만큼 핫플레이스로 등극했는데, 그 비밀 역시 뉴트로였다. 독특한 이름이 벌써 범상치 않은 기운을 내뿜는 가운데, 흰색 타일과 네온사인, 라이트 박스, 언밸런스한 사무실 의자 등 80년대 중국의 소품들과 표어로 장식된 인테리어는 순도 100% 레트로 공간을 만들어내기에 부족함이 없다. 홍콩의 옛날 식당 같은 느낌을 자아내는 이곳은 실제 식사를 하는 것보다 사진 찍는 것이 더 중요한 젊은 층의 감수성을 충족시켜주기 위해 4개월에 한 번씩 인테리어를 바꾸는 과감한 전략을 취하고 있다고 한다.

몇 년 전부터 현대적으로 부활한 볼링장의 뒤를 이어 데이트 장소로 다시 롤러장이 뜨고 있는 것도 뉴트로 현상의 하나다. 전국적으로 재개장하기 시작한 롤러장은 과거 소위 날라리들의 비행 공간이라는 이미지를 벗고 음악이 있는 공간, 건전한 스포츠로 재탄생했다. 롤러스케이트라는 복고의 산물을 택했지만 편의 시설이나 인테리어는 감각적으로 현대화했다. 한때 롤러 좀 타본 언니 오빠들은 중장년층이 되어 추억을 되짚고, 젊은 커플들은 데이트를 하며, 어린아이들은 가족과 함께 새로운 추억을 만든다. 일본에서는 롤러장뿐 아니라 80년대 유흥의 상징이었던 디스코클럽도 부활하고 있다.

이렇게 뉴트로한 공간을 찾아다니는 밀레니얼 세대들이 늘자 기업들도 영 타깃을 위해 적극적인 뉴트로 컨셉의 공간과 그에 맞는 서비스를 앞다투어 준비하고 있다. 에버랜드는 2018년 11월부터 'We are so retro!'라는 제목으로 뉴트로 컨셉의 신규 이벤트를 진행할 예정이다. 1020 세대에게 가장 인기가 있는 레트로 감성을 코스터 위크에 접목해 스탬프 랠리와 DJ 부스, 롤러장을 운영할 채비를 마쳤다. 이름도 뉴트로하게 '로-라 코스타 종합선물셋-트, 월간 로-라 코스타'로 지었다.

왜 '뉴트로'인가?

복고가 트렌드의 주제가 되는 것은 자주 있는 일이다. 뉴트로는 그동안 주기적으로 찾아왔던 복고의 변형일까? 아니면 진화일까? 최근 젊은 세대를 중심으로 뉴트로 트렌드가 빠르게 확산되고 있는 배경에 대해 짚어보자.

싫증, 새로움의 나선이론

늘 새로운 것을 찾는 밀레니얼 세대들에게 싫증은 지루함을 넘어 '싫은 느낌' 그 자체다. 뉴트로는 보다 강력한 자극을 찾는 젊은이들에게 새로움을 경쟁하는 차원을 넘어 전혀 다른 방향으로 신선한 자극을 줄 수 있다는 점에서 매력적이다. 이색 경험을 추구하고 끊임없이 새로운 것을 찾는 1020 세대에게 과거로의 회귀는 퇴보가 아니라, 새로움을 찾는 그들만의 '놀이'가 된 것이다.

아날로그를 바탕으로 하는 뉴트로는 디지털 피로감으로부터 탈피하고픈 현대인들의 욕구를 반영하는 것이기도 하다. 모두가 연결되어 있는 세상, 디지털 기술은 편리한 소통을 가능하게 하고 다채로운 시청각적 즐거움을 주며 멀티플레이 기능을 선사한다. 디지털 네이티브들은 기다림 없이 즉각적으로 온갖 콘텐츠를 즐기고 만들 수도 있다. 그런데 역설적으로 이렇듯 편리한 디지털 세상이 점점 더 빠른 속도로 인간의 싫증을 부추긴다. 이 새로움과 싫증의 나선spiral에 빠진 사람들은 자기도 모르는 사이에 점점 더 자극적인 무언가를 찾게 된다.

기술의 편의성과 반비례해 자기 통제권을 잃어가며 무력감에 찌든 N포세대에게 과거에 대한 동경심은 잠시나마 힘든 현실을 회피할 수 있는 안식처가 되어준다. 80년대를 겪지 않은 1020 세대가 그 시절을 동경하는 것은 장밋빛 미래가 없는 현실 때문이라는 분석도 있다. 팍팍한 현실 탓인지 배부른 투정인지는 단언할 수 없지만 한 가지 분명한 것은 요즘의 밀레니얼 세대들은 유명한 것보다 새로운 것을 찾는다는 사실이다. 그들에게 뉴트로는 가보지 않은 길에 대한 설렘이다.

'잇스토리', 상품의 역사를 증언하다

뉴트로 트렌드의 한 축을 담당하는 복각 마케팅의 핵심은 헤리티지heritage, 즉 전통이다. 꽁꽁 숨겨져 있던 헤리티지가 눈에 보일 때 소비자들은 반응한다. 그때 그 시절, 당시의 분위기와 감성이 고스란히 묻어나는 복각 제품들은 저마다의 스토리로 무장해 소비자들의 호기심을 유도한다. 스토리텔링이 중요하지 않았던 때는 없었지만, 뉴트로 열풍 속 스토리는 유난히 특별하다. 작위적이고 두루뭉술한 이야기가 아니라, 철저하게 그 제품이 탄생한 배경과 이유, 즉 **잇스토리**를 표방한다. 신생 회사와 신제품의 홍수 속에 위기의식을 느끼는 오랜 기업들에게 잇스토리는 역사를 내세운 든든한 방패가 될 수 있다. '상품의 오랜 이야기'에 대한 1020 세대의 호

잇스토리Itstory

어떤 제품이 가지고 있는 히스토리를 뜻하는 말로 역사를 뜻하는 History에서 변형한 Itstory는 '그 물건만의 이야기'를 의미한다. 스토리텔링의 중요성을 강조하며 헤리티지를 부각시킬 수 있는 독자적인 이야기를 지칭하기 위해 『트렌드 코리아 2019』에서 만든 신조어다.

기심이 그들을 뉴트로의 세계로 인도하기 때문이다.

모든 소비자가 물건을 고를 때 그 제품 하나하나가 갖고 있는 잇스토리를 확인하고 사지는 않는다. 하지만 뉴트로 트렌드는 헤리티지라는 자양분을 먹고 자라나 저마다 독특한 잇스토리로 소비자들의 구매 심리를 자극하며 소비의 명분을 만들어준다. 뉴발란스의 '205시리즈'는 1999년 시카고 마라톤 대회에서 세계 최초로 2시간 5분대의 신기록을 수립한 케냐의 마라토너 칼리드 하누치Khalid Khannouchi를 기념하기 위해 그 시대의 사양과 디자인을 그대로 복각해 만든 경기화다. 시계 브랜드, 파네라이의 라디오미르Radiomir는 1930년대 후반 이탈리아 왕실 해군의 요청으로 파네라이가 최초로 디자인한 다이브워치Dive Watch라는 잇스토리를 갖고 있다. 수중 사용에 적합하도록 파네라이가 특허를 취득한 야광 물질의 이름을 따 라디오미르라고 네이밍했다. 스위스 브랜드 오메가가 복각한 1957년 레일마스터Railmaster는 전기장 근처에서 작업하는 철도 관계자들을 위해 내부 보호 케이스를 탑재한 모델로 최대 1천 가우스gauss의 자기장에 노출돼도 부정적인 영향을 받지 않는 정확한 성능을 갖췄다. 그래서 이름도 '레일마스터'다. 이러한 스토리는 복각판이 아니고서는 회자되기 어렵다. 복각판의 출시와 함께 묻혀 있던 잇스토리가 빛을 발하며 헤리티지의 위상을 더하는 역할을 해주는 것이다.

그 좋았던 옛날

과거는 아름답다. 실상은 그렇게 아름답지 못했더라도 사람들은 과거에 관대하다. 그래서 과거는 늘 미화된다. 특히 현재가 힘들수록 그렇다. 실제로 불경기에 복고 트렌드가 자주 나타난다. 경기가 어려울수록 사람들이 과거로 회귀하려고 하는 것은 불안할수록 스트레스를 풀고 위로받을 안식이 필요하기 때문이다. 이를 심리학 용어로 '회고 절정'이라고 한다. 지나간 과거, 특히 청소년기와 젊었던 시절은 당시 힘든 일이 많았어도 늘 순수하게 기억되고, 그것이 착각이라 할지라도 위안이 되는 것은 사실이다.

지금으로부터 30년 전인 1988년은 올림픽 특수로 11.7%의 경제성장률을 기록했었다. 실업률은 2.5%였지만 물가상승률은 자그마치 7.1%였다. 엄청난 경제성장의 이면에는 성장의 부작용으로 인한 그림자도 그만큼 짙었던 때였다.[6] 그럼에도 사람들은 〈응답하라 1988〉을 보며 말한다. "그때가 좋았다"고. 그때는 지금과 달리 누구에게나 기회와 희망이 있었다고 생각하기 때문이다. 누구나 중산층이 될 수 있다는 기대는 열심히 살아갈 원동력이 되었다. 그 시절 호황의 분위기를 겪어본 적 없는 밀레니얼 세대지만, 당시의 감성을 뉴트로를 통해 간접적으로나마 체험할 수는 있다. 뉴트로 트렌드를 읽는 또 하나의 맥락은, 경기 침체의 돌파구가 될 만한 신성장동력에 대한 기대와 미래에 대한 희망이 낮아지며 소비자들 사이에서 "옛날 것이 좋다"라는 인식이 확산되고 있다는 점이다.

이처럼 지속되는 불황 탓에 심리적으로나 경제적으로 과거에서 안식을 찾으려는 회귀 본능이 뉴트로 트렌드가 확산되는 세 번째 배경이라 할 수 있다.

뉴트로는 과거를 파는 것이 아니라 과거를 빌려 '현재'를 파는 것이다. 본질은 유지하되 재해석을 통해 현대화시키는 전략이 필요하다. 즉, 재현이 아니라 해석이다.

시사점

영국 얼스터Ulster 대학의 스티븐 브라운Stephen Brown 교수는 그의 논문과 저서에서 앞으로의 마케팅은 철저히 고객을 위해 전부 맞춰주는 방법 대신 고객을 괴롭히는 괴짜 같은 구석이 필요하다며 '포스트모던 마케팅'의 개념을 설파한다. 그는 레트로 마케팅retromarketing이 그 괴짜 같은 부분을 일부 담당해줄 것이라고 말하면서 레트로 마케팅의 5가지 기본원리로 한정성exclusivity, 비밀스러움secrecy, 증폭amplification, 재미entertainment, 속임수tricksterism를 들었다.[7] 공급을 제한함으로써 한정성을 갖고, 과거의 이야기를 들려주면서도 비밀이 존재하는 듯 애태우며, 사람들의 입에 오르내려 입소문이 날 수 있도록 하고, 마음을 사로잡고 흥을 돋우며 재미를 느끼게 함과 동시에 유쾌한 사기를 당하고 싶어 하는 고객에게 기억에 남을 만한 즐거운 속임수를 제공하라는 것이다.

뉴트로는 레트로의 진화 버전이다. '과거'라는 소구점은 같을 수 있으나 핵심 주체가 다르고 이 시대에 시사하는 바도 다르다. 뉴트로 트렌드가 기업과 소비 시장에 주는 시사점을 세 가지로 요약해보면 다음과 같다.

1. 자신만의 독자성을 발굴하고, 전통성heritage을 축적하라

소비자들의 의식 수준이 높아지면서 제품과 브랜드를 대할 때 전통과 역사성, 즉 헤리티지의 가치를 따지는 분위기가 커지고 있다. 이러한 소비자들은 자신이 태어나기도 훨씬 전에 출시된 브랜드를 존중하면서 경외심을 갖고 당시의 문화와 이야기에 귀 기울인다. 때문에 기업은 자신만의 고유한 헤리티지를 보존해나가는 것이 무엇보다 중요하다. 헤리티지는 돈으로 환산하기 가장 힘든 가치다. 역사성을 기반으로 하고 있기 때문에 지금 이 순간에도 시간은 흐르고 헤리티지는 쌓여간다. 물론 시간이 간다고 무조건 헤리티지가 쌓이지는 않는다. 자사만의 독자성, 오리지낼러티originality를 갖고 있을 때 비로소 헤리티지로서의 파급력을 갖는다. 오리지낼러티는 그 기업만의 철학이자 기업이 꾸준히 추구하는 가치다. 원류를 만드는 일은 남들이 가지 않은 길을 가는 것이기에 실패의 확률이 높고 그렇기에 척박한 환경을 뚫고 헤쳐 나아가는 추진력이 있어야 한다. 그것을 이루었을 때 그 기업에게 주어지는 보상이 오리지낼러티이며, 시간이 흐르면 흐를수록 이 오리지낼러티는 헤리티지라는 강한 아우라로 완성된다.

로고는 카피할 수 있지만 브랜드의 역사는 카피할 수 없다. 브랜드란 시간이 흐르며 쌓여가는 전통과 소비자들과의 교감으로 구축되는 이미지이기 때문이다. 이것이 브랜드 에쿼티equity, 즉 자산이다. 역사가 오래된 브랜드는 사람들에게 신뢰감을 준다. 뉴트로 트렌드는 브랜드나 제품이 갖고 있는 복제 불가능한 헤리티지의 매력으로 직결된다. 그 기업만의 오리지낼러티를 발굴하고, 헤리티지로 키워나가야 한다. 그 후에 소비자들은 그들이 들려주는 잇스토리에 귀를 기울일 것이다.

2. 뉴트로 트렌드에 숨은 삶의 태도를 이해하라

1020 세대들이 뉴트로를 이색 경험이자 새로운 콘텐츠로만 바라보는 시각이 지속된다면 이 또한 싫증을 유발하게 될 것이다. 이러한 부작용은 과거의 중장년층이 간직한 향수의 감수성마저 퇴색시킬 수 있다. 새롭기 때문에 좋아하는 것이라면 더 새로운 것이 나왔을 때 밀리기 마련이다. 결국 날아가버릴 휘발성 콘텐츠로 전락되기에는 뉴트로 콘텐츠에 녹아 있는 세월이 너무 소중하다.

그 오랜 역사성을 또 하나의 유행fad으로 날려버리지 않으려면 차별화된 접근이 필요하다. 트렌드를 소비하는 태도는 세대에 따라 차이가 있기 마련이다. 1020 세대들이 과거의 이야기에 귀를 기울이고 원류가 되는 잇스토리들을 관심 있게 찾으며 가치를 인정하는 것은 매우 고무적인 일이다. 어찌 보면 그동안은 기성세대가 늘 새로 등장하는 10대들의 힙합 문화를 이해하지 못해 갸우뚱했다면, 뉴트로는 밀레니얼 세대가 기성세대의 세상에 관심을 갖게 된 첫 역전 현상이라 할 수 있다. 받아들이는 속도도 다르고 이해하는 폭도 다를 것이다. 가시적인 스타일뿐 아니라 그 속에 담겨 있는 삶의 태도를 이해하는 관점으로 뉴트로 트렌드를 바라볼 필요가 있다.

3. 더 늦기 전에 아카이빙을 시작하라

트렌드는 돌아온다. 특히 복고나 뉴트로처럼 취향의 변화 때문에 발생하는 '비기능적 트렌드'는 주기를 두고 순환한다.[8] 하지만 그 순환은 단순한 반복이 아니다. 과거는 항상 현재의 상황에 맞춰 미세하게 수정된다. 유행이 다시 돌아왔다고 옛날 옷을 다시 꺼내 입기 어려운 이유다. 그래서 무의미한 재현이 아니라 동시대의 미학적 감성에 의한 의미 있는 재해석이 빛을 발한다. 과거의 것을 그대로 복각한다고 해도 현재의 상황을 어떻게 해석해서 출시하느냐가 중요하다. 스토리를 부각할 것인지, 디자인을 강조할 것인지, 과거의 일부분만을 차용할 것인지 등 재해석의 범위와 방법이 매우 중요하다. 받아들이는 사람들도 저마다가 속한 세대를 중심으로 경험해온 인생에 따라 재해석을 한다. 지금 뉴트로 트렌드를 가장 부지런히 재해석하고 있는 주체는 바로 1020 세대다.

실상 기업들의 관리 능력을 따져보면 출시한 제품 및 서비스의 성공 사례와 실패 사례에 대한 아카이빙archiving(자료의 장기적·체계적 보존)이 의외로 되어 있지 않거나 턱없이 부실한 경우가 많다. 빠르게 변하는 트렌드와 유행, 타이밍에 맞춰 신제품을 출시해야 소비자들의 눈에 들 수 있기 때문에 늘 스케줄에 쫓길 것이다. 하지만 성공의 결과보다 더 중요한 것이 '어떻게 성공했는가'이다. 그것을 기록해놓는 것은 실패를 반복하지 않음으로써 기회비용을 줄이고, 성공했을 당시 혹은 실패했을 당시의 여건과 분위기를 분석함으로써 객관적인 자료를 확보할 수 있는 좋은 방법이 될 것이다.

그때 그 시절, 그 감성의 그 물건들, 현재에 나타난 과거의 단면들이 과거를 회상하고 미래를 예상할 수 있는 기회를 주고 있다. 뉴트로는 과거에 남겨져 있는 초심을 간직하고 있다. 밀레니얼 세대들이 즐기는 뉴트로는 과거를 파는 것이 아니라 과거를 빌려 '현재'를 파는 것이다. 옛것과 새로움, 친근함과 신기함, 촌스러움과 모던함……. 과거와 현재 사이의 시간처럼 아득히 떨어진 정반대의 가치들이 뭉치고 퍼지며 새롭게 해석되기 시작했다. 본질은 유지하되 재해석을 통해 현대화시키는 전략이 필요하다. 뉴트로는 재현이 아니다. 해석이다.

Green Survival

필환경시대

친환경이 아니라 필必환경이다. 그동안 환경을 생각하는 소비가 '하면 좋은 것' 혹은 자신의 개념을 드러내는 것이었다면 이제는 살아남기 위해서 반드시 선택해야 하는, 필환경의 시대가 됐다. 재활용 플라스틱 대란은 플라스틱 쓰레기 배출에 관한 정책 변화와 더불어 실제 우리 삶의 풍경을 바꿔놓고 있다. 프리사이클링precycling과 제로 웨이스트zero waste 운동이 펼쳐지며 소비자들의 자발적인 참여와 함께 기업들의 친환경 캠페인도 확대되는 추세다. 패션에서도 환경과 자원을 생각하는 컨셔스 패션conscious fashion 바람이 거세다. 새활용을 의미하는 업사이클링upcycling은 재활용에 대한 고정관념을 깨며 제품을 리디자인redesign한다. 필환경은 잔인한 동물실험을 거부하는 크루얼티 프리cruelty free 제품으로 이어진다. 채식주의는 확장된 형태의 비거니즘veganism 운동으로 발전하며 원 헬스one health, 원 웰페어one welfare 사상을 확대시킬 것이다. 또한 프리덤푸드freedom food를 강조하는 동물복지는 인간과 동물의 건강한 공존을 위한 필수 사항이 될 것이다.

선형경제에서 순환경제 시대로 이동하면서 자원과 환경의 파국을 막기 위해서는 사회적 연대와 협력, 그리고 소비자들의 작은 실천이 필수적이다. 이를 위해 자연스럽게 친환경에 참여할 수 있는 즐거운 게임과 축제의 방식이 도입되며, 에코페어런팅Eco Parenting과 같은 친환경 소비자교육의 수요가 증가할 것이다. 친환경 트렌드에서 필환경 시대로 이행하는 과도기가 될 것으로 보이는 2019년, 느리지만 지속적으로 성장해온 환경지향 소비가 질적·양적으로 모두 성숙하게 자리 잡는 한 해가 될 것이다.

2018년 4월, 서울과 경기도의 일부 재활용 업체들이 낮은 수익성을 이유로 비닐과 스티로폼 등의 수거를 중단하겠다고 밝혔다. 아파트 단지마다 폐기물 처리 문제로 비상이 걸렸고 쓰레기 분리수거 대란이 펼쳐지는 것 아니냐는 우려의 목소리도 높아졌다. 이러한 상황

은 전 세계 폐기물의 50%를 수입하던 중국이 플라스틱, 폐지 등 재활용품 24종의 수입 중지를 선언하면서 비롯됐다. 이를 계기로 '쓰레기를 어떻게 배출하고 처리할 것인가'라는 근본적인 문제에 대한 사회적 관심이 커졌다. 환경부는 부랴부랴 2030년까지 플라스틱 배출량 50% 감축 등을 목표로 한 대책을 내놓았다. 매장 안에서 일회용 컵을 사용하지 못하게 하는 정책도 도입되었다. 플라스틱의 개발로 인류의 삶이 편리해진 것이 얼마 되지도 않았는데 이제는 천덕꾸러기 신세가 되어버렸다.

"목재, 벽돌보다 값싸고 모양 성형이 쉬운 새로운 자재, 플라스틱의 등장!"

- 경향신문, 1959년 3월 17일자 기사

국내 언론에 플라스틱이 처음 소개된 것은 1950년대로, 대량 생산이 용이하고 가격이 저렴하다는 점이 중점적으로 소개되던 때였다. 당시는 썩지 않는 성질 때문에 그 어떤 물질보다 견고하고 오랫동안 사용이 가능하다며 칭찬일색이었다. 심지어 언론은 다가올 21세기는 '플라스틱의 시대'라고 명명하기까지 했다. 인류가 석기·청동기·철기 시대를 거쳐 미래에는 플라스틱의 시대를 맞이하게 될 것이며 삶의 많은 부분이 플라스틱으로 대체될 것이라는 장밋빛 전망이었다.[1]

재앙이 되어버린 플라스틱 시대

60년 전의 예언대로 플라스틱의 시대가 왔다. 그러나 지금의 모습은 장밋빛과는 거리가 멀다. 썩지 않는다는 장점은 반대로 재앙이 되었다. 전 세계가 매년 생산하는 플라스틱 양은 3억3천만 톤에 이른다. 1950년대부터 지금까지의 생산량을 다 모으면 83억 톤에 달한다. 이는 미국 뉴욕 맨해튼을 3.2km 깊이로 묻어버릴 수 있는 양이다. 플라스틱 재활용 비율은 9%에 그치고 있으며 79%는 방치되어 쓰레기로 버려지는 상황이다. 이대로 가면 2050년까지 폐기되는 플라스틱의 양은 약 120억 톤에 이를 것으로 추산된다. 버려지는 플라스틱 중 해마다 약 1,200만 톤이 바다로 흘러가는데 이것들이 햇빛에 의해 잘게 부서지면 미세 플라스틱으로 바다에 떠다니게 된다. 현재 해양에는 약 5조 개의 미세 플라스틱이 돌아다니는 것으로 추산되는데 이는 지구를 400바퀴 휘감을 수 있는 분량이다. 문제는 이런 미세 플라스틱들을 우리가 먹게 된다는 것이다. 플랑크톤의 체내에서도 발견되는 미세 플라스틱이 먹이사슬을 통해 인간의 체내로 들어가는 것은 필연적인 결과가 되어버렸다.[2] 환경보호 운동 또한 공익적 구호나 공공 캠페인의 수준을 넘어서 생존권을 지키기 위한 전 지구적 과제로 떠올랐다.

환경오염은 기후변화에도 영향을 미쳐 지구 곳곳에 기상재해를 몰고 오고 있다. 우리나라에는 2018년 역대 최강의 폭염이 휩쓸고 지나갔다. 40도가 넘는 살인적인 폭염은 사람들의 생명과 건강을 위협하는 지경에까지 이르렀다. 글로벌 워밍global warming을 넘어 "끓

찍하다, 기괴하다"라는 뜻의 글로벌 위어딩global weirding이라는 말이 등장할 정도로 기상이변은 예측 불가능하고 위협적이다. 지구의 용량이 한계를 넘었음을 경고하는 징후가 가까운 일상에서 나타나고 있다.

이러한 현실에서, 환경을 생각하는 소비는 단지 '하면 좋은 것'에서 '반드시 지켜야 하는 것'으로 변하고 있다. '친환경'에서 '필환경'이 된 것이다. 그동안 환경친화적 소비가 자신의 개념을 드러내는 것이었다면, 이제는 살아남기 위해서 꼭 필요한 일이 되었다. 새로운 환경문제에 맞닥뜨린 우리 모두가 생존을 위해 가야만 하는 길이 되어버린 필환경, 그 길에서 우리는 어떤 이정표들을 만나고 있을까?

필환경 이정표 1. 낭비 사회를 넘어서

쓰레기를 줄이자! 제로 웨이스트 운동

환경문제의 발생은 근본적으로 급격한 소비주의 사회와 관계가 깊다. 이제 상업주의가 양산한 플라스틱과 쓰레기를 줄여야 한다는 목소리가 커지고 있다. 이른바 '제로 웨이스트zero waste 운동'이다.

제로 웨이스트는 생활 속에서 배출되는 쓰레기를 최소화하고 어쩔 수 없는 것은 재활용하자는 운동이다. 이들이 강조하는 것은 프리사이클링precyling이다. 재활용 이전에 발생하는 폐기물을 최소화하자는 뜻이다. 제로 웨이스트를 실천하고 있는 사람들의 모임인 '쓰레기 덕질'에서는 자신이 버린 쓰레기들을 자세히 관찰한 후에 쓰레기 줄이기를 실천하며 사진으로 남기고 있다. '일회용품을 싫어하는 사람들(일싫사)'에서도 다양한 방법으로 일회용품을 줄이는 방법을 알리고 있다. 이들은 제로 웨이스트가 소비 자본주의와 싸우는 것과 유사하다고 주장한다. 결국 소비 습관을 전면적으로 개조하는 작업이 선행되어야 한다는 것이다. 나아가 상업주의 사회에서 당연시되고 장려되는 소비문화에 대해 근본적으로 다시 생각해봐야 한다고 주장한다.[3]

이 운동에 앞장서고 있는 미국의 환경운동가 로렌 싱어Lauren Singer는 일상에서 배출되는 쓰레기를 줄이고 줄여, 3년 동안 나온 쓰레기가 16온스oz의 작은 유리병 하나에 넣을 수 있는 정도였다.

> "여기 병에 담긴 것이 지난 4년간 제가 만들어낸 쓰레기의 전부입니다. 누군가는 불가능하다고, 꾸며낸 이야기가 아니냐고 하지만, 정말 이만큼이 전부입니다. 이런 일을 시작한 것은 '내가 만들어낸 쓰레기를 최소화하자'는 열망에서 출발한 것입니다"
>
> - 로렌 싱어

출처: Trash is for Tossers, 유튜브 채널

독일에서는 포장지 없는 슈퍼마켓인 오리기날 운페어팍트Original Unverpackt가 등장해 유럽 전역으로 확산되고 있다. 미국 덴버에서는 제로 마켓Zero Market과 같은 프리사이클링 마켓이 선보였다. 우리나라에서도 일회용 비닐이나 플라스틱 용기를 쓰지 않는 매장이 탄생했다. 성수동에 있는 '더피커The Picker'라는 식료품점이다. 채소와 곡류 30여 종을 손님이 원하는 만큼 개인 용기에 담으면 무게를 달아 판매하는 방식이다. 대신 천으로 만든 장바구니와 주머니, 유리병과 대나무 등을 판매한다. 이 매장에서는 남은 식료품 재고를 식재료로 활용해 음식을 만드는 그로서란트grocerant 형태의 식당도 운영한다. 커피는 만들고 난 후에 찌꺼기가 배출되는 점을 고려해 판매하지 않고 불가피하게 테이크아웃용 제품을 판매하기는 하지만 대나무 펄프로 만든 포장 용기, 옥수수 전분으로 만든 일회용 컵 등으로 대신한다. 서울 시민 1명이 하루에 배출하는 쓰레기 양이 0.94kg, 1년에 343kg(2015년 기준)이라는 점을 고려할 때 소비자가 자발적으로 참여하는 제로 웨이스트 운동의 확산 필요성은 더욱 커지고 있다.[4]

유통 업계도 제로 웨이스트와 플라스틱 줄이기 운동에 동참하고 있다. 특히 상품 포장인 패키징에서 일명 에코 패키지가 다양하게 적용되고 있다. CJ오쇼핑은 친환경 포장을 위해 기존의 포장용 OPP oriented polypropylene 비닐 테이프를 종이 재질 테이프로 변경하고 부직포 행거 의류 포장재를 종이 행거 박스로 대체했다. 여기에 택배 포장에 사용되는 일명 뽁뽁이로 불리는 비닐 에어캡과 스티로폼도 종이 완충재로 바뀌고 있다. GS25도 편의점 도시락의 포장재를 일반적인 플라스틱 소재에 비해 훨씬 빠르게 자연 분해되는 BIO-PP

로 제작된 친환경 용기로 대체해 판매하고 있다. 세븐일레븐 또한 일회용 얼음 컵을 재활용이 가능하도록 로고와 바코드를 없애 완전히 투명한 무지 형태로 바꿨다. 생수 브랜드들도 다양한 움직임을 보이고 있는데 아이시스는 제품의 생산부터 소비까지 사용되는 이산화탄소의 양을 인증받고 있으며 300ml 제품에는 높이와 무게를 줄인 미니뚜껑 쇼트캡을 적용하고 라벨도 수용성 접착제를 사용하며 유색 페트병도 단계적으로 줄인다는 계획이다. 이처럼 포장·라벨·용기를 친환경적으로 바꾸는 것은 이제 선택이 아닌 필수가 되어가고 있다.[5]

개념 있는 옷 입기, 컨셔스 패션

환경을 생각하는 개념 소비는 패션 산업에서 두드러지게 나타나고 있다. 이른바 패스트 패션의 유행으로 자원 낭비와 환경 파괴가 심해지면서 '의식 있는 패션'이라는 뜻의 컨셔스 패션conscious fashion이 그 반작용으로 등장하고 있는 것이다. 이는 소재 선정부터 제조 공정까지 친환경적인 과정을 통해 생산된 의류 제품을 소비하는 일련의 움직임을 말한다. 물 사용량을 최소화한 염색법을 도입하거나 합성섬유 대신 천연 소재로 만든 의류와 중고 제품의 재활용과 공유, 버려진 의류나 폐기물을 재활용해서 만든 의류 등이 대표적이다.

자원 낭비의 주범으로 비난받는 패스트 패션 업계에서도 신제품에 컨셔스 패션을 활용한 새로운 방향성을 모색하고 있다.[6] H&M의 경우 끊임없이 지속가능성 보고서를 발간하고 있으며 재활용 기술을 보유하거나 버섯 뿌리, 조류algae와 같은 독특한 재료로 의류를 생산하는 스타트업에도 투자하기 시작했다. H&M은 이를 통해 오는 2035년까지 생산하는 의류 가운데 35%를 재활용 가능한 소재로 만들겠다는 목표를 발표했다. 유니클로 또한 환경보호와 생태계 보전 차원에서 책임 있는 원재료를 확보하고 자원 절약을 목표로 다양한 움직임을 보이고 있다. 그 일환으로 지속가능한 코튼 생산을 추구하는 비영리 국제기관 BCI Better Cotton Initiative에 가입했으며 향후 기존 면보다 물과 농약의 소비를 줄인 친환경 BCI 코튼의 사용을 늘리겠다는 계획을 밝히기도 했다.[7]

재활용을 넘어 '새활용', 리디자인

업사이클링 프로젝트도 활발하게 진행 중이다. 버려지는 제품을 단순히 재활용하는 차원을 넘어 새로운 디자인을 가미하는 등 환경친화적 가치를 창출하는 제품으로 재탄생시키는 일이 늘고 있다. 업사이클링upcycling의 우리말 표현은 '새활용'이다. 단순히 폐기물을 재사용하는 리사이클링recycling에서 한 걸음 더 나아가, 새로운 가치를 더해 친환경 제품으로 리디자인redesign하는 것을 의미한다.

패션 의류 제품은 유행이 지나고 시간이 흐르면 폐기·소각하는 경우가 대부분이다. 특히 브랜드 가치에 민감한 명품 브랜드일수록 이러한 원칙을 철저하게 지킨다. 버버리의 경우 브랜드 가치의 하락을 우려해 재고 의류 상품을 헐값으로 처리하거나 염가로 판매하지 않고 대량의 재고 물량을 소각하는 관행을 따르고 있다. 이에 대해 환경 단체 그린피스는 "상품 가격이 고가임에도 불구하고, 버버리는 그들의 상품과 자연을 존중하지 않는다. 과잉 재고량은 과잉 생산을 의미한다. 그런데 생산량을 줄이지 않고 질 좋은 옷과 제품을 그냥 소각해버린다. 버버리는 빙산의 일각에 불과하다. 패션 산업의 더러운 비밀"이라며 비난했다.[8] 이러한 분위기 때문에 의류 업계의 오래된 관행인 소각·파기의 딜레마에 대한 대안으로 패션 업계에서는 리디자인이라는 방법을 도입하고 있다.

국내 업체 코오롱인더스트리 FnC 부문의 경우 연간 40억 원에 달하는 소각 제품에 대한 고민 끝에 지난 2012년 업사이클링 브랜드 '래코드'를 출시했다. 래코드는 소각 예정인 재고 3년 차 의류들을 전혀 다른 컨셉의 제품으로 리디자인한 브랜드다. 이처럼 국내에서는 2010년 이후 '새활용' 업체가 꾸준히 등장하고 있다. 하이사이클Hicycle은 수입 생두 자루를 활용해 가방, 컵받침 등 생활용품을 제작하고, 터치포굿TOUCH4GOOD은 선거 때 후보들의 현수막을 수거해서 가방을 만들기도 했다. 서울시는 성동구에 세계 최대 규모의 새활용 문화 공간인 '서울새활용 플라자'를 개관했다. 서울시에서 발생하는 쓰레기 중에 새로 활용될 수 있는 폐기물들이 트럭에 실려 이곳으로 모인 후 제품화의 대상이 되고 있다.[9]

필환경 이정표 2. 다른 생물과의 공존

잔인함을 벗고 따뜻함을, 크루얼티 프리

'목이 고정된 토끼들이 들어간 작은 상자들이 줄지어 늘어서 있다. 이 토끼들의 눈에는 화학물질이 몇 시간 간격으로 주입된다. 사람의 눈과는 달리, 토끼의 눈은 주입된 이물질을 씻어낼 만한 눈물이 분비되지 않는다. 눈이 타들어가는 고통에 몸부림을 치던 토끼는 틀에 고정된 목뼈가 부러져 죽기도 한다. 이런 고통을 사흘간 이겨내고 생존한 토끼들은 결국 안락사되고 안구는 적출되어 약물에 대한 반응을 관찰하는 용도로 사용된다.'[10]

– 동물이 대신 흘려야 했던 '아름다움'을 위한 눈물 – 월간 〈비건〉

공포영화의 한 장면이 아니다. 실제 화장품 동물실험에 사용되는 토끼들에 대한 이야기다. '드레이즈 테스트Draize Test'라고 불리는 이 실험은 화장품이 눈에 들어갔을 때 안점막을 자극하는 정도를 보기 위한 것이다. 하지만 이와 같은 동물실험이 잔인할뿐더러 사람에 대한 유해성 판단의 과학적 검증으로는 부족하다는 의견도 있다. 이 때문에 동물실험을 아예 하지 않거나 동물이 아닌 대체재를 통해 유해성 실험을 해결하는 방안들이 도입되고 있다.

크루얼티 프리Cruelty Free는 동물실험을 거치지 않거나 동물성 원료를 사용하지 않은 제품을 일컫는다. 상품을 만드는 과정에서 그 어떤 동물도 다쳐서는 안 된다는 가치가 핵심이다. 아모레퍼시픽은 2008년부터 화장품 완제품과 원료에 대해 동물실험을 금지했다. LG생활건강도 2012년부터 전 제품에 동물실험을 중단하고 세포배양 독성 평가법, 면역세포 배양 평가법 등으로 대체하고 있다. 이와 같은 동물실험 금지는 상당수 국가에서 법제화되고 있다. 현재까지 유럽연합 28개국을 비롯해, 노르웨이·인도·뉴질랜드·한국에서 화장품 동물실험 완전 또는 일부 금지를 이루었다. 미국·브라질·남미·호주·대만·일본 등 각국에서도 법적인 금지를 위해 지속적으로 캠페인을 펼치고 있는 상황이다.[11]

최근 크루얼티 프리 제품은 더욱 다양한 카테고리로 확산되고 있다. 예를 들어 의류를 가공할 때도 가죽·모피·양모·실크 대신에 목화·삼마·대나무·아마 등과 같은 식물에서 얻은 천연 섬유로 제품을 만든다. 이러한 천연 소재는 단지 의류 제품뿐만 아니라 가구·벽지와 같은 인테리어 소재로도 적극 이용되기 시작했다. 침구류 분야도 대표적인 보온재인 거위털을 대신할 수 있는 첨단 기능성 소재를 선보이는 등 동물보호를 위한 행동에 동참하고 있다.

일체의 동물 소재를 사용하지 않는 영국 디자이너 브랜드, 스텔라 매카트니는 2017년 겨울, 쓰레기 매립지에서 찍은 광고를 선보였는데 패션과 쓰레기의 이색적인 조합이 대중의 호기심을 불러일으키며 환경오염에 대한 경각심을 다시 한번 환기시켰다. 동물 대신 인조 가죽으로 슈즈를 만들고, 재활용 플라스틱 원단으로 제작한 수영복을 판매한다. 이 브랜드에서는 거미의 DNA를 복제 변형한 누룩을 통해 나온 인공 거미줄로 만든 마이크로 실크 드레스를 출품해 화제가 되기도 했다.[12]

패션 어젠다와 보스턴 컨설팅 그룹이 발표한 보고서에 따르면 동물 가죽은 동물 학대에 따른 논란은 물론이고 염색 등의 특수 가공 과정을 거치면서, 합성 섬유로 만든 폴리우레탄 가죽보다 환경에 두 배 이상의 악영향을 끼친다고 한다. 영국 아나나스 아남Ananas Anam은 파인애플 부산물을 이용해서 개발한 신소재 가죽 대체재 피나

출처: PTA

▪▪▪ 동물실험 금지, 동물성 원료 사용 금지를 나타내는 크루얼티 프리와 비건을 나타내는 로고.

텍스Pinatex를 선보여 눈길을 끌었다. '피나'는 스페인어로 파인애플을 뜻한다. 파인애플 잎에서 섬유질을 추출해 고무 성분을 제거한 뒤 숙성시키는 방식으로 제작하는데 기존 가죽제품보다 한결 가볍고 부드러우며 뛰어난 통기성을 자랑한다. 피나텍스는 신발 브랜드 캠퍼와 스포츠웨어 푸마 등에 사용되며 상용화가 빠르게 진행되고 있다.[13]

인간을 위한 공존, 원 헬스 원 웰페어

살충제 달걀 파동은 동물복지에 대한 개념을 다시 생각하게 했다. 공장식 축산의 문제점과 이에 대한 반성으로 동물의 권리와 복지가 중요한 의제로 떠오른 것이다. 실제로 양계장에서 사육되고 있는 닭들은 A4 용지 한 장만 한 닭장에 갇혀 24시간 켜진 인공조명 아래 밤낮없이 알을 낳도록 되어 있다. 공간이 좁은 탓에 날갯짓 한번을 할 수가 없어서 진드기가 몸속에 다량 번식할 수밖에 없는 환경이다. 양계 농가에서는 이 진드기를 죽이기 위해 살충제를 다량 살포하게 되고 잔류 살충제가 닭의 체내에 흡수되어 문제의 살충제 달걀이 우리의 식탁 위에 오르게 되는 것이다. 결국 인간과 동물이 분리된 존재라는 생각은 큰 착각이었다.

이러한 상황에서 동물복지를 실천한 친환경 축산제품에 부여하는 인증 제도인 '프리덤 푸드Freedom Food'라는 개념이 주목받고 있다. 영국은 1994년부터 프리덤 푸드 제도를 시행하고 있으며, 스웨덴의 경우에는 1990년대 초 동물복지법을 통과시켜 좁은 축사에서의 닭과 돼지의 사육 및 도살을 금지하고 있다.

공장식 축산의 문제점을 고발한 『돼지가 사는 공장』의 저자인 미국의 환경운동가 니콜렛 한 니먼Nicolette Hahn Niman은 "공장식 축산업체들이 그 방식을 바꾸면서 축산업은 기술에 의존하는 산업, 오염을 유발하는 산업, 가축에게 무자비한 산업으로 바뀌고 말았다. 기술을 통해 문제를 해결하려 하다 보면 간단한 문제가 더 복잡해지고 동시에 미처 예상치 못한 새로운 문제가 생겨나곤 한다"고 지적했다.

결국 동물복지를 실현한다면 사람도 건강해질 수 있다. 이 때문에 선진국을 중심으로 동물과 사람의 건강을 하나로 보는 원 헬스One Health, 동물과 인간의 복지를 분리하지 않고 하나로 연결된 것으로 간주하는 원 웰페어One Welfare 사상이 확대되고 있다. 인간의 욕심을 위해 동물에게 각종 항생제를 먹이고 잔인하고 비윤리적인 방법으로 사육을 한다면 그 해악은 인간에게 되돌아올 수밖에 없다는 것이다.[14]

이러한 동물복지 개념은 패션계에서 가장 눈에 띄게 확산되고 있다. 수많은 패션 제품이 동물의 털, 가죽에서 재료를 얻기 때문이다.

대표적인 변화가 모피로 만든 의류의 퇴출을 주장하는 '퍼프리fur free' 운동이다. 구찌는 2018년 봄-여름 컬렉션부터 퍼프리 정책을 시행했다. 디자이너 조르지오 아르마니는 "기술적 발전으로 모피를 대신할 만한 다양한 대체 재료를 확보할 수 있게 되었다. 모피를 얻기 위해 동물들에게 잔혹한 방법을 쓰는 것이 불필요해졌다"라며 아르마니의 모피 사용을 중단했다. 이밖에도 구찌·마이클코어스·베르사체 등의 브랜드들이 모피 제품의 판매 중지를 선언했다. 패스트패션 업체인 유니클로도 동물복지를 고려해 모피를 사용하지 않고 앙고라 산양에서 채취하는 모헤어의 사용도 2020년까지 중단하기로 했다.[15]

동물의 5대 자유

동물복지에 대한 중요한 기준을 제공한 영국의 FAWCFarm Animal Welfare Council는 동물의 5대 자유New Five Freedoms를 다음과 같이 제시했다.

1. 갈증, 배고픔으로부터의 자유
2. 불편함으로부터의 자유
3. 고통, 상처 및 질병으로부터의 자유
4. 정상적인 행동을 표현할 자유
5. 두려움과 스트레스로부터의 자유

실제로 의류 제품을 만들 때 동물 원재료를 생산하는 방식이 매우 잔인한 경우가 많다. 가장 대표적인 것이 우리가 즐겨 입는 울wool이라 불리는 양모 제품이다. 이 제품을 생산하기 위해 대부분의 양들이 뮬싱mulesing이라는 단계를 거치는데, 양의 엉덩이 부분을 도려내는 과정을 말한다. 엉덩이 부분 털에 배설물이 묻어 구더기가 생기면 양모의 상품 가치가 떨어지기 때문이다. 동물에 대한 윤리적 행동을 촉구하는 동물보호단체인 PETAPeople for the Ethical Treatment of Animals에 의하면 양들은 진통제 없이 뮬싱을 당하며 그 과정에서 매우 고통스러워한다. 이뿐만이 아니다. 앙고라로 불리는 토끼털도 토끼를 산 채로 잡아 털을 뜯어낸다고 한다. 이때 피부가 연약한 토끼는 엄청난 비명을 지르며 고통을 호소한다. 다행히 동물복지에 대한 관심이 높아지면서 잔인하게 수거된 동물 털을 자발적으로 거부하는 분위기가 커지고 있다. 관련 업체들도 굳이 동물 털을 사용하기보다 보온성이 좋은 신소재를 활용한 제품들을 적극적으로 시장에 선보이고 있다.[16]

이런 이유에서, 동물들의 고통을 최소화하기 위해 가공 과정에서 세심하게 신경 쓰는 패션 회사들도 많다. 덴마크 신발 브랜드 에코ECCO의 경우 야크 가죽을 사용하되, 야크가 죽을 때를 기다려 가죽

출처: furfreealliance

■ ■ ■ 아르마니와 구찌 등 세계적 패션 브랜드들이 더 이상 모피를 얻기 위해 동물을 희생시키지 않기로 하는 데 동참했다.

을 채취해 신발을 제작한다. 패션을 위해 인위적인 살생을 하지 않겠다는 의미다. 이탈리아 의류 브랜드 로로피아나Loro Piana 역시 캐시미어 채취를 위해 인도적인 방법을 사용한다. 부드럽고 가벼워 최고급 의류에 사용되는 베이비 캐시미어의 경우 3~12개월 사이의 새끼 염소를 딱 한 번 빗질해 속털을 채취하는데, 이 역시 농장주와의 교감을 통해 염소의 스트레스를 최소화한 상태에서 이루어진다. 인도주의적 친환경 복지가 좀 더 세심한 방식으로 적용되고 있는 사례들이다.[17]

비거니즘 소비

크루얼티 프리나 원 웰페어 운동은 박애주의를 토대로 한 비거니즘의 사상을 배경으로 한다. 비건vegan은 채식주의자를 지칭하는 용어인데, 비거니즘veganism은 비건의 확장된 개념으로 채식주의라는 신념을 의식적으로 실천한다는 것을 뜻한다. 단순하게 채식주의를 실천하는 것을 넘어서 자연과 동물의 보호, 재활용 등 삶의 습관까지 포괄하는 개념으로 발전한 것이다. 동물실험을 거쳐 만들어진 화장품과 약품을 거부하는 것에서 더 나아가 동물원·승마·사냥 등과 같이 동물을 억압하고 착취하는 모든 서비스를 거부한다. 비거니즘을 실천하는 소비자들은 마스크팩조차도 동물에서 추출한 성분이 전혀 없는 제품을 쓴다. 실제로 피부에 좋다는 제품을 들여다보면 달팽이·밍크·벌·진주·전복·연어·바다제비집 등 동물들을 재료로 사용하는 경우가 많다.[18] 이러한 동물들의 희생으로 만들어진 제품 사용을 적극적으로 거부하는 소비자들이 늘면서 비거니즘 소비 문화가 현대인의 일상에 조용히 스며들고 있다.

비건 문화가 일찍부터 발달한 미국의 경우 약 20%에 이르는 소비자들이 뷰티 케어 제품을 구매할 때 비거니즘에 부합하는지 여부를 고려한다고 한다. '뷰티 트렌드 2017' 보고서에 따르면 미국 구글에서 이루어지는 '비건 스킨케어'에 대한 검색이 연간 83%의 성장세를 보이고 있다.[19] 프랑스도 비건 코스메틱에 차츰 관심을 보이면서 채식주의 선호 현상이 미용 및 퍼스널 케어 영역으로 확장될 전망이다. 특히 나탈리 포트먼, 이효리 등 국내외 유명 인사들이 비건 라이프스타일을 홍보하는 다양한 활동들을 펼치고 있어 큰 영향을 미치고 있다. 이제 화장품 시장에서 비건은 선택이 아니라 필수적인 경쟁력이 되고 있다. '비건 인증vegan certification' 제도가 등장하는 등 식품에서 시작된 비건 열풍이 화장품·뷰티 시장까지 확대되고 있는 것이다. 비건 화장품 시장의 성장도 매우 빨라서 2018년 8월 미국 시장조사기관 그랜드뷰리서치Grand View Research에 따르면 성장률이 매년 평균 6.3%를 보인다고 한다.[20]

비거니즘 시장의 확대는 소비자들의 의식이 빠르게 바뀌고 있다는 것을 보여준다. 특히 밀레니얼 세대를 중심으로 이러한 경향이 강화되고 있다. 2018년 〈포브스〉가 발표한 '소비자들의 사회적 책임에 관한 의식 조사' 결과를 보면 밀레니얼 소비자의 91%가 기존 구매 제품보다 좀 더 사회적으로 의미 있는 제품으로 구매하겠다는 뜻을 밝혔다. 소비자가 단순한 구매자의 위치에서 더 나아가 사회적으로 의미 있는 브랜드를 지원하고 성장시켜나가는 주도적인 후원자의 입지에 서고 있는 것이다. 이러한 소비 트렌드는 일종의 정신적 투자

mental investment로서 인류애를 중시하는 인간 중심적 개념 소비의 흐름과도 이어지는 현상이다.[21]

순환경제를 향하여

지구 용량 초과의 날

미래학자들에 의하면 현재 지구는 제6의 대멸종을 맞이하고 있다. 6,500만 년 전 공룡을 사라지게 한 제5의 대멸종에 이어 인류에 의한 제6의 대멸종이 다가오고 있다는 것이다. 과거의 대멸종이 자연현상 때문이었다면, 현재 진행되고 있는 대멸종은 인류 때문이다. 새로운 지질시대 '인류세Anthropocene'라는 단어로 대변되는 온난화와 생태계 훼손은 인간이 일으킨 변화들이다. 지구가 전체 생명체에게 허용할 수 있는 용량도 초과된 지 이미 오래되었다. 글로벌 생태발자국 네트워크Global Footprint Network는 매년 '지구 용량 초과의 날Earth Overshoot Day'을 정하는데 2018년은 8월 1일로 역대 가장 빠른 날짜를 기록했다. 지구 용량 초과의 날 시점을 지나게 되면 "바다와 숲이 흡수할 수 있는 한계치보다 더 많은 양의 탄소를 배출하고, 지구가 생산할 수 있는 양보다 더 많은 물을 사용하고, 더 많은 물고기를 잡게 되며, 더 많은 나무를 자르고, 더 많이 수확하게 된다"는 의미다. GFN은 현재와 같은 소비 행태를 감당하려면 1.7개의 지구가 필요하다고 지적한다. 나라별 용량 초과 상태의 그래프를 보면 한국인의 지구 생태 용량 초과의 날은 2018년 4월 16일로, 이미 한참 전에 지나

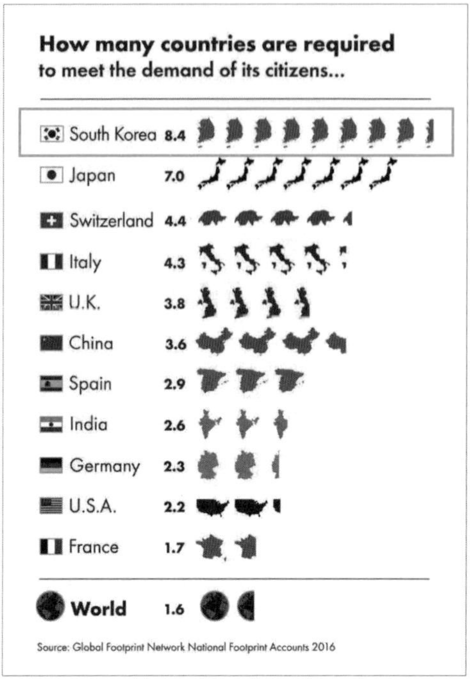

출처: Global Footprint Network

■ ■ ■ 현재의 수요를 충당하려면 얼마나 더 많은 나라가 필요할까? 한국은 지금보다 8.5배 크기의 땅이 필요한 수준이다.

버렸다. 그래프를 보면 현재 상태를 유지하기 위해서는 현재 국토 크기의 8.5배에 이르는 땅이 더 필요하다는 것을 알 수 있다.[22]

선형경제에서 순환경제의 시대로

이미 용량을 초과해버린 지구를 살려내려면 어떻게 해야 하는가? 자원 절약과 재활용의 방법을 통해 지속가능성을 추구하는 '순환경제'라는 친환경 경제모델을 대안으로 제시할 수 있다. 순환경제는 '자원채취take–대량생산make–폐기dispose'가 중심인 기존 '선형경제'의 대안으로 등장한 것이다. '빨리 그리고 많이 만들어 파는' 대량생산·소비 시스템으로 2050년까지 96억 명의 인구를 지탱하기 위해서는 현재보다 3배나 많은 자원이 필요하다고 한다. 순환경제의 핵심은 적게 쓰고 오래 쓰면서 버리는 양은 최소화하는 것이다.[23]

순환경제 모델을 실천하는 실제적 사례로 네덜란드의 마스Mass 강변에 위치한 블루시티Blue City를 꼽을 수 있다. 30여 개의 소셜 벤처들이 순환경제 실험을 하고 있는 블루시티의 기본 원칙은 누군가의 쓰레기가 다른 누군가의 자원이 되도록 하는 것으로, 100% 순환되는 경제 생태계를 구축하는 것이 목표다. 예를 들어, 블루시티에 입주한 레스토랑에서 나오는 커피 찌꺼기는 버섯 재배 소셜 벤처의 느타리 버섯의 거름으로 사용된다. 그리고 커피 찌꺼기를 비료로 해서 자란 느타리 버섯은 다시 해당 레스토랑의 메뉴인 채식 미트볼 재료로 쓰이게 된다. 이런 식으로 블루시티 내의 소셜 벤처들은 서로 자원을 주고받으며 순환경제의 생태계를 만들어가고 있다. 블루시티라는 공간도 워터파크로 사용되던 건물을 사회 혁신가들이 모여들면서 새로운 시장 생태계로 재창조한 곳이다. 버섯 재배, 레스토랑, 맥주 양조장, 폐목재 업사이클링 공방 등 서로 다른 업종의 기업들이 자원을 재사용하는 비즈니스 모델로 움직이고 있다.[24]

시사점

환경친화적 소비는 이제 선택이 아닌 필수가 되어가고 있다. 전 세계적으로 환경문제에 대한 위기의식이 높아지면서 환경 이슈가 국가

현재의 대량생산, 소비 시스템으로 2050년까지 96억 명의 인구를 지탱하기 위해서는 지금보다 3배나 많은 자원이 필요하다. 이미 용량을 초과해버린 지구를 살려내는 길은 '순환경제' 밖에 없다. 핵심은 적게 쓰고 오래 쓰되 버리는 양은 줄이거나 없애는 것이다.

정책 속으로 빠르게 제도화·법제화되고 있는 추세다. 소비자들도 친환경이란 트렌드의 주인공이 되어 과거보다 더욱 적극적이고 자발적인 자세를 견지하게 되었다. 이에 기업들도 더 이상 친환경 트렌드를 외면하기 어려워졌다. 정책적 의무와 함께 자연환경을 생각하고 후속 세대를 생각하는 선한 기업의 이미지를 구축하지 못하면 소비자들에게 철저히 외면당하는 기업으로 전락하게 될 것이기 때문이다. 그야말로 친환경이 아니라 필환경해야만 하는 시대가 온 것이다.

필환경, 되도록이면 즐길 수 있는 방식으로

필환경 트렌드의 정착을 위해서는 이전 친환경보다 더욱 창의적인 방법이 요구된다. 먼저 놀이적 요소를 도입한 게이미피케이션gamification 방법도 효과적인 친환경 유인책이 될 수 있을 것이다. 플로깅plogging은 이러한 놀이적 요소를 도입한 사례로, 스웨덴에서 2016년부터 시작되어 세계 각국으로 확산되고 있다. 플로깅은 '쓰레기를 줍는다'는 뜻의 스웨덴어 'plocka upppicking up'과 조깅jogging의 합성어다. 길거리에 버려진 플라스틱을 수거하면서 몸을 굽히고 스쿼트를 하며 러닝을 하는 등 운동과 환경보호를 함께 하는 방법이다. 플로거들은 자신의 사진에 '#plogging' '#1run1waste' 등의 해시태그를 달아서 동참을 유도한다. 프랑스에선 '플로깅 프랑스'라는 이름의 동호회가 만들어지고, 플로깅 경주가 조직되기도 한다.[25]

필환경 과정은 축제를 통해 함께 즐기는 것으로도 그 의미와 즐거움을 키울 수 있다. 유럽의 '피딩 더 5000Feeding the 5000' 페스티벌은 가정·시장·레스토랑 등에서 사용하지 못하고 버리는 식재료를 수거해 함께 요리를 해서 먹는 축제이다. 축제 때마다 식재료들이 모여야 어떤 음식을 만들지를 결정할 수 있기 때문에 축제 당일에야 그날의 메뉴를 알 수 있는 것이 특성이자 재미다. 음식을 만들어 나누어 먹는 행사 외에도 음식물 쓰레기 문제에 대한 세미나와 강연, 토론의 자리를 마련해서 시민들의 경각심을 일깨우기도 한다.[26]

기업들도 다양한 방법을 시도하고 있다. 영국의 맥주 회사 노던 몽크 브루Northern Monk Brew는 흠집 때문에 판매되지 못하는 크로와상과 배를 이용해 만든 '제로 웨이스트 맥주'를 출시했으며, 맥주 양조 후 남은 펄프는 가축의 먹이로 쓰이거나 누에 농장에 기부한다. 영국 런던의 작은 맥주 회사 '토스트에일Toast Ale'도 샌드위치 공장에서 버린 식빵의 가장자리 부분을 수거해 수제맥주를 만든다. 덕분에 이 회사는 양조에 쓰이는 맥아 보리의 3분의 1을 대체하고 음식물 쓰레기를 줄이는 데도 기여할 수 있었다. 이렇게 창의적인 친환경을 실천하는 이들을 가리키기 위한 '에코 크리에이터Eco Creator'라는 명칭도 나왔다. 환경에 대한 절실한 관심과 창의적인 아이디어만 있다면 비즈니스의 기회는 얼마든지 찾을 수 있다.[27]

특히 미래 고객인 밀레니얼 세대 소비자가 환경 이슈에 민감하기 때문에 이들의 선택을 받기 위해서 친환경 경영은 필수적이다. 밀레니얼 세대에게 성공적으로 어필한 기업 중 친환경 제품을 표방하는 브랜드인 올버즈Allbirds의 성공은 눈여겨볼 만하다. 구글 최고경영자인 래리 페이지가 신는 신발이자 레오나르도 디카프리오가 투자한 신발 회사로 유명한 올버즈는 실리콘밸리 운동화로도 알려져 있다. 올버즈는 지난 2년간 100만 켤레 이상의 신발을 판매하는 기록을 세웠는데, 그 인기의 비결은 개념 소비를 지향하는 밀레니얼 세대의 니즈에 잘 부합하는 제품 전략을 펼친 것이다. 특히 양모에서 추출한 실 등 친환경 소재를 사용해 지속가능한 성장을 표방한 것이 주효했다. 친환경 공정으로 합성 소재를 사용할 때보다 에너지 소비량이 60%나 적다는 점을 강조하고 양모에 이어 새로 개발한 소재도 유칼립투스 나무를 뿌리째 뽑는 대신 일부만 잘라 나무가 계속 자랄 수 있게 만드는 방식을 채용한다고 한다. 친환경 제품에 대해 더욱 우호적으로 변하고 있는 밀레니얼 세대의 감성에 부합하며 큰 인기를 모으고 있는 것이다.[28]

'에코 페어런팅'의 필요성 대두

친환경의 실천을 위해서는 소비자교육 또한 수반되어야 한다. 환경 소비자교육은 특히 어린이도 이해할 수 있을 정도로 쉽고 유용한 정보가 함께 제공되어야 한다. 결국 어린 시절부터 환경을 보호하는 습관을 기르도록 가르치는 것이 중요하다. 이른바 에코 페어런팅Eco Parenting이다. 환경보호를 어린 시절부터 자연스럽게 체화해 성인이 되어서도 자연스럽게 환경을 보호하며 살아가도록 하는 것이다. 가령 지금의 아이들에게 제로 웨이스트 라이프스타일을 어린 시절부터 습관화할 수 있도록 가르친다면 이 아이들이 성인이 되었을 때는 일회용 플라스틱 제품이 사라진 시대가 올지도 모를 일이다.

전술한 바와 같이 기후변화나 쓰레기 문제 등이 실제의 위협으로 다가오는 상황에서 환경지향적 소비가 자신의 생존과 연결되어 있음을 자각하는 소비자가 빠른 속도로 늘고 있다. 또한 환경과 동물에 대한 호의적인 행동이 인간에게도 건강과 경제적 이익을 가져다줄 수 있다는 인식도 공감의 폭을 넓히고 있다. 친환경 트렌드에서 필환경 시대로 이행하는 과도기가 될 것으로 보이는 2019년, 느리지만 지속적으로 성장해온 환경지향 소비가 질적·양적으로 모두 성숙하게 자리 잡는 한 해가 되기를 기원해본다. 환경은 이제 우리 모두에게 생존의 문제이기 때문이다.

PIGGY · DREAM ·

You Are My Proxy Emotion.

감정대리인, 내 마음을 부탁해

자기 감정을 스스로 표현하는 데 어려움을 겪는 사람이 늘고 있다. 많은 소비자들이 "나 화났다"는 감정을 이모티콘으로 표현하고, 연애나 여행을 액자형 관찰예능 프로그램으로 대신 경험하며, '대신 욕해주는 페이지'에 들어가 차오른 스트레스를 푸는 방식으로 감정을 외주outsourcing 준다. 본능적이고 삶에 필수적인 감정 표현을 대리인에게 맡기는 것이다.

감정대리인을 찾는 유형은 세 가지로 나눌 수 있다. 먼저 '감정대행인'을 통해 자기 감정을 대신 느끼는 사람들이다. 극사실주의를 추구하는 연애 리얼리티 프로그램으로 대리 연애를 즐기고 인터넷 방송을 시청하는 행위로 명품 쇼핑을 대신한다. 두 번째는 '감정대변인'에게 자기 감정을 대신 표현하도록 맡기는 사람들이다. 리액션을 대신해주는 패널을 중간에 끼운 '액자형' 관찰예능 프로그램을 즐기고 뉴스를 읽을 때도 기사보다 댓글을 먼저 읽으며 타인의 감정을 먼저 확인한다. 마지막으로 '감정관리인'이 자기 감정을 대신 맞춰주기를 희망하는 경우도 있다. 이들은 감정 코칭이나 감성 큐레이션 서비스가 자신의 기분을 맞춤형으로 조절해주기를 바란다.

어릴 때부터 디지털 기기와 가까이 상호작용하며 사람과의 관계 맺기를 더 힘들어하는 디지털 원주민들, 온갖 걱정을 안겨주고 동시에 행복을 강요하는 감정 과잉 사회 속에서 정작 자신의 감정을 털어놓을 곳이 없어진 사람들이 감정대리인을 찾고 있다. 이처럼 현대인의 약해진 감정 근육을 보살피고 키워줄 존재가 필요해진 시대에 체험경제는 이제 감정경제로 진화 중이다. 이에 기업들은 자사만의 색깔이 살아 있는 경험, 디테일하고 독창적인 매력, 그리고 진정성이 녹아 있는 감정 표현으로 소비자에게 다가가야 할 것이다.

카카오톡 같은 메신저 프로그램의 메시지 창에는 끊임없이 재미있는 이모티콘과 보기 좋은 사진, 읽을 만한 인용 글귀들이 올라온다. 이런 이모티콘들은 "기분 최고야!", "나 화났거든?", "잘 지내시

죠?"처럼 한때 우리가 자주 사용했던 감정을 담은 문장들의 자리를 대신한다. 어쩌면 잘 고른 이모티콘이나 사진 한 장이 자신의 감정을 표현하기에 훨씬 더 편하다고 느끼기 때문일지도 모른다. 하지만 이러한 현상을 냉철하게 말하자면, 자신의 진짜 감정을 이모티콘이나 사진 뒤에 숨기는 사람들이 늘고 있다는 뜻도 될 것이다. 현재 카카오톡에선 매월 20억 건, 페이스북 메신저에선 하루에만 50억 개의 이모티콘이 사용된다.[1]

자기 감정을 스스로 표현하는 것에 어려움을 느끼고 부담스러워하는 사람들이 늘고 있다. 이모티콘으로 "나 화났다"는 감정을 표현하고, 읽을거리를 복사해 올리면서 "나는 당신을 잊지 않았다"는 안부를 전한다. 이뿐만이 아니다. 연애나 여행은 액자형 관찰예능 프로그램으로 대신 경험하고, '대신 욕해주는 페이지'에 들어가 차오른 스트레스를 푸는 방식으로 감정을 외주outsourcing 준다. 본능적이고 삶에 필수적인 감정을 타인에게 맡기는 것이다.

이는 마치 스스로는 놀이를 즐기지 못하고, 놀이하는 사람들의 반응을 보며 거기에 자신을 대입해 즐거워하는 것과 같다. 소개팅 자리에서 만난 이성 사이에 흐르는 어색함에 어쩔 줄 몰라 하는 타인의 모습을 방송으로 보며 "맞아~ 소개팅이란 바로 이런 거지" 하며 자신의 상황인 양 즐긴다. "우울해서 죽고 싶지만 이 떡볶이는 너무 맛있다"는 솔직한 감정 표현에 "좋아요"를 누르는 것으로 표현을 대신하고, 비라도 내리는 날이면 굳이 자신이 선곡하지 않아도 AI가 추천해주는 '비오는 날의 감성' 음악에 기분을 맡긴다. 『트렌드 코리아 2019』는 이렇게 감정을 대리해주는 사람이나 상품·서비스를 '감정대리인'이라고 명명한다.

실생활에서 대리인이라는 말을 흔하게 쓰는 경우로 '법적 대리인'이 있다. 바쁜 사정 때문에 자신이 직접 일을 처리할 수 없거나 법에 대한 전문 지식이 부족한 사람이 자칫 불리한 언행을 하는 것을 방어하기 위해 선임한 존재를 뜻한다. 이제 사람들은 감정을 감당하기에 너무 바쁘고 힘들어서, 혹은 감정 표현이 어렵거나 원치 않는 감정을 피하기 위해 감정대리인을 내세운다. 우리 사회 곳곳에 퍼져 있는 감정대리인들의 모습을 살펴보고, 왜 사람들이 감정대리인들을 찾게 되었는지, 이러한 감정대리인이 산업에 시사하는 바가 무엇인지 차례로 살펴보기로 하자.

감정을 주문합니다, EOD Emotion On Demand

여성 출연자가 한 계단, 한 계단 올라오자 비로소 얼굴이 공개된다. 기다리고 있던 남성 출연자들의 얼굴이 차례로 클로즈업된다. 남성의 시선이 여성의 얼굴에서 바닥으로, 다시 힐끔 여성에게로 향하는 모습이 모두 세밀하게 포착된다. 첫 만남의 자리에서 어쩔 줄 몰라 하는 남성 출연자의 몸짓을 놓칠세라 '깜박 깜박', '들썩'과 같은 작은 신호를 묘사하는 자막이 시청자의 관찰을 돕는다. TV 속의 TV처럼 함께 영상을 지켜보는 연예인 패널들은 "남성이 소심해서 눈을 못 마주친다"며 추임새를 넣는다.

2018년 6월 종영한 〈하트 시그널 시즌2〉 첫 회의 한 장면이다.

■ ■ ■ 연애 감정도 대신 느끼는 시대. 타인의 시선을 통해 대리 감정을 느끼는 액자형 관찰예능이 인기를 끌고 있다.

한 종편 채널에서 2017년 처음 방영된 연애 리얼리티 예능 프로그램, 〈하트 시그널〉은 시즌1에 이어 시즌2 역시 큰 인기를 누렸다. 2018년 상반기 한국 구글 사이트에서 가장 많이 검색된 TV 예능 프로그램으로 꼽혔고 9주 연속 온라인 화제성 1위라는 기록을 세우기도 했다.[2] '러브라인 추리 게임'의 형식을 띤 이 프로그램 내용은 여덟 명의 남녀가 한 달 동안 한집에서 지내며 마음에 드는 이성을 지목하는데, 그를 관찰한 영상을 지켜보고 누가 누구를 지목했을지 패널들이 결과를 추리한다. 이 프로그램의 묘미는 일반인 출연자들의 현실감 넘치는 감정 및 행동의 정밀한 묘사와 더불어, 그 모습을 지켜보는 연예인 패널들의 리액션으로 관찰의 재미를 돋워준 데 있다. 한창 이성 교제에 활발히 나설 만한 청춘들이 이와 같은 TV프로그램에 몰입하고 대리만족하는 모습은 가히 '대리 연애'에 심취했다고 해석할 만했다.

이러한 상황은 TV 속 예능 프로그램에만 그치지 않는다. 감정이

입용 콘텐츠가 대세가 되면서 최근 한국 사회의 감정선이 질적 변화를 겪고 있음이 곳곳에서 포착된다. 공부하느라 바빠서 혹은 편리한 언택트 기술에 대한 의존도가 늘어나면서 다른 사람들과의 교류를 줄여가는 '얼로너Aloner'들은 자신의 감정생활을 다양한 감정대리인을 통해 해결한다. 마치 보고 싶은 영화를 편할 때 불러내 즐길 수 있는 VOD Video on Demand처럼 이제 사람들은 자기 감정을 EOD Emotion on Demand로 주문할 수 있는 감정대리인을 찾고 있는 것이다.

감정대리인은 수행하는 역할에 따라 세 가지 유형으로 나눌 수 있다. 첫 번째가 '감정대행인'의 역할로, 이는 극대화된 감정이입을 통해 감정을 '대신 느껴주는' 역할을 수행하는 것이다. 감정대행인의 생생한 감정을 보며 본인이 실제로 그 감정을 경험하는 듯한 대리만족을 느낀다. 두 번째는 '감정대변인'의 역할이다. 본인이 스스로 표현하기 힘든 감정을 '대신 표현해주는' 것이다. 한 장의 이미지로 복잡한 감정을 대신 전하고, 자신의 감정을 알기 위해 타인들의 감정에서 답을 구한다. 마지막은 '감정관리인'이다. 미술관의 큐레이터가 상황에 맞는 전시물을 골라내듯, 본인의 상황에 맞는 감정을 큐레이션해서 '대신 맞춰주는' 것이다. 이제 이 세 가지 유형의 감정대리인이 구체적으로 어떤 상황에서 활약하고 있는지 그 실체를 면밀하게 들여다보기로 한다.

1. 감정대행인, 나 대신 느껴줘

"점심 메뉴 통일 좀 하지 마세요. 나는 다른 거 먹고 싶단 말야……."

페이스북의 '대신 찌질한 페이지'에는 대놓고 찌질할 수 없는 사람들이 모인다.[3] 페이지의 운영자는 감정 제보자의 상황에 맞는 게시물을 만들어주거나 어울리는 상황들을 찾아 업로드한다. 이때 중요한 것은 보는 이들이 직접 경험한 듯 생생한 감정을 느끼게 해주는 '디테일'에 있다. 사람들은 찌질함을 대리해주는 게시물에 공감하며 "내가 쓴 글인 줄"이라는 댓글을 덧붙인다. 최근 페이스북에는 이와 같이 감정을 대신 표출해주겠다는 페이지들이 우후죽순 등장하고 있다. '대신 화내주는 페이지', '대신 욕해주는 페이지', '대신 뻔뻔한 페이지' 등 대행해주는 감정도 다양하다. 대다수는 그저 재미로 만들었거나 자극적인 콘텐츠로 사람을 끌어보려는 시도이지만 제대로 공감을 얻은 페이지는 팔로워가 수만 명에 이를 정도다. 직접 감당하기에는 후폭풍을 책임질 수 없는 부정적인 감정들을 타인의 사연에 이입해 대리 해소하는 것이다. 일각에서는 이러한 감정대행을 '감정의 외주화'라고 표현하기도 한다.

일상에서 선불리 경험하기 힘든 감정을 느껴보기 위해 감정대리인을 찾는 경우도 있다. 최근 직장인들에게 인기를 얻고 있는 '퇴사방송'이 대표적이다. 평소 자신의 일상을 동영상으로 촬영해 SNS에서 공유하는 브이로거vloger들이 특별한 경험의 일환으로 퇴사 이야기도 공유하는 것이다. 퇴사 전 고민과 갈등을 털어놓기도 하고 마지막 출근길에서 느끼는 감정과 퇴사 후 만끽하는 자유 등 퇴사를 통해 느낄 수 있는 감정을 생중계한다. 출근 마지막 날, 잠에서 깬 출연자가 기상하는 모습을 시작으로 출근 후 동료들로부터 퇴사 축하 케이크를 받고 자신의 물품을 하나하나 정리하는 모습을 보여주는 식이다. 마음속에 사표 한 장씩 품고 산다는 직장인들에게 이러한 퇴사

방송은 판타지인 듯 판타지 아닌 간접경험을 통해 대리만족을 선사한다.

감정대행은 소비욕을 대신 풀어주는 것에서 드러나기도 한다. 최근 유행하는 '명품 하울' 현상이 바로 그것이다. '하울haul'은 원래 '끌어당긴다'는 뜻의 영어 단어인데, 이것이 요즘 들어서는 매장에서 쓸어 담듯이 구입한 제품의 개봉 과정을 동영상으로 보여주는 것을 의미하게 되었다. 보통 이런 영상에서는 구찌·프라다·에르메스 등 일반인이 쉽게 사지 못하는 명품 신상을 한두 개도 아니고 방안 가득 쌓아놓고 포장부터 하나하나 열어 보여준다. '1,570만 원', '8,000만 원어치 쇼핑'이라는 제목의 영상에서는 "이것은 돈 자랑이 아니고 예쁜 것을 함께 보고 힐링하자는 것입니다"라는 취지를 소개하고 그와 함께 어느 부분이 예쁘고 눈길을 끌었는지에 대해 상세한 설명을 단다. 이러한 영상에는 실제로 200만이 넘는 조회수와 함께 "예쁜 것 잘 봤다"며 만족을 표하는 댓글이 달린다. 쇼핑 욕구를 풀고 싶은 대상에는 가방뿐 아니라 수십억을 호가하는 집도 포함된다. '흑석박사'라는 채널을 운영하는 부동산 중개업자는 초고가 아파트 내부를 보여주는 것으로 유명하다. 조회수가 100만을 넘은 한남동의 100평 펜트하우스를 다룬 영상에서는 널찍한 테라스와 실내 정원, 편백나무로 된 히노키탕을 간접적으로나마 들여다볼 수 있다. 한편으로는 상대적 박탈감을 느낄 법도 하지만 이러한 하울 영상을 찾는 소비자들은 정말 예쁘고 귀한 것을 '영접'해보는 감정에 충실할 뿐이다. 현실에서는 소확행에 만족할지라도 대리 감정만큼은 최고로 누리고자 하는 이들은 **페이크슈머**의 진화형이라 볼 수 있다.

감정대행이라는 프로세스에서 가장 중요한 것은 몰입이다. 텔레비전 화면보다 훨씬 작은 사이즈의 모바일 스크린으로 콘텐츠를 즐기는 현대인을 위해 더 상세하게, 더 타이트하게 영상을 구성해 집중도를 높이는 것이다. 예를 들어 직접 손으로 명품의 디테일을 하나하나 만져보는 것 같은 감동이 느껴지거나, 이 방 저 방 문고리 하나까지 꼼꼼하게 살피면서 마치 자신이 최고급 아파트의 계약을 앞둔 것처럼 느끼도록 몰입감을 높여주는 것이 중요하다. 앞서 언급한 〈하트 시그널〉의 경우에도 촬영 장소에 30대가 넘는 카메라를 설치하여 눈짓, 손짓은 물론이고 심쿵하는 발짓까지 디테일하게 포착하고, 패널들이 "방금 그 눈빛을 봤느냐"며 출연자들의 세세한 액션까지 대신 강조하며 시청자들의 몰입감을 높였다.

페이크슈머Fakesumer
가짜를 뜻하는 'Fake'와 소비자를 뜻하는 'Consumer'의 합성어. 팍팍한 주머니 사정으로 힘든 현실 속에 극한의 가성비를 추구하는 페이크슈머들은 고가의 명품 대신 모조품을, 해외여행 대신 여행 다큐를, 고급 코스요리 대신 먹방을 즐긴다.

2. 감정대변인, 내 감정을 표현해줘

감정대리인의 두 번째 유형은 내 기분을 세련되게 전달해주고 리액션까지 대신해주는 '감정대변인'이다. 각자 이어폰을 끼고 세상과 단절된 채 예능 프로그램을 감상하며 고단한 하루를 마무리하는 요즘, 자신의 감정을 누군가와 소상히 공유하는 것은 부담스럽다. 대신 감성 충만해 보이는 감성 글귀를 '프사(프로필사진)'에 올려 표정을 대신하고, SNS상에서 인기 있는 '일상툰'을 공유하며 그날의 기분을 대신 표현하는 식이다.

말 없는 감정 표현은 오프라인에서도 찾아볼 수 있다. 최근 몇 년 사이 카페나 술집 등 트렌디한 가게에는 네온사인으로 만든 감성 글귀 인테리어가 유행처럼 번지고 있다. 가게를 찾는 사람들은 몽환적이기도 하고, 따뜻한 느낌도 주는 네온사인 감성 글귀에 공감하며 힐링되는 기분까지 느낀다. 이 때문에 간단하게 직접 네온사인 문구를 만들어보는 원데이클래스가 등장했고 맥주잔, 소주잔 같은 생활 소품에도 감성 문구를 새긴다. '수고했어, 오늘도'와 같은 노래 가사를 활용한 격려나, '예쁜 척하고 있네, 안 그래도 예쁜 게'와 같이 재치 넘치는 문구가 오늘의 기분을 구구절절 털어놓을 곳 없는 이들이 말 대신 한 장의 사진으로 감정을 공유할 수 있도록 대변인의 역할을 해주고 있다.

TV 속 관찰예능 프로그램들도 현대인의 고독한 감정 생활을 대변하기 위해 진화하고 있다. 〈전지적 참견 시점〉, 〈나 혼자 산다〉, 〈어서와~ 한국은 처음이지?〉 등 시청률 상위권에 이름을 올린 인기 예능 프로그램을 보면 누군가의 일상을 들여다보는 동시에, 해당 영상을 함께 시청하는 연예인 패널들의 재치 넘치는 리액션과 다양한 반응을 보여준다. 관찰 영상과 시청자 사이에 게스트의 토크가 끼어 있는 '액자형 관찰예능'이다. 마치 내부 이야기와 이야기를 전달하는 외부 이야기가 있는 액자 소설 같다. 여러 명의 패널 중에 내 리액션을 대신해주는 한 명에게 나를 대입하며 감정을 공유하고, 나와 다른 반응을 보이는 사람을 통해 다양한 감정을 배운다.

액자형 관찰예능의 감정 중계는 한 발 더 나아가서 '감정 해설'까지 덧붙인다. 〈하트 시그널〉에서 자칭 연애심리 전문가라는 패널들은 설렘과 재미의 포인트를 짚어주며 감정을 가르쳐준다. 서두에 제시한 첫 만남 장면에서 남성의 시선이 이리저리 움직인 것은, "자기 마음을 들킬까 봐 일단 시선을 거두긴 했지만 마음에 드는 이성에게는 무의식적으로 다시 눈길이 가게 되는 것"이라는 일명 '두 번째 시선' 이론을 내놓는다. 이렇듯 다른 사람과 마주하며 벌어지는 미묘한 표정 변화를, 감정을 읽어내는 일에 서툰 감정대리족들은 연애를 글로, 더 나아가 영상으로 배우는 중이다.

감정 배우기는 연애에만 필요한 것이 아니다. 최근 쏟아지는 감정 관련 콘텐츠를 보면 복잡한 감정을 누가 쉽게 풀이해주기를 바라는 사람들의 마음을 엿볼 수 있다. 『죽고 싶지만 떡볶이는 먹고 싶어』, 『혼자 있고 싶은데 외로운 건 싫어』, 『나의 슬기로운 감정생활』 등 인기 도서들의 경우 우울증을 겪고 있는 일반인, 심리학자, 가정의학과 전문의 등의 저자들이 다양한 사연을 소개하며 감정 조절에 어려움을 겪는 독자들을 끌어당기고 있다. 다른 사람의 에세이에서 자신의 감정이 이상한 것이 아님을 확인받고, 그 감정의 정체를 이해하려는 것이다.

내 감정을 알기 위해 타인의 감정을 들여다보는 풍조는 다른 분야에서도 나타나고 있다. 잘 모르는 사안에 대한 인터넷 뉴스를 볼 때 기사보다 댓글부터 읽는 행동이 대표적이다. 이전에는 기사를 읽고 난 후 여론을 파악하기 위해 댓글을 훑어보는 것이었다면 요즘엔 기사 내용을 읽기도 전에 '베댓(베스트댓글)'을 먼저 살핀다. 사실을 알기 전에 이 사안에 대해 내가 좋아해야 할지 싫어해야 할지, 혹은 슬퍼해야 할지 분노해야 할지부터 정하기 위해서다. 태도의 이정표가 되는 댓글 공간에서 다수는 자신의 감정을 표현하기보다 다른 사람의 감정에 기대기를 택한다. 한국언론진흥재단의 미디어연구센터가 2018년 4월, 성인 1,075명을 대상으로 조사한 결과, 70.1%가 지난 일주일 동안 포털 사이트 뉴스 하단에 게시된 댓글을 읽은 경험이 있다고 답했으나, 댓글을 작성한 사람은 21.1%에 그쳤고 자신의 태도를 '공감/비공감'으로라도 표시한 응답자도 30.9%에 그쳤다. 태도를 결정하기까지 많은 사람의 의견이 필요한 것도 아니다. 댓글 중 상위 2~3개만 읽는다는 사람이 35.4%, 10개 정도까지 읽는 사람이 40.4%로 나타나 대부분 댓글의 다음 페이지로 넘어가지 않았다.[4] 스스로 판단하고 태도를 정립하기보다, 신속하고 간결하게 누군가가 호불호를 제시해주기를 바라는 것이다. 어쩌면 처리해야 할 정보가 산적한 오늘날, 최대한 효율적으로 정보를 처리하는 방편일지도 모른다.

3. 감정관리인, 내 기분에 맞춰줘

2018년 상반기에는 대기업 총수 일가의 갑질 사건이 보도되며 분노조절 장애(정식 병명 '간헐적 폭발장애')가 사회적으로 크게 이슈화된 바 있다. 건강보험심사평가원에 따르면 충동조절장애로 진료받은 환자 수는 2009년 3,720명에서 2017년 5,986명으로 꾸준히 늘었다.[5] 우리말인 '화병hwabyung'이 세계적 정신의학 용어로 등재될 만큼 감정 표출을 하지 못하고 꾹 참는 것은 한국인의 고질적인 문제로 여겨진다. 감정이 과해서, 또 부족해서 문제를 겪는 한국 사회에서 감정 조절이 화두가 된 것이다.

감정을 스스로 통제하기 어려운 현대인들을 위한 서비스와 상품도 속속 등장하고 있다. 가장 잘 알려진 감정관리법은 '감성 큐레이션'을 이용하는 것이다. 기존의 큐레이션은 성이나 연령 같은 인구특성에 기반을 두어 비슷한 특성의 이용자들이 많이 찾는 상품을 추천하거나 카테고리별 추천 상품을 내놓는 식이었다. 이에 반해 감성 큐레이션은 '봄바람이 좋은 날', '술 한잔 하고픈 날' 같이 이용자들의 주관적인 기분과 상황에 맞춰주는 추천 서비스를 말한다. 자연어처리와 딥러닝 기술 덕분에, 소비자들의 말에서 직접 추출한 감성어를 바탕으로 AI 기반의 큐레이션이 보다 섬세하게 추천 서비스를 제공할 수 있도록 업그레이드되고 있다. 음악·영화 등 문화콘텐츠 분야에서 주로 사용되었던 것이 최근에는 여기어때, 에어비앤비 등의 숙박 플랫폼 서비스에도 도입되고 있다. 이전의 지역별·유형별 추천이 아니라 '뷰가 좋은 펜션', '밸런타인데이에 가기 좋은 호텔' 등 감성적인 키워드를 입력하면 어울리는 숙소를 제안받을 수 있는 형태이다.[6]

인공지능 기술이 나날이 발전하고 있다고는 하지만 가장 섬세하고도 감성적인 큐레이터는 역시 사람이다. 아날로그적인 방식으로 사람이 직접 콘텐츠를 골라주는 감성 큐레이션의 방식도 진화하고 있다. 최근 대형 서점과 달리 주인장의 취향을 기반으로 특화하고 있는 동네 책방의 '책 처방전'이 대표적이다. 이곳에서 책은 정보와 지식 전달의 매체가 아닌 마음 관리의 매개가 되어준다. 서울 홍대 인근 '사적인 서점'은 주인이 손님 한 명 한 명과 대화를 한 후 '지금 당신에게 가장 필요한 책'을 직접 처방해준다. 한 시간 동안 주인과 책에 대해 대화를 나누고 나면 일주일간의 큐레이팅 기간을 거쳐 선별한 책과 편지를 택배로 보내주는 방식이다.[7]

등장 배경

감정은 사실 매우 어려운 개념이다. 저명한 심리학자, 페르B. Fehr와 러셀J. Russell은 "감정이 무엇인지 모두가 안다. 그것을 정의해달라는 부탁을 받기 전까지는"이라는 말을 했다.[8] 이 말은 감정이 매우 정의하기 어렵다는 의미인 동시에, 정의하지 않아도 누구나 본능적으로 '느낄 수' 있는 개념임을 뜻한다. 감정emotion이라는 단어의 어원은 'movere'(움직이다)에서 비롯되었다. 다시 말해 감정은 외부의 자극으로 인해 몸에서 일어나는 움직임, 변화를 일컫는다.[9] 인간은 항상 크고 작은 외부 자극 속에 있고 그러한 자극들로 촉발된 다양한 감정과 늘 함께한다. 감정은 자극에 대해 이성보다 재빨리 움직여 상황에 대처하도록 도와주기도 한다. 감정이 생존에 필수적인 이유다.

신형철 문학평론가는 인간의 세 가지 권능은 사유thinking, 의지wanting, 느낌feeling인데, 어쩌면 사유와 의지는 느낌의 합리화이거나 체계화일지도 모른다고 밝힌 바 있다.[10] 감정은 인간다움의 핵심이다. 감정을 담당하는 뇌의 영역이 망가진 사람은 다른 사람의 물건을 훔쳐서는 안 된다는 사실은 '알지만', 죄책감과 같은 감정을 '느끼지는' 못해, 도벽을 멈추기 어렵다고 한다. 사이코패스란 단지 잔인한 사람이 아니다. 타인의 감정을 느끼지 못하는 사람이다. 그래서 감정

감정대리인을 통해 우리는 행복하고 편안하며 즐거운 감정만 느끼길 바란다. 이른바 '감정의 해피밀' 현상은 감정의 맥도널드화를 가속화시키며, 부정적이거나 슬픈 감정을 수용할 수 있는 마음근육을 약화시킨다.

은 인간을 인간답게 하는 가장 본질적인 요소라고 할 수 있다. 그렇다면 현대인들은 이토록 본질적이고 중요한 감정의 표현에 왜 그토록 서툴러지고 있는 것일까?

감정 과잉 시대, 감정의 '해피밀'을 찾아서

정보 과잉의 시대, 우리는 정보라는 이름의 수많은 자극에 노출되어 있다. 그런데 이러한 정보의 대부분은 감정을 동반한다. 미세먼지가 심해질 것이라는 기상정보는 눈에 보이지 않아서 더욱 불안을 증폭시키고, 주의를 기울였더라면 막을 수도 있었을 교통사고 영상은 막연한 공포감을 준다. 에메랄드빛 해변을 강조하는 여행 광고는 떠나고 싶은 충동을 부채질하고, 습관적으로 접속한 SNS에서는 여유와 행복이 넘치는 주변인들의 일상이 우리를 둘러싼다. 한마디로 우리는 정보의 바다에서 감정의 과잉을 필연적으로 경험하고 있다. 자극이 많을수록, 감정이 격할수록 우리는 더 많은 에너지를 쓰게 된다. 『트렌드 코리아 2018』에서 강조했듯 혼자서 숨 돌릴 수 있는 '나만의 케렌시아'를 찾는 것도 이러한 감정의 과잉으로부터 벗어나기 위함일 것이다. 하지만 아무것도 없는 상태가 반드시 이상적인 것은 아니다. 너무 뜨겁지도 너무 미지근하지도 않은, 따끈한 정도의 온탕이 긴장을 풀어주듯 우리의 감정도 적당히 오르내리기를 바란다. 과하지 않고 적당한 상태, 이른바 감정의 **골디락스**를 원하는 것이다. 현대사회에는 소비자들이 감정의 골디락스를 유지할 수 있도록 도와주는 상품과 서비스가 넘쳐난다.

『탈감정사회』의 저자 메스트로비치Stejepan G. Mestrovic의 표현을 빌리자면, 감정을 쉽고 편하게 소비할 수 있도록 '감정의 맥도널드화'가 진행된다. 그는 대중적으로 소비되는 감정이 먹기 편한 한입 크기로 만들어진 '해피밀'과 같다고 말한다. 연애 리얼리티를 통한 대리 연애는 간질간질한 달콤함은 느낄 수 있으면서도 실연으로 정신 못 차리게 할 일이 없다. 영화에서 중요한 인물이 죽으면 펑펑 울 수 있지만 영화관을 나서면 없었던 일이 된다. 감정대리인을 통해 적당히 소비하는 감정은 적당히 즐겁게 식사를 해결하는 해피밀을 먹는 것과 다름없다는 것이다.

골디락스Goldilocks
과하지도 부족하지도 않은 딱 적당한 상태를 일컫는 말. '금발머리 소녀'라는 뜻의 골디락스는 영국의 전래 동화 《골디락스와 세 마리 곰》의 주인공 이름으로, 골디락스가 너무 뜨겁지도 차갑지도 않은 적당한 온도의 수프를 택한 행동에서 유래했다. 경제학자 슐먼D. Shulman은 이를 경제에 적용하여 인플레이션을 우려할 만큼 과열되지도 않고, 경기 침체를 우려할 만큼 냉각되지도 않은 경제 상태를 '골디락스 경제'라고 말한 바 있다.

소비자들이 감정의 골디락스를 찾는 것은 부정적인 감정을 외면하는 사회와도 관련이 있다. 언택트 기술의 발전은 사람들과의 접촉에서 오는 번거로움을 피할 수 있도록 돕는다. 디지털 기술이 감정생활도 온라인이 오프라인을 대체할 수 있도록 만들기 때문이다. 이모티콘의 종류도 나날이 발전하여 움직이고 소리를 내고 크기가 확대되는 것은 물론, 자신의 얼굴 사진을 기본으로 한 이모티콘까지 등장했다. 폭넓은 감정 표현이 가능해졌다고 볼 수도 있지만 오히려 감정의 깊이는 점차 얕아지고 있다. 친구·연인과 만나 카페에 앉아서도 각자의 SNS를 들여다보며 소통하는 이들은 항상 연결되어 있지만 깊이 있는 교류는 나누지 않는다. 디지털 환경이 발달하면서 우리 모두가 진정한 감정을 나눌 장소를 잃고 있다.

얕은 감정이 오가는 사이에 부정적 감정은 갈 곳을 잃게 된다. 해피엔딩의 드라마와 같이 갈등은 금세 해소되고 늘 행복감으로 마침표를 찍는 감정 생활을 원하기 때문이다. 사람들은 자신의 어두운 감정을 드러내지 못할 뿐만 아니라 다른 사람의 슬픔도 거부하고 있다. 성인 남녀 847명을 대상으로 조사한 결과, 응답자 40.3%가 "최근에 우는 사람을 보고 싫다고 느낀 적이 있다"고 답했으며,[11] 얼굴을 찡그리며 눈물을 흘리는 모습을 비하해서 "즙 짠다"고 표현하기도 한다. 아이돌 육성 프로그램 〈프로듀스48〉에서 출연자들이 눈물을 흘리는 장면이 자주 나오자 일부 시청자는 '즙로듀스'라는 비난을 가하기도 했다.[12] '어라운드AROUND'와 같이 익명의 대중에게 위로받는 앱이 인기를 얻는 것도 부정적 감정을 해소할 곳 없는 우리 사회의 단면을 보여준다. 이렇게 당당히 드러내지 못하고 발설되지 못한 감정들은 쌓이고 쌓여 자연히 감정대리인의 몫이 된다.

아날로그가 외국어인 디지털 원주민들, 대화를 두려워하다

전술한 문제는 태어나서부터 바로 디지털 기기를 사용하며 자라온 젊은 세대, 디지털 원주민digital natives에게는 더욱 심각하게 다가온다. 수화기 모양의 전화 아이콘이 무엇을 의미하는지 모르고, 아날로그 시계의 바늘을 읽지 못하는 이들이 어느덧 어른이 되었다. 형제자매나 동네 친구들과 싸우기도 하고 뛰어놀기도 하며 다양한 감정과 마주할 기회가 있었던 이전 세대와는 달리, '혼놀'이 기본이었던 디지털 원주민들은 사람과의 상호작용보다 디지털 기기와 노는 것이 더 편하다. 이들은 가볍고 짧은 대화는 곧잘 하지만 감정을 깊게 교류하는 대화는 낯설다. 외국에서는 스마트폰에 주의를 쏟느라 주변인에게 건성으로 대하는 태도를 일컫는 'phubbing'이라는 단어도 등장했는데 이는 전화의 'phone'과 무시한다는 뜻의 'snubbing'을 합쳐서 만든 신조어다. 이들에게 감정 표현이란 며칠 밤을 새워 백번 고쳐 쓴 한 장의 편지가 아니라, '전송' 버튼 하나로 보내는 이모티콘이자 '공유' 버튼 하나로 게시하는 이미지다.

감정을 공유할 사람뿐만 아니라 배울 기회조차 마땅치 않았던 디지털 원주민들은 깊이 있는 교류를 통해서 배워야 할 복잡한 감정이 느껴지면 당황한다. 감정을 설명하는 최신 이론의 하나인 '구성된 감정 이론Theory of Constructed Emotion'에 따르면, 사람에게는 누구나 분노·수치심·즐거움 같은 감정 회로가 내장되어 있다는 고전적인 생각과는 달리, 감정은 타고나는 것이 아니라 성장 과정 속에서 학습하는 것이다. 예를 들어 아이가 넘어져서 우는 것은 일종의 불쾌감의 표출이지만 "우리 아이가 아팠구나" 하는 보호자의 반응을 보고, 아이는 아픔·속상함·슬픔 등 감정의 개념을 울음과 연결 짓게 된다는 것이다. 즉, 더 고차원적인 감정을 배우기 위해서는 많은 경험과 관찰이 필요하다. 수십 개의 카메라를 통해 출연자의 다양한 리액션을 보여주는 관찰예능이 평범한 리얼리티 프로그램보다 더 재미있게 느껴지는 이유이기도 하다.

무엇보다 가짜뉴스와 정보의 홍수 속에서 진실이라고 믿던 것도 의심받는 요즘, 모르는 것은 항상 '지식iN'에 묻던 사람들은 자기 마음에도 확신을 가지지 못하고 다른 사람들의 감정을 살핀다. 결정 장애를 겪는 소비자들, 이른바 '햄릿증후군'을 앓는 젊은이들은 무엇을 살지 선택하는 것에 대한 결정 장애를 넘어서 자신의 감정에도 확신을 갖지 못하는 이들이다. 즉, "사느냐 마느냐" 이전에 "사고 싶은 건지 안 사고 싶은 건지" 마음을 못 정하는 햄릿인 것이다.

SNS에 수시로 자기 일상을 공유하고 항상 세상에 로그인되어 있는 젊은 사람들이 감정 표현에도 솔직하고 자기표현도 잘한다고 생각할 수도 있을 것이다. 그러나 한 연구 결과에 따르면 SNS에는 거의 긍정적인 감정만 존재하기 때문에 소화가 어려운 부정적인 감정을 처리할 수 있는 감정 근육이 쇠퇴하고 결과적으로 감정 처리에 더디게 되는 것으로 나타났다.[13] 비슷한 맥락에서 스웨덴에는 부모들의 완벽한 보호 속에 자란 아이들을 일컫는 말로 '컬링curling 세대'라는 표현이 있다. 마치 자녀가 아무런 마찰 없이 앞으로 미끄러져 나아갈 수 있도록 부모들이 길을 닦아주는 모습이 스포츠 종목의 하나인 컬링과 같다고 해서 만들어진 말이다. 취업 인터뷰도 부모와 함께 가는 이들은 회사 상사의 사소한 꾸지람에도 엄청난 심리적 충격을 받는다.[14]

시사점

감정 관리 산업의 성장 가속화

감정대리인에 대한 현대인의 니즈가 지속되는 한 이와 관련된 상품과 서비스에 대한 의존은 더욱 깊어질 것이다. 언택트 기술의 편리함에 의존하고 관계가 프로젝트화 될수록 사람들의 감정 근육은 약해지고 이에 따라 감정을 다루는 일이 더욱 중요한 문제가 될 수 있다.

전 세계적으로도 자신의 감정을 디지털 기술에 의탁하는 문화가 확산되며 관련 산업이 활발하게 등장하고 있다.

영국에는 문화별로 달리 해석되는 이모티콘의 미묘한 차이를 알려주는 '이모티콘 번역가'가 등장했고[15] 삼성전자 이탈리아 법인에서는 이모티콘만으로도 대화가 가능할 수 있게 하는 앱, 위모지We-mogee를 출시했다. 나아가 감정의 근육이 약해져가는 다음 세대를 위해 감정을 가르쳐주는 게임도 나왔다. 페피팔Peppy Pal이라는 게임은 영유아들이 친구들과 놀거나 싸우기도 하는 다양한 동물 캐릭터의 표정을 보면서 상황에 맞는 감정을 배울 수 있도록 돕는다. 영국 애버딘Aberdeen 대학교의 주디스 매스토프Judith Masthoff 교수는 감정 관리 서비스의 발달을 두고 "사람들이 하루 종일 편안한 감정을 가질 수 있도록 돕는 개인별 수호천사를 가지게 되는 것"이라고 표현하기도 했다.[16]

감성 큐레이션이 한층 더 발전하게 되면 소비자가 굳이 자신의 감정 상태를 입력하지 않아도 먼저 감정을 감지하고 분석하여 그에 맞는 조치를 취해주는 서비스로 진화한다. 이미 해외에서는 **감성 컴퓨팅** 기술이 상당한 수준에 이르러 다양한 분야에서 활용되고 있다.

특히 운전자의 컨디션이 안전과 직결되는 자동차 분야에서 이런 기술이 빛을 발하고 있다. 감성 컴퓨팅 전문 스타트업

감성 컴퓨팅
Affective computing

인간의 감성affect을 인식·해석·처리·모사하는 기술 및 디바이스, 혹은 이와 관련한 연구 분야를 말한다. MIT의 로잘린드 피카드Rosalind Picard 교수가 1997년 출간한 동명의 책을 통해 처음 제안한 개념으로 감정 인공지능이라고도 한다. 사람의 표정이나 발화에서 감정을 읽어내는 것뿐만 아니라 로봇이 사람과 대화할 때 자연스럽게 말할 수 있도록 감정을 구현해내는 것도 포함한다.

어펙티바Affectiva의 차량용 인공지능은 운전자의 기분이 좋지 않거나 주의력이 분산되었다는 것이 감지되면 자동운전 모드로 변경되어 차량 운행을 멈춘다. 일본 자동차 기업 도요타가 출시한 소형 AI 로봇 '키로보 미니Kirobo Mini' 역시 운전자의 상태를 감지한다. 사람 목소리가 들리는 쪽으로 고개를 돌려 반응할 뿐만 아니라 간단한 대화를 나누고 운전자의 기분과 졸음운전 여부를 파악해준다. 야구공 크기에 불과해 언제 어디에나 데리고 다닐 수 있는 데다, 귀여운 외관으로 출시 후 1년 만에 50만 대 이상 팔린 것으로 알려졌다.[17]

몇 년 전부터 육아 분야에서 필수 상식처럼 여겨져왔던 '감정코칭'도 점차 분야를 넓혀 확산될 것으로 보인다. 『0세부터 시작하는 감정조절 훈육법』의 저자 김수연 박사는 신생아 때부터 감정 조절을

출처: Affectiva, Toyota

■ ■ ■ 감성 컴퓨팅 기술의 발달로 오늘날의 로봇은 사용자의 기분과 감정을 파악해 대응한다. 어펙티바의 차량용 AI(위)와 도요타가 개발한 키로보 미니(아래)는 운전자의 기분을 탐색해 차량의 안전 운행을 돕는다.

가르쳐야 자존감이 높아지고 원활한 사회생활을 할 수 있다고 말한다. 그래야 이들이 커서 처음 사회생활을 시작할 때, 상사에게 혼이 나더라도 감정을 추스를 수 있다는 것이다. 하지만 이런 훈련이 되어 있지 않은 채 어른이 된 사람들도 있기에 이들을 위한 교육도 필요하다. 일명 CEO를 위한 감정코칭인 '리더는 왜 뚜껑이 자주 열릴까'와 같은 감정 관리 강의가 바로 그것이다.[18] 이는 상사에게 처음 혼나 보는 젊은 사람들만이 아니라, 회사는 경영해도 자신의 감정은 경영하기 힘든 사장님들까지 감정 관리에 어려움을 겪고 있는 우리 사회의 단면을 보여준다. 감정 관리가 하나의 산업으로 성장할 것임을 전망하게 하는 부분이다.

그렇다면 감정이 중요한 키워드가 되어가는 사회에서 기업은 감정을 어떻게 전달해야 할까? TV 예능 프로그램인 〈전지적 참견 시점〉으로 다시금 전성기를 되찾은 방송인 이영자의 예를 보자. 그의 말은 '실제보다 더 리얼한' 맛 묘사라는 평을 듣는다. 오랜 시간 동안 전국을 다니며 축적해온 자신만의 맛 리스트를 바탕으로, 먹는 것의 즐거움을 자신만의 철학으로 승화시켜 '맛깔나는' 언어로 전달하기 때문이다. 어묵을 먹으면서도 "첫입은 설레고 마지막 먹을 때는 그립다"는 식의 표현이 나온다. 타인의 교류가 부족한 현대인들에게 필요한 것은 이렇게 사람에게서만 느낄 수 있는 살아 있는 감정이다. 즉, 간접화된 경험이지만 본인이 직접 경험하는 것 이상으로 욕구를 충족할 수 있는 '감感깔나는' 경험이 필요하다. 소비자의 이런 욕구를 채워야 하는 기업 입장에서는 어려운 숙제가 아닐 수 없다.

부정적인 감정도 수용하는 마음 근육을 키워야

감정대리인에게 의존하는 소비자들에 대해서도 생각해볼 점이 있다. 감정대리인에 점차 의존하게 되는 것은 부정적이거나 슬프거나 불안정하거나, 뭔가 불편한 감정을 의도적으로 피하고자 하는 현대인의 약한 마음 근육에 원인이 있다. 하지만 사람이란 늘 편안하고 안심되는 상태에 있을 수만은 없고, 또 그런 상태가 좋은 것만은 아니다.

영화 〈인사이드 아웃〉에서 주인공 라일리의 머릿속 '감정 본부'에는 언제나 라일리가 즐겁기만을 바라는 '기쁨이'가 있다. 기쁨이는 '슬픔이'가 부정적인 감정을 만들까 봐 아무것도 하지 못하도록 저지하지만, 라일리가 난관에 부딪혔을 때 슬픔은 꼭 필요한 감정이었다. 결국 기쁨이가 슬픔이의 중요성을 깨닫고 나서야 기쁨이와 슬픔이는 힘을 합쳐 성장의 중요한 밑거름이 되는 '핵심기억' 구슬을 만들 수 있게 된다. 이 구슬은 기쁨의 색과 슬픔의 색이 섞일 때 비로소 아름다운 빛을 발하는 구슬이었다.

기쁘고 행복한 감정도 중요하지만 삶이 더 풍부하고 가치 있으려면 모든 감정을 인정하고 포용해야 한다. 간편하게 먹을 수 있는 해피밀이 지금 당장은 맛있지만 영양가는 떨어지듯, 감정의 해피밀도 우리의 마음 건강을 지켜줄지 자신할 수 없다. 감정 관리에 대한 많은 책들이 말하는 바는 하나다. "자신의 감정과 마주하라." 무엇이든 공유하고 빌려 쓰는 시대라지만, 감정만큼은 즐거움이든 슬픔이든 자신만의 색으로 칠해야만 하기 때문이다.

Data Intelligence

데이터 인텔리전스

의사결정의 패러다임이 인공지능[AI]에서 데이터 지능[DI]으로 다시 한 번 진화한다. 정보기술의 눈부신 발전으로 데이터-알고리즘-인공지능이 서로 맞물리며 의사결정의 패러다임이 바뀌고 있다. 이 같은 데이터 주도형 의사결정을 '데이터[data]'와 결정을 뜻하는 영어 단어, 'decision'을 합친 새로운 용어인 '데시젼[dacision]'이라고 부를 수 있다. 데이터에 기반해 의사결정을 내리는 기업의 생산성은 5%, 이윤은 6%가량 경쟁사를 앞서간다는 연구 결과도 있다. 이미 데시젼의 활용은 비단 첨단 IT 기업뿐만 아니라, 의료·엔터테인먼트·어뮤즈먼트·

미용·패션·물류·금융·공공 등 다양한 산업으로 확산되고 있다.

하지만 엄청난 잠재력을 지닌 데이터 인텔리전스는 누가 어떻게 활용하는가에 따라 무서운 결과를 초래할 수도 있다. 정부가 국민의 일상생활을 감시하거나 국민 개개인의 성향을 파악하기 위한 정치적 용도로 이를 사용한다면 인권 침해는 물론이고 엄청난 부정적인 파급 효과를 낳게 될 것이다. 또한 국경이 없는 온라인 데이터의 성격상, 그 수집 및 활용과 관련해 전 세계가 공동으로 법적·제도적·기술적 기반을 갖출 필요도 제기된다. 산업의 발전과 소비자 정보 보호의 균형점에 대한 진지한 고민이 절실한 시점이다.

향후 데이터 인텔리전스의 활용은 기업과 국가 경쟁력 향상에 필수적인 요소이자 필연적인 흐름으로 자리 잡을 것이다. 데이터를 어떻게 활용하느냐에 따라서 새로운 승자가 결정된다. 우리는 의사결정 패러다임의 모멘텀이 바뀌는 바로 그 순간, '데시젼 포인트'에 와 있는 것이다. 이제 데이터가 말하게 하라.

2018년 봄, 홍콩 인기 스타 장쉐유張學友의 중국 내 콘서트에는 5만 명의 관중이 운집했다. 그 중에는 경제 범죄 수배범이던 31세 중국 남성도 있었다. 그는 아무도 자신을 알아차리지 못할 것으로 생각

해 아내와 함께 90km가 넘는 거리를 운전해 콘서트장을 찾았으나 얼마 지나지 않아 중국 공안에 바로 체포됐다. 그들은 어떻게 범인을 잡았을까? 바로 방대한 데이터에 기초한 안면인식 기술 덕분이었다. 콘서트장 출입구에 설치된 카메라들이 수배범의 얼굴을 인식하자마자 경찰에 알린 것이다. 지난 2015년부터 중국은 공안부 주도로 14억 명에 달하는 중국인들의 얼굴을 몇 초 안에 90% 이상의 정확도로 구분할 수 있는 안면인식 데이터베이스를 구축하기 시작했다고 알려졌다. '하늘의 그물'이라는 의미의 실시간 영상 감시 시스템 '톈왕天網'은 전 세계 최대 규모인 2천만 대의 인공지능 감시카메라를 통해 범죄 용의자를 추적한다. 인공지능 CCTV에는 위성위치확인 시스템GPS, 안면인식 장치 등이 탑재되어 있어 실시간으로 개개인을 식별해 범죄 용의자를 추적하고, 실종자를 찾아낸다. 지난 2년 동안 톈왕을 통해 검거한 범죄자의 수만 2천 명이 넘는 것으로 알려졌다.[1] 이러한 데이터의 활용은, 치안은 물론이고 유통·금융·교통·여행·숙박 등 전 산업에 걸쳐 그 비중이 점점 더 커지고 있다.

2014년, 데이터 기반 정치 컨설팅 기업인 케임브리지 애널리티카Cambridge Analytica는 케임브리지대 심리학과 교수인 알렉산더 코건Alexander Kogan에게 '이것이 당신의 디지털 라이프다This Is Your Digital Life'라는 심리테스트 앱을 만들어줄 것을 요청했다. 코건 교수팀은 페이스북에 해당 서비스가 포함된 앱을 올렸고, 27만 명이 자신의 개인정보를 제공하는 데 동의하고 그 앱을 이용했다. 그런데 문제는 동의한 이용자의 친구들까지 포함해 5천만 명의 개인정보가 함께 무차별적으로 수집되었다는 사실이었다. 이 데이터는 그들이 페이스북을

■ ■ ■ 전 국민의 얼굴 데이터를 정부가 저장한 중국은 안면인식 기술의 활용으로 지난 2년 동안 2천 명이 넘는 수배범을 체포했다.

이용하면서 쓴 댓글과 공유한 게시물, '좋아요'를 누른 게시물 및 위치 정보까지 포함된 방대한 양이었고, 이는 트럼프 선거 캠페인을 지원한 케임브리지 애널리티카로 전부 넘어갔다. 케임브리지 애널리티카는 소위 말하는 '샤이shy 트럼프' 성향의 유동 유권자들을 대상으로 한 친親트럼프 마케팅 플랜에 이렇게 수집한 데이터를 활용함으로써 그들의 대선 투표 의사결정에 영향을 줬을 것이라는 의혹을 받았다. 이후 페이스북은 CEO인 저커버그가 케임브리지 애널리티카 스캔들과 관련해 미 의회 상하원 청문회에 잇달아 불려 나가 의원들의 집중적인 질타를 받았고, 미 증권거래위원회SEC와 유럽 규제 당국이 이에 대한 조사를 벌이기도 했다. 더불어 케임브리지 애널리티카는 개인정보 유출 파문으로 인해 고객들이 빠져나가고, 엄청난 벌금과 제재에 직면해 폐업하게 됐다.[2] 페이스북 또한 주가 하락 등의 곤욕을 치렀고, 데이터 수집과 관리에 대해 이용자들에게 사과하는 등의 조치를 취했다.

이 사건은 오늘날 온라인 서비스 기업들의 초고속 성장 이면에 있는 방대한 개인 데이터의 힘과 그 데이터의 주인이 과연 누구인지에 대한 논란을 불러일으켰고, 한편으로 데이터를 어떻게 활용하는가에 따라 엄청난 비즈니스 기회와 막대한 부가 탄생할 수도 있다는 사실을 세상 사람들에게 부각시켰다. 그리고 데이터에 내재된 위험성에 대한 경종도 같이 울렸다.

이렇듯 데이터의 힘이 세졌다. 데이터는 전에 없는 많은 기회를 주지만 한편으로 감시·조종을 가능케 하는 수단이 되기도 한다. 인공지능AI·사물인터넷·바이오 등 4차 산업혁명과 직결되는 빅데이터 활용에 산업의 미래가 걸려 있는 만큼, 이러한 흐름은 비가역적이다. 개인 데이터를 활용하는 구글·페이스북·아마존 등 글로벌 1등 인터넷 기업들이 글로벌 시가총액 톱5 기업이 된 것은 우연이 아니다. 데이터가 주도하는 4차 산업혁명의 미래와 관련해 2015년 알리바바 마윈 회장은 "20년 동안 지속된 정보기술IT 시대가 저물고 향후 30년간 데이터 기술DT 시대가 열린다"고 말하기도 했다.

데이터의 활용은 이제 일부 거대 IT 기업의 문제가 아니라, 모든 산업의 과제가 되고 있다. 소비자를 막연히 '예측'해서 무엇을 하려 하기보다는, 그들이 원하는 것과 그들의 생활 방식을 데이터에 기반해 파악한 후 이에 정확히 '맞추는' 것이 가능해졌다. 아마존은 이미 소비자가 남긴 의사 표현과 의사결정 과정에서의 수많은 데이터를 활용함으로써 제품과 서비스에 매칭시켜주는 정교한 알고리즘을 통해 기존에 없던 고객 세그먼트를 찾아내고 있다. 무작정 가격경쟁을 벌일 수 없는 기존 유통 업체에게 고객의 니즈를 정밀하게 파악해 새로운 대응전략을 마련할 수 있게 해주는 데이터는 단비와 같은 존재다. 이제 데이터를 정보로, 정보를 지식으로, 지식을 지혜로 향상시킬 수 있는 통찰이 기업의 핵심 역량이 되고 있다.

의사결정의 패러다임이 인공지능AI에서 데이터 지능DI으로 다시 한 번 진화하고 있다. 인공지능이 아무리 발달하더라도 분석할 데이터가 없다면 무용지물이다. 아무리 데이터가 충분하더라도 이것을 분석하는 알고리즘이 없다면 활용할 가치가 있는 지식을 얻어내기 힘들다. 데이터와 알고리즘이 좋아도 그 방대한 연산을 수행할 인공지능의 역할은 필수적이다. 이처럼 '데이터-알고리즘-인공지능'은 서로 맞물리며 현대 의사결정의 삼위일체가 돼가고 있다. 특히 소비와 관련된 모든 의사결정에서 소비자와 기업의 의사결정 패러다임이 변하는 시점에 와 있다. 『트렌드 코리아 2019』에서는 이 같은 데이터 주도형 의사결정data-driven decision을 데이터data와 결정decision을 합친 새로운 용어인 '데시전dacision이라 부를 것을 제안한다. 즉, 우리는 의사결정 패러다임의 모멘텀이 바뀌는 바로 그 순간인 '데시전 포인트'에 와 있는 것이다.

바야흐로 그간의 기술 전쟁은 이제 데이터 전쟁으로 전장戰場이 확대되고 있다. 디지털 시대의 원유라고 불리는 데이터, 그 활용은 어디까지 와 있으며, 향후 우리 기업이 데이터를 시장의 보석으로 정제해 내기 위해선 어떤 전략이 필요할까? 먼저 데이터 지능과 데시전의 개념부터 살펴본 후, 다양한 산업에서의 활용 사례를 알아보도록 하자.

데이터 인텔리전스의 삼위일체: 데이터, 알고리즘, 인공지능

—

새로운 원유, 데이터

데이터 인텔리전스 경쟁의 첫 단계는 누가 좋은 데이터를 많이 확보하느냐다. 2018년도 가을, 애플에 이어 두 번째로 시가총액 1조 달러(1,115조7천억 원)를 넘어선 아마존은 빅데이터라는 말이 요즘처럼 보급되기 전부터 데이터 활용에 집중해왔다. 아마존의 전前 디렉터, 로니 코하비는 "아마존에서는 데이터가 왕이다"라는 말로 이 사실을 입증했다.[3] 사실상 앱, 킨들, 아마존 알렉사, 아마존 고, 홀푸드, 드론과 같은 모든 아마존의 서비스들은 고객을 위한 것인 동시에 빅데이터 수집 장치라고 보아야 한다. 이렇게 다양한 원천에서 수집된 소비자의 구매 이력·행동 이력·시청 데이터·음성 데이터·이미지 데이터·위치 데이터를 바탕으로 자사의 추천 서비스 강화, 상품 강화, 애프터서비스 강화, 신상품 개발, 생산성 강화, 속도 강화, 비용 절감 등의 효율성과 서비스를 제고하며 기업의 성장을 이끌어내고 있다. 이는 데이터 인텔리전스를 활용한 대표적인 예다.

데이터란 '어떠한 사실·개념·명령을 과학적인 실험이나 관측 결과로 얻은 수치, 정상적인 값 등 실체의 속성을 숫자·문자·기호 등으로 표현한 것'으로 정의된다. 모든 관찰은 데이터로 표현될 수 있는데, 그중 4차 산업혁명과 함께 주목받고 있는 빅데이터는 기존 데이터보다 방대하여 재래의 방법으로 수집·저장·분석 등이 어려운 정형 및 비정형 데이터들을 의미한다. 형태도 수치 데이터뿐 아니라 문자와 영상 데이터를 포함하고 있다.

『빅데이터가 만드는 세상』을 쓴 케네스 쿠키어Kenneth Cukier와 빅토르 메이어-쇤버거Viktor Mayer-Schonberger에 따르면 데이터화란 "삶의 모든 측면을 포착해서 그것을 데이터로 바꾸는 과정"으로 정의된다. 빅데이터는 지역 특성, 유동 인구와 같은 인구통계학적 요소와 사용자 제공 콘텐츠(블로그/사진/비디오), 행동 데이터(인터넷에서 무엇을 봤는지/얼마나 봤는지/어떻게 계산했는지), 소셜 데이터(친구/연락처), 위치 데이터(Geo location/IP address), 인구 데이터(나이/성별/국적), 인식 데이터(오피셜 데이터/이름/주민등록증)와 같은 개인 데이터를 포함한다. 그러나 이젠 빅데이터만 관심의 대상이 아니다. 크든 작든 활용할 수 있는 모든 데이터가 중요해지고 있다.

세계적 브랜딩 대가 마틴 린드스트롬Martin Lindstrom 교수는 『스몰 데이터』라는 책에서 빅데이터 못지않게 '스몰 데이터'도 중요하다고 역설한다. 스몰 데이터란 개인의 취향, 필요, 건강 상태, 생활양식 등 작은 행동 하나 하나까지 파악해 생성해나갈 수 있는 데이터를 말하는데, 이러한 스몰 데이터는 빅데이터가 놓치는 해석의 영역을 채우며 상호작용을 일으키고 있다는 것이다.

중요한 것은, 데이터가 본질적으로 객관적이지 않다는 사실이다.[4] 데이터는 해석의 문제다. 데이터는 관찰된 사건 또는 사람의 정량적이며 수동적인 반향이므로, 관찰자가 가지고 있는 동기와 목적에 따라 현상이나 사건을 바라보는 관점이 달라질 수 있기 때문이다. 즉, 같은 데이터라도 가까이서 바라본 관점과 멀리서 바라본 관점, 그리고 동시대의 이념이 달라진 경우, 관점과 경우에 따라 객관성이 보장되지 않는다. 이 때문에 꼭 필요한 데이터 정보를 습득할 때는 우리 주위에 수집·보관되고 있는 데이터가 누구에 의해 어떠한 관점에서 수집된 것인가도 파악해야 한다.

대체로 보다 나은 결정을 위해서는 더 큰 데이터가 좋다고 생각하기 쉽다. 그러나 데이터의 크기만이 새로운 데이터를 가치 있게 만드는 것은 아니다. 우리 속담에 "구슬이 서 말이라도 꿰어야 보배"라는 말이 있다. 사실 구글·페이스북·아마존 등이 수집한 고객 정보가 새로운 것은 아니다. 오래전부터 사람들은 은행에서 거래할 때나 신용카드 가입 시에도 유사한 개인정보를 기업에게 제공해왔다. 또한 백화점이나 슈퍼마켓 등에서 물품을 구매하는 경우에 신용카드 결제를 하면 개인의 소비에 관한 정보도 자동적으로 기업에게 제공된다. 병원에 입원하거나 진료를 받을 때도 개인적인 정보를 별다른 의식 없이 제공해온 것도 사실이다. 데이터를 통한 새로운 가치 창조는 데이터 위에 씌워진 똑똑한 마법의 모자, 즉 '알고리즘'이 있었기에 가능한 것이다.

알고리즘, 서말 데이터의 구슬을 꿰다

"사람들은, '고객에게 그들이 원하는 것을 줘'라고 말하지만 그

건 내 접근 방식이 아니다. 우리의 임무는 고객이 움직이기 전에 그들이 무엇을 원하는지 파악하는 것이다. 헨리 포드Henry Ford는 '고객에게 그들이 원하는 것이 무엇인지 묻는다면, 그들은 더 빠른 말을 달라고 했을 것입니다' 라고 말했다. 고객들은 자신이 무엇을 원하는지 모른다. 우리의 임무는 아직 페이지에 없는 것들을 읽어내는 것이다."

– 스티브 잡스

과거 스티브 잡스의 호기로웠던 선언에도 불구하고, 데이터가 넘쳐나는 오늘날에도 기업은 고객의 니즈를 확실히 파악하지 못하고 있다. 그것은 고객도 마찬가지다. 사람들은 실제 자신이 원하는 것이 무엇인지 잘 모른다. 지난 2년 동안 생성된 데이터의 양만 하더라도 그 이전 5천 년간 쌓인 데이터보다 많음에도 불구하고 아직 의미 있게 사용되는 건 전체 데이터의 0.5% 정도라고 한다.[5] 미국 데이터 프로그래머들 사이의 오래된 격언 가운데 "쓰레기를 넣으면 쓰레기가 나온다(Garbage in, garbage out.)"는 말이 있다. 즉, 잘못된 데이터에 의한 잘못된 결정은 큰 실패 요인이 될 수 있다.[6] 따라서 이를 위해 효과적인 데이터 주도 의사결정 순간들에 대한 통찰insight이 필요해지는 상황이다.

데이터 인텔리전스의 핵심은 인공지능으로 빅데이터를 식별·분석하는 기술을 적용해 고객의 수요를 충족시킬 수 있는 새로운 가치를 창조하는 역량이다. 이 작업을 위해서는 고도화된 인공지능과 작업 목적을 달성하기 위해 데이터를 적절하게 식별, 분석할 수 있는 알고리즘 기술이 핵심이다.

사실 우리는 매일 일상생활에서 '알고리즘'을 사용하고 있다. 오늘 내가 출근하기 위해 최소한으로 어떤 행동을 해야 하는지부터 오늘 무엇을 먹을지 선택하는 것까지 모든 것에 알고리즘이 적용된다. 흔히 수학 공식으로만 생각하지만, 알고리즘이란 '한정된 시간에서 유의미한 목적을 달성하는 명확한 단계들의 연결된 사슬'이다.

데이터 지능에서 가장 앞서가는 아마존·구글·페이스북을 비롯한 주요 IT 기업은 개인정보 데이터를 고객의 가입 즉시 자동적으로 수집하고, 이를 알고리즘을 통해서 분석해 고객의 소비성향이나 관심사항을 파악해내고 있다. 이렇게 파악된 정보는 구매 추천이나 의사결정에 활용하고 있으며 그 결과 경쟁 업체에 비해 괄목할 만한 경영성과를 보이고 있는 것이다. 이 때문에 거의 모든 산업 분야에서 이를 도입하기 위한 경쟁이 치열하게 진행 중이다. 따라서 개인정보 보호, 데이터의 독점화에 따른 불공정경쟁 규제 등 각국의 우려와 이에 따른 각종 규제에도 불구하고 빅데이터의 활용을 통한 가치 창조는 더욱 확산될 것으로 예측된다. 문제는 이러한 개인의 신상이나 구매, 회원가입, 진료 등 활동에 관한 데이터를 기업이 어떻게 사업의 경쟁력을 높이는 데 유용한, 즉 가치 있는 정보로 만드느냐다. 그 해답은 전적으로 알고리즘이 얼마나 탁월하느냐에 달려 있다.

스스로 학습하는 인공지능

축적된 데이터는 크건 작건 가치를 창출할 수 있다. 그러나 이를 저장하고 분석하여 의미 있는 결론을 도출해내기 위해서는 연산능력이 필수적이다. 지난 수십 년간 발전한 컴퓨터 연산능력은 과거에는 이룰 수 없던 새로운 분석과 해법 제시를 가능하게 했다. 즉, 향상된 연산능력을 토대로 새로이 발전된 알고리즘을 적용할 수 있게 됐다. 이처럼 빠른 연산과 수준 높은 알고리즘의 발전은 그동안 거의 불가능하게 보였던 인간의 사고능력을 능가하는 수준의 의사결정 능력을 선보이고 있다. 우리는 그것을 인공지능이라고 부르는데, 따라서 인공지능이란 결국 빠른 연산이 가능한 데이터와 알고리즘의 결합이라는 사실을 알 수 있다.

2016년 3월 9일, 전 세계의 이목이 우리나라에서 펼쳐진 바둑 경기에 집중됐다. 인간과 기계의 대결이라는 이 세기의 대국에서 구글의 자회사인 딥마인드가 개발한 인공지능 알파고AlphaGo는 세계 정상급 프로 바둑기사 이세돌 9단을 4:1로 꺾으며 대중들에게 인공지능 시대의 서막을 알렸다. 경우의 수가 무수히 많아 가까운 장래에는 컴퓨터가 인간을 이길 수 없을 것이라고 믿었던 바둑게임 분야에서 인공지능이 세계 최고 수준의 전문가를 꺾고 승리한 것이다. 연이어 2017년 5월 세계 랭킹 1위인 중국의 커제마저 3:0으로 물리쳐 '알파고 쇼크'는 누구도 부인할 수 없는 현실이 되었다. 알파고 개발사인 딥마인드는 이세돌, 커제 등과의 대국 이후에도 꾸준히 바둑 AI를 발전시켜 한국·중국·일본의 최고수 기사들과 속기대국을 두어 60전 전승을 기록하는 등 인공지능의 확고한 우세를 확인한 후 2017년 10월 알파고 제로Zero를 세상에 발표하고 개발 사업을 종료했다.

중요한 것은 바둑에서조차 인간이 졌느냐 아니냐가 아니라, 알파고가 '어떻게' 그 복잡한 게임에서 승리하게 됐는가다. 알파고는 전술한 데이터와 알고리즘 그리고 연산능력이 서로 발전을 거듭하여 데이터 인텔리전스로의 능력을 비약적으로 향상시킨 좋은 예다. 즉, 데이터 수집을 통해 학습한 다음, 스스로 자신의 데이터를 만들어내는 단계에 온 것이다. 알파고 개발 초기 2015년에는 1,202개의 CPU와 176개의 GPU를 이용해 바둑고수의 기보 16만 개로부터 3천만 개의 수를 입력하여 학습했다고 한다. 그런데 2년 후 개발된 알파고 제로는 단지 1개의 2세대 TPU Tensorflow Processing Unit를 활용해 백지 상태에서 바둑 규칙만을 토대로 학습했다. 알파고 제로를 탑재한 AI끼리의 상호 대국을 수없이 반복함으로써 확률상 최선의 수순을 나름대로 발견해낸 것이다. 알파고 제로는 독학 36시간 만에 이전 이세돌 9단을 이겼던 알파고의 실력을 넘어섰다. 사람이 만든 데이터를 입력하지 않아도 될 뿐 아니라 컴퓨팅 파워도 덜 든다는 알파고 제로는 알고리즘을 통해 데이터를 스스로 생산하고 학습하는 새로운 패러다임을 제시하여 데이터 인텔리전스의 차원을 한 단계 더 높인 것이다. 나아가 2017년 말 구글은 바둑뿐만 아니라 체스 등 다른 게임에도 적용할 수 있도록 알고리즘을 일반화한 알파 제로Alpha Zero를 공개했다. 2017년 발표된 논문에 따르면 알파 제로는 흑백을 번갈아 50판씩 두어 기존의 최강급 알고리즘을 모두 꺾었다고 한다. 이처럼 눈부신 속도로 발전하고 있는 데이터 지능, 그 한계는 어디일지 궁금하고 사뭇 두렵기까지 하다.

데시젼의 활용

데이터에서 지혜로

개인의 검색 기록에서 SNS 게시물까지 데이터는 도처에 널려 있다. 그런데 이러한 데이터 자체는 그냥 널려 있는 상태로 어떻게 활용할 수 있는지 구체적인 방향성이 제시되지 못하는 경우가 대부분이다. 즉, 데이터를 어떻게 가공하고 분석하는가에 따라 보석과 같은 데이터가 될 수도 있고 그냥 널려 있는 쓰레기와 같은 데이터가 될 수도 있는 것이다. 결국 수집된 데이터를 어떻게 분석하는가 하는 것이 핵심이다.

데이터가 우리에게 통찰을 주기까지, '데이터-정보-지식-지혜'의 단계를 거친다. 이 위계구조를 'DIKW(Data-Information-Knowledge-Wisdom) 피라미드'라고 한다. 가장 아랫단의 데이터는 개별 데이터 자체로서, 다른 데이터와의 상관관계나 의미가 중요하지 않은 객관적 사실만을 의미한다. 이 데이터를 가공하고 상관관계를 파악해 그 패턴을 인식하고 의미를 부여하면 비로소 정보가 된다. 지식은 이러한 상호 연결된 정보의 패턴을 이해하여 이를 토대로 예측한 결과물을 말한다. 마지막으로 지혜란, 근본 원리에 대한 깊은 이해를 바탕으로 도출되는 창의적인 아이디어다. 결국 우리가 원하는 것은 단순한 데이터나 정보라기보다는 방향과 시사점을 제안해줄 수 있는 지식, 나아가 지혜의 수준인 것이다.

데이터-정보-지식-지혜(DIKW) 피라미드

출처: 구글

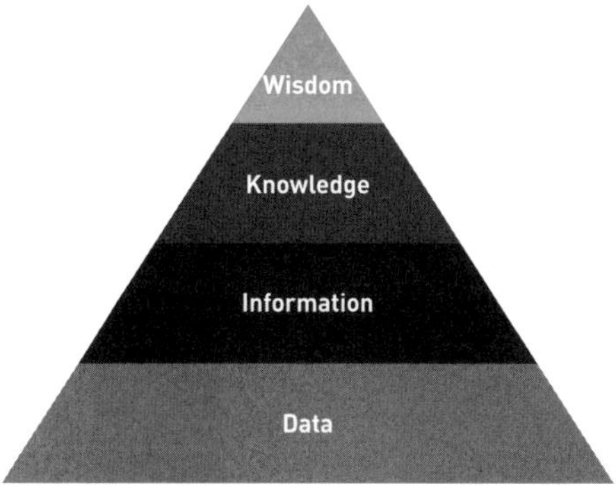

기존 산업의 데시전 활용

〈하버드 비즈니스 리뷰〉는 "업계 상위 3분의 1에 해당하는 기업 중, 데이터에 기반한 의사결정을 내리는 기업의 생산성은 5%, 이윤은 6%가량 경쟁사보다 더 앞서가고 있었다"는 연구 결과를 발표한 바 있다.[7] 더 나은 실적이 가능하다면, 데시전의 활용은 첨단 IT 기업의 전유물만은 아니다. 다양한 산업에서의 활용 사례가 점점 늘어나고 있다.

디즈니가 좋은 예다. 디즈니는 전자 칩이 내장된 손목 밴드인 '디즈니 매직밴드'를 통해 고객의 놀이공원 입장에서부터 결제와 호텔 객실 출입까지 모든 것을 가능하게 했다. 이를 통해 고객이 어떤 기념품과 어떤 음식을 구매하는지 등 모든 소비 및 놀이 행태를 추적하고 마케팅에 활용할 수 있었다. 예를 들어, 디즈니 호텔은 아침 메뉴로 무엇을 제공해야 투숙객들이 호텔에 오래 머무는지 알아냈으며 놀이공원 내 인기 놀이기구와 인기 길거리 음식 간의 관계도 파악할 수 있었다.

최근 폭발적으로 성장하고 있는 뷰티 산업도 그동안 축적되어온 데이터를 통해 새로운 가치를 창출하고 있다. 개인에게 보다 최적화된 아름다움을 원하는 고객의 니즈에 맞춰 모바일로 손쉽게 개인의 피부 트러블, 색소 침착 등 얼굴 전면 피부를 데이터화해서 피부 상태 점검에서 개인별 제품 추천까지 제공할 수 있게 된 것이다. 아모레퍼시픽은 최근 삼성전자와 협업해 '메이크업 시뮬레이션' 서비스를 선보였다. 스마트폰 카메라로 셀카를 찍으면 '메이크업' 기능에서 빨간색·와인색·핑크색 등 900여 개 색상의 아모레퍼시픽 립스틱과 아이섀도우를 가상으로 발라볼 수 있다.[8] 에뛰드하우스도 전문가가 고객에게 맞는 파운데이션 색상을 찾아주고, 원하는 색상과 디자인으로 립스틱을 제작해주는 '컬러 팩토리 시즌2' 서비스를 시작했다. 일본 시세이도는 현재 매달 사용료를 받는 '옵튠'이라는 장치를 고객에게 제공한다. 스마트폰 앱으로 얼굴 사진을 찍으면 피부 상태와 기분 등을 스캔해 분석하고, 날씨 조건 등을 감안해 최적의 스킨케어 제품 조합을 알려준다고 한다.[9]

최근 관심을 모으고 있는 추천 서비스에도 데시젼이 적용될 수 있다. 예컨대 국내 스타트업 기업인 스켈터랩스가 출시한 '큐Cue'는 사용자의 삶에서 맥락을 인식해 추천해주는 AI 비서로, 휴대폰 사용 중 발생하는 시그널에 초점을 맞춰 GPS·자이로스코프·문자·소리·빛 등 20여 가지 데이터를 수집해 사용자의 상황을 추측한다. 명확한 데이터에 속하는 결제 내역이나 캘린더 정보들과 함께, 상대적으로 부정확한 데이터인 GPS 위치 등을 갖고 상황을 추측하기 위해 딥러닝과 같은 AI 기술을 사용하고 있다.[10] 무작위로 가게나 특정 행동을 추천해주는 것이 아니라, 오늘의 날씨, 어제 과음을 했는지의 여부, 밤늦은 시간이 되면 자동으로 택시를 불러주는 서비스 등 사용자의 히스토리는 물론이고 현재 처한 상황에 기반한 개인화된 추천 서비스 제공을 목표로 하고 있다.

시장 트렌드가 급속히 변하는 패션 산업에서도 데이터 인텔리전스 경쟁이 치열하다. 2018년 6월 아마존은 인공지능 시스템인 알렉사를 기반으로 하는 에코룩Echo Look을 정식으로 선보였다.[11] "알렉사, 사진 찍어줘"라고 말하면 사용자의 모습을 사진이나 동영상으로 찍어준다. 에코룩은 사용자가 두 가지 스타일을 입어 보내면 둘 중 더 나은 스타일을 추천해주는 '스타일 체크' 기능, 에코룩을 통해 기록된 나의 옷 사진을 통해 나의 스타일을 알아볼 수 있는 '데일리 룩' 기능, 그리고 이러한 기능을 토대로 데이트 등 상황에 따라 내 옷을 분류해서 관리하는 '컬렉션' 기능들을 제공함으로써 서비스를 창출하는 동시에 데이터를 수집하고 있다. 국내에서도 패션에 빅데이터와 AI를 접목하는 움직임이 활발하다. 국내 스타트업 옴니어스는 실시간 SNS 데이터를 기반으로 올라오는 다양한 패션 이미지 데이터를 AI가 자동으로 수집하고 어떤 종류의 제품인지, 소재와 핏 사이즈, 디자인, 디테일은 어떤지 자동으로 속성을 분류하고 정보값을 입력해준다.[12] 기존의 직관을 통한 의사결정에서 벗어나 이미지 기반 빅데이터와 AI 활용을 통해 미래 상품 판매량을 예측하고, 트렌드를 읽어 인기 있는 상품 추천까지 한번에 가능한 원스탑 데이터 인텔리전스 구축을 설계하고 있는 것이다.

의료는 데이터 지능의 활용이 가장 활발한 분야다. 수많은 환자의 데이터 속 확률과 의사의 통찰력에 의지해야 하는 의료 분야에서, 빅데이터와 AI가 더욱 효과적으로 활용될 수 있기 때문이다. 국내 의료 인공지능 스타트업 루닛과 뷰노는 방대한 양의 의료 데이터를 분석하는 알고리즘으로 새로운 의료 솔루션을 만들었다. 루닛이 선보인 AI 기반의 실시간 의료 영상 진단 소프트웨어 '루닛인사이트'는 CT영상이 아닌 단순 엑스레이 촬영만으로 한국인 남녀 사망률 1위인 폐암 결절을 진단할 수 있다. 높은 판독 정확도를 제공하는 루닛인사이트는 서울대병원을 시작으로 여러 의료 기관에서 도입할 예정으로 알려져 있다.[13] 뷰노도 혈압·심박수·호흡수·체온 등 4가지 활력 징후 데이터를 이용해 심정지와 사망 위험도를 자동으로 예측하는 딥러닝 기반 모델을 개발했다. AI 기반 심정지 예측 소프트웨어인 '뷰노메드 디이더블유에스VUNO Med®-DEWS'는 메디플렉스 세종병원과 약 2년 간의 공동 연구를 통해 발표한 임상 연구 결과를 토대로 상용화에 속도를 내고 있다.[14]

그 외에도 사례는 무척 다양하다. 먼저 2016년 일본의 야구 시즌에 진행된 후쿠오카 야후오쿠 돔의 다이나믹 프라이싱 실험이 눈길을 끈다. 과거 구장에서 잘 팔린 좌석 순서와 현재 판매 실적 데이터, 그리고 기후, 순위, 상대 팀 개시 시간 등을 AI가 실시간으로 현재 가치를 계속 수정·계산하여 수익 향상에 기여했다고 한다. 물류 업계에선 GE가 데이터 선두 기업인 캐글Kaggle과 협력해 데이터 과학자들에게 날씨와 바람, 비행기 저항도와 같은 변수를 고려하도록 운송

경로를 수시로 최적화해 운항 시간을 줄이고 연료 효율을 높이는 데 활용하고 있다. 연료 효율에 최적화된 비행 계획 알고리즘을 짜도록 한 결과 무려 12%의 효율을 높인 것으로 나왔다. 유럽의 한 트럭 회사도 운행 차량과 운전자의 운전 습관을 모니터하는 센서를 도입해 운전자들의 주행 데이터를 수집해 이를 분석한 뒤, 언제 속도를 내고 줄일지 등을 실시간으로 조언해 연료비를 15% 줄였다는 보도도 있다.[15]

금융권에서도 데이터 인텔리전스를 이용한 차별화된 서비스 제공에 박차를 가하고 있다. 기존의 방식이 고객의 프로필 데이터를 사용해 일방적 혜택을 제공하는 것이었다면 이제는 고객 관점에서 고객이 원하는 니즈가 반영된 즉각적인 데이터를 활용해 먼저 제공하는 방식으로 변하는 것이다. 일례로 신한카드는 소비·금융 플랫폼 '신한Pay FAN'을 론칭해 AI·빅데이터 등의 새로운 디지털 솔루션을 기반으로 고객의 카드 이용 내역을 '타임라인' 형식으로 구성해 분석한다. 이를 통해 소비자 맞춤형 혜택을 실시간으로 제공하는 등 초개인화 서비스에 주력한다는 계획을 세우고 있다.

데이터 인텔리전스가 고도의 산업 부분에만 이용되는 것은 아니다. 우리 주변 생활에서도 얼마든지 적용 가능하다. 예를 들어, 폭염이 기승을 부린 2018년, 지자체들은 앞 다투어 무더위쉼터를 설치해 주민들에게 제공했다. 고마운 일이다. 하지만 혹시 숫자 늘리는데 급급해서 노인들의 접근성이나 위치의 적절성은 제대로 따지지 못한 것이 아닐까? 왠지 그런 것 같다고 막연하게 생각만 하고 있을 때, 데이터 인텔리전스를 활용해 과연 그러한지 확인해보자고 생각한 사람들이 있었다. 2018년 행정안전부가 주최한 '2018 제3회 공공 빅데이터 분석 공모전'에서 최우수상을 수상한 팀은 공공데이터 포털에서 제공하는 '무더위쉼터 위치 정보', 국가공간정보포털에서 제공하는 '지리정보시스템 건물 통합 정보', 서울 열린데이터광장의 '서울 노인생활인구' 등을 활용해 무더위쉼터 접근성 입지의 적절성을 분석했다. 데이터 분석을 통해 무더위쉼터가 서울 시민이 더위를 피할 수 있는 적절한 입지에 설치됐는지 여부를 측정한 결과, 모든 요소를 제대로 고려하고 설치된 무더위 쉼터는 고작 16%에 불과했다는 결과를 보여줬다.[16]

데이터 지능과 식별기술의 결합

데이터 인텔리전스가 안면·음성인식 등 데이터 식별 기술과 결합하면 전에 없던 새로운 결제가 가능해진다. 최근 생체 기술을 활용한 기술의 성장이 특히 주목된다. 열적외선 촬영, 3차원 측정, 골격 분석 등을 통해 얼굴 형태나 몸 온도Thermal Image를 스캔·저장·인식하는 생체 관련 기술도 빠르게 성장하고 있는데, 이 기술이 데이터 지능과 만나고 있는 것이다. 결제 프로세스를 간소화해 얼굴·음성·홍채·지문 등의 고유한 특성을 이용해 단 몇 초 만에 계산할 수 있게 해주며, 그 고유성을 기반으로 지불 보안도 효과적으로 보장할 수 있다.

이미 중국 항저우의 KFC, 알리바바 식료품점 '헤마Hema' 등은 고객의 얼굴 인식으로 결제를 한다. 신용카드나 휴대폰도 필요 없다. 물건을 들고 가게를 나오기만 하면 된다. 텐센트가 세운 중국 1호 인터넷 전문은행 위뱅크는 고객의 얼굴을 인식해 신분이 확인되면 대출까지 가능하다. 자오상은행의 ATM 기기는 사람 얼굴을 인식해 현금 인출 등 각종 서비스를 제공한다. ATM 기기가 고객의 얼굴을 인식하면 휴대폰으로 인증번호를 보내거나 비밀번호를 누르도록 하여 신분 확인이 끝난다.

인슈어테크Insuretech
보험Insurance과 기술Technology의 합성어로 데이터 분석, 인공지능AI, 사물인터넷IoT, 빅데이터 등의 IT 기술을 활용한 혁신적인 보험 서비스를 일컫는다.[17]

중국 내 2위 보험사 핑안보험은 이러한 데이터 인텔리전스를 적극 활용하는 회사다. 고객의 데이터를 확보해 AI기술로 분석한 데이터를 바탕으로 맞춤형 보험 상품을 추천하고, 대출 상품도 권유한다. 나아가 이 과정에서 인공지능과 안면인식 기술을 활용한다. 대출을 신청한 고객 앞에 설치돼 있는 안면인식 카메라를 통해 상담요원은 "현재 소득은 얼마냐, 직업이 무엇이냐" 등 다양한 질문을 던진다. 카메라는 대출자들의 답변 표정과 행동 등을 읽어낸 후 빅데이터 기반 AI 기술을 바탕으로 대출자가 사실을 말하고 있는지 아니면 거짓말을 하는지의 여부까지 분석한다. 이 분석 결과를 토대로, 거짓말을 하는 고객에게 대출해줄 때는 좀 더 높은 금리를 책정한다. 마치 영화 속 장면 같은 일이 현실에서 구현되고 있는 것이다. 핑안보험 뿐만이 아니다. 다양한 보험사들이 빅데이터와 AI 기술을 연동한 **인슈어테크** 분야에 높은 관심을 보이고 있다.

시사점

향후 데이터 인텔리전스는 산업 지형을 완전히 바꿀 것으로 예측된다. 전 세계에서 실시간으로 수집되는 엄청난 데이터를 인공지능 알고리즘으로 분석해 대량생산 체제에서 개인 맞춤형 제품과 서비스 생산으로 탈바꿈하는 변혁을 가능케 하기 때문이다. 과거에는 '누가 석유를 차지할 것인가'를 놓고 전쟁이 벌어졌다면 앞으로는 '누가 양질의 데이터를 확보하고 정밀하게 분석할 수 있는 고차원적인 데이터 지능을 개발할 수 있는가'의 문제가 전 산업 분야에 걸쳐 이어질 것으로 보인다. 데이터라는 무형의 자원이 중요해짐에 따라 과거에 정해진 지역별 산업 우위나 중요도 등도 더 이상 지속되지 않을 수도 있다. 아직은 데이터 수집과 인공지능 활용 등의 기술이 초기 단계여서 구글·아마존·텐센트 등 소수의 파워 기업들이 데시전 기술을 주도하고 있는 상황이지만 앞으로는 데이터 인텔리전스를 어떻게 활용하느냐에 따라 국가와 기업의 경쟁력 순위가 바뀔 가능성도 높다.

보호와 규제 사이에서 균형점을 찾아야

이처럼 엄청난 잠재력을 지닌 데이터 인텔리전스는 누가 어떻게 사용하는가에 따라 무서운 결과를 초래할 수도 있다. 서두에 소개한 중국의 인공지능 감시카메라 프로젝트 텐왕이나 미국 대선에 영향을 끼쳤던 케임브리지 애널리티카의 사례처럼 빅브라더의 등장을 가져올 수도 있다. 정부가 국민의 일상생활을 감시하거나 선거 시에 국민

데이터화란 "삶의 모든 측면을 포착해서 그것을 데이터로 바꾸는 과정"이다. 0과 1의 숫자로 변환된 데이터는 그러나 '객관적'이지 않다. 이것을 해석하는 관점이 더 중요하다. 데이터를 정보로, 정보를 지식으로, 지식을 지혜로 향상시킬 수 있는 통찰이 기업의 핵심 역량이 되고 있다.

개개인의 성향을 파악하기 위한 정치적 용도로 데이터 인텔리전스를 사용한다면 인권 침해는 물론이고 엄청나게 부정적인 파급 효과를 낳게 될 것이다.

또한 국경이 없는 온라인 데이터의 성격상, 그 수집 및 활용과 관련해 전 세계가 공동으로 법적·제도적·기술적 기반을 갖출 필요도 제기된다.[18] 이미 개인정보 동의 등 기초적인 부분은 어느 나라나 법적인 기반이 마련되어 있다. 기업이 고객으로부터 수집한 개인정보를 다른 목적으로 사용할 때는 고객의 사전 동의가 의무화되어 있는 등 국가별로 다양한 단계의 규제가 작동되고 있다. 그러나 소비자의 모든 삶이 디지털화돼 있는 현대사회에서 기업이나 개인이 데이터를 수집할 수 있는 범위는 상상할 수 없을 정도로 넓다. 법적인 규제나 기술적 통제로 어느 정도까지 개인의 정보 보호가 가능한지 사회적 합의가 필요하다. 또한 이러한 규제가 긍정적 의미의 데이터 활성화를 방해하는 것은 아닌지 등 보다 광범위한 논의가 진행되어야 한다. 산업의 발전과 소비자 정보 보호의 균형점에 대한 진지한 고민이 절실한 시점이다.

그럼에도 분명한 것은 데이터 인텔리전스의 활용이 개별 기업과 국가 경쟁력 향상에 필수적인 요소이자 필연적인 흐름으로 자리 잡을 것이라는 사실이다. 데이터를 어떻게 활용하느냐에 따라서 새로운 승자가 결정된다. 이제 데이터가 말하게 하라.

Rebirth of Space

공간의 재탄생, 카멜레존

공간이 다시 태어나고 있다. 유통 공간이 카페로, 도서관으로, 책방으로, 강연장으로, 전시회장으로 자유자재로 변신하는 중이다. 현대의 소비 공간은 카멜레온이 주변 상황에 따라 자유자재로 색깔을 바꾸듯 변신한다는 면에서 '카멜레존Chamelezone'이라 부를 수 있다. 카멜레존이란 특정 공간이 협업·체험·재생·개방·공유 등을 통해 본래 가지고 있던 하나의 고유 기능을 넘어서 새로운 정체성의 공간으로 변신하는 트렌드를 말한다. 공간의 재탄생은 여러 가지 방법으로 이루어진다. 다른 업종과 콜래보레이션을 하기도 하고, 체험을 가능하게 하는 공간으로 변신하기도 하며, 첨단 IT기술을 장착해 온라인과 보완관계를 추구하기도 한다. 나아가 도심의 낡은 시설을 재생하거나 공유 공간을 탄생시킴으로써 전에 없던 공간을 창출한다.

온라인으로 고객을 빼앗긴 오프라인 매장들은 다양한 혁신이 필요한 정도가 아니라 생존이 절실한 실정이다. 세대를 막론하고 새로운 체험을 원하는 소비자들은 막상 밖에 나오면 갈 곳이 없다고 말한다. 이러한 위기를 극복하기 위해서는 디자인으로 컨셉을 표현하고, 개념을 새롭게 해석하고, 기술과 융합하여 공간의 새로운 가치를 창출해야 한다. 온라인이 오프라인을 잡아먹고 있다고 하지만, 오프라인 매장은 일자리 창출의 핵심 동력이고 활용 방법에 따라 그 효용과 가치를 더욱 높일 수 있다. 동선과 디스플레이를 활용해 현장에서의 우연성을 높이고 사람들을 탐험하게 하라. 온라인과의 경쟁 속에서 오프라인은 오프라인에서만 할 수 있는 것, 실제로 그 장소에 가야만 얻을 수 있는 '그 무엇'을 준비해야 한다. 공간은 액정 화면보다 매력 있다. 침체된 공간을 재탄생시켜 새로운 활력을 모색할 때다.

서울 마포구 상수동에 '프로젝트하다Project HADA'라는 작은 공간이 있다. 이곳은 시시각각 성격이 바뀐다. 평일 오전 10시부터 오후 1시

까지는 일회용 컵 대신 유리병에 커피와 음료를 판매하는 친환경 테이크아웃 '보틀 카페Bottle Café'다. 평일 오후 1시가 되면 이 공간은 주인 정다운 씨의 친환경 디자인 스튜디오, '이베카ibeka'로 변신한다. 재생지나 비목재지에 콩기름으로 인쇄한 친환경 청첩장 및 초대장을 제작하는 곳이다. 화~금요일 저녁 7시부터 새벽 4시까지는 퓨전 파스타와 리조또를 주로 내놓는 심야 식당, '밤키친'으로 다시 문을 열었다가, 토요일 오전 10시부터 오후 3시까지는 여행과 요리의 만남을 지향하는 '트립 레시피 워크숍'이 개최된다. 토요일 오후 4시부터 일요일 새벽 4시까지는 캐주얼 프랑스 식당, '아셰프àchef'로, 일요일 오전 10시부터 오후 4시까지는 브런치를 파는 '아침aachime'으로 다시 변신한다. 일요일 오후부터는 술집이다. 4시부터 전통주를 파는 '배반낭자'가 새벽 4시까지 시간을 채운다.[1] 일주일에 일곱 번 정체성을 바꾸는 이곳은 여건에 따라 자유자재로 색깔을 바꾸는 카멜레온 같은 공간이다.

"특정 시간 외에는 노는 공간이 아까워서" 요리와 여행을 좋아하

■ ■ ■ 주변 상황에 따라 자유자재로 색깔을 바꾸는 카멜레온. 새로운 개념의 공간 전략, 카멜레존은 카멜레온의 이름을 땄다.

R Rebirth of Space

는 가까운 지인들과 공간을 공유하다 보니 그렇게 됐다는 주인장의 소박한 인터뷰와 달리, 이 사례가 보여주는 의미는 작지 않다. 최근 상업 공간의 변화 양상을 이보다 더 잘 보여주는 곳이 있을까 싶을 정도다. 공간의 변화, 재배치는 매우 빠르게 확산되고 있다. 연희동의 주택가에는 낮에는 작업실이던 공간이 해가 저물면 술집으로 변하는 곳이 있고, 강남역 근처에는 낮에는 옷가게였던 곳이 밤이 되면 옷걸이를 전부 위로 올리고 술집으로 둔갑하는 곳도 있다. 이 밖에도 낮에는 덮밥집, 저녁에는 술집으로 점포가 바뀌는 식의 매장이 속속 등장하고 있다.

우리나라만의 현상도 아니다. 전 세계적으로 유통 공간이 카페로, 도서관으로, 책방으로, 강연장으로, 전시회장으로 자유자재로 변신하는 중이다. 현대의 소비 공간은 카멜레온이 주변 상황에 따라 자유자재로 색깔을 바꾸듯이 그 용도가 바뀐다는 면에서 '카멜레존Chamelezone'이라 부를 수 있다. 카멜레온에 공간이라는 뜻의 'zone'을 합성한 신조어다. 카멜레존이란 특정 공간이 협업 · 체험 · 재생 · 개방 · 공유 등을 통해 본래 가지고 있던 하나의 고유 기능을 넘어서 새로운 정체성의 공간으로 변신하는 트렌드를 말한다.

카멜레존 현상은 현대의 시장 환경이 급변한 데 따른 필연적인 변화다. 온라인이 발달하면서 위축된 오프라인 상권의 고객 확보에 대한 절박함은 점점 더 커지고 있다. 롯데 · 이마트(신세계) · 현대 · 홈플러스 등 최소 10곳 이상의 대형 유통업체가 폐점이나 구조조정을 진행할 예정이라는 소식과 함께 '소매의 종말'이라는 충격적인 표현이 들려올 만큼 전통 상업 공간은 위기의식을 느끼고 있다.[2] 또한 기상

환경의 변화에 따라 실내로 모여드는 소비자들이 늘어나면서 이들을 위한 새로운 경험을 제공해야 한다는 과제도 생겼다. 주 52시간 근로가 본격적으로 시행되며 직장인들의 늘어난 여가 시간을 흡수하기 위한 공간의 업그레이드도 필요해졌다. 이제 공간의 변화는 선택이 아니라 생존을 위한 필수적인 전략이 되었다. 이에 『트렌드 코리아 2019』는 카멜레온처럼 자유자재로 변신하는 공간, 카멜레존을 일곱 번째 트렌드 키워드로 선정했다.

공간, 변화무쌍하게 색깔을 바꾸다

일단 짓고 나면 수십 년 동안 그 자리를 지키는 건물은 그동안 고정불변한 개념으로 인식되었지만, 이제는 장소 자체가 유동적이며 유연한 변화가 가능한 대상이 되었다. 디자인으로 컨셉을 표현하고, 개념으로 공간을 새롭게 해석하며, 기술과 융합하여 가치를 창출하는 사례가 늘고 있다. 온라인 만능의 시대에 사람들을 밖으로 불러내 끌어모을 수 있다면 무엇이든 될 수 있다는 카멜레존의 시대, 공간들은 카멜레온이 색을 바꾸듯 어떤 색깔로 변신하고 있을까? 그 다채로운 모습을 살펴보자.

변신의 색깔 1. 콜래보레이션

공간의 변신을 만들어내는 가장 용이한 방법은 다른 업종과 손을 잡는 것이다. 문화가 있는 곳에는 사람들이 쉽게 모이고, 사람들은 모이면 커피를 마신다. 그런 측면에서 가장 쉽고 효과적인 협업 파트너는 문화와 커피다. 최근 전통적인 리테일 공간이 사람들이 쉽게 찾을 수 있는 카페나 공간의 격조를 높여줄 수 있는 문화 공간과 협업하는 사례가 늘고 있다. 그중에서도 책의 약진이 단연 눈에 띈다.

서울 삼성동의 코엑스몰이 스타필드로 이름을 바꾸고 가장 먼저 선보인 랜드마크 공간, 별마당도서관이 죽어가던 코엑스몰을 살렸다는 이야기는 유명하다. 이젠 기업들도 소비자와의 접점이 되는 공간마다 도서관을 만들기 위해 분주하다. 공간을 다르게 만들어주는 책이라는 콘텐츠의 위력을 실감했기 때문이다. 부산에 있는 호텔 아난티 코브의 '이터널 저니'는 바다에 가장 가까운 도서관이라는 컨셉으로, 이름처럼 책을 통해 끝없는 여행을 떠난다는 의미를 담았다. 근사한 인테리어의 서가는 무려 55가지 테마로 구성되어 있고 서점에서는 저자와의 북토크, 인문학 수업, 심야 책방 등 다양한 문화 프로그램도 운영한다. 호텔에 묵는 손님이 아니더라도 일부러 서점을 찾는 고객이 있을 정도로 지역의 명소가 되었다.

기업 사옥 안으로도 거대한 책장이 들어서고 있다. 대신증권·네이버·엔씨소프트·KEB하나은행 사옥에 있는 도서관이 특히 유명하다. 건물 내에서도 채광과 전망이 가장 좋은 공간에 도서관을 마련해, 임직원들의 지적 고양, 지역사회에의 공헌, 사옥 공간의 고급화, 기업 이미지 제고 등 여러 토끼를 한꺼번에 잡고 있다.

사실 디지털 미디어에 밀려 종이책 자체가 위기를 겪고 있는 시기라는 점을 생각하면 이러한 현상은 역설적으로 다가온다. 책이 팔리지 않은 시기에 가장 타격을 입은 곳은 서점이었지만, '고객에 대한 제안' 개념을 활용해 서점공간을 새롭게 구성하여 이러한 위기를 극복해낸 유명한 사례가 일본의 츠타야 서점이다. 그 츠타야가 도쿄·오사카 등의 도심에 '츠타야 북 아파트먼트'를 열어 또다시 책을 활용한 신개념 공간 혁신에 도전했다. 이곳은 기본적으로 독서를 할 수 있는 도서관이면서 각종 디지털 기기를 마음대로 사용할 수 있는 코워킹 공간이기도 하다. 혹은 샤워 후에 비치된 편한 옷으로 갈아입고 나서, 소파에서 휴식하거나 마사지를 받거나 화장을 고치거나 아예 1인용 부스booth에서 잠을 잘 수도 있다.[3] 정확히 정체성을 규정하기는 어렵지만, '도심의 원기 회복을 위한 케렌시아 공간'으로 기능하고 있음은 확실하다.

보다 더 강력하고 자극적인 새로운 공간 경험을 선사하는 전시와 공연도 눈길을 끈다. 대표적인 예로, 일본의 미디어 예술 그룹 팀랩teamLab과 모리빌딩이 도쿄의 오다이바에 새로 개장한 초대형 디지털 아트 박물관이 있다. 1만 평방미터에 달하는 것으로 추산되는 미로와 같은 공간에 50개의 작품이 전시되어 있는데, 모두 인터랙티브 미디어 작품이기 때문에 관람자의 움직임에 각기 다르게 반응한다. 작품들은 서로 분명한 경계가 없다. 일부 작품은 전시실을 벗어나 복도까지 연결되고 또 어떤 것은 다른 작품과 자연스럽게 합쳐져 있다. 디지털이 구현하는 현실감의 재현을 위해 470대의 빔 프로젝터가 설치된 전시장은 공간의 완벽한 전이를 유감없이 보여준다.

프랑스 파리에 개관한 디지털 아트 뮤지엄 아뜰리에 데 뤼미에르Atelier des Lumières도 주목할 만하다. 19세기 주물 공장을 리노베이션한 이 공간은 박물관처럼 진품을 눈앞에서 감상하는 경험 대신 과학

R
Rebirth of Space

출처: 아난티 코브

호텔과 책의 협업으로 근사한 공간이 탄생했다. 이름하여, '이터널 저니.' 책을 통한 여행은 끝이 없고, 공간의 변신 또한 무한하다.

기술을 이용해 가상으로 예술 작품을 체험할 수 있는 경험을 선사한다. 140여 개의 빔 프로젝터와 3D 음향 장치까지 구비한 이곳은 현란한 색채의 변화와 10미터가 넘는 층고에 울리는 사운드로 관람객들에게 압도적인 몰입감을 선사한다. 관람객이 벽에 걸린 작품을 수동적으로 감상하는 것이 아니라 직접 발을 구르고 천장에서 바닥까지 고개를 휘저으며 마음껏 돌아다니면서 보다 적극적이고 생생하게 즐기는 새로운 관람 문화를 추구하는 곳이다.

각 지역에서 가장 손쉽게 찾을 수 있는 것은 카페와의 협업이다. 특히 영업 점포의 매출 부진과 인터넷 전문은행의 출현으로 힘겨웠던 시중 은행들이 카페와의 콜래보레이션으로 탈출구를 찾고 있다. 우리은행은 지난 2016년 잠실 롯데월드몰 지점에 크리스피크림 도넛 매장과 결합한 '베이커리 인 브랜치'와 동부이촌동 지점에 커피 프랜차이즈 '폴바셋'과 제휴한 '카페 인 브랜치'를 열었다. NH농협은행도 강남구 테헤란로에 '카페 인 브랜치'를 운영 중이다. 이렇듯 특화된 점포들은 고객에게 일반 금융 서비스뿐만 아니라 만남과 휴식의 공간을 제공하는 등의 지역밀착형 금융 서비스로 기존 영업점의 한계를 넘어서고 있다.[4] 은행뿐 아니라 그밖의 다양한 영업 현장에서 이러한 현상이 관찰되고 있는데, 실로 '카페화'Caferize라고 이름붙일 만하다.

변신의 색깔 2. 체험 공간으로 진화

오프라인 매장들은 온라인이 줄 수 없는 그 무엇, 고객에게 '체험'을 제공하는 방향으로 공간을 바꾸고 있다. 주요 브랜드의 플래그십 스토어들은 체험의 장을 마련하는 데 분주하다. 특히 삼성전자는 최근 디지털플라자의 프리미엄화에 정성을 쏟고 있다. 메가스토어 중동점은 기존의 디지털플라자와 다르게 PC게임존·키즈존·VR존 등 다양한 체험 공간과 함께 실제 집 거실처럼 꾸며진 공간에서 스피커의 음질을 들어볼 수 있는 청음실을 마련하는 등 체험 서비스를 강화했다. 스마트 아카데미와 쿠킹 스튜디오 등 고객 대상의 강의 프로그램도 제공한다. 기존의 획일적인 제품 위주 전시에서 탈피해 고객의 라이프스타일 속으로 파고들기 위한 노력이 눈에 띈다. 특히 건물 4층에 생활 브랜드 한샘을 입점시켜 타 업종과의 시너지 효과를 창출하는 전략도 구사했다.

침대 브랜드 시몬스도 경기도 이천에 '시몬스 테라스'라는 차별화된 공간을 만들었다. 디지털 키오스크인 '매트리스 랩'을 통해 고객의 수면 습관을 체크하고 가장 적합한 타입의 매트리스를 추천해준다. 너른 잔디밭이 펼쳐진 정원이 창문 밖으로 보이게끔 연출한 각종 침대 전시장에서는 매트리스가 만들어지기 전까지 롤링 시험을 하는 모습도 함께 보여줌으로써 해당 제품의 편안함과 안정성을 강조한다. 또한 시몬스의 역사를 총망라하며 과거에 사용하던 기계들이 전시된 아카이브 공간인 헤리티지 앨리Heritage Alley까지 갖춰 소비자의 신뢰감을 높이고 있다.

이 같은 체험 마케팅은 콧대 높은 명품 자동차 브랜드에도 변화를 불러일으켰다. 독일 브랜드 메르세데스 벤츠Mercedes Benz는 밀레니얼 세대의 관심을 끌기 위한 장소로 '메르세데스 me'라는 공간을 론칭했다. 2014년 독일 함부르크를 시작으로 밀라노와 도쿄, 베이징,

홍콩 등 전 세계 주요 도시에 문을 연 메르세데스 me는 단순한 자동차 전시 공간을 넘어선 문화 공간을 표방한다. 터치테이블을 통해 내 취향을 분석할 수 있는 디지털 공간과 아트콜라보 작품의 전시 공간이 있고 메르세데스 me에서 직접 운영하는 레스토랑과 바도 있다. 이곳은 무엇보다 편하게 쉴 수 있는 라운지 공간에 공을 들였다. 이미 주요 도시의 힙스터들 사이에서는 고급 자동차와 칵테일이 공존하는 매력적인 다이닝 라운지로 통하고 있다.

변신의 색깔 3. 적과의 동침, 온라인과 손잡다

뒤에서 자세히 설명하겠지만, 오프라인 공간들이 변신을 모색하게 된 가장 큰 계기는 온라인 비즈니스의 비약적인 성장이다. 실물경제의 큰 비중이 온라인으로 옮겨가면서 위기의식을 느낀 오프라인 매장들이 경쟁력을 높이기 위한 방편의 하나인 것이다. 그런데 여기서 또 하나의 방법은 온라인과 대체관계가 아니라 보완관계로 자리매김하는 것이다. 특히 온라인화가 빠르게 진행되고 있는 미국에서는 온·오프라인의 장점을 섞어 활용하는 서비스가 빠른 속도로 발전하고 있다. 예컨대 미국의 대형마트 타깃Target은 덩그러니 넓기만 한 대형 점포를 줄이는 대신 젊은 층을 대상으로 한 소형 매장을 대학 캠퍼스 주변에 집중적으로 확장하고 있다. 전화나 온라인으로 제품을 주문하고 주차장에 차를 세우면 직원이 와서 주문한 제품을 실어준다. 타깃은 이와 같은 효율적인 매장 전략에 힘입어 13년 만에 분기 기준 최고의 성장률을 기록했다.[5]

아예 오프라인 매장에서 온라인 구매를 적극 지원하는 방향으로

R

Rebirth of Space

컨셉을 정한 곳도 있다. 백화점 체인, 노드스트롬Nordstrom은 제품의 재고를 쌓아두는 대신 고객들이 제품을 만져보고 시착해볼 수 있는 체험형 매장을 운영 중이다. 고객이 온라인으로 상품을 주문하기 전에 매장에서 예약한 옷을 직접 입어볼 수 있도록 한 것이다. 더 놀라운 것은 제품이 마음에 들면 직원이 직접 온라인으로 주문까지 해준다는 것이다. 오프라인 매장이 온라인 구매를 도와줌으로써 고객의 구매 결정을 유도한다는 발상의 전환인 셈이다. 이곳에는 고객이 앉아서 온라인 구매를 할 수 있는 공간과 스타일링룸, 드레싱룸이 갖춰져 있음은 물론 스타일리스트까지 상주해 있다. 고객이 매장 도착 전에 노드스트롬 앱을 통해 피팅룸을 예약하면 우버 위치추적 시스템과 연계해 소비자의 현 위치를 파악하고 입어볼 옷을 미리 준비하는 등, 소비자 편의 기술까지 세세하게 갖추고 있다.

중국 신新유통혁명의 새로운 사례로 자주 언급되는 알리바바의 회원제 신선식품 매장인 허마셴셩盒馬鮮生은 오프라인 매장이지만 여느 매장과 달리 계산대 직원이나 카트가 없다. 제품을 둘러본 고객들이 포장지의 QR코드만 찍으면 결제와 동시에 자동으로 카트에 물건이 담기고 배송이 시작된다. 해산물이나 야채 등 온라인에서 구매하기 꺼려지는 신선식품을 고객이 직접 눈으로 확인한 후 구매할 수 있다. 최근 랍스터와 킹크랩, 연어 등 해산물의 소비가 늘어나고 있는 중국에서 이곳은 신선식품을 '믿고 살' 수 있는 곳으로 소문이 났다. 거대한 마트의 천장에 설치된 레일을 따라 장바구니가 이동하는 모습은 그 자체로 화제를 낳고 있다. 이는 온라인의 단점을 오프라인 매장의 장점으로 극복한 사례로, 이 과정에서 알리바바는 고객의 구매 빅데이터까지 차근차근 쌓아올리고 있고 빅데이터에 기반한 물류 혁신 덕에 높은 가격 경쟁력까지 갖췄다.

대부분의 식음료품을 온라인으로 간편하게 구매할 수 있지만 술만큼은 아니다. 현행 주세법상 전통주를 제외하고는 온라인으로 주류를 구매할 수 없다. 이에 매장 방문이 어려운 소비자를 위한 와인 구매 예약 서비스 플랫폼이 탄생했다. 와인포인트 앱을 통해 큐레이션된 와인을 고른 후 몇 번의 터치로 간단히 구매 예약을 하면, 주변의 가까운 이마트24에서 예약한 와인을 수령할 수 있다. 현재 코엑스 내 이마트24를 시작으로 서울시 전역의 지점에 서비스를 확장 중이다. 온라인에서 쉽게 와인에 대한 정보를 취득하고 선별해 예약을 한 후 오프라인 편의점에서 수령함으로써 소비자의 편의성을 높였을 뿐 아니라 편의점 입장에서도 주요 판매 품목인 담배와 맥주, 도시락 구매 고객 외에 추가적인 고객 유입을 기대할 수 있다는 장점이 있다. 그야말로 잠재적인 크로스셀링cross-selling의 기회를 제공하는 셈이다.

변신의 색깔 4. 재생

건축 분야에서는 재생 산업이 화두다. 용도를 다해 흉물처럼 버려져 있던 폐산업 시설을 카페 · 갤러리 · 복합문화공간으로 새롭게 탈바꿈시키는 사례들이 늘고 있다. 재생건축의 가장 대표적인 사례인 런던의 테이트모던 갤러리는 1891년부터 발전이 중단되어 방치되어 있던 화력발전소를 개조한 곳인데, 2000년 문을 연 이후 세계의 주목을 받으며 재생건축의 가치와 가능성을 시사했다. 베이징의 군수공장이었던 따산즈大山子에는 공장을 스튜디오로 쓰는 예술가들이 몰려들며 2001년과 2002년에 걸쳐 '따산즈 798예술구'라는 독특한 집합 예술촌이 조성됐고, 2009년에는 폐철도를 재생해 공원으로 만든 하이라인 파크가 뉴욕에 선을 보였다. 이어 2017년 서울에서는 하이라인 파크를 모티브로 해 서울역 앞의 고가도로가 '서울로'로 재탄생했다. 이처럼 문화유산을 활용한 해외 재생건축들이 그 가치를 인정받으면서 우리나라에서도 많은 재생건축 프로젝트가 활발하게 진행 중이다.

1974년 제1호 물류센터로써 화려한 시절을 보낸 세정기업 용인 물류창고의 경우, 이후 기능이 축소돼 2009년부터 그 일부만 팩토리 아울렛으로 활용하고 있었다. 이후 상생相生이라는 컨셉으로 재생건축을 시도한 결과, 높은 층고로 적층된 창고동과 박공지붕 형태를 갖춘 소매동, 주변에 펼쳐진 자연환경을 그대로 살려 업사이클링된 '동춘 175'라는 복합문화공간으로 새롭게 탄생했다. 50여 년간 운영된 패션 기업의 역사가 담겨 있는 환편기, 자수기 등의 옛 의류 제조기기들도 예술 작품처럼 곳곳에 전시해 헤리티지를 활용한 재생건축의 멋을 뽐내고 있다. 쇼핑몰의 필수 요소였던 에스컬레이터 대신 1층부터 4층까지 이어지는 대형 계단을 설치하고 매장과 테이블 역시 널찍하게 배치해 바삐 돌아가는 쇼핑 공간이 아닌 쉼과 여유가 있는 체류 공간으로서의 면모를 강조했다.

부산 수영구에는 옛 고려제강의 폐공장을 부산시와 고려제강이 함께 재생해 복합문화공간으로 바꾼 'F1963'이 있다. 개관 이후 프랑스 리옹국립음향센터의 '사운드 아트'전시, '줄리안 오피 인 부산'

전시, '금난새 베토벤 심포니 사이클' 공연, '부산 리턴즈' 전시 등 세계적 수준의 공연과 전시를 선보이며 전국적으로 핫한 장소로 자리매김했다. 옛 공장의 모습과 스토리텔링은 그대로 보존하면서도 카페·레스토랑·책방 등 다양한 편의시설을 들여 과거와 현재가 공존하는 세련된 구성으로 공간을 꾸몄다. 무엇보다 부산시와 고려제강이 민관 협업의 성공적 모델을 제시한 것이 인정되어 '2018 대한민국 공간문화대상'에서 최우수상을 차지하기도 했다.

주변 혐오시설에 디자인을 입혀 새로운 공간으로 재탄생시킨 사례도 있다. 서울 금천구의 오래된 초등학교 안, 사용하지 않는 쓰레기 소각장 구조물에는 3천여 개의 흰 타일을 덮고 인근 주민과 학생들이 물감을 입으로 불어 타일을 장식했다. 민원의 대상이었던 흉물을 주민과 학생들이 직접 휴식 공간으로 바꾼 것이다. 쓰레기 18톤이 쌓여 있어 도심 속 쓰레기장과도 같았던 동대문 신발 상가 옥상은 젊은 예술가들이 모여 쓰레기 더미를 치우고 강연과 전시, 파티가 있는 '동대문 옥상낙원'으로 바꾸어놓았다. 또 부산 동구 초량동에 위치한 부산 최초의 근대식 병원인 백제병원(등록문화재 제647호)은 100년이 다 된 건물의 헤리티지를 그대로 간직한 디자인 카페로 변신했다. 1927년 일제강점기 때 병원으로 세워진 이 건물은 해방 이후 군 시설, 대사관, 오피스 등으로 사용되었다. 당시 서양식 건물의 구조 및 양식이 외부에 온전히 남아 있는 것을 그대로 카페 외관으로 차용해 방문객들은 마치 시간 여행을 온 듯한 기분을 맛볼 수 있다.

변신의 색깔 5. 공유

재생 컨셉과 쌍두마차를 이루는 공간 테마는 '공유'다. 2010년 뉴욕에서 시작된 위워크WeWork는 공유공간 열풍을 몰고 왔다. 기존의 딱딱한 사무 환경에서 벗어나 자유롭고 소통이 가능한 공유 공간을 모토로 하는 코워킹co-working 스페이스, 위워크는 회원 전용 라운지나 대규모 인원이 참석할 수 있는 이벤트 공간까지 갖추었을 뿐 아니라 커피나 맥주도 무제한으로 제공된다. 힙한 감각의 인테리어는 이 공간에서 일하는 사람들에게 묘한 자기 고양감까지 준다. 위워크의 진정한 가치는 임대료가 아닌 사람들과의 네트워크다. 전 세계 26만 8천 명의 멤버와 연결될 수 있는 거대한 커뮤니티를 자랑하는 글로벌 플랫폼으로 오프라인에서 일어날 수 있는 네트워킹의 장점을 십분 활용한 공간의 결정체다.

국내 기업들도 이러한 공유 오피스 사업에 박차를 가하고 있다. 온라인 셀렉트숍 무신사는 하나부터 열까지 패션 산업에 특화된 공간인 공유 오피스, 무신사 스튜디오를 서울 동대문 지역에 선보였다. 옷걸이가 구비된 쇼룸, 패션 전문 서적들이 비치된 라운지, 전문 수선인이 상주하는 수선실을 갖추고 있으며 물류창고 공간도 따로 구비하고 있다. 이뿐이 아니다. 패션업의 특성상 제품 및 모델 촬영이 빈번한 특수성을 고려해 사진과 영상 촬영이 가능한 스튜디오가 크기별로 11개나 마련되어 있다. 이렇듯 디테일한 부분까지 신경 쓰며 업의 특성과 공간의 활용도를 고려한 코워킹 스페이스가 눈에 띄게 늘고 있다.

오피스뿐만이 아니라 매장도 공유의 대상이 된다. 뉴욕 맨해튼에

출처: ssdarchitecture.com

■ ■ ■ 셰어하우스도 이제 특색 있는 공간을 지향한다. 공동체 문화의 요구를 반영해 지하에 극장 겸 카페를 둔 송파의 마이크로하우징.

서도 비싸기로 소문난 소호와 브로드웨이, 브루클린의 윌리엄스버그 등에 매장을 내고 220만 달러의 투자를 유치한 '불레틴Bulletin'은 누구나 공간의 일부를 빌려 제품을 팔 수 있는 매장 공유 플랫폼 스타트업이다. 새로운 브랜드들은 정식 매장을 오픈할 때마다 비싼 보증금과 고정 임대료, 인테리어 비용 등으로 부담이 크기 마련이다. 불레틴은 그러한 업주의 고민을 줄여주고 미리 소비자의 반응을 볼 수 있게 해줄 뿐 아니라 실제 매출 신장에도 도움을 준다. 매장의 선반 하나, 한 귀퉁이만 빌릴 수도 있고 통째로 빌릴 수도 있다. 매장을 사용하고 싶은 브랜드들은 온라인으로 예약하고 원하는 만큼 공간을 쓰면 된다. 진열된 물건은 불레틴 직원들이 직접 팔아주기까지 한다. 공간 예약에서 제품 판매까지 소요되는 시간은 단 5일. 닷새 만에 최

고 번화가에 매장을 여는 기회를 얻을 수 있는 셈이다.[6]

앞서 소개한 공유 공간의 선두주자 위워크는 현재 사업 영역을 확장해 '위리브WeLive'라는 프로젝트를 진행 중이다. 위워크가 사무 공간이었다면 위리브는 주거 공간을 공유하는 것이다. 모든 것을 빌려 쓰는 데 거부감이 없는 밀레니얼 세대들에게 코리빙은 부담스러운 부동산 비용 내신 합리적인 대안으로 떠오르고 있다. 국내에서도 1인 가구의 증가와 함께 1인용 주거 공간이 다양하게 등장하고 있다. 도시형 생활주택인 송파 마이크로하우징은 1인 가구 여덟 세대가 사는 5층짜리 셰어하우스로, 초고밀도 도시에 맞는 집합 주거 공간의 새로운 가능성을 보여준 사례다. 법정 최소 크기인 12m²로 세대 크기를 정하는 대신 세대 수를 늘렸다. 또한 1인 가구가 주로 입주하기 때문에 공동체 문화에 대한 욕구도 늘어날 것이라는 점에 착안해, 지하에는 작은 극장 겸 카페를 만들어 입주자들이 함께 쓰는 거실 겸 식당이 될 수 있는 열린 공간까지 갖추었다.

이처럼 트렌디한 공유 주택은 여러 사람들이 모여 사는 공간인 만큼 최소한의 규제는 지키되 그 외의 부분에서는 과감하게 주거민들의 로망을 실현시키는 데 중점을 둔다. 젊은 건축가들이 설립한 소셜벤처 서울소셜스탠다드에서 제공하는 신림동 공유 주택의 경우 개인의 전용 공간Private, 함께 쓰는 공유 공간Semi-private, 저층부 열린 공유 공간Semi-public, 동네 골목 공공 공간Public으로 구성되어 있다. 연남동의 셰어하우스, '어쩌다집' 또한 계절의 변화를 느낄 수 있는 널찍한 테라스와 옥상의 텃밭까지 갖춰 공유 주택의 새로운 모델을 보여준다. 업체에 따라 호텔 같은 로비나 야외 정원, 스파와 헬스장 등을 갖춘 곳도 있다. 사람들이 간직한 셰어하우스에 대한 로망을 컨셉으로 살려 임대를 유치하는 것이다.

공간은 왜 변화를 택했는가

카멜레온처럼 시시각각 상황에 맞게 변신을 꾀하는 공간의 민첩성은 어디에서 기인한 것일까? 공간이 변신을 택한 이유, 카멜레존 트렌드의 배경을 짚어보자.

공간들이 환골탈태하여 재탄생하는 가장 큰 배경은 전술한 바와 같이 오프라인 공간의 위기감이 커지고 있기 때문이다. 실제로 경기의 부침과 상관없이 전통적인 소매점의 몰락이 심각하다. 미국의 경우 문을 닫는 소매점이 금융위기 때보다 많은 것으로 집계되었는데, 2017년 9월 미국의 유명 완구 유통 업체 '토이저러스'가 파산 보호 신청을 한 것이 전통 유통 업체의 몰락을 보여주는 상징적인 사건이 되었다. 이를 두고 미국 잡지 〈애틀란틱Atlantic〉은 '소매의 종말Retail Apocalypse'이라는 단어로 위기를 표현하기도 했다. 특히 아마존이라는 거대 유통 공룡의 거침없는 행보에 오프라인 매장들이 숨죽이고 있다. '아마존 포비아Amazon Phobia'라는 말이 등장할 정도다. 이러한 상황에서 오프라인에서의 쇼핑 경험을 어떻게 색다르게 만들 것인가 하는 최대의 난제를 해결하기 위한 해답으로 공간이 떠오른 것이다. 여기에서 공간의 역할은 물리적인 공간의 리모델링뿐 아니라 온라인과의 상생을 추구하며 각종 디지털 기술로 활력을 찾는 것까지 포함한다.

카멜레존 트렌드가 생겨난 두 번째 배경은 사람들이 시간을 보내는 방법이 바뀌었다는 것이다. 최근 교육의 트렌드가 단순 암기에서 학생들의 체험을 강조하는 방향으로 변화하면서, 초등학생 자녀를 둔 3040 세대의 경우 주말이면 어디를 가야 할지 고민이 많아졌다. 육아와 교육의 방법 자체가 과거와 달리 어딘가를 방문하고 몸으로 체험하며 분위기와 오감을 통해 배우는 체험학습 중심으로 변했기 때문이다. 아이와 함께 반나절의 시간을 밖에서 보내는 일이 부모에게 일상이 되다 보니 자동차로 2시간 이내의 거리 정도는 거리낌없이 찾아가는 라이프스타일이 정착하고 있다. 핫플레이스라는 말이 끊임없이 등장하는 이유다. '소확행' 트렌드의 영향으로 집 근처에서 여가와 쇼핑을 해결하는 사람이 늘고 있는데, 가까운 곳에서 색다른 체험, 새로운 먹거리, 참신한 즐길거리를 찾는 소비자가 늘면서 이들을 겨냥한 공간들도 변신에 변신을 거듭하고 있다.

마지막으로 SNS라는 가상공간에 길들여진 밀레니얼 세대가 오감이 동원되는 실제 공간에 대해 새로운 기대를 갖게 되었다는 점을 들 수 있다. 밀레니얼 소비자를 사로잡기 위해 공간에 대한 기존의 정형화된 생각을 깨는 시도들이 속속 등장하는 것이다. 미술관에서 데이트를 하는 젊은이들은 인터랙티브 아트를 즐기며, 포토존에서 사진을 찍는다. 향기를 맡거나 춤을 출 수 있으면 만족감은 배가 된다. 전시회뿐 아니라 보고 즐기는 공연 문화도 더 입체적이고 관객의 오감을 만족하는 방향으로 진화하고 있다. 예컨대 넌버벌 퍼포먼스 '푸에르자 부르타Fuerza Bruta'는 무대에 제한을 두지 않고 벽은 물본 천장과 청중의 머리 위 공간까지 활용한다. 앞뒤 좌우 어디서 나타날지 모르는 배우, 하늘에서 내려오는 수조, 관객의 중간을 가로지르며 등장하는 러닝머신 등 허를 찌르는 무대 연출에 관객들은 흥분한다. 스탠딩 공연이라 시시각각 바뀌는 무대에 따라 관객들도 몸의 방향을 이리 저리 바꾸며 모두 하나가 되어 공연의 한 부분을 구성한다. 수많은 뮤지컬과 공연의 홍수 속에서 푸에르자 부르타는 무대 공간의 재정의를 통해 서울 공연에서만 누적 관객 2만5천 명을 돌파했다.[7]

새로운 공간이 살아남는다

사상가 안토니오 그람시Antonio Gramsi는 "낡은 것은 죽어가고 있는데, 새로운 것은 태어나지 않는 혼돈상황"을 '위기'라 정의했다. 엄밀히 말하면 오프라인 매장이 망하는 것이 아니라 옛날 방식의 매장이 망하고 있는 것이다. 오프라인 공간들이 신기술을 입거나 융합을 시도하고 오감을 만족시키는 등 체험할 수 있는 공간으로 변모한다면 얼마든지 다시 설 자리는 있다. 온라인 유통의 성장세가 이어질수록 오히려 오프라인 매장의 효용과 가치는 더욱 높아질 것이기 때문이다.

오늘날 소비자는 합리적이고 이성적인 의사 결정자라기보다 감각적이고 감성적인 존재다. 온라인 쇼핑이 주는 편리함뿐만 아니라 직접 상품을 만지고 사용해보는 시각적 · 감각적 경험까지 기대한다. 무엇보다 온라인 시장이 아무리 크게 성장했어도 오프라인 시장의 규모와는 비교가 안 될 만큼 작다. 미국의 경우, 온라인 리테일의 규모는 3,600억 달러인 반면 오프라인은 4조 달러 규모다. 10%도 되지 않는 셈이다. 궁극적으로 오프라인을 내버려둘 수 없다는 점을 우리 모두는 잘 알고 있다.[8]

오프라인 매장의 부활은 일자리 증가를 뜻하기도 한다. 한국경제연구원에 따르면 복합쇼핑몰 한 개마다 약 5천 개, 백화점은 하나당 평균 1,604개의 일자리가 생겨난다. 전미소매협회NRF에 따르면 미국의 경우 오프라인 소매점의 부활로 2018년 2월 이후 소매 업계에서 5만여 개의 신규 일자리가 창출된 것으로 나타났다.[9] 경제를 활성화시킬 수 있는 주요 에너지원을 갖고 있는 오프라인 공간의 중요성은 오히려 커진 셈이다. 그렇다면 오프라인 공간 도약의 발판을 어떻게 만들어낼 수 있을까?

골조보다 콘텐츠가 중요하다

『체험 마케팅』의 저자 번 슈미트Bernd Schmitt 교수는 체험 중심의 차별화된 전략이 그 어느 때보다 중요해졌다고 밝힌 바 있다. 그는 감각적 체험, 감성적 체험, 인지적 체험, 신체적 체험, 전반적인 라이프스타일 체험, 준거집단이나 준거 문화와 관련돼 발생하는 사회적 아이덴티티 체험으로 전략을 나누어 모듈별로 체험을 창조해야 한다고 강조한다. 그저 낯선 느낌만으로는 온갖 자극에 노출된 현대인의 감성을 자극할 수 없다는 것을 기억해야 한다. 공간의 추가 가치를 발굴하기 위해서는 더 세분화된 전략이 필요하다.

시설 자체보다 그 공간을 채우는 무엇, 바로 콘텐츠의 중요성이

날로 커지고 있다. 백화점의 대안으로 다변화를 꾀하고 있는 복합몰의 경우 특별한 테마를 적용하거나 국내에 소개되지 않은 해외 유명 브랜드의 유치, 혹은 반대로 흔하지 않은 맛집을 섭외하여 색다른 경험을 제공하는 전략을 취하고 있다. 특히 유난히 무더웠던 2018년 여름에는 복합쇼핑몰에서 시간을 보내며 영화 관람·산책·음악 감상·독서 등 몰링malling을 하는 사람을 뜻하는 몰고어mallgoer족에 이어 폭염을 피해 쇼핑몰로 피서를 가는 몰캉스족까지 등장했다. 그렇다 보니 앵커 시설을 무엇으로 하느냐가 대형몰의 성격을 결정짓고, 전체 구성의 절반가량을 차지하는 F&B(식음료) 프로그램이 얼마나 참신하고 트렌디한가로 성공 여부가 결정된다. 스타필드 하남의 경우 아쿠아필드나 스포츠몬스터와 같은 레저 시설을 적극적으로 유치해 기존 몰에서 쉽게 할 수 없었던 새로운 콘텐츠로 타 지역 사람들까지 끌어들이며 입지의 열세를 극복하는 데 성공했다.

공간 탐험을 즐기는 사람들이 늘어나면서 쇼핑몰 역시 무언가를 사기 위한 목적보다 시간과 공간을 탐사하기 위한 공간으로 변모하고 있다. 이처럼 돈 대신 시간을 소비하는 사람들을 붙잡기 위해서는 공간을 색다르게 구성하고 내용을 기획하는 공간 전용 콘텐츠 프로바이더contents provider가 필요하다. 매장 방문 트래픽을 늘리기 위한 공간을 재정비하고 첨단 기술을 적극 차용해 참신한 콘텐츠를 구성하는 것이 이들의 일이다.

공간을 개방해 그곳에 모이는 사람들을 콘텐츠로 만드는 경우도 있다. 최근 대기업 사옥들의 변신을 주목할 만한데, 대대적인 신축을 마치고 새로 개장한 아모레퍼시픽 사옥은 1층 공간을 직원이 아닌 외부인들에게 내주었다. 덕분에 해당 회사에 근무하는 직원들만 드나들던 폐쇄적인 공간이 만남의 장소로 탈바꿈했다. 아모레퍼시픽은 1층 로비뿐 아니라 지하 3층까지 모두 개방하고 식당과 카페, 미술관을 적절히 배치해 지역 주민들뿐 아니라 맛집이나 전시를 즐기러 오는 타 지역 주민까지 두루 흡수하고 있다. 이러한 사옥 개방은 지역사회에의 공헌을 통한 차원 높은 공간 마케팅의 일환으로 볼 수 있다. 기업이 담을 허물고 소비자와 만나는 접점을 넓히면서 해당 브랜드에 대한 친밀감도 높일 수 있기 때문이다.

사실 이것은 세계적인 추세다. 전 세계 체험 공간을 리드한 애플스토어는 최근 '타운스퀘어'로 업그레이드되었다. 이곳은 단지 제품을 사러 가는 매장이 아니라 뭔가 새로운 것을 경험하러 가는 공간이다. 아티스트나 뮤지션들이 모여 자신의 영감을 공유하고 지식을 전달하거나 배우는 플랫폼으로서, 오프라인 공간인 타운스퀘어를 활용할 수 있게 한 것이다. 또한 매장 안에 보드 룸을 따로 마련해 아이디어를 현실화하는 스타트업 지원 공간을 제공하는 배려도 돋보인다. 애플은 이를 고객의 '자기실현Self-Actualization'을 돕는 공간이라고 표현하고 있다. 경험experience을 넘어 상상imagination으로 테마를 잡은 타운스퀘어는 지역과의 강한 연대를 통해 하나밖에 없는 공간으로 자리매김하겠다는 취지를 내세운다. 지역사회와의 연계, 주변 시설과의 통합적인 효율성은 클러스터 효과cluster effect라는 시너지까지 창출할 수 있다. 이제 공간은 지역과의 연대에도 힘써야 한다.

시사점

공간은 액정 화면보다 매력 있다

트렌드에 관심 있는 사람이 중국 상하이를 여행한다면 반드시 들러야 하는 장소가 생겼다. 상하이 스타벅스 리저브 로스터리Starbucks Reserve Roastery다. 이곳은 축구장 절반 크기에 달하는 사상 최대 규모 커피숍으로, 규모부터 남다르지만 무작정 크기만 한 것은 아니다. 알리바바와의 협업으로 매장 안에 커피 로스팅의 전 과정을 생생하게 구현해 놓은 이곳은 볼거리가 가득하다. 40톤의 구리통 안에 보관된 신선한 원두가 천장에 고정된 구리 파이프를 통해 3개의 커피바에 필요한 만큼 내려오는 자동화 시스템도 갖추고 있다. 고객들은 모바일 타오바오 앱을 이용해 매장 안내도, 커피 및 차 메뉴, 선호하는 음료를 저장할 수 있다. 또한 증강현실AR 기술이 적용된 덕에 매장 곳곳을 스캔하면 커피 추출 방법, 로스팅 과정에 대한 정보를 스마트폰으로도 바로 볼 수 있다. 카페와 커피공장이 한 공간 안에 섞이며 시너지를 일으키고 있는 스타벅스 리저브 로스터리는 상하이에 이어 최근 이탈리아 밀라노에 유럽 1호점을 오픈했고, 2019년 시카고에 오픈을 앞두고 있다. 커피 애호가들 사이에는 벌써부터 꼭 찾아가야 할 '커피 성지'로 뜬 장소들이다.

상하이 스타벅스 리저브 로스터리의 사례에서 보듯, 물리적 공간은 다른 어떤 것보다 임팩트가 강하다. 앞에서 전자상거래의 발달로 '소매의 종말'이 다가오고 있다는 내용을 언급했지만, 그렇다고 해서 오프라인 공간이 그저 당하고만 있는 것은 아니다. 한 해 동안 미

■ ■ ■ 각기 상하이의 랜드마크이자 명소가 된 '메르세데스 me'와 '스타벅스 리저브 로스터리.' 브랜드 공간의 전략적 변신과 테마의 무한 확장 가능성을 보여준다.

국에서만 154개, 해외에서는 총 115개 매장의 문을 닫아야 했던 월마트의 경우도 이커머스 시장에서 성장률을 회복하며 온라인으로의 판로를 지속적으로 확대해나가고 있다. 반대로 세계 최고 전자상거래 업체인 아마존은 2017년 5월 뉴욕 맨해튼에 7번째 오프라인 서점을 개점했는데, 앞으로 그 수를 300~400개로 늘릴 계획을 발표한 바 있다. 잡화점인 달러 제너럴Dollar General은 쇼핑할 곳이 부족한 미국 시골 동네인 남부와 중서부를 집중적으로 공략해 900개의 점포를 새로 연다.[10]

재미있지 않은가? 오프라인 유통은 온라인을 강화하고, 온라인 유통은 오프라인 매장을 내고 있다. 이러한 트렌드가 계속 진행되면 온라인과 오프라인 유통을 구분 짓는 것 자체가 부질없는 일이 될 것이다. 이미 **040** 개념이 다양한 방법으로 시도되고 있다. 오프라인의 입장에서 이야기한다면, 이처럼 온라인과의 경쟁이 치열해지면서 오프라인에서만 할 수 있는 것들을 찾아 고객들의 발길을 돌릴 방안을 모색해야 한다. 그러자면, 고객의 오감을 만족시킬 수 있는 콘텐츠로 실제 방문해야만 충족되는 물리적인 만족감을 창출하지 않으면 안 되는 것이다.

040 Online for Offline
오프라인을 위한 온라인이라는 의미로 온+오프라인 유통의 유기적인 시너지를 모색하는 유통이다. 예컨대 오프라인에서는 체험만을 제공하고 즉석에서 온라인으로 주문하면 당일 배송을 받을 수 있는 시스템을 구축하는 것이다. 아마존의 급부상에 위기감을 느낀 월마트·코스트코·노드스트롬 백화점 등 기존 오프라인 유통 강자들에 의해 주로 시도되고 있다.[11]

『아날로그의 반격』의 저자 데이비드 색스David Sax는 오프라인 쇼핑이 온라인 매장은 제공할 수 없는 '무엇'을 가지고 있다고 주장한다. 사람들은 무작정 제품을 사고 싶어 한다기보다 사회적인 상호작용과 즉각적인 만족감을 추구하며, 단순히 끝없는 제품 목록을 살펴보는 것보다 우연히 발견하는 기회serendipity를 더 좋아한다는 것이다. 이러한 우연성을 공간에 녹이기 위해서는 동선과 디스플레이 전략이 뛰어나야 한다. 분위기 연출과 체험 콘텐츠로 소비를 유도하는 공간들과 매장들은 저마다의 컨셉을 보여주기 위해 비교적 넓은 공간을 실험적으로 다루고 디스플레이용 소품들을 적극 활용하며 소비자들에게 말을 걸고 있다. 공간은 문화와 특성을 담을 수 있는 좋은 그릇이다. 새로운 공간을 통해 기업은 브랜딩을 강화하고 매출을 확대할 수 있다.

공간은 액정 화면보다 매력 있다. 『트렌드 코리아 2019』에서 주요 트렌드로 설명하고 있는 '컨셉'이나 '뉴트로' 트렌드가 가장 잘 구현될 수 있는 영역이 바로 공간이다. 침체된 공간을 재탄생시켜 새로운 활력을 모색할 때다.

Emerging 'Millennial Family'

밀레니얼 가족

'밥 잘 사주는 예쁜 엄마.' 엄마가 변한다. 밥을 해주는 것이 아니라 사주고, 남는 시간은 자기계발에 투자한다. 엄마만의 변화가 아니다. 생활의 기본 단위인 가족의 형태가 다양해지고 생각이 달라진다. 탈며느리·탈시부모를 선언하고, 전통적인 고부 갈등은 장서 갈등으로 모습을 바꾼다. 이러한 가족을 우리는 '밀레니얼 가족'이라 부른다. 어릴 때부터 물질적 안정과 디지털 기술의 수혜를 받고 자라 여전히 베이비붐 세대 부모의 지원을 받고 있는 밀레니얼 세대가 결혼해 가정을 꾸리기 시작하면서, 산업에도 큰 변화가 나타나고 있다. 이들은 집안일을 가성비 있게 처리하고, 부부 사이엔 동반자적 의식을 지니면서도, 개인의 취미와 성취를 중시해 자기계발에 열심이다. 밀레니얼 세대에게 이제 가정은 절대적인 희생을 해야 하는 곳이 아니라, 대충 만족할 수 있는 '적정행복'의 장소다.

20세기의 가족과는 확연히 구별되는 신종족, 21세기형 밀레니얼 가족의 라이프스타일은 향후 다른 세대로 확산되어 한국 소비 시장의 새로운 기준이 될 것이다. 이들을 사로잡기 위해서는 밀레니얼 가족이 지향하는 삶의 모습을 심층적으로 탐구해 이를 뒷받침하는 상품과 서비스를 개발해야 한다. 나아가 이들을 단지 연령으로 구분하는 것에서 벗어나 '밀레니얼 라이프스타일'로 정의하고 이들이 꿈꾸는 삶의 모습을 먼저 제안할 수 있어야 한다.

즉석밥은 전자렌지에 3분, 마트에서 산 냉동 돈가스는 에어프라이어에 10분 돌린다. 온라인으로 주문한 호텔 주방장표 특제 소스를 바삭하게 익은 돈가스 위에 뿌리고, 야쿠르트 아줌마가 배달해준 따끈따끈한 미역국을 곁들인다. 후식으로 먹을 달콤한 케이크와 신선한 포도는 어젯밤 잠들기 전에 주문해 오늘 아침 7시 새벽배송으로 받은 것이다.

요즘 어떤 엄마가 가족을 위해 10분 만에 뚝딱 차려낸 밥상을 받아들고, 자녀가 이렇게 말했다고 한다. "엄마, 이건 요리가 아니고

'조립'이네요." 단지 인터넷에 돌아다니는 우스갯소리로 가볍게 넘길 일은 아니다. 실제로 조금만 검색해보면 단돈 3만 원으로 마트에서 판매하는 반조리 식품인 국물 떡볶이·칠리 치킨·콤비네이션 피자·함박스테이크·미트볼·그라탕 등으로 근사하게 자녀의 생일상을 차렸다는 포스팅이 넘쳐난다. 가족 간 불화의 원인이 되기도 하는 명절 차례상 차리기도 간편 제품만 있으면 문제없다. 한 신문기자가 추석 명절을 맞아 마트에서 판매하는 간편식만으로 차례상을 차려보니, 소고기뭇국·갈비찜·호박전·꼬치전·동그랑땡 등이 올라간 제법 그럴듯한 차례상을 단돈 14만540원에, 그것도 40분 만에 뚝딱 완성했다고 한다.[1]

1996년 CJ제일제당이 '햇반'을 처음 출시했을 때만 해도 가장 큰 과제는 "즉석밥을 자녀에게 내주는 부모의 심리적 죄책감을 어떻게 해소할 것인가?"였다고 한다. 당시 사회적 분위기를 기억하는 사람이라면 '요리 대신 조립'이 대세인 최근의 변화가 다소 생경하게 느껴질 것이다. 불과 20년 만에 한국 식산업이 완전히 달라졌기 때문이다. 사실 산업이 바뀌었다기보다는 상품을 소비하는 가족들의 가치관이 바뀌었다고 말하는 편이 더 정확할 것이다. 그 바뀐 가족을 우리는 '21세기형 밀레니얼 가족'이라고 명명한다. 한 가족의 식사에는 그 사회의 문화와 가정의 관행이 담겨 있다. 단지 얼마나 많은 가족이 간편식을 구매하느냐 하는 단순한 문제가 아니다. 간편식으로 표상되는, 낯선 사고방식을 가진 새로운 가족 집단이 등장한 것이다.

밀레니얼 가족의 탄생

'밀레니얼 세대Millennials'란 누구인가? 명확한 기준은 없으나 대부분의 전문가들은 1980년대 초반부터 2000년 사이에 태어난 세대를 밀레니얼 세대로 정의한다. 현재 나이로 계산하면 대략 20대부터 30대 후반까지의 나이대를 아우른다. 밀레니얼 인구를 계산해보면 세계 인구의 4분의 1 수준인 18억 명에 달한다는 보고도 있다.[2] 중요한 사실은 이 밀레니얼 세대의 숫자가 그들의 부모인 베이비붐 세대Baby Boomer를 앞지르는 시기가 바로 눈앞에 다가왔다는 점이다. 〈파이낸셜타임즈〉에 따르면 밀레니얼 세대는 2020년이면 시장에서 구매력이 가장 높은 고객군이 된다.[3] 이 때문에 밀레니얼이란 단어에 한국만이 아니라 온 세계가 집중하고 있는 것이다.

한국의 밀레니얼 세대 역시 기성세대와는 차별화된 그들만의 문화적 공통분모를 가진 집단이다. 이들은 2002년 월드컵 등 각종 국제 이벤트를 통해 한국이 국제적 위상을 강화해가는 현장을 실시간으로 목격하고 경험하며 자랐다. 풍요와 향유에 익숙한 반면, 경제적 위기 대처 능력은 약하다는 평가를 받기도 한다. 절대 빈곤이 거의 없는 시대에 살고 있지만 수시로 상대적 박탈감에 시달린다. 스마트폰·SNS와 같은 모바일 환경에 익숙하고 평등하며 민주적이지만, 이기적이고 실리를 추구하는 면도 가지고 있다. 이들에게 무조건 옳은 것은 없으며, 가치란 항상 변화한다고 생각하는 유연한 사고의 소유자이기도 하다.

소비자로서 밀레니얼 세대는 가치 체계를 새로이 정립해가는 집단이기도 하다. 결혼을 하고 자녀를 낳으며 각자의 가정을 꾸리기 시작했기 때문이다. 대학내일 20대 연구소가 전국 20~39세 남녀 800명을 대상으로 실시한 연구에 따르면, 밀레니얼 세대가 현재 인생에서 가장 중요하게 추구하는 가치는 바로 '안정(42.4%)'과 '가족(39.5%)'이었다. 파편화된 개인으로 평가받던 밀레니얼 세대가 드디어 그들만의 가족을 형성하면서, 기성 고객군을 서서히 대체하기 시작한 것이다.

이에 『트렌드 코리아 2019』는 밀레니얼 세대가 주도하는 다양한 집단 중에서도 특히 '밀레니얼 가족'의 트렌드에 집중하고자 한다.

베이비부머 가족 vs. 밀레니얼 가족

	베이비부머 가족 (20세기형 부부)	밀레니얼 가족 (21세기형 부부)
주거	대형 평수 선호, 큰 자동차 1대	적절한 평수, 작은 자동차 2대
가사	가정 내에서 해결	외부 자원, 도우미 플랫폼 활용
부부 관계	성별에 따른 확고한 역할 고정	목적 위주의 역할 분담
자녀와의 관계	책임자, 관리자	동반자, 친구
부모와의 관계	내가 돌봐야 할 대상	부모는 나의 지지자, 후원자
타인과의 관계	혈연 중심	넷net연 중심
직업관	생존	의미 발견
행복관	정형화된 행복	개인화된 행복(1인 1행복)
소비	절약 소비, 합리적 소비	적정 소비, 유연 소비

여기서 '밀레니얼 가족'의 범위는 밀레니얼 세대에 속하는 사람이 결혼해 구성한 가족을 의미한다. 다시 말해, 현재 50~60대로 접어든 베이비붐 세대의 자녀 세대가 결혼으로 형성한 가족이 바로 밀레니얼 가족이다. 그동안 밀레니얼 세대 연구는 다소 진행된 바 있지만, 밀레니얼 세대가 이끄는 가족의 가치관과 라이프스타일 분석은 많지 않았다. 하지만 소비에서 가족은 개인보다 중요하다. 가정은 소비가 일어나는 기초적 단위이기 때문이다. 이제 한국 소비 시장의 주축으로 성장할 밀레니얼 가족의 면면을 자세히 들여다보고 그들의 남다른 라이프스타일이 불러올 시장의 변화를 미리 살펴본다.

밀레니얼 가족이 사는 법

밀레니얼 가족은 인구구조로 보나, 소비 시장 규모로 보나 향후 한국 소비 시장에서 몸통으로 성장할 것이다. 그들은 기성세대가 당연하다고 받아들이던 기본값default을 있는 그대로 받아들이지 않는다. 대신 그들만의 새로운 삶의 모습을 씩씩하게 써내려간다. 그들에게 가사란 가성비 있게 처리해야 할 노동일 뿐이다. 가족 간은 동등하며, 개인의 시간과 공간은 세상 그 무엇보다 중요하다. 중독이라 평가될 만큼 자기계발에 집착하고, 따르기 힘든 전통은 현명하게 조정해 수용하는 지혜도 갖추고 있다. 이들이 만들어가는 새로운 가치관과 라이프스타일을 찬찬히 들여다보자.

집안일도 가성비 있게

"그들은 높은 청결도보다 신속하게 깨끗해지는 제품을 원합니다."

생활용품 전문 브랜드 P&G의 웬젤 이사는 밀레니얼 세대가 앞선 세대와 자란 환경이 다르고 사고방식이 다른 만큼, 청소 방식도 부모 세대와 다르다며 이와 같이 말했다.[4] 밀레니얼 가족에게 가사 노동은 그다지 보람 있는 일이 아니다. 가사 노동이 가족에게 따뜻하고 편안한 보금자리를 제공해주는 숭고한 노동이란 의미는 퇴색된 지 오래다. 과거처럼 아내나 남편, 어느 구성원의 희생 위에 가정의 평화를 세우고자 애쓰지도 않는다. 가족도 중요하지만 그만큼 자신의 편의도 중요시한다. 이들에게 가사 노동이란 그저 최소한으로 줄여야 하는 일, 안 할수록 좋지만 해야 하는 일일 뿐이다. 따라서 이들은 집안일을 할 때 완벽함보다는 효율성을 추구한다. 당장 생활이 곤란하지 않을 정도로만 하면 된다는 생각으로 가사 노동에 투입하는 비용, 즉 시간·노동·금전 대비 성과(아웃풋)의 비율을 따진다. 가사 노동에서도 가성비가 대단히 중요해졌다는 뜻이다.

그래서 사람의 노동을 대신해주는 가전제품 구매에 비용을 아끼지 않는다. 그동안에 꼭 두어야 할 3대 가전으로 TV·냉장고·세탁기가 꼽혔다면, 밀레니얼 가족에겐 로봇청소기·식기세척기·빨래건조기가 필수다. 이를 '3신 가전'이라고 부르기도 하는데, 이는 새롭게新 등장한 필수 가전이라는 의미도 되고, 집안일을 줄여주는 신神의 물건이라는 뜻도 된다. 주부의 일을 대신 해준다고 해서 '가전주부'라 불리기도 한다.[5] 누군가는 로봇청소기가 청소를 해봐야 얼마나 깨끗하게 하겠느냐며 의심의 눈초리를 보낼 수도 있다. 하지만 로봇청소

■ ■ ■ 밀레니얼 가족의 효율적인 가사 노동에 필수적인 3신 가전. 왼쪽부터 로봇청소기, 식기세척기, 빨래건조기.

기는 완벽하게 깨끗하지는 않더라도 사람이 투입해야 하는 시간과 노동력을 탁월하게 줄여준다. 완벽하지는 않아도 적정하게 받아들일 수 있는 결과를 주기 때문에 밀레니얼 가족의 니즈에 안성맞춤이다. 청소라는 반복적이고 비가치적인 일은 기계에게 맡기고, 여기서 줄인 시간은 자신에게 의미 있는 일에 투자할 수 있기 때문이다. 이들에게 값비싼 청소기는 사치나 낭비가 아니라, '나에 대한 투자'인 셈이다.

집안일을 대신 처리해주는 '도우미 경제'도 활성화되고 있다. 통계청에 따르면 국내 가사도우미 시장 규모는 2006년 2조8천억 원, 2016년 6조 원을 기록한 데 이어, 2018년 7조5천억 원대로 성장할 것으로 전망된다.[6] 이미 한국 시장에 출시된 도우미서비스 앱만 해도 청소연구소·대리주부·미소·홈마스터 등 수십 개나 된다. 밀레니얼 가족의 경제력이 풍족해 외부 서비스를 적극적으로 이용한다고 생각하면 오해다. 주 1회·반나절에 5만 원, 한 달에 약 20만 원이면 청소 때문에 발생하는 가족 간의 갈등도 막을 수 있기 때문에 다른 비용을 아껴서라도 도우미 서비스를 이용하는 것이다. 최근에는 도우미 시장의 형태도 밀레니얼 가족의 입맛에 맞게 진화하면서, 소비자와 가사도우미를 연결하는 방식이 O2O online to offline화되고 이용자의 환경과 성향, 가사도우미의 특징 등을 분석해 최적의 조합을 제안하는 서비스도 출시되고 있다.

밥 잘 사주는 예쁜 엄마

다른 가사 노동에 비해 시간과 노동력을 가장 많이 소모해야 하는 영역이 바로 식사 준비일 것이다. 다른 가사는 미루거나 간헐적으로 처리할 수 있지만 식사 준비만은 그렇지 않기 때문이다. 하루 세끼 집밥 타령하는 가족을 보고 있노라면 '삼식이(하루 삼시 세끼를 집에서 꼬박꼬박 챙겨 먹는 사람을 일컫는 단어)'라는 말이 절로 튀어나온다. 그 덕분일까? 최근 한국 사회에서 가장 급진적인 변화를 맞이하고 있는 영역이 바로 식생활이다. TV에 밥 잘 사주는 예쁜 '누나'가 있다면, 밀레니얼 가족의 집에는 밥 잘 사주는 예쁜 '엄마'가 있다. 밥을 잘 해

가정 간편식 구매액

(단위: 원)

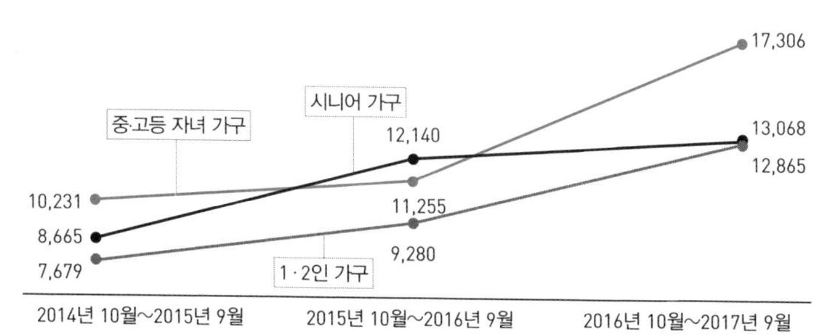

출처: 〈매일경제〉 2018.1.8

출처: 마켓컬리

■ ■ ■ 클릭 한 번으로 집에서도 근사한 식사와 유명 맛집의 디저트를 즐길 수 있다.

주는 것이 아니라 잘 사주고, 그를 통해 남는 시간을 가족에게 헌신하는 것이 아니라 자기계발에 투자하는 엄마다. '요리 대신 조립'을 지원하는 가정 간편식인 HMRHome Meal Replacement 시장이 빠르게 성장하고 있다.('2018 10대 트렌드상품' 설명 참조) 한국농수산식품유통공사에 따르면 2012년 1조 원 아래에 머물던 HMR 시장 규모가, 2018년에는 라면을 제외하고도 약 4조 원을 넘을 것으로 예상된다.[7] 재미있는 사실은 HMR 시장의 급성장을 이끈 주역이 1인 가구가 아니라 주부라는 점이다. CJ제일제당이 글로벌 시장조사 기관 칸타월드패널과 함께 최근 3년간 HMR 주요 구매자를 분석한 결과, 중·고등학생 자녀가 있는 다인 가구의 HMR 구매액과 구매 빈도가 1~2인 가구보다 훨씬 높은 것으로 나타났다.[8] 주부들은 간편식은 꺼리고 직접 요리한 밥과 국을 선호할 것이라는 일반적인 인식과 달리, 말 그대로 '밥 잘 사주는 엄마'로 변모하고 있는 것이다.

가정 간편식이 집밥 시장의 주연을 당당히 꿰차게 된 이유는 그 맛과 품질이 집밥 수준으로 높아지고 있다는 점에서 찾을 수 있다. 편의점 도시락처럼 별도의 조리 없이 바로 먹을 수 있는 RTEReady to Eat

제품과 즉석밥처럼 데우기만 하면 먹을 수 있는 RTH(Ready to Heat)는 이제 한국인의 대표 음식이라 할 수 있는 국·탕·찌개로 영역을 확장하고 있다. 요리를 위한 모든 준비가 끝난 식재료에 데우거나 끓이는 등 간단한 조리만 하면 되는 RTC(Ready to Cook) 시장은 HMR 시장 중에서도 가장 급진적인 변화가 일어나고 있는 영역이다. 대표적인 사례가 재료 손질이 모두 다 되어 있는 밀키트(Mealkit)를 배송해주는 서비스다. 전날 밤에 주문하면 몇 시간 후 새벽에 주문한 음식을 배송해주는 '마켓컬리', '헬로네이처' 등의 새벽 배송도 밀레니얼 가족의 식탁을 바꾸고 있다.

미국의 〈뉴욕타임스〉는 독자가 요리 코너에 소개된 칼럼을 읽고 그 자리에서 주문 버튼을 누르면, 실력 있는 요리사가 고안한 레시피와 그에 맞춰 준비된 재료를 즉시 배달받는 서비스인 'NYT쿠킹'을 론칭했다.[9] 요리사나 사용할 법한 구하기 힘든 식재료도 필요한 양만큼 손쉽게 조달받을 수 있어 번거로움 없이 요리할 수 있다. 단순히 식재료를 배달해주는 것에 그치지 않고 소비자가 요리 칼럼을 읽고, 근사하고 맛있는 밀키트를 주문하고, 손쉽게 요리를 즐기도록 함으로써 밀레니얼 세대의 취향을 완벽하게 저격한 서비스 사례다.

이러한 일련의 변화는 이제 사회 전반으로 영향력을 확대하고 있다. 대표적으로 최근 가정에서의 불 사용이 줄어든 현상을 들 수 있다. 가정 취사용 도시가스 사용량은 2015년 15억4,845m^3에서 2017년 15억650m^3로 감소했다. 도시가스를 쓰는 가구 수가 1,739만 가구에서 1,912만 가구로 증가했다는 점에서 주목할 만한 변화다.[10]

TV에 밥 잘 사주는 예쁜 '누나'가 있다면, 밀레니얼 가족의 집에는 밥 잘 사주는 예쁜 '엄마'가 있다. 밥을 잘 해주는 것이 아니라 잘 사주고, 그를 통해 남는 시간을 가족에게 헌신하는 것이 아니라 자기계발에 투자하는 엄마다.

부부는 "동반자", 자녀는 "친구"

밀레니얼 부부의 역할 분담 역시 20세기형 부부에서 21세기형으로 진전하고 있다. 특히 맞벌이 부부가 증가하고 주 52시간 근로제가 자리 잡으면서 남편은 경제를 책임지고, 아내는 집안일을 도맡는 식의 이분법적 역할 분담은 점차 사라져가고 있다. 오히려 부부가 함께 집안일도 회사일 하듯 운영management한다. 가사 노동에 프로젝트 매니저PM를 두고 각자의 적성에 맞춰 전체를 관리하는 사람, 시키는 것만 하는 사람 등으로 역할을 분담하기도 한다.[11] 부부 사이에도 설거지 부장님, 청소 대리, 요리 차장님이 각각 존재하는 것이다.

이러한 역할 분담은 꽤 효율적이다. 우선 집안일이 일사분란하게 처리된다. 저녁 시간 아빠가 자녀를 목욕시키는 동안 엄마는 집 안을 정리하고, 엄마가 자녀를 재울 때에는 아빠가 식기세척기를 돌리는 식이다. 이번 주에 누가 몇 번 야근을 할지, 유치원에서 자녀를 데려오는 사람은 누구일지 미리 의논하고 정한다.

부모와 자녀의 관계도 변한다. 엄마라면 아이를 위해 무조건적으로 헌신해야 한다는 '모성 신화'가 밀레니엄 가족에게는 더 이상 통하지 않는다. 『처음부터 엄마는 아니었어』, 『엄마는 이제 미안하지 않아』, 『엄마가 아니어도 괜찮아』 등 자녀 양육에 대한 엄마의 심리적 부담감을 줄여주는 책의 출간도 잇따르고 있다.[12] 아빠의 역할도 급변한다. 싱가포르에 있는 '아버지가 되는 것에 대한 센터Center for Fathering'의 리처드 훈 회장은 "밀레니얼 남성 사이에서 신식 아빠가 되는 것이 유행 중"이라며 "이들은 아기 기저귀를 갈아주는 등 아버지로서의 역할을 수행하는 데 거부감이 없다"고 설명하기도 했다.[13]

이러한 작은 변화는 드디어 실생활에도 반영되기 시작했다. 한 초등학교 선생님은 요즘 학생들의 일기장에 드디어 '아빠'가 등장했다고 말한다. 그동안 아빠가 부재했던 일기장에 "아빠와 놀이공원에 다녀왔다", "영화를 봤다"는 이야기가 채워지기 시작했다는 것이다. 이러한 변화를 일컬어 '2인자 남편Second-fiddle husbands'이란 신조어도 출현했다.[14] 이는 미국의 트렌드 연구가 마크 펜Mark Penn이 그의 저서 『마이크로 트렌드X』에서 소개한 개념으로, 돈을 더 많이 버는 아내를 대신해 집안일을 전담하는 남편을 일컫는다. 2인자라고 해서 무능하다는 뜻은 아니다. 남성이라고 해서 무조건 사회생활을 전담할 필요는 없으며, 남자들도 적성만 맞는다면 집 안에서 자신이 행복할 수 있는 일을 찾게 되었음을 의미한다.

공동의 역할 분담과 가족 구성원 간 합의를 중시하는 밀레니얼 가족의 특성을 반영한 신규 사업도 속속 등장하고 있다. 미국에서 판매되는 '히쿠Hiku'는 가족 구성원의 쇼핑 목록을 공동으로 관리할 수 있도록 지원하는 사물인터넷 기기다. 식료품이 다 떨어져갈 때쯤 '히쿠' 버튼을 누르고 제품의 바코드를 스캔하거나 이름을 말하기만 하면 스캔된 물품은 클라우드에 있는 사용자의 쇼핑 목록에 즉각 추가되고 목록은 다른 구성원과 공유된다.[15] 가족 구성원 누가 무엇을 필요로 하는지, 구매가 완료된 제품은 무엇인지 등을 알려주며 공동으로 쇼핑하고 의사를 결정할 수 있도록 지원하는 서비스인 셈이다.

개인 시간과 공간 존중하기

밀레니얼 부부는 개인의 시간과 공간을 상당히 중시한다. 설문조사 전문 업체인 트렌드모니터가 전국 만 19~59세 성인 남녀 2천 명을 대상으로 실시한 조사에 따르면 사람들이 집에서 자신만의 시간을 즐기는 경향이 지속적으로 증가하고 있다. 2016년 집 안에서 혼자 보내는 시간이 늘어났다는 응답자(24.2%)가 줄어들었다는 응답자(20.3%)보다 전년 대비 증가했다. 반면, 이와 반대로 배우자와 함께 보내는 시간은 줄어들었다는 사람이 더 많았다. 기혼자가 자녀와 함께 보내는 시간 역시 전년 대비 감소했다.[16] 자신만의 온전한 시간을 확보하고자 하는 욕구가 심화된 것이다.

3신 가전과 외부 도우미 경제를 활용해 확보한 시간은 부부의 개인적인 욕구 충족을 위해 아낌없이 사용된다. 서로의 취미활동을 존중하는 것은 기본이다. 가사와 육아로 주중 시간을 많이 할애한 배우자에게는 주말 반나절 동안이라도 혼자 외출해 자유를 만끽할 수 있도록 배려해준다. 이러한 변화는 상권에도 영향을 미치고 있다. 즉, 도심의 회사 근처 노래방과 고깃집의 인기는 하락하는 반면, 주거지 상권, 가령 아파트 상가 내에 위치한 커피숍 · 헬스장 · 노래방 · 만화방 등의 상권은 상대적으로 활성화되고 있다.[17] 남편과 아내가 각자 영화를 즐기는 '혼영족'이 등장하기도 한다. 〈서울경제〉와 CGV리서치센터가 발표한 2018년 여름 개봉작 관객 분포에 따르면, 〈미션 임파서블: 폴아웃〉과 〈공작〉은 주로 남편 혼영족이, 〈맘마미아!2〉는 아내 혼영족이 즐긴 영화로 나타났다.[18]

휴가를 즐기는 모습도 달라지고 있다. 어렵게 날짜를 맞춰 온 가족이 함께 떠나는 휴가에서 벗어나, 가능한 범위 내에서 가족이 각자의 휴가를 즐기는 형태가 최근 유행 중이다. 전업주부인 아내가 자녀를 데리고 1년에 서너 차례 해외여행을 다녀오도록 배려하고, 대신 남편도 기회가 될 때 혼자 여행을 다녀올 수 있도록 배려해주는 것이 일종의 트렌드로 자리 잡고 있다. 이전의 가족들처럼 천편일률적인 휴가를 즐기기보다는 각자의 상황에 맞추되, 가정으로부터 잠시나마 해방될 수 있는 약간의 자유를 보상해주는 것이다.

자기계발 중독

밀레니얼 가족은 성취감을 느낄 수 있는 일에 중독되는 현상도 보인다. 가족을 부양하기 위해 회사를 다니고는 있지만 그것만으로는 성취감을 충족하지 못한다. 생존보다는 의미를 찾고자 직업을 갖길 원하는 사람들이다. 워킹맘의 경우엔 육아 휴직 기간이 끝나고 곧바로 회사로 복귀하는 엄마들이 늘고 있다. 회사라도 나가야 이 세상에 나라는 사람이 존재하는 이유를 확인할 수 있기 때문이라고 한다. 아르바이트를 하는 경우도 별반 다를 것은 없다. 하루에 4시간 아르바이트를 해서 번 약간의 돈으로 자녀의 학원비를 보충하는 것이 기성세대의 모습이라면, 밀레니얼 부모는 그 돈을 본인을 위한 피트니스·원데이 클래스 등의 자기계발에 사용한다.

전업주부라고 해서 자신의 능력을 과소평가하지 않는다. 특히 주부들로 구성된 인터넷 커뮤니티는 이들이 자신의 능력을 발휘할 수 있는 최고의 플랫폼이다. 주부 커뮤니티라고 해서 시시콜콜한 고민거리나 나누고, 중고물품을 교환하는 정도로 오해하면 곤란하다. 출산과 육아로 경력이 단절된 회원들이 다른 일반 회원들을 대상으로 외국어·요리·자기계발 등을 주제로 무료 강습을 진행하는데, 백화점 문화센터에 맞먹는 커리큘럼을 자랑하는 곳도 있다. 약 260만 명의 회원을 보유한 임신·육아 카페 '맘스홀릭베이비'는 카페 회원들을 대상으로 엄마 칼럼니스트를 선정해 다양한 주제로 칼럼을 연재하고 있다.[19] 칼럼에는 '육아를 대비하는 임신부 이야기', '두 아이 엄마의 현실적인 육아', '딸과 함께하는 여행기' 등 재미있고도 실용적인 이야기가 가득하다. 최근 맘카페는 거의 기업에 버금가는 수준이다. 경기도 고양시 최대 온라인 커뮤니티인 '일산아지매'는 2015년부터 킨텍스와 함께 '슈퍼맘페어'를 개최하고 있다. 경력 단절 여성의 사회 재진출을 응원하기 위한 행사로, 매해 수익금 전액은 지역사회의 어려운 이웃에게 기부된다.

전통도 현실에 맞게 수용

밀레니얼 부부라 하더라도 피하기 어려운 한국 고유의 가족 문화가 있다. 바로 배우자 부모와 관계 맺기다. 여기에서도 변화는 나타나고 있다. 일명 '며느리의 반란'이 눈길을 끈다. 웹툰 〈며느라기〉부터, 다큐멘터리 〈B급 며느리〉, 파일럿 프로그램으로 기획되었다가 정규 방송으로 편성된 MBC 〈이상한 나라의 며느리〉에 이르기까지, 새로운 가족관계를 제안하는 움직임이 사회 곳곳에서 포착된다. 최근에는 시월드로 표현되는 '고부 갈등' 대신에 처갓집과 사위 간 불편한 관계를 뜻하는 '장서丈壻 갈등'도 증가하고 있다. 2018년 2월, 결혼정보회사 온리-유와 비에나래가 이혼 남녀 512명을 대상으로 실시한 조사에서 이혼을 결심하게 된 계기로 장서 갈등(10.9%)이 고부 갈등(2.3%)을 훨씬 앞선 것으로 나타났다. 그 배경으로는 자녀 양육

등에서 시댁보다는 친정의 도움을 더 받는 모계 지원 경향이 있다. 2017년 통계청에 따르면, 맞벌이 부부 중 시부모에게서 생활 지원을 받는 비율은 2006년 14%에서 2016년 7.9%로 감소한 반면 처가로부터 도움을 받는다고 답한 부부는 17%에서 19%로 증가했다.[20]

이런 상황에서 밀레니얼 가족은 나름대로 해결 방안을 찾는다. 예를 들면 가족 갈등이 증폭되는 명절 연휴 동안에는 부부가 각자의 집을 방문해 명절을 보내는 방식으로 갈등을 최소화하는 것이다. 아예 명절을 가족 여행의 기회로 삼는 경우도 급증하고 있다. 매년 명절 연휴가 되면 해외여행객 수가 역대 최고치를 기록했다는 뉴스만 봐도 이를 알 수 있다. 제사 문화도 바뀐다. "내 세대까지만 제사를 모시고, 자식 세대부터는 제사를 없애거나 축소하겠다"고 선언한 시어머니도 늘고 있다. 제사를 지내되 완제품 음식을 주문하거나 간편식을 적극 활용해 노동을 최소화하는 경우도 새로운 움직임이다. 가족 중 누군가 불편하다면 제아무리 전통이라도 바꾸는 시대가 도래한 것이다.[21]

그렇다고 해서 밀레니얼 가족이 한국 고유의 전통을 무조건 외면하는 것은 아니다. 제사를 각자 모시고 명절에 해외여행을 떠나는 등 극단적인 경우도 있지만, 대부분은 기성세대가 수용할 만한 범위 내에서 자신들만의 가치관을 적용한다. 가령 명절에 부모님 집을 방문하더라도 짧고 효율적으로 차례를 지내고, 나머지 긴 연휴 동안 가족들끼리 국내 여행을 즐기는 식이다. 지킬 것은 지키되 약간의 아이디어를 더해 가족과의 시간도 자신들만의 즐거움을 찾는 기회로 활용하는 것이 밀레니얼 가족의 문화다.

가족의 의무는 다하되 자신들의 즐거움도 놓치지 않는 밀레니얼 부부의 가치관은 여행 트렌드에서도 발견된다. 소유보다는 경험을 더 중시하는 세대답게 밀레니얼 가족은 여행을 무척 즐긴다. 흥미로운 점은 이들이 의외로 3대가 함께 떠나는 가족 여행을 즐긴다는 것이다. 클럽메드Club Med의 지스카르 데스탱 회장은 최근 관광업 트렌드로 '대가족 여행'을 꼽는다. "할머니·할아버지는 사우나를 즐기고, 부모는 골프를 치러 나가고, 아이들은 클럽에서 놀며 각자 시간을 보내다가 점심·저녁 식사는 모여 즐기면서 여행의 의미를 되새기는 것"이 밀레니얼 가족의 최신 여행 방식이다.[22] 국내 시장도 마찬가지다. 하나투어에 따르면 2017년 성인 자녀와 부모의 동반 여행 수요는 2013년에 비해 71% 늘었다. 조부모를 포함한 3세대 여행도 76% 늘었다.[23] 부모에게 효를 다하면서도 자녀를 부모님과 함께 돌볼 수 있어 이들에겐 나쁠 것 없는 선택인 셈이다.

밀레니얼 가족 문화의 형성 배경

밀레니얼 가족의 라이프스타일을 제대로 이해하기 위해선 그들이 누구이며 어떤 특성을 지닌 사람들인지 먼저 이해할 필요가 있다. 이들은 부모인 베이비붐 세대의 보호 아래 역대 가장 많은 교육을 받으며 자랐다. 컴퓨터·휴대폰·인터넷 등 디지털 기술과 함께 성장해 새로운 방식으로 정보를 얻고 소통하길 좋아한다. 소비의 즐거움을 아는 이들은 '역사상 가장 까다로운 소비자'란 평가를 받는 동시에,

부모로부터 경제적·심리적 독립을 완성하지 못했다는 비판에서도 자유롭지 못하다. 전술한 밀레니얼 가족의 라이프스타일이 탄생하게 된 배경으로서 밀레니얼 세대의 세대적 특성을 하나씩 살펴본다.

강한 자기애

어린 자녀들이 좀 더 즐겁고 활동적인 시간을 보내기 위해 방문하는 곳, 키즈카페에서 가장 주목하는 고객 집단은 누굴까? 이름에 '키즈'가 들어갔다고 해서 어린이를 위한 장소라고만 생각해선 안 된다. 1세대 놀이터형 키즈카페와 2세대 카페형 키즈카페를 거쳐, 최근 성장하고 있는 3세대형 키즈카페는 어린 자녀가 아닌 그들의 부모를 타깃으로 한다. 대표적인 3세대 키즈카페 '릴리펏'은 밀레니얼 엄마의 니즈를 정확하게 파악했다. 단순히 아이들이 뛰어노는 놀이공간으로만 접근한 것이 아니라, 자녀와 함께 방문한 엄마들이 마치 파인 다이닝에 온 듯 우아하게 자신의 시간을 보낼 수 있는 컨셉으로 성공한 케이스다. 매장 내 인테리어도 아이들이 좋아할 법한 원색 대신, 예쁘게 차려입은 엄마들이 멋진 사진을 찍어 SNS에 올릴 수 있도록 고급스러운 파스텔톤 색상을 적용했다. 판매하는 커피와 메뉴들도 고급 레스토랑 수준이다. 자녀와 함께 방문했지만 자신의 즐길거리도 중요한 밀레니얼 부모의 성향을 먼저 헤아린 것이다.

밀레니얼 세대는 이전 어느 세대보다 자기애가 강하다. 이들은 한국이 어느 정도 경제적 성장을 이룬 상태에서 유년기를 보냈다. 가족관계도 단순해서 경쟁해야 할 형제자매의 수도 과거에 비해 적었다. 이처럼 풍성한 환경 속에서 성장한 밀레니얼 세대에게 자기 자신에

출처: 키즈카페 릴리펏 공식 홈페이지

■ ■ ■ 세련된 인테리어의 키즈 카페는 아이들의 놀이공간이자 밀레니얼 부모의 포토존이다.

대한 사랑은 어쩌면 당연한 것일지도 모른다. 〈타임〉지는 밀레니얼 세대의 두 번째 이름은 '나 나 나 세대Me Me Me Generation'라고 보도하기도 했다.[24]

강한 자기애를 지닌 밀레니얼 세대는 기성세대가 요구하는 삶의 공식에 따르기보다는 스스로 만족할 수 있는 삶이 무엇인지 고민하고 나름의 기준을 세워 살아갈 줄 안다. 대학내일 20대 연구소가 전국 20~39세 남녀 800명을 대상으로 실시한 조사에서, 과반수인 56.6%가 '인생에서 중요한 결정을 할 때 가족·주변인의 의견보다 자신의 만족을 우선으로 고려한다'고 답했고, 55.4%가 '사회나 타인에게 인정받을 수 있는 삶의 방식보다 나에게 맞는 방식을 선택한다'는 항목에도 55.4%가 '그렇다'고 답했다.[25] 전통과 사회적 규칙을 당연하게 받아들였던 기성세대에 비해 밀레니얼의 라이프스타일이 좀 더 유연하고, 개방적이고, 개인 중심적으로 보이는 이유도 바로 이러한 특성 때문일 것이다.(2019 전망편, '나나랜드' 키워드 참조)

높은 기술 의존도

밀레니얼 가족 문화가 탄생하게 된 또 다른 배경은 바로 이들이 디지털과 함께 성장해온 세대라는 점이다. 1995년 인터넷이 보급될 때 밀레니얼 세대 중 가장 나이가 많은 사람은 이미 10대였다. 2007년 애플이 아이폰을 출시했을 때, 가장 젊은 밀레니얼 세대는 막 10대 초반을 지나고 있었다.[26] 온·오프라인을 자유롭게 넘나드는 이들의 삶을 편리하고 풍요롭게 만드는 데 있어 디지털 도구의 사용은 자연스러우며 동시에 필연적이다.

디지털 기술은 밀레니얼 가족의 생활 전반에 큰 영향을 준다. 고민도 온라인을 기반으로 해결한다. 맘스홀릭·레몬테라스 등 전국구 카페부터, 동작구 맘카페·잠실 맘카페처럼 지역 기반 카페에 이르기까지 온라인 기반 커뮤니티는 밀레니얼 부모의 각종 상담 창구가 된다. 새로 이사 가는 아파트 근처의 학원을 추천받고, 자녀가 아플 때 응급 처치법이나 병원도 소개받으며, 남편과의 갈등이 있을 때도 고민을 털어놓는다. 오프라인이 해왔던 일련의 역할들을 이제는 온라인 커뮤니티가 대체하는 시대다.

자녀 양육에서도 디지털 기술의 도움을 받는다. 이들은 눈을 뜬 순간부터 잠들 때까지 스마트폰과 생활한다. 유모차에 탄 자녀를 달래기 위해 스마트폰으로 동영상을 틀어준다. 시력이 나빠진다고 TV

도 멀리하던 부모 세대와는 완전히 다르다. 학습에도 기술을 적극 활용한다. 스마트폰으로 유튜브 영상을 보여주며 각종 어학 학습을 시키는가 하면, 인공지능 스피커의 도움으로 한글을 깨치게 하는 등 첨단 기기와 신문물로 자녀를 교육하고 학습하는 데 주저하지 않는다.

소비생활도 기술에 의지한다. 온라인으로 최저가를 검색한 후 즉석에서 주문하고 후기를 공유하는 것은 일상이 됐다. 새로운 유통 산업의 등장도 이들이 견인한다. 기존 대기업이 아닌 개인이 직접 물건을 제작해 SNS, 블로그 같은 온라인 플랫폼을 통해 판매하는 '세포마켓'의 운영자와 소비자도 모두 밀레니얼 세대다.(2019 전망편, '세포마켓' 키워드 참조) 이처럼 밀레니얼 세대의 높은 기술 친숙도는 효율성 중심의 밀레니얼 가족문화가 극대화되는 배경이 된다.

지연된 독립

기성세대와 밀레니얼 세대가 가장 극명한 온도차를 보이는 영역은 바로 소비 부문이다. 가족 부양과 부의 축적을 위해 허리띠를 졸라매고 살아온 기성세대에게 소비란 가장 나중의 문제였다. 반면 밀레니얼 세대는 자신이 좋아하는 일에 소득의 절반 이상을 쓰기도 한다. 생활에 편리함을 주는 고가의 가전을 주저 없이 구매하고, 귀찮은 요리는 배달로 해결하는 등 직면한 문제를 구매로 해결하는 데 익숙하다. 이처럼 밀레니얼 세대가 소비지향적인 특성을 보이는 배경에는 역설적이게도 '불확실한 경제상황'과 '부모로부터 지연된 독립'이 있다.

높은 자기애와 뛰어난 디지털 활용 능력으로 무장한 밀레니얼 세대라고는 하지만, 실상 이들의 삶은 그들의 부모인 베이비붐 세대보다 팍팍하다. 한국이 빠르게 성장하던 시대, 베이비붐 세대에겐 너무나 당연했던 취업·결혼·출산·내 집 마련이 저성장 시대를 살아가는 밀레니얼 세대에게는 있는 힘을 다해 노력해야 간신히 닿을락 말락한 목표가 되었다. "당신들(기성세대)은 집을 갖고 있지만, 우리(밀레니얼 세대)는 당신들보다 조금 더 좋은 샴푸를 갖고 있을 뿐이다"는 자조처럼,[27] 티끌 모아 티끌밖에 되지 않는 상황에서 밀레니얼 세대는 차라리 현재라도 즐기자는 마음가짐을 갖게 된다. 욜로·소확행 등의 소비트렌드가 밀레니얼 세대에 의해 더 향유되는 것도 이런 배경 때문이다.

이들이 부모로부터의 완전 독립을 원하지 않는다는 점도 밀레니얼 가족의 독특한 문화를 양산한다. 아무리 노력해도 부모보다 더 큰 부자가 될 수 없는 사회구조적 환경에서 이들은 부모의 경제적·사회적 지원을 당연하게 받아들인다. 부모 세대의 경제적 지원 없이는 내 집 마련의 꿈조차 실현하기 어렵고, 사회생활과 동시에 자기계발을 하려면 자녀를 맡아줄 조부모의 도움은 필수다. 밀레니얼 가족이 자신들만의 라이프스타일을 온전히 누릴 수 있는 이유, 즉 부부 사이에는 동반자적 의식을 지니고 개인의 취미와 성취를 중시하며 자기계발에 중독될 수 있는 가장 중요한 배경은, 다름 아닌 그들을 묵묵히 지원하는 그들 부모의 희생이 있기 때문이다.

시사점

밀레니얼 가족에게 가정은 '적정 행복'의 장소

베이비붐 세대가 자라온 시대에는, 가정이란 더 나은 삶이라는 공동의 목표를 위한 장소였다. 저성장기를 살아가는 밀레니얼의 시대, 가정이란 더 이상 절대적인 희생의 장소가 아니라 가족 구성원 개인의 유연성과 균형 감각을 발휘하며 적당히 만족할 수 있는 '적정 행복'의 장소다. 한국 소비 시장의 새로운 장을 막 쓰기 시작한 밀레니얼 가족은 앞으로 우리 사회에 어떤 기회와 도전을 요구할까?

첫째, 밀레니얼 가족이 지향하는 삶의 모습을 심층적으로 탐구하고, 이를 뒷받침하는 상품·서비스·기술 변화가 뒤따라야 한다. 간편식 시장이 지금처럼 빠르게 성장하고 있는 이유는 물론 밀레니얼 가족의 생활양식과 가치관 변화 때문이다. 하지만 이와 동시에 간과해서는 안 되는 부분은 간편식 자체의 질이 향상됐다는 점과 이를 유통하는 배송 시스템이 혁신됐다는 점이다. 마찬가지로 밀레니얼 가족이 아무리 가사를 효율적으로 처리하길 원한다 해도 만약 로봇청소기·빨래건조기 등의 제품이 수십 년 전의 기능에 머물렀다면 소비자의 선택을 받지 못했을 것이다. 변화하는 밀레니얼 세대의 니즈를 재빠르게 포착하고 이를 기업의 신상품과 신규 사업으로 전환하는 전략적 사고가 그 어느 때보다도 절실하다.

둘째, 효율성을 중시하는 밀레니얼 가족이 반대로 그들의 시간을 할애하고 싶어 하는 영역이 어디인지 발견하는 것도 중요하다. 학습과 자기계발은 밀레니얼 세대가 시간을 투자하고자 하는 대표적인 영역이다. 이런 특성을 빠르게 사업화할 수 있어야 한다. 미국의 잔디 관리 용품 회사인 '스코츠 미라클 그로ScottsMiracle-Gro'는 밀레니얼 세대가 그들의 주요 고객으로 부상하면서, 이들이 원예 관리에 대한 기본적인 팁을 학습하고 싶어 한다는 것을 깨닫고 이를 수업 형태로 제공함으로써 사업화에 성공했다.[28]

셋째, 밀레니얼 가족을 중심으로 발현되고 있는 라이프스타일은 향후 다른 세대로 확산될 가능성이 크다. 새벽 배송·밀키트·로봇청소기 등 생활을 편리하게 하는 각종 신상품과 서비스를 가장 먼저 채택한 주역은 밀레니얼 가족이지만, 향후 이러한 상품과 서비스는 베이비붐 세대나 시니어 가족 등 다른 집단에까지 확산될 것이다. 마찬가지로 비록 본서에서는 밀레니얼 가족의 연령을 대략적으로나마 제한했으나, 전술한 밀레니얼 가족의 라이프스타일에 조금이라도 공감한 사람이라면 누구나 포괄적 의미에서 밀레니얼 가족에 포함될 수 있다.

밀레니얼 가족이 만드는 새로운 시장, 바로 지금이 그 태동기다. 기업에서, 사회에서, 정부에서 이들이 원하는 상품과 서비스, 제도를 만들기 위해 부단히 노력하고 있지만 여전히 밀레니얼 세대는 21세기형 욕망과 20세기형 현실 사이에서 줄다리기를 하고 있다. 기억하라. 당신의 주요 고객층으로 성장하고 있는 밀레니얼 가족은 웬만한 물건이라면 모자람 없이 가지고 있는 사람들이다. 이들의 지갑을 열기 위해서는 단지 필요한 물건이 아니라 그들의 상상력을 사로잡는 무언가를 제시해야 한다.

As Being Myself

그곳만이 내 세상, 나나랜드

남의 눈길은 중요하지 않다. 나만의 시선이 절대적인 기준이 된다. 흔히 한국 소비자는 타인지향성이 강하다고 알려져왔지만, 이제 자기만의 기준으로 스스로를 사랑하고 지켜가려는 사람들이 늘고 있다. 나나랜드에 살고 있는 '나나랜더'들은 남의 시선, 사회의 통념에도 굴하지 않는다. 남과 나를 비교하지 않고 나 자신을 있는 그대로 받아들이고 기성세대가 의미 있다고 했던 삶에 반기를 들며 자기만의 무민無mean 라이프스타일을 지향한다. 못생긴 것이 더 엣지 있다고 여기는 '어글리' 열풍은 이러한 변화의 한 증거다. 나나랜드를 찾고 있는 이들은 '다름'에 대한 수용력과 타인에 대한 인정과 이해도 또한 높다. 나에게 내가 가장 중요하듯 타인 또한 그 자신에게 가장 중요한 존재라는 것에 공감하기 때문이다. 자연스레 개개인의 '다양성'을 매우 중요시하며, 시대에 뒤떨어진 관습이나 획일적인 규범을 거부한다. '나나랜드'는 진정 나를 아끼고 사랑하는 이들이 정착한 기회의 땅이다. 이들은 기존의 아름다움에는 관심을 두지 않는다. 있는 그대로 자신의 모습을 사랑하기 때문에 자연스럽고 편안한 멋을 추구하며 때로는 못생기거나 약간 모자란 것을 선호하기도 한다. 또한, 다양성을 중시하기 때문에 다양한 기호를 가진 소비자층을 공략할 수 있는 좀 더 세밀한 접근이 필요하다. 마지막으로 이들이 획일화된 규범과 관습을 거부한다는 것을 유념해야 한다. 즉, 기존의 통념과 고정관념을 깨는 '신박한' 아이템이 '나나랜더'들의 마음을 사로잡을 수 있는 것이다. 2019년, 새로운 기회의 땅 '나나랜드'를 개척할 자, 과연 누가 될 것인가?

키코 코스타디노브Kiko Kostadinov라는 세계적인 패션 디자이너가 있다. 패션잡지 〈GQ〉의 표현에 의하면, "가장 동시대적인 디자이너를 이야기할 때 빠지지 않고 등장하는 이름"이다.[1] 그런데 2018년 여름, 그의 인스타그램에 상당히 낯익은 풍경의 사진이 올라왔다. 바로 대한민국 서울의 동묘 시장을 거니는 어르신들의 모습이

었다. 정장 바지에 등산복 상의, 반팔 티셔츠를 입었지만 양 팔엔 쿨토시, 어디서도 볼 수 없는 형광색 컬러의 조합 등, 이른바 '아재 패션' 사진을 줄줄이 올리며, 키코 코스타디노브는 이렇게 외쳤다.[2]

"세계 최고의 거리. 스포티sporty함과 캐주얼의 경계를 넘나드는 과감한 믹스매치 정신!"

재미있지 않은가! 사실 프랑스 파리의 루브르 박물관에서 회색 정장 바지에 형광색 아웃도어 점퍼를 받쳐 입었다면 한국의 '아재' 혹은 '할배'가 분명하다는 농담이 나올 정도로, 한국 아재들의 옷차림은 '패션 테러리스트' 취급을 받았다. 그런데 이를 두고 "스포티함과 캐주얼의 경계를 넘나드는 과감한 믹스매치"라니. 사실 키코 코스타디노브가 패션 업계에서 통상적 디자인을 거부하고 '우아한 실용주의'를 선호하는 디자이너로 유명하기는 하다. 하지만 그동안 못난 패션으로 지탄받던 한국의 아재 패션이 세계적인 패션 디자이너에게 많은 영감을 주었다는 사실은, 작금의 미학이 조금씩 바뀌어가고 있다는 증거가 아닐까?

키코 코스타디노브는 최근의 패션 트렌드인 '못생긴 패션'과 '고프코어(실용적이지만 촌스럽고 투박한 아웃도어 패션)'를 선도하는 디자이너다. 아름다움에 죽고 사는 패션계에서 추한 것이 유행한다는 것은 무슨 의미일까? 우리가 그동안 가지고 왔던 통상적인 미의 기준, 사회의 다수 혹은 주류가 인정하는 미의 기준이 차츰 소비자 개개인의 취향을 반영하는 방향으로 바뀌고 있다는 방증일 것이다.

그렇다. 이제 남의 시선이나 판단은 중요하지 않다. 스스로 세운 기준, 자신만의 시선이 우선시 되고 있다. 『트렌드 코리아 2019』에서는 이러한 나만의 세상을 '나나랜드'라고 이름 붙이고자 한다. 영화 제목으로도 유명한 '라라랜드'가 할리우드에 입성하길 원하는 배우 지망생들의 꿈의 무대를 뜻하듯, '나나랜드'는 자신이 주인공인 세상에서 살고자 하는 나홀로족들이 꿈꾸는 무대를 지칭한다. 이 나나랜드에 사는 '나나랜더'들이 세상의 편견을 조금씩 무너뜨리고 있다.

세상의 편견을 무너트리는 사람들, '나나랜더'

나나랜더에게 남의 시선, 사회의 기준은 그다지 중요하지 않다. 나를 보는 '나'의 시선이 가장 중요하고, 나의 기준이 내 삶을 풍요롭게 만든다고 믿는 이들이다. 이들은 지금 이대로의 자연스러운 '나'의 모습을 가장 사랑한다. 물론 이전에도 자신을 사랑하는 이들이 분명 존재했다. 그러나 그들이 자신을 아끼는 방식은 타인의 기준에 맞춰 자신을 아름답게 가꾸고, 사회적으로 인정받을 만한 스펙을 얻기 위해 노력과 비용을 아끼지 않는 것이었다. 하지만 이것이 진정 나를 사랑하는 방법인가에 대한 의구심이 들기 시작했다. 거기에는 가장 중요한 존재, 내가 빠져 있기 때문이다. 그래서 질문하기 시작했다. "왜 굳이 그런 노력을 해야 하는 건데?"

『트렌드 코리아 2019』의 키워드 '나나랜드'는 진정 행복한 삶은 무엇인가에 대해 자문하며 나를 위한 삶을 추구하는 이들이 살아가

출처: Kiko Kostadinov Instagram

■ ■ ■ 세계적인 고프코어 패션의 선두에 선 디자이너, 키코 코스타디노브가 자신의 인스타그램에 올린 '동묘 아재 패션'.

는 땅이다. 이들은 나를 가장 아끼고 사랑하기 때문에 있는 그대로 나의 모습에도 만족하며 당당하게 살아간다. 남의 눈에 예뻐 보이기 위해, 남의 부러움을 사기 위해 각고의 노력을 기울이지 않는다. 대신 뽀얀 메이크업을 지워버린 민낯으로 활보하고, 빽빽한 렌즈를 빼고 안경을 착용한다. 더 이상 44, 55사이즈에 집착하지도 않는다. 이들에게는 기존의 미의 기준에서 벗어난 것들, 즉 투박하고 거친 '어글리ugly'한 것들이 오히려 매력적이다. 인생에 대한 획일적인 통념 또한 나나랜드에서는 통하지 않는다. 기성세대가 정의한 의미 있는 삶에 대해서도 반기를 들며 오히려 별 의미 없는 무민無mean의 라이프스타일을 지향한다. 지금 나나랜드에서는 '규범의 탈脫코르셋화'가 진행 중이다.

'나나랜드'에서 살아가기

몇 해 전부터 큰 화두 중 하나는 '자존감'이었다. 2018년이 자존감을 회복하기 위한 '나로서기'의 한 해였다면, 2019년 나나랜드는 자존감 회복에 어느 정도 성공한 이들의 완성 단계라고 할 수 있다. 많은 사람들이 자존감을 회복하는 단계에서 자신이 얼마나 소중하고 사랑받을 가치가 있는 존재인지를 고민하기 시작했다. 그런데 그러한 고민은 여러 가치를 판단하는 기준에 대한 의문점에 도달하게 된다. 공동체주의에 익숙하고 타인의 시선을 중요시하는 한국인들에게 나 자신의 '괜찮음'을 판단하는 기준은 지극히 타인지향적이었기 때문이다. 하지만 진정한 자존감이란 남의 기준이 아닌 바로 나의 기준으로부터 나오는 법이다. 결국 나를 위한 나만의 기준이 나의 삶을 풍요롭게 만들 수 있다는 결론에 도달한다.

물론 이런 결론은 지나친 개인주의로 비쳐질 수 있으나 실상은 그렇지 않다. 이들은 나에게 나의 기준이 제일이듯, 타인들 모두 각기 그들만의 기준이 제일이라는 것을 자연스럽게 받아들이기 때문이다. 따라서 이들은 개개인의 다양성을 매우 중요하게 생각한다. 타인의 다름을 수용하고 인정하는 것을 당연하게 받아들인다. 때문에 이들에게 사회적 관습이나 획일적 코드는 개인의 다양성과 자연스러운 삶을 방해하는 장애 요소이다. 남과 다른 나의 모습을 있는 그대로 받아들여 충분한 애정을 쏟아주는 동시에, 나와 다른 타인의 모습과 삶을 존중하는 이들, 나나랜드는 바로 이러한 사람들이 주인공이 되는 땅이다.

현대사회의 나나랜더들은 단순히 자존감 향상을 추구하기보다는 그 자존감을 위해 먼저 갖추어야 할 것이 무엇인가, 혹은 자존감의 진정한 완성을 가능하게 하는 화룡점정은 무엇인가에 대한 답을 스스로 찾은 이들이다. 물론 정답은 없다. 그저 나만의 답이 있을 뿐이다. 자존감이라는 키워드가 이제는 자기주체성으로 진화하고 있다. 지난 2018년 출판계의 동향 또한 이러한 현상을 여실히 보여주고 있다. 자존감이라는 키워드에서 한 걸음 더 나아가 '나'라는 키워드가 더욱 큰 주목과 인기를 얻었다. 『나는 나로 살기로 했다』, 『나, 있는 그대로 참 좋다』 등의 에세이가 베스트셀러에 오르게 된 배경이기도 하다.[3]

나 자신이 가장 소중하고 나를 위한 나만의 기준으로 삶을 풍요롭게 살고자 하는 나나랜더들의 구체적인 삶의 방식은 과연 어떠할까? 이제 그들이 주인공이 되어 가꾸는 땅, 나나랜드로 들어가 그들이 살아가는 모습들을 하나씩 들여다보도록 하자.

STEP1. 못생겨도 괜찮아!

궁극의 자기애로 무장한 나나랜더들의 첫 번째 행보는 미의 기준을 다시 정의하는 것이다. 그들의 기준에서는 애초부터 예쁜 것도 못난 것도 없다. 뚱뚱해도 괜찮고, 신체의 일부분이 불편해도 상관없고, 대머리여도 상관없다. 심지어 추하고 못생겨도 괜찮다. 오히려 정제되지 않은 자연스러움이 더욱 매력적이다. 대놓고 '못생김을 대폭발' 시키는 당당함이 더없이 근사할 따름이다.

미국·캐나다·유럽 등 선진국에서는 이미 몇 해 전부터 '**자기 몸**

> **자기 몸 긍정주의 운동**
> The Body Positive Movement
>
> 몸무게나 체형과 관계없이 자신의 몸 자체를 사랑하는 것을 말한다. 자기 몸 긍정주의가 폭넓은 지지를 받게 되면서 패션 산업에서 이를 활용 중이다. 대표적인 사례로 플러스 사이즈 모델 및 시니어 모델의 기용을 들 수 있다. 이러한 모델을 활용한 광고는 표준적인 모델에 대한 고정관념을 탈피함으로써 있는 그대로의 자신도 아름답다는 메시지를 전달한다.[5]

긍정주의 운동'이 사회 전반에 상당한 영향을 끼치고 있다. 미국의 스포츠 브랜드 나이키는 플러스 사이즈(77~88 사이즈 이상)의 여성 모델과 레게 머리의 흑인 남성 모델, 온 몸에 문신을 한 모델을 자사의 광고에 등장시켰다. 타미 힐피거 또한 장애인이 입을 수 있는 청바지를 출시하고 장애인 모델을 내세웠다. 이처럼 기성복 시장에서조차 정형화된 모델 이미지와 규격화된 신체 사이즈에 대한 편견이 깨지면서 마이클 코어스, 꼼 데 가르송 등 일부 디자이너 브랜드들도 77~88 이상의 플러스 사이즈 제품들을 내놓기 시작했다. 이러한 추세에 따라 플러스 사이즈 모델들이 슈퍼모델 못지않은 인기를 누리고 있다. 미국의 대표적인 플러스 사이즈 모델, 애슐리 그레이엄Ashley Graham은 2017년 한 해에 550만 달러(한화 약 60억 원)를 벌어들이며 경제 전문지 〈포브스〉가 선정한 '2017년 세계에서 가장 돈을 많이 번 모델' 10위에 랭크되기도 했다.[4]

최근 우리나라에서도 '자기 몸 긍정주의 운동'이 점차 확산되고 있다. 2018년 8월, 그룹 투애니원의 멤버였던 가수 씨엘의 공항 사진이 실시간 검색어에 오르며 뜨거운 논란의 대상이 되었다. 지난 10여 년의 활동 기간 동안 늘 변함없는 몸매를 유지했던 그녀가 이전보다 다소 살이 오른 모습으로 등장했던 탓이다. 하지만 정작 당사자인 씨엘은 오히려 카리스마 넘치는 퍼포먼스와 당당한 태도로 공식 석상

출처: Ashley Graham Facebook

■ ■ ■ "플러스 사이즈를 감추지 마세요." 세계에서 가장 돈을 많이 번 모델 10위에 랭크된 애슐리 그레이엄.

에 나타났다. 인기 가수 에일리 역시 체중 관리의 고충을 토로하며 "더 이상 체중에 신경 쓰지 않기로 했다. 좋은 노래를 들려드리는 것이 중요하다"고 밝히기도 했다. 수많은 네티즌들은 '가수는 역시 실력'이라는 댓글로 그녀를 지지했다.[6]

사회적 운동으로 번지고 있는 '아이웨이i_weigh'의 활발한 전개도 주목할 만하다. 아이웨이는 사람의 가치를 몸무게와 외모로 평가하는 풍조를 반대하는 운동으로, 미국의 모델 겸 배우, 자밀라 자밀Jameela Jamil이 자신의 인스타그램에 #i_weigh를 등장시키면서 대중에게 알려지기 시작했다. 그녀는 "자신의 가치와 아름다움은 몸무게와 같은 수치로는 결코 측정될 수 없다"며 있는 그대로의 모습이야말로 진정 가치 있는 아름다움임을 강조한다. 또한 미디어가 만들어낸 아름다움의 기준이 사람들로 하여금 자신의 모습을 싫어하도록 공격하고 있다는 점을 꼬집었다. 전 세계 수많은 사람들은 그녀의 이러한 발언에 공감하고 서로의 의견을 공유하며 '아이웨이' 운동에 적극 동참하기 시작했다. 방법은 간단하다. 자신의 신체 사진과 함께 본인이 어떤 사람인지를 간단히 적어 올리는 것이다. 이러한 아이웨이 운동에 여성들은 물론 남성들의 지지와 참여가 잇따르고 있다는 점도 주목할 부분이다[7]

'어글리 시크Ugly Chic', 이른바 못생긴 매력은 최근 패션계를 지배하는 가장 핫한 트렌드로, 나나랜드 트렌드의 정점을 보여준다. 매 시즌마다 세상에서 가장 예쁘고 섹시한 것들이 쏟아져 나오는 패션계에서 '어글리 슈즈Ugly Shoes'의 등장은 충격 그 자체였다. 그중 발렌시아가의 '트리플S 스니커즈'는 단숨에 전 세계 패션 피플들을 사로잡으며 어글리 시크 열풍을 선도했다. 뒤이어 루이비통·구찌·끌로에·마르니 등 다수의 해외 명품 브랜드에서 어글리 슈즈를 속속 선보이며 큰 인기를 얻고 있다. 명품 브랜드에 이어 최근에는 나이키·아디다스·휠라·아식스 등 스포츠 브랜드에서도 어글리 슈즈를 주력 상품으로 내놓았다.[8]

패션쇼의 금기를 깨트리는 안경 쓴 모델의 등장도 화제를 모으고 있다. 전 세계적으로 안경 쓰는 여자가 주목을 받고 있으며 패션계에서 안경은 또 하나의 액세서리로 부상하는 중이다. 명품 패션쇼 무대에도 안경을 쓴 모델들이 등장한다. 화려한 드레스에 커다란 금테 안경, 화장기 없는 얼굴에 안경을 쓰고 수트를 입는 등 다소 부자연스러운 모습이 '너디 시크Nerdy Chic'라는 이름으로 호응을 얻고 있다.[9]

나에게로 향하던 나나랜더들의 시선은 이제 남에 대한 동등한 시선으로 옮겨가고 있다. 내가 남과 다르듯 남들 또한 나와 다름을 알아가는 과정 속에서 자연스레 있는 그대로의 타인 또한 가치 있는 존재라는 것을 인정하기에 이른 것이다. 타인에 대한 인정과 이해 또한 바로 나 자신에 대한 인정과 이해로부터 오는 것이라고 말하는 나나랜더. 이들에게 개개인의 다양성은 당연히 인정해야 하고 또 인정받아야 하는 개념이다. 획일적이었던 미의 기준이 다양해지면서 혼자 방구석을 뱅뱅 돌던 미운 오리새끼들이 이제 반기를 들고 나서기 시작했다.

이와 같은 의식의 변화는 유명 잡지만 펼쳐봐도 체감할 수 있다. 세계적인 패션잡지 〈보그〉의 영국판 5월호 표지에서는 한국인 모델 배윤영을 비롯해서 히잡을 착용한 여성, 넉넉한 체형의 여성을 'New Frontiers(새로운 개척자들)'라는 제목으로 등장시켰다. 다양한 인종과 다양한 체형의 모델 아홉 명이 가득 채운 커버 사진이 공개된 2018년 4월, 전 세계 언론들은 이를 앞다투어 소개했다. 사실 그동안 〈보그〉의 커버 모델은 주로 9등신 이상의 바비인형 같은 외모를 갖춘 백인 여성들이었다. 패션 업계의 이러한 관습에 다양성이라는 뜨거운 화살을 당긴 이는 바로 아프리카 가나 출신의 편집장인 에드워드 에닌풀Edward Enninful이다. 그는 잡지의 서문에 이렇게 밝혔다. "다양성diversity은 단순히 흑과 백을 논하는 것이 아니다. 인종, 체형, 사회·경제적 배경, 종교, 성별 등에 상관하지 않는 전반적인 것이어야 한다. 이 표지가 기념하고 싶은 것이 바로 그것이다."[10]

출처: vogue.co.uk

■ ■ ■ 다양한 인종, 다양한 체형으로 아름다움의 정답은 바로 '나다움'이라는 사실을 강조한 패션지 〈보그〉의 커버 메시지

뷰티 업계에서도 다양성에 대한 존중이 변화의 새바람이 되고 있다. 프랑스의 코스메틱 업체 세포라는 지난 2017년 9월, 미국의 유명 가수 리하나Rihanna와 함께 그녀의 이름을 내건 색조 브랜드 '펜티 뷰티 바이 리하나FENTY BEAUTY By Rihanna'를 출시했다. 이 브랜드는 무엇보다 다양한 피부색을 고려해, 무려 40가지 톤의 파운데이션과 20가지 톤의 매치스틱(컨실러, 컨투어링 등의 제품) 등을 선보였다. 출시한 지 일주일 만에 8종의 파운데이션이 품절되었는데 대부분 어두운 톤의 제품들이었고, 이후 품절된 17종의 파운데이션 제품 역시 황갈색을 띠는 제품들이었다. 즉, 유색인종 소비자의 상당한 개성과 수요를 입증해 보인 것이다.[11]

"수지 따라 립스틱 샀는데 제가 바르면 토인이에요."

화장품 중고 거래 사이트에서 종종 등장하는 후기이다. 최근 들어 자신의 피부톤을 바로 알고 이에 알맞은 색조 제품을 사용하고자 하는 여성들이 크게 늘고 있는 추세다. '톤체성(피부톤+정체성)'을 찾고자 하는 이들은 그 과정에서 겪는 여러 가지 시행착오 현상들을 나타내는 신조어 '톤알못(톤을 알지 못하는), 톤팡질팡(톤+갈팡질팡), 톤리둥절(톤+어리둥절)' 등을 만들어내기도 했다. 이 때문에 타고난 개인의 신체 색을 뜻하는 '퍼스널 컬러'에 대한 관심이 높아지면서 그에 따른 제품들도 많이 출시되고 있다. 스스로 자가진단을 통해 자신의 고유한 퍼스널 컬러를 찾거나 진단 업체를 찾아가 전문가에게 진단을 받는 소비자들도 많다고 한다. 연예인들의 옷과 화장법을 무조건 따르기보다, 본인의 스타일에 맞는 색깔과 스타일을 찾아 자신만의 아름다움을 표현하는 것이 더 세련되고 개성을 살리는 방법이 되고 있는 것이다. 이러한 현상은 미용·패션 산업을 넘어 무척 중요한 시사점을 준다. 소비자들이 "무엇이 예쁘냐"를 묻지 않고, "무엇이 내게 맞느냐"를 묻기 시작했다는 뜻이기 때문이다.

다양성을 중시하는 인식은 성性 정체성에도 변화를 불러일으키고 있다. 남성이냐 여성이냐 혹은 동성애자냐 아니냐의 문제를 넘어서 남성과 여성으로 나뉘는 확고한 성의 이분법 자체에 대한 의문이 제기된 것이다. 2018년 8월 독일 정부는 공식 기록에 성별을 기입할 경우 남성이나 여성이 아닌 '제3의 성'을 등록할 수 있도록 승인했다. 독일 정부의 이러한 조치는 선천적으로 X염색체 하나만 가지고 태어난 한 독일인의 소송에서 시작됐다. 정부를 상대로 자신이 여성도 남성도 아닌 제3의 성이라며 출생기록부의 성별을 기존의 여성에서 '제3의 성'으로 변경해달라는 소송을 제기한 것이다. 이로 인해 독일은 성 정체성이 모호한 사람들을 합법적으로 인정하게 되었다.[12]

STEP3. 나는 그런 놈norm 아닙니다!

사회적 기준이나 통념을 거부하는 나나랜더들에게 반드시 정해진 삶의 규범norm이란 애초부터 없다. 모든 것을 꼭 정해진 규범대로 살지 않아도 괜찮다는 가치가 그들 인생의 방향성이 되면서, 결과보다는 과정 자체를 중시하기 때문에 자기만족 또한 높다. 이들에게 통념이나 규범은 고려 대상이 아닌 것이다.

2018년 디즈니에서 선보인 실사판 영화 〈미녀와 야수〉에서 여주인공 벨 역할을 맡았던 엠마 왓슨은 연기를 위해 공주 드레스용 코르셋 착용을 거부한 것으로 알려졌다. 이유인즉슨, 영화에서 진취적인 여성으로 그려지는 벨에게 코르셋 착용이 어울리지 않는다는 것이었다. 코르셋은 여성의 체형을 날씬하게 보이게 하기 위해 허리부터 가슴 아래까지 있는 힘껏 조여서 입는 보정 속옷을 말한다. 현대에 이르러 특별한 경우 외에 거의 입지 않게 되었지만, '코르셋'이라는 단어는 오늘날 여성에 대한 억압을 상징하는 대명사로 자리 잡았다. 그런데 코르셋처럼 여성을 옭아매는 사회의 기준과 억압으로부터 스스로 벗어나고자 하는 여성들이 최근 '탈脫코르셋'을 선언하고 나섰다.[13]

나나랜드의 여성들도 현대판 코르셋과 다름없는 기존의 브래지어를 벗어던지며 '노브라'를 실천하기 위한 운동을 펼치고 있다. 실제로 여성들에게 집에 가서 가장 먼저 하고 싶은 일을 물었을 때 상당수가 브래지어 벗기를 꼽을 정도이다. 하지만 사회생활을 하면서 완전한 노브라를 실천하는 것은 무리일 수밖에 없다. 이에 대한 대안으로 '와이어리스 브래지어'나 '브라렛'을 착용해 가슴 해방의 자유를 누리고자 하는 여성들이 늘고 있다. 특히, 브라렛은 와이어와 패드를 모두 없애고 화려한 레이스로 디자인되어 여성들에게 큰 인기를 얻었다. 국내 한 소셜커머스 업체의 분석에 따르면 2018년 5~6월 브라렛의 매출은 전년 동기 대비 무려 35배가 증가한 것으로 나타났다.[14]

탈코르셋은 본래 페미니즘 운동의 일환으로 시작되었으나 최근에는 이념을 떠나 있는 그대로 자신의 모습을 사랑하자는, 전술한 '자기 몸 긍정주의'와 그 맥을 같이하고 있다. 게다가 '다름'에 대한 수용성이 높아지고 다양한 기준에 대한 이해가 시대의 미덕으로 여겨지면서 획일화된 규범, 시대의 변화에 뒤떨어진 관습, 사회적 통념 및 규격화된 코드 등에 대한 거부가 성적·미적 정형성의 탈피로 이어진 것이다. 즉, 여성들의 탈코르셋은 '탈규범' 운동의 다른 말로 해석된다.

섹시 란제리 브랜드의 절대강자, 빅토리아 시크릿이 몇 년째 고전을 면치 못하고 있는 것도 탈코르셋 운동과 무관치 않다. 매 시즌, 바비인형 같은 모델들이 화려하고도 아슬아슬한 속옷을 입고 런웨이를 활보하는 이 브랜드의 패션쇼는 입장권이 고가의 암표로 거래될 정도로 인기가 높았다. 하지만 2018년 중국에서 열린 패션쇼의 미국 내 시청률은 1.5%로 역대 최저 수치를 기록했다. 이는 빅토리아 시크릿이 처한 위기의 한 단면일 뿐이다. 지난 1분기, 2분기의 북미 지역 매출은 전년 대비 각각 5%씩 감소해 최근에는 연내에 20개의 매장을 닫을 계획이라고 알려지기까지 했다.[15]

빅토리아 시크릿의 위기는 '미투'와 '탈코르셋' 운동의 영향과 함께 '자기 몸 긍정주의'가 불러온 변화의 결과로 해석된다. 여성들 스스로 '과연 이 조그만 레이스 조각이 자신의 몸을 섹시하게 만들어주는가'에 대한 의문을 갖기 시작한 것이다. 빅토리아 시크릿의 '앤젤'이라 불리는 모델들이 내 몸의 기준이 될 수 없고, 사회가 만들어 놓은 섹시한 여성의 통념과 잣대로 내 몸을 평가할 수 없다는 것에 공감하는 여성들이 늘고 있다.

MBC 〈뉴스데스크〉에서도 탈규범 행보가 이어졌다. 2018년 4월, 임현주 아나운서가 안경을 쓰고 뉴스를 진행해 큰 화제를 모았다. 안경을 쓴 남자 아나운서는 쉽게 볼 수 있는 반면, 안경을 쓴 여자 아나운서가 지상파 뉴스에 등장한 적은 지금껏 단 한 번도 없었다.[16] 그녀의 안경 착용은 이와 같은 관행에 반대하는 인상적인 메시지였던 셈이다. 승무원의 외모에 유독 엄격한 규정을 고집하는 국내 항공사에도 변화의 기류가 감지되기 시작했다. 제주항공은 승무원들의 안경 착용과 네일 케어를 허용한 것에 이어 항공기 밖에서도 낮은 굽의 신발을 신을 수 있도록 규정을 개정했다.[17]

기성세대가 정의하는 소위 '의미 있는 삶'에 대해서 의문을 넘어 반기를 든 이들도 있다. 무자극·무맥락·무위 휴식을 추구하는 무민無+Mean세대가 그 주인공이다. 실제로 요즘 젊은 세대를 중심으로 무자극 영상이 인기를 얻고 있다. 이들은 고양이나 강아지가 혼자 놀거나 모닥불이 타오르는 영상, 자연의 풍경을 담은 영상 등을 마치 집 안의 배경화면처럼 틀어놓는다. 사운드도 거의 없는 탓에 그야말로 무자극의 경지를 느낄 수 있는 영상이다.

'대학내일 20대 연구소'는 이들을 '무민 세대'라는 신조어로 표현하고 있다. 말 그대로 '아무 의미 없다'는 뜻을 지닌 무민 세대는 의미 있는 일을 해야 한다는 강박으로부터 벗어나고 싶어 한다.[18] 사회적 압박으로부터 자신을 지키기 위해 그들이 선택한 삶의 방식은 '아무것도 하지 않는 것'이다. 무민 세대에게는 그 어떤 외부의 규범도 타인의 시선도 중요하지 않다. 그저 아무것도 없는 삶이 나를 지키는 방식일 뿐이다.

배경: 그들은 왜 나나랜드로 갔을까?

"엄마 친구 아들은~"으로 시작하는 잔소리를 누구나 한번쯤은 들어봤을 것이다. 누군가와 비교해야 직성이 풀리는 습성은 한국인의 대표적인 특성이라고 지적돼오기도 했다. 전통 농업사회를 지나 산업사회에 이르기까지 이와 같은 특성은 큰 문제가 되지 않았다. 오히려 미덕으로 여겨졌고, 개인은 물론 사회의 성장과 발전에 확실한 동력이 되었다. 하지만 고속 성장 시대의 이야기는 이제 먼 옛날의 신화처럼 기억될 뿐이다. 오늘날과 같이 SNS가 발달하고 저성장 기조에 돌입한 시대에서는 과거 기성세대들이 경험했던 확고한 성공과 성취감을 얻기가 훨씬 어려워졌다. 힘들여 남을 신경 쓰며 산들 그들이

나에게 어떤 실질적인 도움도 주지 않는다는 사실을 깨달았기 때문이다.

『트렌드 코리아 2018』에서 지적했던 '자존감' 트렌드 역시 나나랜드가 등장한 주 요인이다. 자존감을 회복하고 궁극의 행복을 찾기 위해 사람들이 '진짜로 중요한 것'이 무엇인지 묻기 시작한 것이다. 『가짜 자존감 권하는 사회』의 저자인 심리학자 김태형은 스펙을 쌓기 위해 억지로 노력을 기울이고, 힘겨운 성형 수술이나 다이어트를 견뎌내고, 명품이나 외제차를 구매하는 무리한 소비를 하는 등의 행위는 자존감과 아무런 상관이 없다고 설명한다. 저자에 따르면 자존감을 향상시키기 위해 가장 필요한 것은 무엇보다 진짜 자존감이 무엇인지를 정확하게 파악하는 것이다. 또한 자존감 확립에 있어 타인과의 건강한 유대 관계가 필수라는 점을 덧붙인다. 나를 남과 비교하지 않는다고 해서 나의 삶에서 남을 배제시키는 것이 아니다. 오히려 타인과의 건강한 관계가 본인의 자존감을 더욱더 향상시키는 선순환을 가져올 수 있다.[19] 결국 타인과의 관계 속에서 자신의 존재감을 느낀 이들이 다양성의 중요성도 체득하게 되는 것이다.

이러한 깨달음은 다시 자기애와 연결된다. 날 때부터 체면과 경쟁의 구도 속에서 살아온 한국인들에게 자존감 찾기, 자존감 향상은 결코 쉬운 일이 아니다. 가장 큰 문제는 자존감을 자신감으로 오인하는 것이다. 자신감의 반대 개념은 열등감이다. 자신감이란 비교 우위에 있을 때 얻을 수 있는 감정이기 때문에, 우위를 빼앗길 경우 곧 열등감에 사로잡히고 만다. 즉, 자신감과 열등감은 동전의 양면과 같은 것이다. 반면 자존감은 비교 우위와 상관없이 자기애와 자기만족만

나나랜드는 진정 나를 아끼고 사랑하는 이들이 정착한 기회의 땅이다. 획일화된 규범과 관습의 거부는 이들의 가장 큰 특징이다.

으로 도달할 수 있는 감정이다. 자존감의 핵심은 자신의 장점은 물론 약점과 단점까지 정확하게 파악하면서도 그러한 자신의 모습을 인정하고 여전히 사랑하며 신뢰한다는 점이다. 자존감을 회복한 나나랜더들은 자신의 단점을 객관적으로 인정하면서도 스스로를 사랑하기 때문에 타인의 우월한 모습을 봐도 자기 비하나 한탄으로 이어지지 않는다.

이와 같이 궁극의 자기애가 발휘될 때 나 자신은 물론 타인에 대한 수용력 또한 높아지고, 개개인의 다양성을 인정하는 과정에서 자연스레 사회의 획일화된 규범과 관습으로부터 벗어나게 된다. 이렇게 진정한 자존감을 찾아 떠난 여정의 종착지, 그곳이 바로 나나랜드이다.

시사점

'나나랜드'의 경제학, 미코노미

소비가치가 극도로 개인화하는 나나랜드에서 『트렌드 코리아 2017』이 제시했던 화제의 키워드, '일코노미1+Economy'가 또 한 번 진화하고 있다. 이른바 '미코노미Me+Economy'의 등장이다. 기존의 일코노미가 단순히 1인 가구의 경제활동을 나타냈다면 미코노미는 소비의 가치를 자기 자신에게만 집중시키는 현상을 일컫는다. 미코노미는 최근 우리 사회의 가장 뜨거운 키워드였던 '소확행'을 만난 '포미for me족(나를 위해 가치 있다고 판단되는 제품에 아낌없이 투자하는 사람들)'이 추구하는 소비 활동을 포괄하는 개념이라고 볼 수 있다.

최근의 포미족 가운데 눈에 띄는 것은 해외 직구 시장에서 새로운 소비층으로 급부상하고 있는 4050 남성들이다. 해외 배송서비스 업체인 몰테일에 따르면 2018년 상반기 남성의 구매 비율은 44.5%로 지난해 연간 남성 구매 비율 43%를 웃돌았는데, 이 가운데 4050 이상 연령층이 전체 구매의 37%를 차지했다. 이들은 이미 온라인 쇼핑과 결제에 익숙한 세대이고 구매력까지 어느 정도 갖춘 데다가 취미생활을 열정적으로 즐기는 사람들로, 자신을 위한 소비와 투자를 아끼지 않는다. 한 예로, 최근 드론에 빠진 한 50대 남성은 국내에서 50만 원대에 판매되는 제품을 해외 직구를 통해 약 28만 원에 구입했다며 만족감을 표시했다.[20] 이제 중장년 남성들도 당당히 나를 위한 '포미족'에 합류하는 모습이다.

연령별 해외직구 비중

(단위: %)

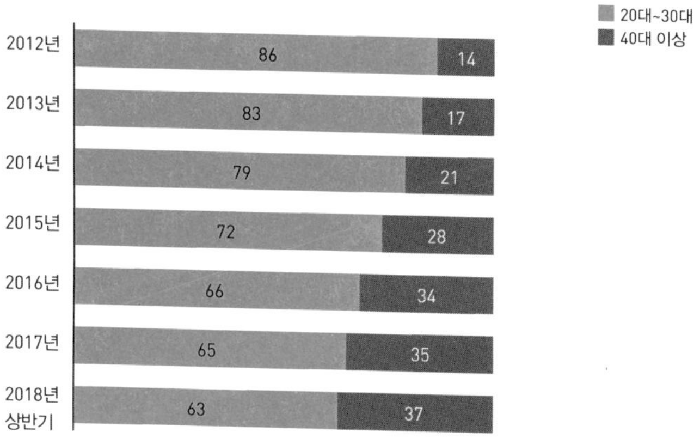

출처: 〈뉴스1〉 2018.8.3

그렇다면 나나랜드에서 미코노미 경제학을 기준으로 소비하는 이들에게 기업은 어떠한 가치로 접근해야 할까? 먼저 신제품 개발 단계에서부터 기존의 관념과 규범을 탈피하는 혁신적인 사고가 필요하다. 나나랜드에서는 "원래 그렇다"는 규범은 무의미한 질서다. 따라서 하나의 제품에 다양한 각도로 접근하여 제품이 기존에 소구하던 기능에서 한 차원 떨어져 사고하는 시도가 필요하다.

성별과 연령의 금기를 깨는 소비 현상의 등장

나아가 성 역할의 금기를 깨는 소비 현상에 주목해야 한다. 최근 여성의 전유물이었던 양산을 당당하게 든 남자들이 등장하며 남성용 양산에 대한 수요가 증가하고 있다. 웬만한 여자들보다 피부 미용에 더욱 열심인 남자들, 즉 '그루밍족'들 사이에서는 요즘 "남자도 양산을 써야 한다"는 인식이 뜨거운 지지를 받고 있다고 한다. 실제로 질병관리본부에 의하면 최근 5년간 일사병·열사병 등의 온열 질환으로 병원을 찾은 환자의 70% 이상이 남성이었다. 대부분의 남자들이 여자들처럼 양산이나 챙이 넓은 모자를 쓰지 않는 것이 주요한 원인으로 분석된다.[21] 이렇듯 양산은 여자의 제품이라는 고정관념에서 탈피해 소비자를 다양하게 고려해보는 접근이 중요해진 것이다.

어디 성별뿐이겠는가? 연령이나 사회적 지위 등 오랫동안 구매의 기준으로 작용하던 소비의 고정관념도 무너지고 있다. 최근 남성 아이돌 그룹 워너원이나 방탄소년단에 빠져 일명 '덕질'을 하는 중년 여성이 늘고 있는 현상 역시 이와 무관하지 않다. 40대 워킹맘이 '원유'라는 필명으로 온라인에 올린 강다니엘 입덕기에는 "꼭 내 이야기 같았다", "이 나이에 이러는 게 부끄러웠는데 이렇게 내 마음을 대신 써줘서 고맙다", "십 대 때도 안 하던 것을 이제 하고 있다"는 등 30~40대 여성의 뜨거운 댓글들이 가득하다.

이것을 유별난 현상으로 봐야 할까? 중년의 심리를 집중적으로 연구한 정신분석가 융Jung에 따르면, 자신에게 주어진 사회적 역할을 충실히 이행하면서 살아온 사람들은 마흔이 넘어 중년의 문턱에 들어서면 그동안 살아왔던 역할에서 벗어나 진정한 나 자신을 찾는 여정을 시작하게 된다. 이 과정에서 그동안 나를 억압해온 자신의 그림자를 떠올려 인식할 뿐 아니라 사회적 통념에 맞춰 사느라 억눌렸던 열정과 즐거움, 숨겨두었던 욕구 등도 표출하고 싶어 한다. '진짜 자기'를 찾길 갈망하는 이 시기의 여성들에게 아이돌이 내뿜는 에너지는 육아와 살림 혹은 사회적 역할에 갇혀 살았던 지친 여성들의 열정을 자극하기에 부족함이 없는 '나의 발현'이다.[22]

일본에서는 이미 중년 여성들이 공연장 객석을 차지한 지 오래됐다. 국내 아이돌 팬클럽에 모여든 사람들만 봐도 설렘 가득한 표정을 짓고 있는 40대 일본 여성들이 꽤 많다. 뉴욕 브로드웨이 뮤지컬 공연장에도 노인들이 즐겨 찾는다. 이들은 거리낌 없이 무대 음악에 맞춰 몸을 흔들기까지 한다. 엄마의 '덕질'은 이제 더 이상 숨어서 해야 할 이유가 없는 일이 되었다.

나나랜드는 진정 나를 아끼고 사랑하는 이들이 정착한 기회의 땅이다. 동시에 기업들에게도 새롭게 진입해 개척할 가치가 높은 신규 시장이라는 점에서 기회의 땅이기도 하다. 이곳의 소비 시장을 지배하기 위해서는 위에서 설명한 나나랜더의 특성을 잘 파악하는 것이 중요하다. 다양성을 중시하고 차별화된 기호를 가진 나나랜더 소비자를 개별적으로 공략할 수 있는 좀 더 세밀한 접근이 필요하다. 마지막으로 이들은 획일화된 규범과 관습을 거부한다는 사실을 유념해야 한다. 즉, 기존의 통념과 고정관념을 깬 '신박한' 아이템과 전에 없던 마케팅 커뮤니케이션이 나나랜더들의 마음을 사로잡을 수 있을 것이다. 2019년, 새로운 기회의 땅 나나랜드를 개척할 자, 과연 누가 될 것인가?

Manners Maketh the Consumer.

매너소비자

매너가 소비자를 만든다. 일부 소비자들의 직원에 대한 갑질이 늘어나면서 블랙컨슈머(악성 소비자)와 고객 갑질 문제가 지속적으로 발생하고 있다. 소비자의 비매너가 사회적 이슈로 부각되면서 근로자들의 '감정노동 보호' 논란도 심화되고 있다. 고객 만족을 위한 서비스 경쟁의 과열로, 기업이 근로자에게 고객에 대한 무조건적 맹종을 요구하고 있기 때문이다. 이로 인해 근로자들은 심리적 부조화를 겪는 스마일 마스크 증후군에 시달리며 정신건강에 큰 위협을 받고 있다. 이 때문에 생산과 유통 현장에서 고객에 대한 무조건적인 친절을 요구할 것이 아니라 소비자 매너와의 균형을 도모하자는 워커밸worker-customer-balance에 대한 관심이 높아지고 있다. 소비자 매너 이슈는 온라인 카페 등 신권력 소비 집단의 갑질 문제로 비화되기도 한다. 예약을 해놓고 나타나지 않는 노쇼no show 문제와 너무 많은 관광객들로 인해 현지 주민들이 고통을 받는 오버투어리즘overtourism도 개선해야 할 소비자 비매너의 주요 영역이다. 매너 있는 소비자로 거듭나기 위해서는 갑질의 문화적 뿌리를 이해하고 신뢰 기반의 호혜적 거래관계를 확립하는 일이 선행되어야 한다. 기업은 대응 매뉴얼의 정착을 통해 감정노동자를 보호하고 불합리한 소비자 비매너를 차단해야 한다. 앞으로 소비자 매너의 고양과 워커밸의 진정한 구현을 위한 다양한 시도가 공적·사적 영역에서 이어질 것이다. 진심어린 매너가 당신을 존경받을 만한 진짜 소비자로 만들어 줄 것이다.

화면 속의 고객은 고래고래 소리를 지른다. 직원에게 반말은 물론이고, 몸을 밀치고 물건을 땅에 내팽개친다. 누가 봐도 부당한 요구임이 분명하지만, 직원은 제대로 말대꾸도 하지 못하고 쩔쩔맬 뿐이다. 시간이 지날수록 이 고객의 폭언과 폭행은 심해지는데, 누구도 이 상황을 제어하지 못한다.

2018년, 온라인에서 화제를 뿌린 '백화점 갑질녀' 동영상의 한 장면이다. 용인의 한 백화점 화장품 매장에서 고객이 직원의 머리채를 잡고 폭행하며 난동을 부리는 장면이 동영상으로 촬영된 것이다. 이 고객은 화장품을 사용하고 피부에 문제가 생겼다며 온갖 생떼를 부렸다. 이 동영상은 수많은 시민들의 공분을 샀지만, 사실 이런 일이 처음은 아니다. 어느 대기업 임원이 항공기 승무원에게 라면이 제대로 익지 않았다고 폭언을 하는 일도 있었고, 입주민의 상습적인 폭언에 아파트 경비원이 분신자살을 기도한 적도 있었다. 비슷한 사례는 끝이 없다. 영화관에서 햄버거를 먹고 배탈이 났다고 보험금을 요구하거나, 영화 관람 후 재미가 없다며 환불을 요구하는 등 상식을 벗어나는 수준의 소비자 비매너가 심해지고 있다.[1] 인터넷에는 '○○호텔 트집 잡아 공짜로 이용하는 법'과 같은 후기와 게시물이 자주 검색된다고 한다. 고객의 '갑질'이 빈도나 정도 모두 도를 넘었다.

한때 웬만한 가게에는 "손님은 왕이다"라는 문구가 들어간 액자가 붙어 있었다. "손님이 짜다면 짜다"는 구호가 화제가 되기도 했다. 나날이 치열해지는 공급과잉의 경쟁 속에서 직원들에게는 친절의 중요성을 강조하고, 고객에게는 업주의 각오를 과시하는 하나의 의무장전義務章典이었을 것이다. 하지만 고객에 대한 친절이 매우 중요하다는 사실이 고객은 아무렇게나 행동해도 된다는 면죄부가 되지 않음은 물론이다. 위에 나온 극단적인 사례는 동영상 증거가 남아 있어 화제가 됐지만, 오늘도 어디에선가 크고 작은 고객의 횡포가 예삿일로 일어나고 있다.

그러나 최근 들어 "손님은 왕이다"라는 기존 관행에 불편한 시각을 드러내며 "손님은 손님일 뿐"이라는 인식이 확산되는 추세다. 손님이라는 위치가 '갑'도 아니고 횡포를 부릴 그 어떤 권리도 없다는 인식이다. 특히 그동안 '감정노동'에 시달려온 서비스업 근로자들을 더 이상 고객의 횡포에 그대로 방치해서는 안 된다는 주장이 힘을 얻고 있다. 2018년의 주 52시간 근로나 워라밸 중시가 직장문화의 시간적·양적인 개선에 관한 것이라면, 감정노동 보호는 그 근무시간 안에 어떤 근로를 할 것인가에 관한 '질적인' 변화를 다룬다. 업주나 경영자 입장에서도 직원에게 무조건 참고 무조건 친절하라고 강요하기 어렵게 됐다. 자신의 자존감과 권리 의식에 민감한 밀레니얼 세대가 대거 취업 전선으로 뛰어들면서 기존에 묵인되었던 '고용인-피고용인' 관계나 '고객-종업원' 관계에서의 부당한 요소들이 수면 위로 표출되고 있다. 먼저 2019년 커다란 사회적 의제로 등장할 감정노동 보호와 관련한 소비 시장의 주요 이슈들을 살펴본다.

소비자 비매너의 다양한 형태

'진상'이라는 용어가 있다. 본래 '진귀한 물품이나 지방의 특산물을 윗사람에게 바치는 행위'를 의미했으나, 진상이 지닌 폐단이 부각되면서 '허름하고 나쁜 것을 속되게 이르는 말'로도 사용되었다고 한다. 이제 세간에서 진상의 뜻은 '꼴불견이라 할 수 있는 행위나 그런 행위를 하는 사람'을 가리키는 말로 쓰이고 있다. 즉, '진상 떨다'는 '유독 까탈스럽게 굴다'라는 의미로 사용된다.[2] 최근 용례를 보면 진상 뒤에는 고객 혹은 손님이라는 단어가 따라 붙는다. 이제 진상은

'고객의 갑질'을 지칭하는 단어로 자리 잡았다. 진상이라면 대체로 폭언·폭행·성희롱이나 과도한 요구 등을 떠올리게 되는데 최근에는 이러한 문제가 다음과 같이 여러 형태로 나타나고 있다.

온라인 지역 카페

모바일과 SNS 매체를 중심으로 더욱 조직화되고 있는 소비자들은 공통의 관심사를 기반으로 한 온라인 세력을 형성하면서 새로운 소비 권력 집단으로 부상하고 있다. 예를 들어, 육아를 하는 엄마들이 만든 소비자 공유 조직인 맘카페가 있다. 원래 맘카페는 같은 지역의 엄마들이 육아 정보나 생활 정보를 공유하기 위해 만들어진 것으로 유용한 정보를 나누고 물품을 공유하며 서로에게 힘이 되자는 것이 목적이다. 그런데 이렇듯 좋은 취지가 무색해질 정도로 일부 맘카페의 갑질이 논란의 중심에 서는 일이 생겼다.

특정 상품에 대한 지역 여론을 주도하거나 회원들이 일부 가게에 과도한 할인이나 무상 제공을 요구하는 사례가 대표적이다. 일부 회원들은 업체에서 홍보비를 받고도 광고가 아닌 척 후기를 남겨 소비자들에게 혼동을 주기도 한다. 일부 운영진이 다른 회원들을 강퇴시키거나 제재할 수 있는 권한까지 갖게 되면서 소비자들의 여론을 자의적으로 몰아간다는 이야기도 들린다. 특정 식당이나 업체를 겨냥한 불만의 글들이 올라오면 불매 운동으로 이어지고 해당 가게가 폐업하게 되는 상황까지 벌어진다. 정보 공유와 나눔이라는 본래의 취지에서 벗어난 이러한 사례들은 선의의 피해자를 만들고 맘카페 본연의 좋은 취지를 퇴색시키고 있다.[3]

오버투어리즘

"여러분, 제발 도와주세요! 관광객 때문에 살 수가 없습니다. 제발 오지 말아주세요."

서울 가회동 골목길의 어느 한옥집에서 게시한 호소문이다.[4] 영어·일어·중국어 등 다양한 언어로 같은 메시지를 써 붙여 놓았지만 관광객들은 아랑곳하지 않고 큰 소리로 떠들며 사진을 찍고, 남의 집 대문을 열어보며 구경을 다닌다. 최근 핫플레이스로 떠오른 골목길마다 사람들이 몰리며 거주민들이 큰 불편을 호소하고 있다. 망원동·연남동·이화동 벽화 마을·종로구 북촌·서촌·영등포구 문래동 등 미디어에서 화제가 된 동네들을 살펴보면 겉은 점점 더 화려해지지만 속으로는 피폐해지고 있다. 주민들은 관광객들 때문에 삶의 질이 현격하게 떨어지고 재산상의 권리도 침해받고 있다고 하소연한다. 주민들이 찾던 작은 공간들마저 모두 카페나 레스토랑과 같은 상업 시설로 바뀌어 조용했던 골목 풍경이 밤낮 구분 없이 소란스러워진 탓이다. '오버투어리즘'(수용 한계를 초과한 관광객이 몰려들어 주민들의 삶을 침범하는 현상), '투어리스티피케이션'(투어리즘과 젠트리피케이션이 합쳐진 말, 주거지가 관광지화해 거주민이 떠나는 현상)이라는 용어도 이제 새롭지 않다.

이는 우리나라만의 문제가 아니다. 네덜란드 암스테르담·이탈리아 베네치아·스페인 바르셀로나 등 유럽의 많은 관광지들도 현지인들의 삶이 파괴되고 있다고 표현할 만큼 관광객들로 몸살을 앓고 있

■ ■ ■ 몰려드는 관광객으로 몸살을 앓고 있는 로마의 트레비 분수. 유럽의 유명 관광 도시에서는 "관광객은 집으로 가라"라는 문구도 심심찮게 볼 수 있다.

다. 〈바이바이 바르셀로나Bye Bye Barcelona〉라는 다큐멘터리에서는 이러한 오버투어리즘이 지역에 미치는 영향과 개발 위주 관광 정책의 문제점 등을 자세히 다루기도 했다. 스페인 바르셀로나 시는 관광버스의 도심지 진입 제한, 신규 숙박업소의 지역별 차별 허가, 숙박업소를 통한 관광세 징수 등의 정책을 시행하고 있다. 이탈리아 베네치아도 매년 2천만 명의 관광객이 방문함에 따라 지가 상승, 혼잡, 과밀, 공해, 유적 파괴로 골머리를 앓고 있다. 이에 주요 관광지에서는 방문객 카운팅 시스템tourist counting system을 도입하고 있으며, 덴마크

코펜하겐에서는 지역 주민의 삶의 질 훼손을 방지하기 위해 새로운 레스토랑과 바의 개업을 금지하고 주민 밀집 거주지역 일부를 '정숙 지역silent area'으로 설정하기도 했다. 네덜란드의 수도 암스테르담도 유람선의 시 중심가 정박 금지, 도시 중심가에서의 에어비앤비 영업 제한, 여행세 인상 등의 정책을 내놓았다.[5]

이러한 문제들은 해당 지역의 임대료가 상승해 원주민이 내몰리는 젠트리피케이션gentrification 문제와도 결부되어 있다. 지역이 관광지화되면서 그 지역만의 독특한 스토리는 점차 사라지고 카페와 음식점, 기념품점밖에 남지 않게 된다. 외부 자본에 의해 현지의 문화나 풍경이 파괴되거나 변질되고 있는 것이다. 적정 수용 능력의 진단 없이 관광산업의 양적 성장만을 강조해 계속적으로 관광객을 받아들이면서 다양한 문제가 나타나고 있는 상황이다. 이 때문에 서울시도 관광이용시간 제한 제도를 적극적으로 도입하고 있다. 서울시와 종로구는 몰려드는 관광객으로 인한 북촌마을의 주민 피해를 줄이고 정주권을 보호하기 위해 '마을 입장시간' 지정·운영, 집중 청소구역 운영 등을 포함한 '북촌마을 주민 피해 개선 대책'을 마련해 2018년 7월부터 시행하고 있다.

노쇼

서비스업 분야에서는 '노쇼no show', 즉 예약 후 나타나지 않는 비매너가 큰 문제로 지적된다. 업계의 지속적인 문제 제기와 인식 변화를 위한 노력에도 불구하고 예약 5건 중 1건꼴로 노쇼가 나타날 정도로 문제가 심각하다. 현대경제연구원의 2015년 자료에 의하면 노쇼는 음식점이 20%로 가장 높고, 병원 18%, 미용실 15% 등의 순으로 나타났다. 이에 따른 매출 손실액은 4조5천억 원에 이르렀고, 식자재 업체 등 간접적인 손해 비용까지 합치면 손실액은 8조2천억 원이 넘는 수준이다. 노쇼가 이렇게 사회경제적 손실을 가져오는 문제로 부상하면서 정부는 2018년 2월 28일부터 소비자분쟁 해결기준에 외식업 위약금 규정을 새로 마련하고 시행에 들어갔다. 이 규정에 따르면 고객이 예약 시간으로부터 1시간도 남지 않은 상황에서 갑자기 취소하면 미리 걸어둔 예약보증금을 돌려받지 못한다. 하지만 이러한 규정도 분쟁 조정 기준에 불과하기 때문에 법적 강제력이 없다는 것이 문제다. 외식 업계도 이에 대해 현실성 없는 탁상행정 규정이라고 지적한다. 대부분 영세 소상공인이라 계약금을 받기도 어렵고 카드로 계산하기 때문에 환불도 어렵다는 것이다.[6]

노쇼 문제에 대해 세계 각국에서는 다양한 방식을 동원해 적극적으로 대처하고 있다. 일본에서는 식당 노쇼 고객들의 리스트를 공유하는 사이트가 등장했다. 호주의 온라인 예약 사이트도 가입 식당을 대상으로 노쇼 고객 3만8천 명을 블랙리스트에 올렸다. 블랙리스트

■ ■ ■ 예약하고 나타나지 않는 일명 '노쇼' 소비자들의 비매너로 인한 경제적 손실액은 한 해 8조 원이 넘는다.

에 오른 고객은 1년간 해당 음식점에 다시는 예약을 할 수 없다. 미국과 캐나다의 식당 예약 서비스인 '오픈 테이블open table' 앱도 무단으로 예약을 지키지 않는 고객에게 30달러에서 최대 200달러까지 위약금을 청구하고 4회 이상 노쇼가 누적되면 동일 아이디로는 예약을 못하도록 막고 있다. 이러한 페널티 규정 덕분에 노쇼 비율이 4%에 불과하다고 한다.[7] 우리나라도 현실적으로 고객 노쇼를 막을 수 있는 장치를 체계적으로 마련하고 소비자 스스로도 거래의 신의·성실을 지킬 수 있도록 인식 전환을 해야 할 때다.

비매너 고객 뒤에 숨은 문제들

이러한 고객의 비매너, 속된 말로 '진상짓'은 단순히 윤리 의식이 결여된 일부 소비자의 일탈 행동으로 보기 어려운 수준이며 그에 따라 비매너 소비자에 대한 문제가 사회적으로도 이슈화되고 있다. 문제를 완화하고 해결책을 모색하기 위해서는 문제 너머에 있는 개념과 원인에 대한 보다 근원적인 탐색이 필요하다.

블랙컨슈머 그리고 고객 갑질

거래를 맺는 기업과의 관계에서 생각하면, 소비자는 기본적으로 약자다. 소비자의 이익은 분산되어 있고 규모도 소수로 파편화되어 있는 반면, 기업은 정보를 더 많이 보유하고 있으며 정부나 규제기관 등과의 네트워크도 강하다. 이러한 비대칭성 때문에 소비자는 보호해야 할 대상이라는 인식이 매우 강했다. 소비자 보호를 위한 여러 정책과 법률을 통한 제도적 지원 장치가 만들어진 것도 이 때문이다. 그러나 정책과 법률보다 실질적으로 소비자의 권리를 더 보장해줄 수 있는 것은 경쟁이다. 공정하고 자유로운 경쟁 속에서 소비자는 원하는 상품과 서비스를 선택할 수 있으며, 이 경쟁과 선택의 메커니즘이 소비자의 권익을 신장시키는 주 요인이다. 고객에 대한 친절도 이 경쟁의 메커니즘에서 이해할 수 있다.

하지만 친절을 과도하게 강조하다 보면, 오히려 소비자 쪽에서 권리를 남용하고 오용하는 사례가 나타나게 된다. 그 정도가 심각한 사람들을 악성 소비자 혹은 블랙컨슈머black consumer라고 부르는데, 최근 악덕 기업만큼이나 악성 소비자 문제도 심각한 사회적 이슈로 부각되고 있다. 블랙컨슈머는 업종과 장소를 가리지 않고 나타난다. 콜센터 직원을 향한 욕설, 민원 제기를 빌미로 한 금품 요구와 협박, 매장 직원에 대한 성희롱 등 정신적 피해는 물론이고, 물리적인 폭력이나 범죄의 수준까지 이르기도 한다.

블랙컨슈머 문제는 직원과 고객(소비자) 사이의 권력관계에서 발생하는 것으로, 이 관계에서 소비자는 '갑'이고 서비스를 제공하는 직원은 철저한 '을'이다. 이처럼 소비자의 힘이 권력화되면서 직원과 고객 간의 대등한 관계가 상명하복의 관계로 변질된다. 다시 말해 '기업-직원-고객'의 고리가 만들어내는 자본주의적 신新권력관계가 형성되는 것이다. 이러한 '갑을관계'에 기반한 블랙컨슈머를 이해하기 위해서는 먼저 '갑질' 현상에 대한 분석이 필요하다. 원래 갑질이란 업무상 종속 관계, 업체 간 하청 관계 등의 확고한 권력관계에서 연관된 사건을 지칭하지만, 최근 들어서는 사회적 지위를 앞세운 행패를 가리키는 뜻으로 종종 쓰이고 있다.

2015년 1월 한국언론진흥재단이 20~60세 일반인 1천 명을 대상으로 진행한 설문조사를 보면 95%의 응답자가 "한국이 다른 나라보다 갑질 문제가 더 심각하다"는 데 매우 동의하거나(44%) 동의하는 편(51%)이라고 조사되었다. 갑질이 "모든 계층에 만연해 있다"는 응답은 77%로 나타났다. 조사에서 특이한 점은 자신이 "항상 갑이다"라는 응답은 1%에 불과했고, "나는 을이다"고 답한 사람이 85%에 달한다는 것이다. 조사 결과에서 나타난 것과 같이 대부분의 사람들이 자신은 을이라고 답하고 갑질은 재벌들이나 권력자들이나 하는 것이라고 생각했지만 최근 몇 년 사이에 일반인의 갑질, 특히 소비자 갑질, 고객 갑질의 문제가 큰 문제로 떠오르고 있다. 갑질이 대중화되고 있는 것이다.[8]

고객 갑질을 온몸으로 생생하게 겪는 이들은 아르바이트생과 같은 서비스 노동자들이다. 실제로 '알바몬'에서 실시한 설문조사 결과를 보면 고객 갑질 문제의 심각성을 확인할 수 있다. 아르바이트생 1,106명을 대상으로 갑질 경험에 대한 설문조사를 한 결과 "알바 근무 중 갑질 피해 경험이 있다"는 응답이 전체의 81.0%에 달했다. 갑질 유형에 대해서도 갑질 경험자 가운데 57.1%(복수응답)가 "반말 등 인격적인 무시"를 가장 많이 꼽았다. 불합리한 요구나 부당한 지시(47.7%), 이유 없는 화풀이(47.2%), 감정노동 강요(40.7%), 폭언(28.6%) 등도 뒤를 이었다. "누가 갑질을 하느냐"는 질문에는 고객과 고용주라는 응답이 각각 55.8%와 50.6%로 비슷하게 나왔다.[9]

갑질의 문화적 뿌리

갑질은 매우 한국적인 개념으로 '화병', '재벌'처럼 영어로 번역이 안 되는 한국 단어들 중 하나다. 그만큼 한국에서만 고질적으로 일어나는 현상이라는 뜻으로 해석된다. 2018년 〈뉴욕타임스〉는 우리나라의 재벌 갑질을 보도하면서 한국어 표현 '갑질Gapjil'을 중세시대 영주처럼 업주나 임원들이 부하 직원이나 하도급업자에게 권력을 남용하는 행위를 뜻한다고 소개했다. 마치 계몽시대 전, 중세시대에서나 일어날 수 있는 일이라는 뉘앙스마저 풍긴다.

철저한 계약 사회인 서구에서는 우월적 지위에 있다고 해서 부당한 권력을 행사하는 일은 드물다. 갑과 을은 계약상 존재하는 명칭일 뿐이다. 계약상 갑, 을이라고 하면 계약상 갑이 갖는 공식적인 권리만 행사할 수 있다. 계약을 위반하는 행동에 대해서는 을도 적극적으로 항변하고 권리를 행사할 수 있다. 서구 사회는 민주주의 제도가 정착되고 사회복지 정책이 발달되어 있어 부의 분배 왜곡이나 자국민들 사이에의 차별이 상대적으로 적고 제도적으로도 기회가 균등하게 부여된다. 이러한 측면에서 자신의 사회경제적 지위나 부를 과시하고 계약에서 정한 바를 넘어서는 갑질 행위는 기본적으로 허용되지 않는다.[10]

반면 우리나라에서는 갑질이 분야를 가리지 않고 다양하게 발생하고 있다. 직장 내 '상사-부하', '발주회사(직원)-수주회사(직원)', '군대 선임-후임', '영화감독·PD-배우', '교사·교수-학생', '아파트 주민-경비원' 등 서로 대립적인 관계에 있는 두 요소가 짝을 이루는 '이항대립적 위계관계'가 있다면 언제든 발생할 수 있다. 실제로 이러한 갑질이 발생하면 갑의 횡포를 비난하고 을의 어려움을 동정하는 여론이 강하게 일지만, 현실에서는 을의 위치에서 고통을 겪었던 사람들조차도 갑의 위치가 되면 또 다른 을에게 갑질을 행하기도 한다. 예를 들어, 군대 선임에게 당했던 갑질을 그대로 후임에게 되풀이하거나, 상사의 갑질에 당하던 을이 음식점 종업원에게 진상을 부리는 고객 갑질의 주인공이 되기도 한다.[11]

우리나라에 유독 갑질이 만연한 이유는 무엇일까? 경희대 송재룡 교수는 이러한 갑질 문제가 개인 차원의 심리나 정서적 태도의 문제라기보다는 문화적 경향성의 문제라고 지적한다. 갑질 문화의 뿌리가 유교의 차등적 윤리 규범에 기초한 형식적·위계적 권위주의 문화에 있다는 것이다. 위계적 권위주의 문화는 우리 사회 속에 차별적이고 억압적이며 권위주의적인 위계적 지배구조의 일상화를 형성하는 데 큰 영향을 미쳤다. 연공서열·직업귀천·남녀차별·노소차별 등의 위계적·차별적인 문화적 경향이 우리의 의식구조 속에 상당히 견고하게 뿌리를 내리고 있다는 것이다.[12]

그렇다고 해서 갑질을 하는 소비자의 심리가 무조건 '위계관계'에 의한 것만은 아니다. 소비자의 갑질 심리에는 불신과 불안 심리도 어느 정도 내재하고 있음을 고려할 필요가 있다. 고객들은 때로는 자신이 갑질을 하지 않으면 오히려 불이익을 당하지 않을까 걱정하기도 하고, 자신이 먼저 배려하고 예의 바르게 행동하면 '호갱'으로 무시당할 수도 있다고 염려한다. 실제로 우리나라에서는 "목소리가 큰 사람이 이긴다"라는 말이 공공연한 진리로 받아들여지기도 한다. 살면서 수없이 이러한 사례들을 경험했기 때문에 무리한 요구를 하는 갑질이 사회 전반에 만연하게 된 측면도 있다. 하지만 선진국일수록 목소리가 큰 사람은 매너 없고 이상한 사람으로 취급되거나 무시당하기 쉽다. 막무가내로 고함치고 떼쓰는 사람들의 요구를 들어주면 줄수록 사회 상규와 규칙은 무너져 내릴 수밖에 없다. 조용히 질서를 지키고 규칙을 따르는 사람만 바보가 되기 때문이다. 공식적인 절차와 규칙 준수가 상호 간에 지켜질 때, 갑질의 악순환은 끊어질 수 있다.[13]

■ ■ ■ 우리나라의 갑질 문화는 위계적 권위주의 전통과 무관하지 않다고 보는 시각이 많다.

감정노동

'고객customer'이라는 용어는 18세기 유럽의 관세청에서 유래했다. 당시 국경을 매일 통과해야 했던 무역업자들은 관세를 징수하는 담당자들의 결정에 따라 사업의 성패가 달렸기 때문에 이들을 상전처럼 대접했다고 한다. 이렇듯 최고의 갑이었던 관세청 사람들이란 뜻의 '고객'은 현대사회로 넘어오면서 회사의 가장 귀한 손님이라는 뜻으로 발전했다.

"고객은 언제나 옳다"는 구호는 그동안 고객 만족·고객 감동 마케팅의 표상이었다. 기업 간의 경쟁이 치열해지고 고객들의 눈높이는 더욱 높아지면서 더 이상 제품의 품질만으로는 경쟁력을 갖기가 어려워지자 고객 만족의 핵심이 친절한 서비스로 옮겨가게 됐고 이는 고객에 대한 무조건적 맹종으로 이어졌다. 직원들은 고객이 무리한 요구를 하더라도 그 요구에 무조건 따라야 했고 결국 비합리적인 고객의 행동에 대해서도 당당하게 대응할 수 없었다. 이러한 과정에서 고객을 응대하는 근로자들의 노동, 특히 **감정노동**의 강도는 점점 높아졌다. 기업이 고객 관리를 더욱 강화하면 할수록 고객을 응대하는 직원의 감정노동 강도 역시 점점 심화될 수밖에 없었다.

감정노동

미국의 사회학자 앨리 러셀 혹실드Arlie Russell Hochschild가 자신의 저서 『감정노동The Managed Heart』에서 처음 언급한 개념이다. 감정노동은 직업상 자신의 감정을 억누르고 정해진 감정 표현을 연기하는 일을 가리킨다. 주로 고객을 응대하면서 친절함을 드러내야 하는 서비스업 종사자들에게 해당하는 노동이다. 일반적으로 자신의 감정을 관리해야 하는 일이 업무의 40% 이상이라면 감정노동에 해당한다.[14]

현대 경제가 연성화軟性化하고 산업이 소비자지향적으로 바뀌어가면서, 일반 서비스 직종뿐만 아니라 거의 모든 직종이 감정노동화하고 있다. 예컨대 과거에는 그럴 필요가 없다고 느꼈던 의사·교사·공무원 등도 자기 고객이라고 할 수 있는 환자·학생·민원인 등에 대해 감정노동을 수행해야 하는 처지가 된 것이다. 이제 의사들에게 가장 어려운 작업은 수술과 투약이 아니라, 환자와 보호자에게 자세히 설명하고 친절히 대함으로써 불만이 없도록 만드는 일이다. 이제 감정노동으로부터 자유

스마일 마스크 증후군
Smile Mask Syndrome

항상 고객에게 밝은 모습을 보여야 한다는 강박관념에 사로잡혀서 얼굴은 웃고 있지만 마음은 우울한 상태가 이어지는 인지적 부조화 상태를 가리킨다. 스마일 마스크라는 가짜 표정을 쓰고서 속으로는 분노와 슬픔 등의 감정을 숨기고 있다는 의미에서 '가면 우울증Masked depression'이라고도 한다.

로운 직종은 거의 없다고 해도 과언이 아니게 되었다. 현대의 노동이 감정노동으로 변화하면서 필연적으로 앓게 되는 심리 질환인 **스마일 마스크 증후군**이라는 용어가 탄생하기도 했다.

기업의 대응

앞서 기업-직원-고객의 고리가 만들어내는 자본주의적 신권력관계가 고객 갑질의 구조적 배경이고, 현대 시장에서 기업이 고객관리를 강화할수록 감정노동의 강도가 세진다는 점을 지적한 바 있다. 그런데 최근 고객 갑질을 대하는 기업의 대응이 조금씩 달라지고 있다.

공정서비스 권리 안내

우리 직원이 고객에게 무례한 행동을 했다면 직원을 내보내겠습니다. 그러나 우리 직원에게 무례한 행동을 하시면 고객을 내보내겠습니다.

상품과 대가는 동등한 교환입니다. 우리 직원들은 훌륭한 고객들에게 마음 깊이 감사를 담아 서비스를 제공하겠지만 무례한 고객에게까지 그렇게 응대하도록 교육하지는 않겠습니다.

우리 직원들은 언제 어디서 무슨 일을 하든지 항상 존중을 받아야 할 훌륭한 젊은이들이며 누군가에게는 금쪽 같은 자식이기 때문입니다.

직원에게 인격적 모욕을 느낄 언어나 행동, 큰 소리로 떠들거나 아이들을 방치하여 다른 고객들을 불편하게 하는 행동을 하실 경우에는 저희가 정중하게 서비스를 거부할 수 있음을 알려드립니다.

– SNOWFOX 브랜드 최고 관리자

김승호

2015년 도시락 업체 스노우폭스SNOW FOX가 고객과 직원의 공정서비스를 주장하며 내건 '공정서비스 권리 선언문'이다.[15] 당시에도 화제가 됐지만, 지금 읽어도 울림이 묵직하다. 알바생들 사이에서 '남의 집 귀한 자식'이란 문구가 프린트된 티셔츠가 큰 인기를 끈 적도 있다. 아무리 손님이라도 매장의 직원들을 함부로 대하지 말라는 의미다. 가볍게 웃고 넘기기에는 "오죽하면 저런 티셔츠를 입게 되었을까?"라는 생각이 드는 문구다. 아직도 우리 사회에 약자를 겨냥한 진상 고객들의 갑질과 비매너가 넘쳐난다는 방증이기도 하다.

카페 매장에서 지나치게 자리를 오래 차지하고 있는 카공족(카페에서 공부하는 손님)과 음료를 주문하지 않고 자리만 이용하는 노오더no order족 등 일부 카페 이용 고객의 행태도 논란이 되고 있다. 일부 고객은 개인용 텀블러를 가져와 직원에게 씻어달라고 요구하거나 몰래 머그잔을 훔쳐가기도 한다. 텀블러만 들고 매장에 들어와 직원 몰래 차나 음료를 계속 타 먹는 사례도 발생하는 등 업주들을 곤란하게 하는 일이 빈번하다.[16] 온라인 게시판에 '4만 원으로 스타벅스 한 달 이용하기'라는 게시글이 올라온 적도 있다고 한다. 한 고객이 갖가지 꼼수를 활용해 최소한의 돈으로 한 달 동안 스타벅스를 이용할 수 있는 팁을 공개한 것이다. 이에 대해 신선하다는 반응도 있었지만 진상이라는 비난의 목소리도 높았다.[17]

이처럼 일반적인 상식과 도를 넘어선 비정상적인 고객에 대해, 업계에서도 적극적인 대응 방안을 마련하고 있다. 한 대형 커피숍에서는 다양한 진상 손님 유형을 정리한 일명 '손놈 목록'을 만들어 신입 알바생 교육에 사용하고 있다. 각종 진상 손님을 유형별로 나눠 별명과 특징을 적어놓은 대응 매뉴얼을 준비하기도 한다.

그러나 지나치게 진상 고객의 행태를 강조하다 보면 소비자의 권리를 과도하게 제약하게 되는 부작용이 발생할 수도 있다. 가장 큰 논란이 된 이슈는 '노키즈존'이다. 노키즈존은 성인 손님에 대한 배려와 어린이 안전사고 방지를 위해서 영유아 및 어린이의 출입을 제한하는 가게를 뜻하는 말이다. 공공장소에서 다른 이들을 배려하지 않고 아이를 방치하거나 유난스러운 서비스를 요구하는 일부 부모들이 문제가 되면서 등장했다. 그런데 노키즈존 매장이 확산되면서 이러한 규정이 아동과 기혼자에 대한 차별과 혐오를 내포하고 있다는 반대의 주장이 만만찮게 맞서고 있다.

어떤 매장은 아예 대놓고 손님을 골라서 받기도 한다. '구매 목적 없이 아이쇼핑만 하는 고객은 사절한다'는 안내문을 써 붙인다거나 1인 1음료 주문을 명시화한 카페도 있다. 이밖에 스터디 금지, 외부 음식 반입 금지, 촬영 금지 등의 안내문을 내거는 등 자발적으로 진상 고객을 예방하기 위한 행동에 적극 나서는 모양새다.

이밖에도 많은 기업에서 자사 직원의 감정노동 보호를 위한 여러 조치들을 전향적으로 내놓고 있다. 그렇다면 그동안 친절과 봉사를

거의 모든 직종이 서비스화하면서 이제 감정노동으로부터 자유로운 직종은 거의 없다고 해도 과언이 아닐 것이다. 우울하거나 불편한 속마음을 숨기고 늘 웃어야 하는 스마일 마스크 증후군은 현대인들의 심리적 고충을 대변한다.

외치며 직원의 무조건적인 희생을 강조하던 기업들이 왜 이렇게 변화하고 있으며 또 변화해야 하는 것일까?

경영학의 조직이론에서는 직원을 두고 '내부고객'이라는 용어를 쓰기도 한다. 다시 말해서 직원도 또 하나의 고객이라는 것이다. 내부고객의 속이 시커멓게 타들어가고 있는데, 외부고객을 만족시키는 서비스가 저절로 나올 수는 없다. 『트렌드 코리아 2018』에서 제시했던 일과 삶의 균형을 추구하는 '워라밸' 트렌드 키워드는, 한 해 내내 사회적으로 큰 화두였다. 2019년에는 워라밸에서 더 나아가 고객과 직원 간의 균형을 의미하는 '워커밸worker-customer balance'이 기업과 사회의 주요 이슈로 부상할 것으로 전망된다. 그동안 고객의 만족에만 초점을 맞췄다면 이제는 고객을 응대하는 직원의 감정과 권리에 대한 보호가 중요한 이슈로 다뤄질 것으로 보인다.

고객 응대의 새로운 원칙이 필요한 시점

우리 모두 소비자이기는 하지만, 돌아서면 모두 잠재적인 생산자 혹은 유통자이기도 하다. 따라서 감정노동 보호 문제는 소비자 권익의 보장만큼이나 중요한 우리 모두의 문제다. 악성 소비자 문제가 반복적으로 부각되면 결국 불이익을 받는 것은 다수의 선량한 소비자들이 될 것이다. 고객 갑질이 끊임없이 비판받고, 악성 소비자들의 행태가 반복된다면 소비자 권익의 보장은 결과적으로 위축될 수밖에 없다. 우리 사회 전체가 나서서 다양한 해결 방안을 모색해야 할 당위가 여기에 있다.

그러나 먼저 소비자 권익 보장을 위한 제도가 제대로 갖춰져 있지 않기 때문에 소비자 개인이 스스로 이익을 지키기 위해 갑질을 감행하는 측면도 있음을 이해해야 한다. 따라서 고객의 권익을 제대로 보장해주는 공적 방법이 제대로 갖춰진다면 갑질을 통해 보호받으려는 소비자들의 심리도 줄어들 수 있을 것이다. 비매너는 때로 고객의 분노와 공격성으로 연결되기도 한다. '소비자의 분노'에 관한 연구들을 보면 고객이 분노하는 것은 기업 측의 성의 없는 태도와 부적절한 응대의 누적 때문이다. 잘못이 발견되었을 때 그것을 시정할 기회가 있었음에도 여러 번의 기회를 놓치게 되면 결국 소비자의 분노를 폭발시키게 된다. 소비자가 불만과 문제를 제기할 때 가장 원하는 것은 물질적인 보상이나 환불이지만 그에 못지않게 진정성 있는 사과 등을 통한 감정의 회복이 우선이다. 자존심 손상, 무력감, 불공정함 등으로 이미 상처를 입은 소비자에게 진심으로 사과하고 문제점을 바로잡음으로써 합리적인 보상을 제공해야 한다. 이를 위해서는 현장 직원들에게 합당한 권한 부여도 필요하다.[18]

무엇보다 기업은 악성 고객에 대한 명확한 대응 매뉴얼을 마련해 놓아야 한다. 그래야 직원, 특히 감정노동자들이 원칙을 가지고 권한 범위 내에서 고객을 응대할 수 있기 때문이다. 롯데백화점에서는 이러한 블랙컨슈머의 횡포에 대응하여 직원들에게 '존중받을 용기'라는 제목의 대응 매뉴얼을 배포하기도 했다. 악성 컴플레인 제기 고객을 정의하는 판단 기준과 그 유형을 작성하여 선입견을 배제한 고객 판단 기준을 마련한 것이다. 대표적인 사례로 매장에서 기물파손, 폭언, 성희롱 등 폭력적 행위를 하며 영업 방해를 하는 고객은 '과도성'과 '비윤리성'에 해당된다고 판단하며, '고객 진정—중지 요청—경고—응대 종료—경찰 신고' 등의 응대 가이드라인을 정해 대처하도록 했다.

고객 갑질을 막기 위해서는 시민사회나 공적 영역에서 반反갑질 운동이 폭넓게 펼쳐져야 한다. 소비자 갑질의 사회적 문제점과 비인권성, 그리고 위법적 문제점을 지적하고 지역 사회나 삶의 영역에서 다양하게 논의되고 토론하는 장을 마련하는 것도 중요하다. 온라인과 오프라인을 두루 활용하여 고객 갑질을 근절할 수 있는 다양한 방법을 고려해야 한다. 소비자 권리를 악용하는 갑질을 더 이상 용인해서는 안 된다는 사회적 합의가 필요한 시점이다.

시사점

무조건적으로 '손님이 왕'인 시대도 지났고 그렇다고 덮어놓고 소비자가 '을'인 시대도 아니다. 소비자는 갑도 을도 아닌 거래 관계의 한 당사자이자 성실한 생활자일 뿐이다. 소비자는 경제주체로서 공정거래, 계약 준수, 시장질서 준수 등의 기본적 의무가 있음을 명심해야 한다. 노쇼가 만연한 것도 이러한 계약상 의무, 소비자로서의 책무를 망각한 결과이다. 소비자로서의 권리를 제대로 누리려면 책무의 성실한 수행도 필수적임을 인지해야 한다. 이러한 원칙을 지킬 때 사회 전체의 매몰 비용을 줄이면서 다수의 소비자들에게 보다 큰 이익이 돌아가게 만들 수 있다.

기업과 소비자 모두의 매너가 균형을 맞춰야 할 때

하지만 이러한 계약상의 책무에 앞서 인간으로서의 기본적인 예의, 매너의 문제를 언급하지 않을 수 없다. 매너의 어원은 라틴어 'Manuarius'로 거슬러 올라간다. 이 단어에서 'Manus'는 손을 의미하고 'Arius'는 방법이나 방식을 뜻한다. 즉, 사람마다 가지고 있는 특징적인 그만의 습관, 몸가짐을 일컫는데, 매너는 바람직하고 유쾌하며 우아한 느낌을 주고자 소망하는 데서 비롯된 습관인 것이다. 매너의 기본 정신은 상대방에 대한 존중과 배려다. 타인에게 불편이나 폐를 끼치지 않고 편안하게 해주는 것, 현대사회에서 매너는 기업과 소비자, 갑과 을을 떠나 원만한 인간관계를 위한 최소한의 책임이다. 특히 소비자의 매너는 건강한 소비사회를 만드는 첫걸음이다. 이제 소비자는 합당한 매너와 에티켓을 먼저 갖추고 상품과 서비스를 거래하는 당사자로서 소비사회의 주인공이 되어야 한다.

그렇다고 해서 아무 이의 제기 없는 무비판적인 소비자가 되라는 것은 아니다. 건강한 소비주의를 형성하기 위해 응당 내야 할 목소리를 표출하는 것은 매우 중요한 일이다. 이른바 '프로 불편러' 소비자들의 역할에 주목해야 하는 이유다. 특히 '화이트 불편러'는 블랙컨슈머와 달리 자신의 이익을 넘어 공공의 이익을 위한 불만을 제기하는 정의로운 소비자를 지칭한다. 다른 이들은 생각지도 못한 불편한 모습을 꼬집으며 공공의 이익을 추구하는 사람들이다. 건강한 비판은 소비자의 권익을 위해 세상을 움직일 수 있는 힘이다. 2018년

9월, 대형마트에서 대량 판매하는 제품을 재포장해 수제 유기농 제품으로 속여서 판매한 '미미쿠키' 사건도 소비자의 작은 의심에서 시작되어 잘못을 바로잡을 수 있었다. 상식적인 소비자의 힘, 그리고 용기가 얼마나 중요한지를 보여주는 사례다.

소비자의 매너를 지킨다는 것은 그리 어려워 보이지 않는다. 취업 포털 잡코리아와 알바몬이 알바생 2,507명을 대상으로 한 설문조사에서 손님의 매너 있는 행동에 감동 받은 적이 있다고 한 응답을 보면 내가 건넨 인사를 상냥하게 받아줄 때(47.4%), 나의 서비스에 감사함을 표할 때(46.7%), 실수해도 이해해주고 기다려줄 때(36.5%), 힘들지 않느냐고 걱정해줄 때(15.5%) 순이었다. 반대로 가장 상처받은 비매너 손님의 유형은 반말로 명령하듯 말할 때(54.2%), 돈이나 카드를 던지거나 뿌리듯이 줄 때(32.6%)였다. 따뜻하게 건넨 인사 한마디가 감동을 줄 수 있고, 무심코 던진 말이나 행동이 상대에게 큰 상처를 줄 수 있다.

진심으로 대우받고 싶은가? 마음에서 우러나오는 갑이 되고 싶은가? 먼저 매너를 갖추자. 매너가 소비자를 만든다.

주

〈트렌드 코리아〉 선정 2018년 대한민국 10대 트렌드 상품

1 "새벽 배송·프리미엄·스토리텔링… 3박자 갖춘 'HMR 신흥 강자들'", 〈한국경제〉, 2018.09.12.
2 "농식품 소비트렌드, 온라인 주문·가정 간편식·새벽 배송으로 급속히 이동", 〈부산일보〉, 2018.08.23.
3 "HMR 대결투 "기다려! 밥상은 내가 차린다"", 〈더스쿠프〉, 2018.10.04.
4 "간편식 시장, 이젠 실버·케어푸드가 대세다", 〈뉴스웍스〉, 2018.07.14.
5 "닥터키친 환자 위한 여름 메뉴 개발 배송", 〈여성소비자신문〉, 2018.06.14.
6 ""밥솥의 敵은 햇반"… 다른 산업 지형도 바꾼다", 〈한국경제〉, 2018.09.13.
7 "관찰예능 인기 이유 '자연스러운 공감대 형성', 선호하는 관찰 예능은?", 〈톱플러스〉, 2018.06.18.
8 ""고맙다, BTS"… 캐릭터 상품 인기몰이", 〈헤럴드경제〉, 2018.10.02.
9 "'소확행·가심비'가 최우선", 〈MoneyS〉, 2018.07.05.
10 "멀리 안 간다… '소확행' 근거리 휴가 즐긴다", 〈YTN〉, 2018.07.14.
11 "관광 업계는 근로시간 단축 기대", 〈국제신문〉, 2018.06.20.
12 "인천공항 해외여행객 10명 중 3명은 LCC 탄다", 〈이데일리〉, 2018.09.13.
13 "BTS, 마케팅을 접수하다", 〈이코노믹리뷰〉, 2018.10.04.
14 "방탄소년단과 배틀그라운드", 〈머니투데이〉, 2018.05.30.
15 "배틀그라운드 인기에 고사양 PC '쑥쑥'", 〈매일경제〉, 2018.09.09.
16 "독도도 모르는 '구글 홈' 그래도 '센 놈'인 이유", 〈노컷뉴스〉, 2018.10.03.
17 "AI 스피커 최다 사용 기능은 "음악 틀어줘~"… 만족도는?", 〈중앙일보〉, 2018.07.17.
18 "AI 스피커 최다 사용 기능은 "음악 틀어줘~"… 만족도는?", 〈중앙일보〉, 2018.07.17.
19 "AI가 가구를 만나면?… 안마의자·침대로 들어온 AI", 〈중앙일보〉, 2018.10.05.
20 "AI 스피커 보안 취약점 평균 350개?… 내 사생활 괜찮나", 〈전자신문〉, 2018.10.04.
21 "무인점포, 어디까지 왔나?", 〈아시아타임즈〉, 2018.09.25.
22 "경제 생태계가 바뀐다", 〈시장경제〉, 2017.07.06.
23 "씨아이테크, 23조 키오스크 시장… 최저임금 인상에 공급 확대 기대감 ↑", 〈이투데이〉, 2018.07.18.
24 "'성큼' 다가온 무인 서비스 시대… "왜?"", 〈아시아타임즈〉, 2018.09.26.
25 "키오스크 1대가 직원 3명 몫… '언택트'족도 늘어나 속속 도입 ", 〈서울경제〉, 2018.05.14.
26 "무인점포, 어디까지 왔나?", 〈아시아타임즈〉, 2018.09.25.
27 "가정의 달에 반려동물 상품 매출 껑충… 신세계百, '프리미엄 펫 페어' 열어", 〈뉴데일리〉, 2018.05.23.
28 "1조 규모 반려동물 의료시장 잡아라", 〈서울경제〉, 2018.09.29.
29 "가정의 달에 반려동물 상품 매출 껑충… 신세계百, '프리미엄 펫 페어' 열어", 〈뉴데일리〉, 2018.05.23.
30 "커지는 '홈뷰티' 시장, LG 이어 삼성도 본격 가세", 〈뉴스핌〉, 2018.09.27.
31 "'셀프 네일 케어' 트렌드에 유통가도 주목", 〈뉴스토마토〉, 2018.08.13.

1 • 2018년 소비트렌드 회고

What's Your 'Small but Certain Happiness'? 소확행, 작지만 확실한 행복

1 "뛰면서 쓰레기 줍기도 '소확행'… 놀이처럼 즐겁잖아요", 〈중앙선데이〉, 2018.06.16.
2 "새해 작심삼일 막을 운동 관리 앱 '런데이·핏데이' 화제", 〈헤럴드경제〉, 2018.01.23.
3 "퇴근 맞춰 '1시간만'… 공연 시간의 경제학", 〈매일경제〉, 2018.04.15.
4 "고급 와인바냐고요? '1평 홈바'입니다", 〈조선일보〉, 2017.12.06.
5 "반지하 방도 꾸미면 북유럽… 집과 사랑에 빠진 2030", 〈중앙선데이〉, 2018.05.05.
6 "지갑은 우리 집 500m 안에서 열린다", 〈조선일보〉, 2018.01.17.
7 "동네 놀이터 된 백화점… 1층에 명품 대신 식당", 〈매일경제〉, 2018.04.02.
8 "귀농한 호텔 요리사 부부 "달팽이 키우며 두 아들과 삼시세끼 행복"", 〈조선비즈〉, 2018.06.14.
9 "성공 관심 없어!… 나는 '아무나'가 되련다", 〈한국일보〉, 2018.01.06.
10 "행복하려 애쓰는 당신… 피곤하지 않나요?", 〈조선일보〉, 2018.01.15.
11 "욕망이 거세된 일본 젊은이들", 〈조선일보〉, 2018.06.23.

Added Satisfaction to Value for Money: 'Placebo Consumption' 가성비에 가심비를 더하다: '플라시보 소비'

1 "라돈 공포 퍼지자… 회사 '심장' 공개한 시몬스", 〈중앙일보〉, 2018.05.30.
2 "이젠 가성비보다 '가심비(價心比)'… 돈 더 줘도 안전한 제품 구매 바람", 〈시빅뉴스〉, 2018.01.19.
3 "가심비 넘어 '나심비' 트렌드! 프리미엄 찾는 소비자들", 〈머니S〉, 2018.07.20.
4 "가성비·한정판 '평창패딩 신드롬'… 결정타는 SNS였다", 〈매일경제〉, 2017.12.03.
5 "객석에서 받은 감동… 굿즈 보며 한 번 더", 〈조선일보〉, 2018.03.20.
6 "'귀하신 몸' 사은품… 제품보다 잘나가네", 〈매일경제〉, 2018.05.28.
7 "소확행에 잠옷 패션 인기… G마켓, 올 들어 전년비 판매량 31%·객단가 24%↑", 〈아시아투데이〉, 2018.09.06.
8 "소셜 미디어에서 난리 난 '더러운 커피'의 정체", 〈한국경제〉, 2018.03.20.
9 "'어른이' 장난감 구매… 작년 5만 8천 원 썼다", 〈매일경제〉, 2018.07.17.
10 "싱글·욜로족, 고가 취미 용품에 아낌없이 투자", 〈헤럴드경제〉, 2018.02.22.
11 "주택 시장에 부는 '價心比' 바람", 〈매일경제〉, 2018.05.10.

Generation 'Work-Life-Balance' '워라밸' 세대

1 "좋은 일자리 기준, '연봉'보다 '일과 삶의 균형'", 〈아시아투데이〉, 2018.06.19.
2 ""내 삶의 주인은 나"… 워라밸 실천하는 직장인들", 〈국민일보〉, 2018.07.21.
3 "저녁 삶 생긴 직장인… 취미생활에 지갑 열었다", 〈뉴스핌〉, 2018.07.12.
4 "저녁 있는 삶, 시작됐다", 〈아시아경제〉, 2018.08.27.
5 "女유만만… 평일 저녁 머리하고 피부 관리", 〈아시아경제〉, 2018.08.27.
6 ""내 삶의 주인은 나"… 워라밸 실천하는 직장인들", 〈국민일보〉, 2018.07.21.
7 "주 52시간 근무제, 백화점 저녁 매출 늘었다", 〈이데일리〉, 2018.08.15.
8 "점심 회식 늘자… '낮맥' 문화 발 빠른 확산", 〈매일경제〉, 2018.07.29.
9 ""회식 트렌드 바뀐다" 점심시간–금요일 오후 '스크린야구장 회식' 늘어나", 〈파이낸셜뉴스〉, 2018.08.09.
10 "국산 맥주 '주 52시간' 직격탄… 저녁 회식 줄면서 판매 급감", 〈조선비즈〉, 2018.08.21.
11 "52시간 시대 "재능을 팝니다"", 〈머니투데이〉, 2018.07.11.

12 “대리운전 투잡 vs 어학원서 자기계발… 주 52시간 근로 시대 울고 웃는 직장인”, 〈한국경제〉, 2018.07.30.
13 “주 52시간 근무제와 맞물려 주목받는 ‘투잡’”, 〈한겨레〉, 2018.08.16.
14 “주 52시간 근무로 워라밸 기대했는데… 회사보다 집이 더 불편”, 〈매일경제〉, 2018.08.13.
15 “文 “올바른 경제정책 기조로 가고 있다”… 최저임금·52시간 근무제 논란 어쩌나”, 〈녹색경제〉, 2018.08.25.
16 “유럽보다 30년 늦은 워라밸… 근무 문화부터 변화해야”, 〈이투데이〉, 2018.08.10.

Technology of ‘Untact’ 언택트 기술

1 “자동차부터 꽃·마스크팩·한우까지… 진화하는 자판기”, 〈조선일보〉, 2018.09.01.
2 “알바 대신 기계 점원·셀프 계산대… 취약계층 일자리 ‘타격’”, 〈세계일보〉, 2018.08.25.
3 “업종 변경 돌파구… 키오스크 활용한 소규모 창업 ‘싸움의고수’ 인기”, 〈스포츠서울〉, 2018.09.11.
4 “月 인건비 220만 원 절감… 알바 자리 넘보는 키오스크”, 〈아시아경제〉, 2018.09.09.
5 “집에 아무도 없어요, 그냥 무인택배함에 두세요”, 〈조선경제〉, 2018.02.13.
6 “‘로봇 셰프’가 만든 음식, 맛있을까”, 〈아시아경제〉, 2018.08.16.
7 “바리스타 ‘비트’, 하루에 70만~80만 원 벌어… ICT 기술로 틈새 공략하는 달콤커피”, 〈IT조선〉, 2018.09.12.
8 ‘휴머노이드 로봇(Humanoid Robot)’, 〈국방과학기술용어사전〉, 네이버 지식백과 검색.
9 “일자리 위협할까”, 〈비즈니스워치〉, 2018.09.10.
10 “롯데백화점 쇼핑 앱 ‘엘롯데’의 AI 챗봇 ‘로사’”, 〈일간투데이〉, 2018.09.14.

Hide Away in Your *Querencia* 나만의 케렌시아

1 “일하다 녹초되는 직장인 ‘번아웃’, 이젠 OUT”, 〈동아닷컴〉, 2018.08.23.
2 “셀프빨래방 워시엔조이, 2018 소비트렌드 ‘케렌시아’ 열풍 합류”, 〈동아일보〉, 2017.07.11.
3 ““주중 여유롭게 호텔에서 즐겨요”… 호텔 업계, 워라밸 반영 패키지 출시”, 〈아시아투데이〉, 2018.08.11.
4 “2030 명절 호텔콕 “맘 편히 쉬고 싶어요””, 〈한국일보〉, 2018.02.14.
5 “철없던 아이로 돌아가고 싶다면, 여기로~”, 〈조선일보〉, 2018.08.01.
6 “국악당·근대가옥 등서 다채로운 음악회”, 〈서울&〉, 2018.05.10.
7 “텐트로 지은 나만의 별장… 1박 아닌 ‘長泊 캠핑’”, 〈조선일보〉, 2018.02.20.
8 “트렁크에서 즐기는 캠핑, ‘차박’ 뜬다”, 〈이데일리〉, 2018.08.27.
9 “나만의 아지트가 필요해… ‘케렌시아’ 열풍”, 〈중앙일보〉, 2018.01.30.
10 “TV, 아직 소파서 보니?… 나만의 의자 ‘인기’”, 〈매일경제〉, 2018.04.20.
11 “소확행 트렌드 타고, 날로 진화하는 ‘모션베드’”, 〈중앙일보〉, 2018.07.24.
12 “침묵이 ‘돈’ 되네”, 〈조선일보〉, 2018.01.11.
13 “돈 되는 ‘꿀잠 산업’”, 〈매일경제〉, 2018.09.06.

Everything-as-a-Service 만물의 서비스화

1 “AS도 AI시대… 고객 데이터서 승부 갈린다”, 〈중앙일보〉, 2018.09.04.
2 “‘모건스탠리’ 아마존 목표가 35%↑, 시총 1조 달러 넘는다”, 〈머니투데이〉, 2018.08.30.
3 “쪼개고 나눠 같이 쓰면 더 커져… 주택 · 오피스 공유 확산”, 〈중앙일보〉, 2018.03.23.
4 ““소유보다 공유”… 장소·물건 빌려 쓰는 ‘합리적 소비’ 뜬다”, 〈세계일보〉, 2018.09.08.
5 ‘서비스드 오피스(Serviced Office)’, 〈시사경제용어사전〉, 네이버 지식백과 검색.
6 “위워크 vs 패스트파이브 | 위워크 ‘글로벌’ vs 패스트파이브 ‘현지화’”, 〈매경이코노미〉, 2018.08.27.

7 "남편 빼고 다 빌려 쓸 수 있다", 〈조선비즈〉, 2018.09.05.
8 "홈쇼핑에 등장한 그림 렌털… '3세대 시장'으로 진화하는 렌털 서비스", 〈한국경제〉, 2018.09.04.
9 "홈쇼핑에 등장한 그림 렌털… '3세대 시장'으로 진화하는 렌털 서비스", 〈한국경제〉, 2018.09.04.
10 "서브스크립션 서비스 열풍", 〈이코노미조선〉, 2018.03.19.
11 '구독경제(subscription economy)', 〈한경 경제용어사전〉, 네이버 지식백과 검색.
12 "제3의 자동차 소유, 서브스크립션 뜬다", 〈IT조선〉, 2018.04.05.
13 "소유하는 시대는 끝났다… 구독경제가 뜬다", 〈위클리비즈〉, 2018.09.14.
14 "경쟁 치열해지는 미국 서브스크립션 커머스 업계… 구독이 대세", 〈이투데이〉, 2018.05.31.
15 더스쿠프, "시장에 충격파 던졌던 의류 렌털 무너진 이유", 네이버 포스트(post.naver.com/viewer/postView.nhn?volumeNo=14569485&memberNo=12494964&vType=VERTICAL), 2018.04.04.

Days of 'Cutocracy' 매력, 자본이 되다

1 ""역사상 가장 성공한 케이팝 가수"… 방탄소년단, 美 '그래미 뮤지엄' 참석", 〈아시아경제〉, 2018.09.13.
2 "1,500만 원대 음료수 전용 냉장고까지… 가전도 '가심비' 시대", 〈중앙일보〉, 2018.04.30.
3 "대만 국민 샌드위치 '홍루이젠', 강남·문정·상암점 오픈", 〈머니투데이〉, 2018.06.28.
4 "K팝 안 부러운 '캐릭터 한류'… 광군제 하루 매출 46억", 〈중앙일보〉, 2017.11.17.
5 "도쿄·베이징·뉴욕 찍고 할리우드 입성한 K-캐릭터", 〈중앙일보〉, 2018.08.01.
6 "캐릭터 입혔더니… 호호호, 매출이 빵빵해", 〈중앙일보〉, 2017.12.04.
7 ""도넛과 스폰지밥의 유쾌한 만남" 던킨도너츠 8월 캠페인 인기몰이", 〈매일경제〉, 2018.08.27.
8 "후지와라 히로시의 편의점 컨셉 스토어, '더 콘비니(THE CONVENI)'", 〈보그〉, 2018.08.10.
9 "못생긴 매력… 맛있고, 재밌고, 멋있다", 〈조선일보, 금요섹션 friday〉, 2018.04.13.
10 "'한정판의 욕구'… 패션 브랜드 '수프림' 로고 하나로 뉴욕포스트 23만 부 완판", 〈한국스포츠경제〉, 2018.08.16.
11 "'핫플레이스가 싫어요' 새로운 소비트렌드 '혐핫'?", 〈프라임경제〉, 2018.02.22.
12 "'관련성과 우연성'의 합작품… '정용진의 삐에로' 롱런 하나", 〈뉴시스〉, 2018.09.07.
13 ""뚱뚱해도 괜찮아" 세계는 지금 '신체 긍정' 열풍", 〈파이낸셜뉴스〉, 2018.06.09.

One's True Colors, 'Meaning Out' 미닝아웃

1 "사살된 퓨마에 감정이입한 사람들 "잘못은 사람이 했는데…"", 〈국민일보〉, 2018.09.20.
2 "세상을 바꾸는 해시태그 #미투 #미넥스트", 〈동아일보〉, 2018.02.21.
3 "'페이스북 삭제' 캠페인 작동했나?… "미국인 9% 계정 삭제"", 〈연합뉴스〉, 2018.04.13.
4 "뤽 베송 성추행 논란에… '레옹' 재개봉, 하루 앞두고 무기 연기", 〈조선일보〉, 2018.07.18.
5 "더 과장된, 더 극적인 패션으로 승부하라", 〈중앙SUNDAY〉, 2018.03.31.
6 '플라스틱 어택(Plastic Attack)', 〈시사상식사전〉, 네이버 지식백과 검색.
7 "과대 포장 벗겨내 마트에 버린다… 지구촌 곳곳 '플라스틱 항의'", 〈조선일보〉, 2018.06.26.
8 "정직·신뢰를 구매하는 소비자들", 〈서울경제〉, 2018.06.22.
9 "여성소비총파업 앞두고 소비불끄기·38적금인증 운동", 〈파이낸셜뉴스〉, 2018.06.30.
10 "정직·신뢰를 구매하는 소비자들", 〈서울경제〉, 2018.06.22.

Gig-Relationship, Alt-Family 이 관계를 다시 써보려 해

1 "회사는 전쟁터, 인맥 관리도 경쟁력이죠", 〈단비뉴스〉, 2018.03.05.
2 "여행 같이 하실 분, 10명 중 6명 온라인서 '동행' 찾는다", 〈매일경제〉, 2018.07.02.

3 "작가지망생부터 예술가형까지… '셰어하우스' 콘셉트 다양해져", 〈매일경제〉, 2018.09.11.
4 "반려동물 중심 라이프, 신시장·신문화 만든다", 〈The PR〉, 2018.08.07.
5 "1조 규모 반려동물 의료시장 잡아라", 〈서울경제〉, 2018.09.29.
6 "반려동물 중심 라이프, 신시장·신문화 만든다", 〈The PR〉, 2018.08.07.
7 ""반려동물 키우면 우대"… 펫금융에 공들이는 금융사들", 〈한국경제〉, 2018.07.15.
8 "잃어버린 자연의 리듬 찾기… 그래서, 반려식물", 〈경향신문〉, 2018.05.25.
9 "외로움, 관리해 드립니다", 〈조선일보〉, 2018.01.23.
10 "'랜선라이프' 비글부부, 랜선 돌잔치 6천 명 집합… 융댕 24시간 방송까지 '꿀잼'", 〈뉴스인사이드〉, 2018.10.04.
11 "경제적으로 어렵고 자유로움 원하는 2030 비혼 택했다", 〈세계일보〉, 2016.10.23.
12 "20대 미혼남녀 5명 중 1명 "나는 비혼주의자"", 〈아주경제〉, 2018.08.23.
13 "내 돈으로 "나 혼자 산다"", 〈파이낸셜투데이〉, 2018.09.17.
14 "연애 없는 행복을 의심하는 당신에게", 〈대학내일〉, 2018.09.18.
15 "펫 전용 브런치까지… 호텔 업계, 반려동물 서비스 확대 나선다", 〈아시아경제〉, 2018.09.06.
16 "외로움 관리 산업 전성시대", 〈신동아〉, 2018.01.23.

Shouting Out Self-esteem 세상의 주변에서 나를 외치다

1 "이영자 수영복 자태 당당히 공개한 이유 "내 자존감과 싸우는 것"", 〈서울신문〉, 2018.08.21.
2 "상반기 출판 시장 키워드는 여성·SNS·자기표현·위로",〈파이낸셜뉴스〉, 2018.06.06.
3 ""그 책 봤어?" 입소문 탄 독립출판물, 베스트셀러로 우뚝", 〈동아일보〉, 2018.07.25.
4 이은지, "SNS를 떠나는 사람들: 사용자의 특성과 SNS 피로감을 중심으로", 〈한국HCI학회 논문지〉, 13(1), 11~19쪽.
5 "와이즈앱 "페이스북 사용 시간 지속 감소 중"", 〈뉴시스〉, 2018.04.10.
6 "JTBC4·XtvN·스튜디오 온스타일… 트렌드 채널의 향방은?", 〈헤럴드경제〉, 2018.05.15.
7 "'문턱' 낮아진 정신과… 알고 보면 안 무섭답니다", 〈경향신문〉, 2018.07.14.
8 "화장품 성분도 고객 맘대로… 맞춤형 판매 '커스터마이징 서비스' 확산", 〈한국일보〉, 2018.08.20.
9 "나만의 한정판 나만의 취향대로 만든다… '커스텀 바' 열풍", 〈한국경제〉, 2018.08.17.
10 "'나로 살기' 열풍… 거절은 일상이 됐다", 〈동아일보〉, 2018.07.13.

2 • 2019년 소비트렌드 전망

2019년의 전반적 전망

1 LG경제원구원, 〈2019 국내외 경제 전망〉. 2018.09.20.
2 "연일 치솟는 국제유가… 100달러 시대 다시 오나", 〈조선일보〉, 2018.09.27.
3 "Gartner Hype Cycle", 가트너 웹사이트(www.gartner.com/en/research/methodologies/gartner-hype-cycle).
4 "5가지 기술로 '인간-기계 경계가 모호해진다' 〈가트너 전망〉", 〈CIO Korea〉, 2018.08.23.
5 "생명공학 DIY 시대, DO-IT-YOURSELF-BIOTECHNOLOGY", 블로그 '함께, 그린'(https://blog.naver.com/dkstkd98/221260777081), 2018.04.25.
6 "구글 홈 한국 11일 출시… 벅스 깔고 신세계가 판다", 〈노컷뉴스〉. 2018.09.10.
7 "외국인 1만 참석… '2019 국제당뇨병연맹 총회' 부산 유치", 〈뉴스1〉, 2017.12.08.

8 "'걷기 아시안게임' 부산 유치… 2019년 10월 갈맷길서 열린다", 〈한국경제〉, 2018.05.30.
9 "오디오 콘텐츠, 다시 뜨는 이유는?", 〈전자신문〉, 2018.08.06.

Play the Concept 컨셉을 연출하라

1 "갬성", 〈한겨레〉, 2018.09.13.
2 "다가오는 봄… '정원'으로 변신한 신세계백화점", 〈이데일리〉, 2018.03.05.
3 "사진관에서 떠나는 시간 여행… 흑백·복고사진 찾는 젊은이들", 〈매일경제〉, 2018.07.12.
4 "소셜 미디어가 전시회 트렌드 바꿔, 비주얼 전시 인기… 티몬 '하이,아이스크림–아이스크림에 빠지다展' 50% 특가 할인", 〈스포츠조선〉, 2018.07.26.
5 ""호텔 업계 컨셉 大戰 '불꽃'"… 품격·럭셔리 vs 개성·부티크", 〈아시아타임즈〉, 2018.09.09.
6 ""호텔 업계 컨셉 大戰 '불꽃'"… 품격·럭셔리 vs 개성·부티크", 〈아시아타임즈〉, 2018.09.09.
7 "일본, 발렌타인보다 '할로윈데이'… 할로윈 시장 꾸준한 성장세", 〈아시아투데이〉, 2017.10.31.
8 탁정언, 『도대체 컨셉이 뭐야』, 원앤원북스, 2005.01.05.
9 "8월 셋째주… 대놓고 광고지만 계속 보고 싶네", 〈The PR〉, 2018.08.20.
10 "'라벨영', 독특하고 재밌는 네이밍과 자연주의 화장품으로 두각", 〈머니투데이〉, 2018.04.12.
11 "요즘 대세, 모바일 퀴즈쇼 '잼라이브'를 아시나요", 〈씨네21〉, 2018.06.28.
12 "15초도 길다, '6초 광고'가 뜬다", 〈아시아경제〉, 2018.04.05.
13 "15초도 길다, '6초 광고'가 뜬다", 〈아시아경제〉, 2018.04.05.
14 "영화 '곤지암' 흥행의 의미", 〈세계일보〉, 2018.05.07.
15 "무성의한데 친근한… '대충 그린 그림' 인기", 〈조선일보〉, 2018.04.02.
16 "허무 개그형 이모티콘이 뜬다", 〈한국일보〉, 2018.09.04.
17 "모바일게임 차트 역주행… 이번엔 '좀비고등학교'", 〈디지털데일리〉, 2018.02.25.
18 "LG생활건강 '피지', '빡치게 한 노래'로 매출 급증한 사연", 〈아시아경제〉, 2018.04.30.
19 "책보다는 유튜브… 영상 중심 'Z세대'의 등장", 〈모비인사이드〉, 2016.05.17.
20 김은미, 『연결된 개인의 탄생』, 커뮤니케이션북스, 2018.
21 "美 Z세대 '디지털 감성주의자'… 소비 패턴 주도", 〈CBC NEWS〉, 2018.03.12.
22 "문서를 뛰어넘은 문서, 하이퍼텍스트", 〈IT dongA〉, 2013.08.01.
23 "예술부터 과학기술까지… 가벼움에 빠지다", 〈동아일보〉, 2017.12.30.
24 "카메라 셔터소리, 자동차 문 닫는 소리… 감각 경험이 제품 우수성을 결정한다", 〈동아 비즈니스 리뷰〉 256호, 동아일보사, 2018.09.
25 제일기획 매거진, "마음에게 이유를 묻다", 네이버 포스트(post.naver.com/viewer/postView.nhn?volumeNo=16470550&memberNo=40574676&vType=VERTICAL), 2018.08.08.
26 "여행 업계, 소통으로 고객 사로잡는다", 〈트래블바이크뉴스〉, 2018.08.09.
27 "방탄소년단(BTS)처럼 마케팅하라", 〈독서신문〉, 2018.07.23.

Invite to the 'Cell Market' 세포마켓

1 "로레알, 김소희 대표 '스타일난다' 지분 100% 인수", 〈한국일보〉, 2018.05.03.
2 엘빈 토플러, 『제3의 물결』, 원창엽 옮김, 홍신문화사, 2006.
3 김우빈, 'SNS 패션 인플루언서의 진정성과 팬쉽의 효과', 서울대학교 의류학과 석사논문, 2017.
4 "'판매자가 갑' SNS 마켓의 불편한 진실", 〈MNB〉, 2018.07.06.
5 "온라인 쇼핑 '쑥쑥'… 통신판매업자, 5년 만에 70%↑", 〈연합뉴스〉, 2017.06.25.
6 "광고야? 정보야?… SNS 기반 쇼핑 시대 활짝", 〈이데일리〉, 2018.06.10.

7 "인스타마켓 모음 앱 '에이블리', 런칭 6개월 만에 월 거래액 20억", 〈패션비즈〉, 2018.06.20.
8 "'뷰티'에 빠진 스노우… 하트잇 100% 인수", 〈the bell〉, 2018.06.19.
9 "구독자 10만 명 이상 크리에이터 2년 새 4배 '껑충'… 초등생 '장래희망 1위'", 〈헤럴드경제〉, 2018.08.17.
10 "1인 크리에이터 '관리'해주는 기획소속사 개념… 국내 사업체 100여 곳, 시장 규모 2,000억~3,000억", 〈경향신문〉, 2017.03.31.
11 ""SNS 보물 찾아라" 백화점의 특명", 〈매일경제〉, 2018.07.08.
12 "인플루언서에 꽂힌 기업 마케팅… 페·인·별·곡", 〈서울경제〉, 2018.08.17.
13 "아리따움, 인플루언서 '밤비뷰티'와 '크림투샤인 틴트' 한정 판매", 〈뉴스1〉, 2017.08.31.
14 ""인플루언서 직접 키운다"… 유통업계, MCN 사업 확대", 〈뉴스토마토〉, 2018.09.09.
15 "리엔케이, 인플루언서와 협업 제품 완판", 〈이데일리〉, 2018.02.20.
16 "인플루언서에 꽂힌 기업 마케팅… 페·인·별·곡", 〈서울경제〉, 2018.08.17.
17 이민주, 『지금까지 없던 세상』, 쌤앤파커스, 2015.
18 "4차 산업혁명 쇼크 "평생직장은 없다" 철밥통 버리고 '여차하면 이직'하라", 〈매경이코노미〉, 2018.06.08.
19 "'작은 창업'에 큰 기회 있다", 〈매일경제〉, 2017.05.11.
20 "글 쓰는 '파워블로거'보다 영상 찍는 '인플루언서'", 〈조선비즈〉, 2018.09.13.
21 ""법 따지실 분 이용 말라"… 환불 거부하는 SNS 마켓", 〈한국경제〉, 2018.04.17.
22 "음란 개인방송 철퇴법, 졸속 법안 '논란'", 〈아이뉴스24〉, 2017.12.27.
23 "'화려한' 그러나 '쓸쓸한' MCN", 〈이데일리〉, 2018.01.08.
24 로버트 프랭크, 『승자독식사회』, 권영경·김양미 옮김, 웅진지식하우스, 2008.

Going New-tro 요즘옛날, 뉴트로

1 "'프로스펙스' 오리지널 본격 투자", 〈어패럴뉴스〉, 2018.07.02.
2 "'할머니 집을 뒤져라… 뉴트로에 열광하는 20대'", 〈중앙일보〉, 2018.05.31.
3 "복고 음료 열풍…CU "갈아만든 배·포도봉봉, 판매량 1·2위"", 〈연합뉴스〉, 2018.06.25.
4 "4차 산업혁명시대, 아날로그의 역습… 지지직 LP 들으며 사각사각", 〈매경이코노미〉, 2018.07.09.
5 "매끈한 건 재미없어… 거칠고 낡은 게 새롭다", 〈조선일보〉, 2018.03.07.
6 "1988년과 2015년… GDP 7배 됐지만 '계층 상승' 믿는 국민 절반으로", 〈조선경제〉, 2015.12.14.
7 Stephen Brown, 『Marketing – The Retro Revolution』, Sage, 2001.
8 기욤 에르네, 『파리를 떠난 마카롱』, 권지현 옮김, 리더스북, 2010.

Green Survival 필환경 시대

1 "뉴스로 되짚어보는 국내 '플라스틱 역사'", 〈그린포스트코리아〉, 2018.08.18.
2 "'플라스틱 지구' '녹아내리는 지구'를 막을 방법 'SDGs'", 〈세계일보〉, 2018.08.27.
3 "'쓰레기 제로' 도전 한 달 "결국 내 삶을 바꾸는 일이더라"", 〈경향신문〉, 2018.04.21.
4 "'쓰레기 제로' 도전 한 달 "결국 내 삶을 바꾸는 일이더라"", 〈경향신문〉, 2018.04.21.
5 "'하나뿐인 지구 살리기' 유통 업계 에코 패키지 7", 〈비주얼다이브〉, 2018.09.04.
6 "패스트패션은 지금 '친환경' 고민 중", 〈매일경제〉, 2018.05.10.
7 "유니클로, 동물복지 환경보호 실천하는 컨셔스 패션 선봬", 〈아시아투데이〉, 2018.09.03.
8 ""싸게 파느니 태워버려" 명품 버버리, 422억 어치 재고 상품 몽땅 소각", 〈동아일보〉, 2018.07.20.
9 "카시트 가방, 소방호스 지갑… 폐기물의 부활", 〈조선일보〉, 2017.09.01.
10 월간비건, "이제 토끼는 마스카라를 바르지 않아도 됩니다: 화장품 동물실험", 네이버 포스트(post.naver.com/viewer/postView.nhn?volumeNo=8396767&memberNo=401304&vType=VERTICAL), 2014.04.01.

11 Humane Society International 웹사이트(www.hsi.org/issues/becrueltyfree/facts/infographic/ko).
12 "동물 가죽 대신 파인애플 가죽 어때요? '비건 패션' 뜬다", 〈조선일보〉, 2018.03.23.
13 "동물 가죽 대신 파인애플 가죽 어때요? '비건 패션' 뜬다", 〈조선일보〉, 2018.03.23.
14 강상욱·이준영, 『케미컬 라이프』, 미래의 창, 2018.
15 "유니클로, 동물복지 환경보호 실천하는 컨셔스 패션 선봬", 〈아시아투데이〉, 2018.09.03.
16 "나도 모르게 소비하는 모피?", 〈한겨레〉, 2017.10.21.
17 "오늘 내가 입은 옷은 정의로울까", 〈중앙일보〉, 2017.11.08.
18 스타일러 주부생활, "사소한 소비가 만드는 '無동물실험' 비건 제품 A to Z", 네이버 포스트(post.naver.com/viewer/postView.nhn?volumeNo=13265189&memberNo=36054406&vType=VERTICAL), 2018.03.01.
19 "프랑스 비건 화장품 열풍, 향수 시장까지 확대", 〈뷰티한국〉, 2017.07.06.
20 ""동물실험은 싫어요" 착한 화장품에 눈 돌리는 소비자", 〈이데일리〉, 2018.08.21.
21 "스테인레스 빨대, 고체 샴푸까지 개념소비가 뜬다", 〈조선일보〉, 2018.07.18.
22 Footprint Network 웹사이트(www.footprintnetwork.org).
23 노희경, "순환경제로의 전환, '제6의 물결' 앞서나가는 유럽", 〈나라경제〉, 2014년 7월호.
24 "네덜란드 '순환경제' 실험장 '블루시티'", 〈더나은미래〉, 2018.06.26.
25 "운동하며 환경 지키는 '플로깅' 북유럽서 인기", 〈조선일보〉, 2018.02.07.
26 스타일러 주부생활, "환경 조기 교육을 위해 달린다, '플로깅'", 네이버 포스트(post.naver.com/viewer/postView.nhn?volumeNo=15456628&memberNo=36054406&vType=VERTICAL), 2018.05.08.
27 스타일러 주부생활, "환경 조기 교육을 위해 달린다, '플로깅'", 네이버 포스트(post.naver.com/viewer/postView.nhn?volumeNo=15456628&memberNo=36054406&vType=VERTICAL), 2018.05.08.
28 "없어 못 판다… 미국 강타한 친환경 '양모 신발'", 〈한국일보〉, 2018.05.22.

You Are My Proxy Emotion. 감정대리인, 내 마음을 부탁해

1 "휴대전화 나온 지 30년… '너만의 1004, ^0^, ㅜㅜ' 이모티콘도 함께 진화", 〈조선일보〉, 2018.07.12.
2 "'하트 시그널 시즌2' 구글 TV예능 검색 1위", 〈동아일보〉, 2018.07.03.
3 ""대신 화내드립니다"… 감정도 '외주화'하는 2030", 〈세계일보〉, 2018.05.24.
4 "포털 뉴스 기사 댓글, 전체 여론보다 소수의견", 〈뉴시스〉, 2018.05.31.
5 "화 잘 내면 무조건 분노조절장애자?", 〈서울경제〉, 2018.06.08.
6 "숙박O2O, 고객 감정도 읽는다", 〈디지털타임스〉, 2018.01.28.
7 ""책도 처방전 받아요"… 큐레이션 책방으로 간다", 〈헤럴드경제〉, 2018.08.16.
8 울리히 슈나벨, 『웃음의 가격은 얼마인가』, 배명자 옮김, 새로운현재, 2016.
9 몸문화연구소, 『감정 있습니까?』, 은행나무, 2017.
10 신형철, 『느낌의 공동체』, 문학동네, 2011.
11 "눈물 보이지마, 찌질해 보여", 〈조선일보〉, 2018.09.14.
12 "눈물 보이지마, 찌질해 보여", 〈조선일보〉, 2018.09.14.
13 셰리 터클, 『대화를 잃어버린 사람들』, 황소연 옮김, 민음사, 2018.
14 "컬링세대·시리어스세대·메이비세대·니니세대?", 〈연합뉴스〉, 2016.03.09.
15 "SNS로 소통하는 시대 '디지털 통역사'가 뜬다", 〈파이낸셜뉴스〉, 2017.11.26.
16 "3 Ways AI Is Getting More Emotional", 〈Harvard Business Review〉, 2018.07.31.
17 "내 아내를 소개합니다, 부부싸움 할 일은 없네요", 〈조선일보〉, 2018.08.24.
18 "수원상의 조찬강연회… 권수영 연세대 교수, CEO를 위한 감정코칭", 〈경기일보〉, 2018.06.14.

Data Intelligence 데이터 인텔리전스

1 "인기 가수 콘서트장서 지명수배범 8명 '검거'… 中 놀라운 기술력", 〈아시아경제〉, 2018.09.04.
2 "페이스북 덮친 케임브리지 애널리티카 스캔들", 〈이코노미조선〉, 2018.04.10.
3 다나카 미치아키, 『아마존 미래전략 2022』, 류두진 옮김, 반니, 2018.
4 레이철 슈트·캐시 오닐, 『데이터 과학 입문』, 윤영민 외 4명 옮김, 한빛미디어, 2014.
5 "데이터 연금술사", 〈문화일보〉, 2018.10.04.
6 "쓰레기를 넣으면 쓰레기가 나온다", 〈세계일보〉, 2018.05.16.
7 "미국 내 데이터 과학과 머신러닝의 초고속 성장 원동력 4가지", 〈ITWorld〉, 2018.03.08.
8 "사진 한 장이면 AR로 화장하고 AI가 피부 진단", 〈조선비즈〉, 2018.08.23.
9 "日시세이도, 인공지능(AI)과 디지털로 M&A 전략 수정", 〈전자신문〉, 2018.08.20.
10 "스켈터랩스, "사용자 삶 이해하는 AI 만들겠다"", 〈블로터〉, 2018.06.20.
11 "AI, 오늘 뭐 입지? 하이 빅스비! 내 옷을 골라줘", 〈얼루어 코리아〉, 2018. 8. 28.
12 "패션 AI 스타트업 옴니어스 "트렌드 선도하는 AI 스타일리스트 만들죠"", 〈조선비즈〉, 2018.07.03.
13 "루닛, 'KCR 2018'서 폐암 진단 탁월 '루닛 인사이트' 공개", 〈의협신문〉, 2018.09.13.
14 "뷰노, AI 기반 심정지 예측 소프트웨어 유효성 입증", 〈조선비즈〉, 2018.6.29.
15 "AI 활용하면 매출 年 6400조 늘어… 여행·물류 최대 수혜", 〈조선일보〉, 2018.10.01.
16 "인류의 자산, 빅데이터", 〈세계일보〉, 2018.09.20.
17 '인슈어테크(Insurtech)', 〈시사상식사전〉, 네이버 지식백과 검색.
18 캐시 오닐, 『대량살상수학무기』, 김정혜 옮김, 흐름출판, 2017.

Rebirth of Space 공간의 재탄생, 카멜레존

1 인디포스트, "공간은 하나, 주인공은 여럿–공유공간 '프로젝트하다'", 네이버 포스트(post.naver.com/viewer/postView.nhn?volumeNo=16575855&memberNo=37685217&vType=VERTICAL), 2018.08.26.; 인디포스트, "하나의 공간 '프로젝트하다' 속 일곱 가지 가게들", 네이버 포스트(post.naver.com/viewer/postView.nhn?volumeNo=16204788&memberNo=37685217&vType=VERTICAL), 2016.10.18.
2 "무덤서 부활한 미국 유통 업체… 한국은?", 〈중앙일보〉, 2018.09.05.
3 "진화하는 라이프 스타일 유통 매장, 일본 도쿄 가보니 서점에서 전기차도 파는 日 쓰타야 규제에 발목 잡힌 韓과 천양지차", 〈매일경제〉, 2018.05.14.
4 ""영업점이 사람방 문화 공간으로"… 은행점포의 변신", 〈뉴스1〉, 2018.09.22.
5 "두둑해진 지갑 여는 美소비자들… "소매업 르네상스 온다"", 〈동아일보〉, 2018.08.24.
6 곽선영, "새로운 오프라인 매장 비즈니스 플랫폼 '불레틴'", 〈글로벌트렌드이슈〉, 한국패션협회.
7 "'푸에르자 부르타 서울' 누적 관객 2만 5,000명 돌파", 〈뉴스토마토〉, 2018.09.21.
8 "오프라인 스토어의 영원한 매력", 네이버레터(blog.naver.com/nter_analytics/220973798720), 2017.04.03.
9 "온라인에 밀리던 오프라인 소매점 부활", 〈중앙일보〉, 2018.09.06.
10 "무덤서 부활한 미국 유통 업체… 한국은?", 〈중앙일보〉, 2018.09.05.
11 "온·오프라인 경계허문 신개념 쇼핑… O4O가 뜬다", 〈매일경제〉, 2018.09.21.

Emerging 'Millennial Family' 밀레니얼 가족

1 "갈비찜은 전자레인지에 넣고, 전은 데우고… 40분 만에 명절상 '뚝딱'", 〈한국경제〉, 2018.09.09.
2 "기업들이 '밀레니얼 세대'에 신경 쓰는 이유", 〈이코노믹리뷰〉, 2018.09.23.

3 "'불황이 낳은 자식' 밀레니얼 세대, 경제 지형을 바꾼다", 〈아주경제〉, 2018.09.12.
4 "미국 최대 소비 집단 '밀레니얼 세대' 잡아라… 건축·가정용품 업계 마케팅 총력", 〈이투데이〉, 2017.10.10.
5 "유튜버, 주부들의 시대가 왔다!", 〈여성조선〉, 2018.07.18.
6 "가사도우미서 육아·홈트레이닝까지… 진화하는 O2O 홈서비스", 〈한국경제〉, 2018.08.17.
7 "원조는 오뚜기 3분 카레… 4세대 HMR, 유명 셰프·맛집과 협업", 〈한국경제〉, 2018.09.11.
8 "간편식 큰손은 1인 가구 아닌 주부였다", 〈매일경제〉, 2018.01.08.
9 "뉴욕타임스가 요리 재료 배달해드립니다", 〈한국일보〉, 2016.05.06.
10 "고령화·밀레니엄 세대 등장하며 건강식으로 진화 중", 〈한국경제〉, 2018.10.01.
11 이혜민, 『요즘 것들의 사생활: 결혼생활탐구』, 900KM, 2018.
12 "무조건 희생이 母性? 엄마들의 반격이 시작됐다", 〈조선일보〉, 2018.06.13.
13 "달라지는 젊은 아빠들 '육아 위해 커리어 희생'", 〈아시아투데이〉, 2017.02.17.
14 마크 펜·메러디스 파인만, 『마이크로트렌드X』, 김고명 옮김, 더퀘스트, 2018.
15 "쇼핑도 인공지능 시대", 〈시사저널〉, 2016.01.26.
16 트렌드모니터, 〈집의 의미 및 홈 인테리어 관련 조사〉, 2016.
17 "주 52시간 근무… 희비 엇갈리는 상권·업종", 〈MIDAS〉, 2018.08.
18 "가족 관객 '신과 함께', '인크레더블' 몰렸다", 〈서울경제〉, 2018.08.19.
19 "Online Community News", 〈동아일보〉, 2017.09.27.
20 "아, 또 장모 잔소리… '처월드'는 괴로워", 〈동아일보〉, 2018.06.22.
21 이혜민, 『요즘 것들의 사생활: 결혼생활탐구』, 900KM, 2018.
22 "밀레니얼 세대 SNS 통한 공유 중시… 3대 가족 여행이 새 트렌드로 부상", 〈매일경제〉, 2018.05.08.
23 "가치 있는 여행, 같이 갈까?", 〈동아일보〉, 2018.06.05.
24 "미국 밀레니얼 세대 공략 키워드는", 〈서울경제〉, 2014.08.01.
25 "밀레니얼 세대 "안정과 가족이 인생 최고 가치"", 〈한국일보〉, 2018.02.16.
26 "정보 주고 공유토록 하고 착한 이미지 부각해야", 〈이코노미조선〉, 2018.09.24.
27 "내 집 마련 평생 어려워… 캥거루족 늘어가는 美-英 밀레니얼세대", 〈동아일보〉, 2018.08.15.
28 "'밀레니얼 세대' 주요 소비층 부상… 美 유통업체, 20~30대에 맞춤 서비스", 〈조선비즈〉, 2017.10.10.

As Being Myself 그곳만이 내 세상, 나나랜드

1 "키코 코스타디노브부터 미고스까지 현재 패션계를 이끄는 인물들", 〈GQ〉, 2018.09.18.
2 "'동묘 아재' 패션에 홀딱 빠진 세계적 패션 디자이너", 〈세계일보〉, 2018.08.22.
3 "자존감 키워주는 에세이 인기", 〈서울경제〉, 2018.05.04.
4 "꾸밈 대신 편안함… '민낯 패션'의 반란", 〈한국경제〉, 2018.08.09.
5 '자기 몸 긍정주의', 〈시사상식사전〉, 네이버 지식백과 검색.
6 "탈코르셋 이어 '아이 웨이' 운동 확산… "날씬할 필요 없다"", 〈뉴시스〉, 2018.09.26.
7 ""내 몸매를 평가하지 마세요"… '아이웨이(i_weigh) 운동' 확산 중", 〈국민일보〉, 2018.09.27.
8 "복고 패션 '필수템' 어글리 슈즈", 〈한국경제〉, 2018.09.08.
9 "안경 쓰면 못난이? 금기 벗고 당당해진 '안경 미녀'가 뜬다", 〈조선닷컴〉, 2018.04.19.
10 "황갈색 파운데이션, 보통 체형 속옷… 패션 뷰티 '미의 기준' 바뀌었다", 〈조선일보〉, 2018.04.12.
11 "세포라의 40색 파운데이션", 〈아이즈〉, 2017.10.19.
12 "독일 정부, 남자·여자 아닌 '제3의 성' 공식 인정", 〈MBC 뉴스〉, 2018.08.16.
13 "여성, 화장을 지우다… 달라진 미의 기준", 〈헤럴드경제〉, 2018.04.26.

14 "편함과 트렌디함 둘 다 잡는 '브라렛'", 〈문화뉴스〉, 2018.09.30.
15 "위기의 '빅토리아 시크릿'vs날개 단 '브라렛'… 달라진 女心", 〈이데일리〉, 2018.09.12.
16 "임현주 아나운서 안경 착용 화제, 안경 쓴 女 당당할 수 없는 한국", 〈동아일보〉, 2018.04.18.
17 "제주항공 승무원, 굽 낮은 신발 신는다", 〈경향신문〉, 2018.07.19.
18 ""의미 있는 삶에 지쳤다" 무자극·무위 찾는 2030", 〈조선일보〉, 2018.01.24.
19 "외모·학벌·연봉… 당신의 '진짜 자존감'은 안녕한가요?", 〈머니투데이〉, 2018.01.07.
20 "포미족·욜로족 증가, 해외직구 시장서 '중년 남성' 주류로 급부상", 〈뉴스1〉, 2018.08.03.
21 "양산 든 男子가 어때서… 눈치 보기엔 너무 뜨겁다", 〈조선일보〉, 2018.07.13.
22 "방탄 '아미'에 몰려드는 중년 여성들, 왜?", 〈오마이뉴스〉, 2018.09.28.

Manners Maketh the Consumer, 매너소비자

1 "맘카페 올린다며… 도 넘은 '갑질 손님'", 〈머니S〉, 2018.08.21.
2 '진상', 〈대중문화사전〉, 네이버 지식백과 검색.
3 "맘카페의 변질… 영세 상인에게 갑질까지", 〈조선일보〉, 2017.03.11.
4 "'오버투어리즘' 시대… 관광객이 무섭다", 〈한겨레〉, 2018.05.26.
5 "오버투어리즘: 관광의 자기파괴성과 스노우볼 효과", 강성일 브런치(https://brunch.co.kr/@jasonsungilkang/51), 2017.07.27.
6 "'노쇼' '먹튀' 사회문제로…양심의 문제? 치료 필요한 질병!", 〈세계일보〉, 2018.05.21.
7 "위약금에 반복 고객은 블랙리스트 관리도…해외 각국 노쇼 대응", 〈세계일보〉, 2018.05.21.
8 강준만, 『개천에서 용 나면 안 된다』, 인물과사상사, 2015.
9 "알바생 81% "손님·고용주 등의 '갑질' 경험 있다"", 〈연합뉴스〉, 2018.05.04.
10 "유럽인에겐 없고, 한국인에게만 있는 특징 4가지", 준비된 여행 브런치(https://brunch.co.kr/@luzluzol/163), 2018.05.29.
11 송재룡, 〈갑질 문화, 그 뿌리와 해법〉, 대한민국 정책브리핑, 2018.05.30.
12 송재룡, 〈갑질 문화, 그 뿌리와 해법〉, 대한민국 정책브리핑, 2018.05.30.
13 "진상과 호구 사이… 따지기의 기술", 〈조선일보〉, 2018.05.04.
14 '감정노동', 〈다음 백과〉, 다음백과 검색.
15 ""진상 고객은 내쫓겠다" 당당한 식당 안내문 확산", 〈국민일보〉, 2017.10.25.
16 ""노오더에 컵도둑까지"… 카페 진상 손님 백태", 〈브레이크 뉴스〉, 2018.08.28.
17 ""스타벅스서 한 달 4만 원으로 공부하기, 진상인가요?", 〈국민일보〉, 2018.09.29
18 Patterson, P. G., McColl-Kennedy, J. R., Smith, A. K. and Lu, Zhi, California Management Review, 2009, 52(1), 6~28p; 강수정·이준영, "무엇이 소비자를 분노케 하는가 – 〈1372 소비자상담센터〉를 통한 공적 불평행동 사례를 중심으로", 〈소비자정책교육연구〉.

『트렌드 코리아 2019』 집필진

트렌더스 날 2019

강상훈 교촌에프앤비(주), 강정룡 부산국제영화제, 고경모 행정자치부, 고재일 CJCGV, 구훈영 CTC, 권병철 SAMOO A&E, 권아영 월간 숙박매거진, 권혁률 상명대학교, 김경준 서울대학교, 김규영 아모레퍼시픽, 김기환 컴투스, 김동우 한국기술교육대학교, 김두언 KB증권, 김두희 클래스트(주), 김민석 롯데자산개발, 김민수 강원대학교, 김민지 교보핫트랙스, 김민희 비룻, 김선영 스위트스팟, 김수미 코스웨이(주), 김수연 롯데쇼핑 e커머스, 김수지 CJ올리브네트웍스, 김아람 서울서정초등학교, 김오균 대홍기획, 김은영 조선비즈, 김이현 LG전자, 김정원 삼성SDS, 김정은 한국3M, 김지연 KBNC, 김충환 풀무원기술원, 김하연 코오롱글로벌, 김형석 프리랜서, 김혜영 AK몰, 남철우 딜로이트 안진회계법인, 노기표 제일기획, 노병욱 CTC, 류지희 로레알, 모건욱 대우조선해양, 문소정 롯데쇼핑 e커머스, 문유진 코웨이, 박도경 롯데홈쇼핑, 박민아 CTC, 박성석 하이트진로, 박소연 현대백화점, 박은철 부산대학교, 박준모 KT, 박채린 상명대학교, 박형훈 강원대학교, 배지현 BROADFACTORY, 변성업 아모레퍼시픽, 서문경 가성비전사 육성소, 서유미 한국교통안전공단, 손민정 아웃백 스테이크하우스, 송나리 하나투어, 송정한 CJ제일제당, 송지은 KT ds, 송현아 한국전력공사, 신규선 파주시, 신민영 한양대학교, 신윤주 Best Western Hotels & Resorts, 심보금 롯데뮤지엄, 양동수 (주)미디어월, 양동영 반다이 남코 코리아, 엄소연 삼성카드, 엄인영 서울상상나라, 여인규 KT, 오서현 Oh!kooB, 원순규 PMI, 유선 (주)쏘카, 유시균 삼성전자, 유시은 신한은행, 유정연 풀무원, 유총명 의료기관평가인증원, 윤상협 신한은행, 윤선희 국민건강보험공단, 윤수린 인하대학교, 윤지운 KT CS, 이경일 CJ올리브네트웍스, 이경준 한국로봇산업협회, 이기우 Always Food, 이다예 CTC, 이다운 NICE정보통신, 이대건 현대백화점, 이도경 SCI평가정보, 이동일 한양대학교, 이명은 경북대학교, 이미래 CJ제일제당, 이빛나 롯데푸드, 이소라 CJe&M, 이승준 충남대학교, 이승호 한국인터넷진흥원, 이유리 한화그룹, 이유정 한국외국어대학교, 이유진 (주)인엠디자인, 이재현 CTC, 이종본 명지대학교, 이주왕 분당서울대학교병원, 이준행 현대자동차, 이지민 인하대학교, 이창엽 비약(Beyond약), 이충림 데상트코리아, 이태수 한살림연합, 이한규 상명대학교, 이현엽 한국콘텐츠진흥원, 이현준 현대백화점, 이현지 CTC, 이혜림 국민연금공단, 임수현 삼성물산, 임애령 DR corporation, 장수범 1179부대, 장지은 신동(산펠레그리노), 전현수 KT 융합기술원, 정가영 KT is, 정다운 롯데월드, 정다은 대우조선해양, 정수정 삼성증권, 정애림 법무법인(유) 율촌, 정운봉 교보핫트랙스, 정원준 세종대학교, 정재영 공구로운생활/어바노이즈, 정재원 대한항공, 정주현 현대카드/캐피탈, 정지영 CTC, 정찬영 서울조원초등학교, 정혜윤 이화여자대학교, 조민주 연세대학교, 조성훈 건국대학교, 조언주 키출판사, 조옥희 CTC, 조희원 고려대학교, 주소현 크립토퓨쳐, 주힘찬 CTC, 지순곤 서비스 탑, 진지혜 인하대학교, 차제승 한화호텔앤드리조트, 천기훈 KB자산운용, 천지영 (주)동양생명보험, 최병엽 (주)아이테르파트너스, 최연수 (주)F&F(에프앤코), 최정운 코오롱글로벌, 하서연 NEW, 하영철 삼성물산, 하지연 이화여자대학교, 하지영 숙명여자대학교, 한동헌 (주)메이크잇, 한승협 아쿠쉬네트코리아, 한윤빈 닥터자르트(해브앤비), 한지영 비욘드앤, 한지희 연세대학교, 허석훈 쿠팡, 허재훈 한화L&C, 홍초롱 단국대학교, 황소담 (주)웰코스, 황지희 이화여자대학교

진행(서울대학교 생활과학연구소 소비트렌드분석센터)

총괄 전미영 **윤문** 조미선 **행정·교정** 김영미 **프레젠테이션 제작** 황선기, 한다혜

10대 트렌드 상품 조사 한다혜 **중국 자료 조사** 단암 **일본 자료 조사** 김정수

영문 키워드 감수 미셸 램블린Michel Lamblin **자료 조사** 고정, 권정현, 이혜원, 장지연, 마윤남, 심흔서, 주린

공저자 소개

전미영 서울대학교 소비트렌드분석센터 연구위원으로 재직하고 있다. 서울대학교 소비자학과에서 학사·석사·박사 학위를 받았으며, 삼성경제연구소 리서치애널리스트, 서울대학교 소비자학과 연구교수 등을 역임했다. 『트렌드 코리아』(2010~2018)와 『트렌드 차이나』(2013) 공저, 중앙이코노미스트 칼럼니스트, KBS라디오 〈김난도의 트렌드플러스〉, 〈경제를 배웁시다〉 고정 출연 등으로 활동했으며, 다수의 기업과 한국·중국·일본의 소비트렌드 기반 신제품 개발 업무를 수행하고 있다.

이향은 성신여자대학교 서비스디자인공학과 교수로 재직하고 있다. 주요 연구 분야는 UX트렌드와 사용자 심리다. 2007년 런던 Central Saint Martins에서 디자인경영으로 석사 학위를 받으며 본격적으로 트렌드 연구를 시작했다. 이후 서울대학교 미술대학원에서 〈디자인트렌드예측을 위한 경험 중심의 프로세스 모델 연구: 직관적 통찰력으로 환원되는 디자이너의 경험을 중심으로〉라는 논문으로 디자인학 박사 학위를 취득했다. 디자인경영 및 서비스디자인 관련 주제로 다수의 기업과 컨설팅 프로젝트를 수행하고 있다.

최지혜 서울대학교 소비트렌드분석센터 연구위원으로 재직하고 있다. 서울대학교 소비자학과에서 석사 학위를 받았으며 동 대학원에서 〈소비자의 사용하지 않는 제품의 보유 행동 연구〉라는 논문으로 박사 학위를 받았다. 『트렌드 코리아』(2014~2018) 공저, 기업 강연 및 다수의 소비자 조사, 트렌드 분석, 신제품 개발 프로젝트를 수행했으며 소비자의 신제품 수용에 관한 행태, 제품과 사용자 간의 관계, 소비자 처분 행동에 관한 주제를 연구하고 있다.

이준영 상명대학교 경제금융학부 교수로 재직하고 있다. 서울대학교 소비자학과에서 학사·석사·박사 학위를 받았다. 2017년 한국소비자학회 최우수논문상과 한국소비자정책교육학회 우수논문상을 수상했으며 2014년 경상북도 도지사 표창을 받았다. LG전자 LSR연구소에서 근무했으며 현재 상명대학교에서 소비자분석연구소 소장을 맡고 있다. 저서로는 『1코노미』, 『케미컬 라이프』, 『소비트렌드의 이해와 분석』이 있다.

김서영 ㈜스칸디에듀 대표로 재직하고 있으며, 서울대학교 생활과학대학 소비자학과에서 박사 과정을 수료했다. 동 대학원에서 〈20~30대 기혼 여성과 미혼 여성의 소비 가치 연구〉라는 논문으로 석사 학위를 받았으며, 『트렌드 차이나』(2013)를 공저했다. 소비자의 구매 시 뇌 활성화 상태, 소비자의 심리적 일탈 및 라이선싱 효과, 소비자의 양가성ambivalence에 관한 심리 구조, 한국과 중국 소비트렌드의 확산 과정과 예측 등의 주제에 관심이 많다.

이수진 서울대학교 생활과학대학 소비자학과 석·박사 통합 과정을 수료했다. 동 대학에서 학사 학위를 받고, 오픈마켓 11번가에서 근무했으며, 매일경제TV에서 증권 방송 리포터로 활동했다. 현재 서울대학교 생활과학연구소 소비트렌드분석센터 책임연구원으로 다수의 소비트렌드 분석, 신제품 개발 프로젝트를 수행하고 있다. 소비자 심리와 소비트렌드의 확산과 예측 등의 주제에 관심이 많다.

서유현 서울대학교 생활과학대학 소비자학과 박사 과정에 재학 중이다. 런던 Central Saint Martins에서 텍스타일 디자인 전공으로 학부를 졸업하고 한국과학기술원KAIST 문화기술대학원에서 공학 석사 학위를 받았다. 현재 서울대학교 생활과학연구소 소비트렌드분석센터 책임연구원으로 재직 중이며, 테크놀로지가 바꿔나가는 소비자행동에 관한 주제를 연구하고 있다.

권정윤 서울대학교 생활과학대학 소비자학과 박사 과정에 재학 중이다. 동 대학에서 학사를 마치고 〈물질소비와 경험소비에서 SNS상의 사회적 비교가 소비자행복에 미치는 영향〉이라는 논문으로 석사 학위를 받았다. 현재 서울대학교 생활과학연구소 소비트렌드분석센터 책임연구원으로 재직하고 있으며, 현대사회와 변화하는 소비문화, 그리고 이를 포착하기 위한 다양한 연구방법론에 관심이 많다.

〈Trenders 날 2020〉 모집

서울대학교 생활과학연구소 소비트렌드분석센터CTC는 2020년 소비트렌드 예측을 위한 트렌드헌터 그룹 '트렌더스 날 2020'을 모집합니다. 소비트렌드에 관심 있는 분이라면 누구나 '트렌더스 날'이 될 수 있습니다. '트렌더스 날'의 멤버로 활동하면서 소비트렌드 예측의 생생한 경험과 개인적인 경력뿐만 아니라 트렌드헌터 간의 즐겁고 따뜻한 인간관계까지 덤으로 얻을 수 있습니다. 아래의 요령에 따라 응모하시면, 소정의 심사와 절차를 거쳐 활동 가능 여부를 개별적으로 알려드립니다.

1. 모집개요

가. 모집대상 우리 사회의 최신 트렌드에 관심 있는 사람(일절 제한이 없습니다)

나. 모집분야 정치, 경제, 대중문화, 라이프스타일, 과학 기술, 패션, 뉴스, 소비문화, 유통, 건강, 통계, 해외 DB 조사 등 사회 전반

다. 모집기간 2019년 1월 31일까지

라. 지원방법 trendersnal@gmail.com으로 이름과 소속이 포함된 간단한 자기소개서를 첨부해 보내주십시오.

마. 전형 및 발표 2019년 2월 중 선정 여부를 개별 통지해드립니다.

2. 활동내용

가. 활동기간 2019년 3월 ~ 2019년 9월

나. 활동내용 트렌드 및 트렌다이어리 작성법 관련 교육 이수, 트렌다이어리 제출, 2020년 트렌드 키워드 도출 워크숍, 기타 트렌드 예측 관련 세미나 및 단합대회 참석(본인 희망 시)

다. 활동조건 센터 소정의 훈련 과정 이수 후, 센터가 요구하는 분량의 트렌다이어리 제출, 트렌드 키워드 도출 워크숍 참여

라. 혜 택 각종 정보 제공
CTC 주최 트렌드 관련 세미나·워크숍 무료 참여
『트렌드 코리아 2020』에 트렌드헌터로 이름 등재
『트렌드 코리아 2020』 트렌드 발표회에 우선 초청
활동증명서 발급 등

(위의 활동내용은 트렌드센터 사정에 따라 추후 다소 조정될 수 있습니다.)

『트렌드 코리아 2020』 사례 모집

2020년 한국의 소비트렌드를 전망하게 될 책, 『트렌드 코리아 2020』에 게재될 사례에 대한 제보를 받습니다. 본서 『트렌드 코리아 2019』의 10대 키워드인 'PIGGY DREAM'에서 아이디어를 얻었거나 해당 키워드에 부합하는 상품 · 정책 · 서비스 등을 알고 계신 분은 간략한 내용을 보내주시면 감사하겠습니다. 특히 본인이 속해 있는 기업이나 조직에서 선보인 새로운 상품, 마케팅, 홍보, PR, 캠페인, 정책, 서비스, 프로그램 등이 『트렌드 코리아 2020』에 소개됐으면 좋겠다고 생각하시면 해당 자료를 첨부하여 보내주셔도 좋습니다.

1. 제보내용

- 『트렌드 코리아 2019』의 'PIGGY DREAM' 키워드와 관련 있는 사례
- 2020년의 트렌드를 선도하게 될 것이라고 여겨지는 새로운 사례
- 위의 사례는 상품뿐만 아니라 마케팅, 홍보, PR, 캠페인, 정책, 서비스, 대중매체의 프로그램, 영화, 도서, 음반 등 모든 산출물을 포함합니다.

2. 제보방법 example.ctc@gmail.com으로 이메일을 보내주십시오.

3. 제보기간 2019년 8월 31일까지

4. 혜　　택 채택되신 제보자 중에서 추첨을 통해 『트렌드 코리아 2019』 도서를 보내드립니다.

5. 제보해주신 내용은 소비트렌드분석센터의 세미나와 집필진의 회의를 거쳐 채택 여부를 결정하며, 제보해주신 내용이 책에 게재되지 않거나 수정될 수 있습니다.